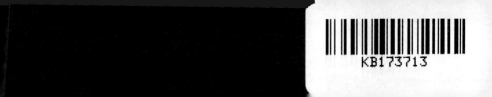

철학 개론

국립중앙도서관 출판시도서목록(CIP)

철학개론 = Philosophia / 지은이: 최명관, 곽신환.
 -- 개정판. -- 서울 : 창, 2014   p. ; cm

ISBN 978-89-7453-216-1 03100
: ₩15000

철학(사상)[哲學]
100-KDC5
100-DDC21   CIP2014004040

철학개론(개정판)

2018년 3월 10일 · 개정판 3쇄 인쇄
2018년 3월 15일 · 개정판 3쇄 발행

지은이 · 최명관 · 곽신환
펴낸이 · 이규인
교 정 · 조동림
펴낸곳 · 도서출판 창
등록번호 · 제15-454호
등록일자 · 2004년 3월 25일

주소 · 서울특별시 마포구 합정동 388-28번지 합정빌딩 3층
전화 · 322-2686, 2687 / 팩시밀리 · 326-3218
홈페이지 · http://www.changbook.co.kr
e-mail · changbook1@hanmail.net

ISBN 978-89-7453-216-1   03100

정가 15,000원

철학 개론

최명관·곽신환 지음

창
Chang
Books

옮긴이의 말

이 책은 1968년에 저자의 한 사람인 최명관(崔明官)이 지었던 『철학개론』을 수정한 데다가 곽신환(郭信煥)이 동양철학 부분을 새로이 집필하여 첨가한 것이다. 철학개론이란 책은 으레 철학의 모든 문제를 체계적으로 다루어야 하는 것인지도 모른다. 그런데 이 책에서는 서양철학의 경우, 철학의 역사를 근세까지 훑어보고, 그 다음에 현대철학의 주요 조류를 검토하고, 끝으로 가치론으로서 윤리·종교·예술을 논하였다. 동양철학 부분은 동양 철학 특유의 정신과 방법을 먼저 논한 후 제자백가시대의 주요 사상을 소개하고 이후 중국과 한국에서의 사적 전개를 다루었다. 마땅히 다루어야 할 인도철학을 포함시키지 못함은 전적으로 필자의 무지에 그 까닭이 있다. 체계적으로 문제 중심으로 논술하는 대신 역사적으로 또 인물중심으로 논술한 것은 후자가 전자보다 이해하기에 쉽다고 생각했기 때문이었다.

서양 중세철학의 부분이 비교적 긴 것은 그것을 집필했을 당시에는 우리나라에 중세철학에 관한 문헌이 극히 적었던 때문이다. 지금은 사정이 많이 달라져서, 그 방면의 책이 많이 나왔다. 그러나 그 부분을 그대로 두었다. 필자로서는 중세철학에도 많은 흥미를 느끼고 있기 때문이다.

중세문화에 대하여는 정반대되는 평가들이 있어서, 중세에는 참으로 철학이라 할 만한 것이 없다고 하는 견해가 있는가 하면, 중세철학이야 말로 최고의 철학이라 하는 견해도 있다. <그리스도교 철학>이란 것이 성립할 수 있는가 하는 문제도 있다. 필자는 <그리스도교 철학>이 성립할 수도 있겠다고 생각한다.

철학의 역사적 고찰에 있어서는 시대적 배경과 철학자들 사이의 상호연관에 유의하면서 서술하였다. 독자도 사상발전의 역사적 맥락을 잘 파악하도록 힘쓰면 얻는 바가 있으리라 생각한다. 철학사에 대한 고찰에서도 그렇지만, 특히 가치론에서는 될수록 객관적으로 문제를 다루려 했으나, 저자의 주관적인 생각이 적지 않게 들어갔는지도 모른다. 진리를 깨닫고 그것을 바르게 표현하려고 힘껏 노력했지만 잘못된 점과 부족한 점이 많이 있을 줄 안다. 그래서 이번에는 전면적으로 수정, 보완하여 보다 더 알기 쉽고 간명하게 다듬어 보았다. 독자의 교정을 바라 마지 않는다.

'철학'이란 본래 지혜를 사랑함[愛知]의 어의를 가진 그리스어 Philosophia를 옮긴 것이다. 그래서 철학은 그 본질에 있어 그리스적이라고 말할 수도 있다. 오늘날 우리는 철학이 그리스 특유의 정신활동이라고 좁게 규정하지는 않는다 해도 철학은 서구적인 것이라는 편견에서 완전히 벗어나지 못하고 있다. "서양의 전통에 맞설 만한 철학사상이 동양에도 있느냐?" 하는 우문(愚問)을 아직도 버리지 못한 사람이 많다. 말할 것도 없이 동양에도 훌륭한 철학사상이 있다. 인도철학, 중국철학뿐 아니라 한국의 철학도 건재하며 이들은 우리의 전통사상으로서 우리의 세계관, 인생관, 가치관의 기저를 형성하고 있다. 이를 부인해온 것은 우리의 무관심, 무지 내지는 시각의 잘못 때문이다.

철학은 깊은 예지(叡智)의 활동이요, 인간정신의 가장 깊은 관심사에 대한 성실한 사색이다. 철학개론을 공부하는 목적은 단편적인 지식을 얻는 데 있지 않고, 정신의 탄력성을 기르는 데 있다. 또 우리의 삶에 새로운 의미와 방향을 찾을 수 있고, 개방된 심성으로 보다 옳은 선택을 할 수 있는 능력을 갖추려는 데 있다. 그러므로 우리도 과거의 위대한 철학자들의 깊은 사상을 거울삼아 현실을 투철하게 통찰하고 나아가서는 정신적으로 인류의 밝은 내일의 건설에 이바지하는 사색에 잠심하자.

1984년 2월

최명관·곽신환

서 문

철학개론은 철학의 모든 문제를 체계적으로 다루는 것이 보통이지만, 그렇게 하면 철학을 처음 배우는 이들에게 이해하기 어려운 것이 되기 쉽다. 이 책에서는 학생들의 흥미를 돋우기 위하여 철학사에 많은 비중을 두었다. 우리의 철학적 사색에 자극과 자양이 되는 것을 얻었으면 한 것이다. 그러나 모든 철학자를 남김없이 다루지도 않았고 또 문제삼은 철학자 하나하나의 모든 사상을 남김없이 다루지도 않았다. 이것은 오늘날 우리에게 유익이 되는 사상을 자세히 살펴보기 위해서였다. 그리고 중세 철학을 좀 많이 다룬 것은 우리나라에 그 방면의 저술이 극히 드문 때문이었다. 근세철학에서 매우 중요한 철학자가 여럿 빠진 것이 유감이지만, 그 대신 근대철학을 좀 체계적으로 광범하게 다루어 보충하였다.

철학사적 고찰은 될수록 시대적 배경과 철학자들 사이의 상호연관에 유의하여 서술하였으므로, 독자도 사상발전의 역사적 맥락을 잘 파악하도록 힘쓰면 얻는 바가 있으리라 생각한다.

철학사적 고찰에서도 그렇지만, 특히 가치론에서는 될수록 객관적으로 문제를 다루려 했으나 저자의 주관적인 생각이 적지 않게 들어 있을 줄 안다. 진리를 깨닫고 그것을 바르게 표현하려고 힘껏 노력했지만 잘못된 점과 부족한 점이 많이 있을 것이다. 독자의 교정을 바라 마지 않는다.

철학은 깊은 예지의 활동이요, 인간정신의 가장 깊은 관심사에 대한 성실한 사색이기에, 우리도 현실을 대국적으로 지혜롭게 파악하여 인류의 밝은 내일의 건설에 이바지하는 사색에 잠심하자.

1981년 2월 1일
최 명 관

차 례

1. 철학하는 것은 인간다움의 조건

"철학을 우습게 여기는 것, 그것이 참으로 철학하는 것이다."

파스칼의 『팡세』(Pensées)에 있는 말이다. 철학이란 하늘 높이 동떨어진 곳에 있는 것이 아니다. 우리의 생활주변에 있고, 또 있어야만 하는 것이다. 소수의 특수한 사람만이 철학하는 것이 아니고 사실은 모든 사람이, 사람인 한 철학하면서 살아간다고 할 수 있겠다. 철학하는 것은 인간의 특권이요 인간다움의 조건이니 말이다.

철학을 잘 모르는 사람들은, 철학이란 것이 아주 어렵고 고원한 줄로만 알고 또 철학자라 하면 보통사람과 아주 다른 별난 사람인 줄로만 생각한다. 그러나 철학은 어려운 것도 고원한 것도 아니요, 철학자는 별난 사람이 아니다. 별난 체하는 사람은 참된 철학자가 아니다. 파스칼의 말대로, 자기의 철학을 우습게 여기는 사람, 즉 자기의 생각이 참으로 옳은지 깊이 의심하며 자기의 철학적 사상이 극히 보잘 것 없음을 자각하는 사람이야 말로 진정한 철학자라 하겠다. 철학이라 하는 것이 무슨 특별한 것이기나 한 양 생각하는 것은 참으로 철학하는 것이 아니다. 인간이 무엇이며 이 우주의 의미가 무엇인가를 깊이 사색하였으되, 자기가 도달한 결론이나 신념이 절대로 옳다고 할 수는 없다고 겸손해 하는 것이 참으로 철학하는 자세다. 그러므로 철학은 오랫동안 고심초사하여 얻은 생각의 진리성을 다시금 검토하여 일점의 의심도 있을 수 없는 진리를 찾아 더듬어 가는 정신의 활동이다.

따라서, 철학은 어려운 학문이요 몇몇 특수한 사람만이 하는 것이라고 생각하는 것은 잘못이다. 인간의 정신적 생활이 있는 곳엔 어디에나 철학이 있다. 인간인 한, <나>를 살피지 않는 사람이 없을 터인데, 우주 전체와의 관계에 있어서의 <나> 자신을 깊이 자각적으로 살피면 그것이 곧 철학이라 할 수도 있다. 그러므로 철학은 가까운 곳에 있다. 그리고 <나>와 절실한 관계를 가진 학문이다.

2. <경이>에서 <객관적 사고>로

철학은 일찍이 B.C. 6세기에 소아시아에 있는 그리스의 식민지에서 싹 트고, B.C. 5세기에 아테네에서 활짝 꽃피었다. 물론 바빌로니아·인도· 이집트 등 동방의 사상이 고대 그리스철학에 영향을 준 흔적은 있다. 그 러나 서양 철학사는 B.C. 6세기의 밀레토스 사람 탈레스(Thalēs)로부터 시작하는 것이 관례로 되어 있다. 여기에는 그만한 이유가 있다. 탈레스 가 하늘의 별만 쳐다보며 걷다가 개천에 빠졌다고 하는 일화가 전해오 거니와, 이것은 그가 천체의 운행에 대하여 놀라워하는 생각을 품었었음 을 보여 주는 것이기도 하다. 플라톤과 아리스토텔레스가 철학은 <경이 의 넘(念)>에서 비롯한다고 말한 것은 이 때문인지도 모른다. 그러나 천 체의 운행이나 우주의 신비에 대하여 놀라워하는 생각을 품는 것만으로 철학이 되는 것은 아니다. <경이의 넘>은 철학의 출발점이 될 수는 있 어도, 그대로 그것이 철학이 되는 것은 아니다. 탈레스는 경이의 넘을 품 기만 한 것이 아니라 이 우주를 구성하는 <근본물질>이 무엇인가 하는 것을 <객관적으로> 생각하였다. 이 객관적 사고야말로 탈레스로 하여 금 서양철학사의 첫 페이지에 영원히 기록되는 영광을 차지하게 한 것 이다.

철학적 사상이 싹트기 전의 그리스 사람들은 우주 안의 모든 것에 대하 여 신화적으로 생각하였다. 신화적으로 생각한다 함은 인간의 감정을 자 연에 투사하여 자연현상을 주관적으로 해석함을 말한다. 고대 그리스 사 람들은 우레 소리를 듣거나 번갯불을 보고서 겁을 집어먹었다. 그들에게는 우레와 번개가 살아있는 것이었다. 도대체 원시인에게는 모든 것이 살아 있는 것이었던 듯싶다. 그래서 고대 그리스 사람들은 제우스라고 하는 아주 힘센 신이 하늘로부터 번개를 던진다고 믿었다. 그들은 제우스가 가끔 자기의 성난 것을 보여주기 위하여 다른 신들에게 번개를 던지며, 때로는 인간들에게 던져 거꾸러져 죽게 한다고 생각하였다. 선량한 그리스 사람들은 만일 제우스에게 적절한 경의를 표하면 자기에게 번갯불을 던지지 않으리라 믿었고 또 그러기를 바랐다. 아테네 문화의 위대한 시대에 들어서기 바로 전에도 일반 그리스 사람들은 제우스와 그 번갯불을 믿고 있었다.

탈레스 이전의 그리스 사람들은 이 우주가 처음에 어떻게 생겼을까 궁리하고, 여기 대하여 신화적으로 설명하였다. 고대의 다른 여러 문화민족에 있어서도 사정은 이와 마찬가지였다. 즉 그들 역시 우주의 시초를 신화적으로 생각하였다. 그러나 탈레스는 우주의 근본을 과거로 거슬러 올라가서 시간적인 시초를 찾으려고 하던 종래의 신화적 사고방식을 탈피하고 변화무상하며 다양한 우주만물이 거기서 생겨나고 다시 거기로 돌아가는 영원한 것, 즉 우주의 구성원소인 근본물질을 찾는 합리적 사고를 처음으로 하였다. 이것은 곧 우주를 감정적·주관적으로 보지 않고, 객관적·합리적으로 보는 것이었다. 이와 같이 객관적으로 우주를 보고 생각함으로써 탈레스는 서양에 있어서의 맨 처음 철학자로 여겨지게 되었고, 또 철학과 과학이 그리스에서 시작된 것으로 문화사에서 말하게도 되었다.

3. 신화에 대한 철학의 도전

주관적인 생각과 객관적인 생각, 감정에 사로잡힌 관념과 이성의 활동에 의하여 얻게 된 관념 – 여기에 신화와 철학의 갈림길이 있다. 이와 같이 엇갈리는 두 갈래의 생각이 동시에 존재하는 곳엔 그 두 가지 사상 사이에 충돌이 일어나게 마련이다. 소크라테스가 살던 때에도 바로 이러했다. 그는 이성적으로 생각하기를 추구해 마지않았으며, 자기 동료들이 젖어 있는 신화적 사고의 습성에 도전하여 이를 깨뜨리는 일을 하였다. 소크라테스는 이성의 활동에 의하여 객관적으로 생각하며 절대적 진리를 찾아내려고 애썼다. 이 활동은 그리스 사람들의 전통을 이루고 있던 신화적 사상을 부정하고 비판하지 않을 수 없었다. 신화에 대한 투쟁에 있어서 철학은 우선 부정과 비판으로 나타났다. 부정과 비판은 철학적 정신의 첫 발로다.

고대 그리스 사람들의 세계관을 형성하는 데 중심을 이룬 것은 호메로스의 『일리아스』나 『오디세이아』 같은 서사시 속에 나오는 신들의 이야기였다. 이 신들에 관한 이야기가 그리스 사람들의 교육의 중심이었다. 이 이야기들 속에 나오는 신들은 거짓말도 하고 훔치기도 하며 또 이 밖에 더 나쁜 짓도 하는 것이었다. 이런 일들은 사람에게 있어서조차 좋지 못한 일이다. 그러나 신화 속에 나오는 신들은 이런 일들을 예사로 하고 있다. 그 때의 사람들은 하늘에서 이루어지는 일에 대해서도 사람의 감정을 투사하여 헤아렸다. 거짓말이나 도둑질이 사람에게도 좋지 못할진대 하물며 신들에게서랴? 소크라테스는 자기 자신 속에 일찍이 그가 어려서 듣고 배운 신화의 이야기보다 더 나은 것, 즉 양심의 소리가 있다고 생각하였다. 그는 이것을 <다이몬>(daimon)이라 불렀다. 그는 이 다이몬의 소리를 따르려 하였다. 그는 무슨 언짢은 일을 당하게 될 곳에 가려 할 때면 다이몬이 "가지 말라"고 만류하였고, 좋지 않은 일을 할 때에는 "하지 말라"고 명령하였다 한다.

이러한 다이몬, 즉 양심과 양식의 소리에 귀를 기울이면서 살아가며 행동하는 소크라테스에게는 신화의 이야기가 허무맹랑한 것이 아닐 수 없었다. 그래서 그는 신화를 파괴하는 작업을 시작하지 않을 수 없었고, 신화의 이야기에 젖은 자기 동포들의 생각을 돌이켜, <애지(愛知)> 즉 철학하게 하는 것을 평생 자기의 사명으로 삼았다. <철학>이라 하는 말은 Philosophia란 그리스어를 번역한 것인데, 본래 그것은 <지혜를 사랑하는 것>, 즉 애지를 의미했던 것이요, 소크라테스에게 있어서 보는 바와 같이 이성적 사고에 의하여 절대불변의 영원한 진리를 찾으려고 애쓰는 정신의 활동이었다. 이와 같이 철학하는 소크라테스는 전통 곧 자기 동포가 신봉해 오던 신화적 사상을 타파하지 않고서는 받아들이지 않았다. 그는 낡은 전통, 낡고 게으른 풍습은 참된 지식이 아니라 무지라고 주장하였다.

소크라테스는 아테네의 시장에서, 길모퉁이에서, 잔치하는 친구 집에서 담론하기를 좋아하였다. 그는 책을 한 권도 저술하지 않았던 것으로 알려져 있다. 그는 진리의 빛을 보았는데, 그의 동포들은 여전히 암울한 생각에 사로잡혀 있어서, 그들의 무지를 깨우쳐 밝고 올바른 생각에로 인도하는 것이 다급한 일이었다. 그는 어떤 아테네 시민을 붙들고 이야기를 시작하여 천진난만하게 다음과 같은 질문을 했음직하다. "당신은 제우스가 사람들로 하여금 선한 생활을 하게 한다고 믿지 않습니까?"라고. 그러면 그 시민은 "믿고 말고요"라고 대답할 것이다. 소크라테스가 다시 묻는다—"당신은 제우스가 인간인 여자에게서 아이를 낳았다고 믿습니까?" 그 시민은 이것을 확실히 믿고 있다. 그는 제우스가 레다, 다나에, 에로우파 이 밖에도 많은 여자들을 사랑한 이야기를 어릴 적부터 들어왔으며, 이 여자들이 낳았다고 전하는 영웅적인 자손들에 관한 이야기도 모두 알고 있다. 소크라테스가 다시 묻는다—"그러면 당신은 제우스가 간음죄를 범했다고 믿습니까?" 그 시민은 이 질문에 대하여 당황하여, 본의는 아니나, "네, 그렇습니다"라고 대답하지 않을 수 없다. 제우스의 본처는 헤라라고 하는 여신이니 말이다. 소크라테스가 다시 묻는다 "당신은 간음이 선한 일이라고 생각하오?", 이렇게 되면 그 시민은 궁지에 빠지지 않을 수 없다. 그리고 소크라테스의 다음과 같은 결론에서 빠져나올 길이 없게 된다. "만일 제우스가 간음을 범했다면 그는 선하지 않으며, 따라서 신이 아니다. 그렇지 않고 만일 제우스가 신이라면, 그리하여 선하다면 간음을 행할 리가 없다."

이와 같이 소크라테스는 끈기 있게 묻는 일을 계속하여 동포들로 하여금 합리적인 생각을 품게 하는 일을 했다. 그는 동포들이 인습적 생활에 만족하여 거기 머무는 데서와, 이 세상의 악에 대하여 게을러 무관심한 데서 떠나도록 귀찮게 구는 등에(虻)로 자처하였다. 그는 신화에서 말하는 신들을 의심하였으므로, 전통적 사상에 젖은 아테네 사람들에게는 제멋대로 새로운 신을 만들고 있다고 생각되었다. 소크라테스가 <다이몬>의 소리를 듣는다고 자주 말한 것도 이러한 생각을 뒷받침해 주었다. 이윽고 소크라테스는 무신론자요, 청년들을 타락케 하는 자라는 죄목으로 재판을 받고, 그의 생각을 조금만 굽히면 국외추방으로 낙착될 수도 있었건만 끝내 자기의 생각이 옳음을 확신하고 주장하여 스스로 죽음을 택하고 독배를 들었다. 그는 진리를 탐구하고 주장하는 자유, 그리고 민주주의와 인류 진보를 위한 순교자였다. 그러나 우리는 그를 사형에 처한 사람들을 비난하기에 앞서 등에가 귀찮게 구는 것을 우리 자신은 좋아하는지 자문자답해 볼 일이다.

대중은 전통적 사상에 안주하려는 타성이 있다. 예로부터 내려오는 민족적 신앙이나 전통적 습속을 그대로 지키는 것은 편한 일이다. 한 민족의 전통적 종교는 그 민족의 기성 정치세력과 잘 타협하고 이해를 같이하는 것이 또한 보통이기도 하다. 이러한 전통적 종교의 신앙과 재래의 사고 방식 내지는 세계관에 도전하는 것은 위태로운 일이기도 하다. 그러나 낡은 사상 속에 도사리고 있는 비합리적 요소를 파헤쳐서 도려내고, 밝고 옳은 생각을 세우고 사람들의 마음속에 심어가는 것이 철학의 사명이다. 이러한 철학의 사명을 끈기 있게 수행한 점에 소크라테스의 위대성과 빛나는 면목이 있다고 하겠다.

4. 부정과 비판의 정신

철학적 정신은 전통적 사상 속에 있는 비합리적인 요소들을 부정·비판하는 것이지만 또한 자기 자신 속에 그런 것이 없나 살펴보고, 자기 자신을 부정·비판하는 것이기도 하다. 이렇게 자기반성을 함으로써 내 정신은 깊어지고 순화된다. 플라톤이 지은 『변명』은 소크라테스가 법정에서 마지막으로 변론한 것을 묘사한 책인데, 그 속에서 소크라테스는 "반성 없는 인생은 살 가치가 없다"고 말하고 있다. 여기서 '반성'이라 한 말은 '음미'라고도 옮길 수 있거니와, 하여간 우리는 나 자신을 깊이 반성하고 살피지 않으면 안 된다. 특히 철학하는 마음을 가진 사람은 자기 자신 속에 그릇된 생각이나 편견이 없는가? 검토해 보아야 한다. 부정과 비판은 자기 자신에 대한 그것에로 심화되지 않으면 안 된다.

<근세철학의 아버지>라는 찬양을 받아온 데카르트는 모든 것을 철저히 의심해 보았다. 첫째로, 그는 감각을 의심하였다. 우리는 감각을 통하여 많은 지식을 얻는 것이 사실이다. 그래서 감각은 지식의 근본이라고 보통 생각하고 있다. 그러나 데카르트는 감각이 가끔 우리를 속인다고 말한다. 감각을 통해서 보는 태양의 크기는 축구공만 하고 창의 테두리 속에 들어오는데, 태양의 참 크기가 공만 하다거나 창 하나보다 작거나 할 리는 없다. 그러니 감각은 우리에게 참된 지식을 주는 것이 못된다. 다음으로 우리가 수학적 진리로 배워온 것들은 어떤가? 가령 2+3=5는 틀림없는 진리이다. 그러나 데카르트는 이것이 참으로 진리일 수 있는가도 의심해 보았다. 신에 못지않게 전능한 악마가 있어서 우리로 하여금 2+3=5라고 하는 것이 사실은 맞지 않는데 맞는 것이라고 착각하게 하는지 누가 알랴? 2에 3을 보태면 5가 아닐지도 모른다.

조금이라도 의심이 가는 것은 절대로 틀린 것으로 보기로 하고 깊은 회의에 잠겨, 감각적 지식이나 수학적 진리나 전통적 교리나 외부사물의 존재를 모두 의심하던 데카르트는 홀연히 하나의 빛을 보았다. 내가 감각을 통해서 보는 외부의 물건이나 세계 전체가 정말 있는가 하는 데 대해서는 의심할 수 있어도, 내가 의심하고 있다고 하는 사실만은 의심할 도리가 없다는 깨달음이 머리에 번득였다. 데카르트에게 있어서 의심한다는 것은, 무엇을 이해하는 것이나 의욕(意慾)하는 것이나 상상하는 것이나 느끼는 것과 함께 우리의 정신작용에 속하는 것이요, 결국 통틀어 <생각한다>는 것에 포함되는 것이었다. 그래서 그는 "나는 생각한다. 고로 나는 존재한다"(cogito, ergo sum)라고 하여 생각하는 정신의 존재는 의심할 수 없다는 원리를 확립하였다. 이 원리로부터 나아가 데카르트는 참 <나>는 신체가 아니고 오직 내 정신만이라고 하는 보통 아닌 주장을 하게 되었지만, 하여간 그는 이 원리를 다른 모든 확실한 지식의 기초로 삼았다. 이 기초 위에 다른 모든 진리가 설 수 있으며, 따라서 과학이 성립할 수 있는 것이었다. 데카르트는 이 원리에서 출발하여, 자기가 의심했던 모든 것에로 되돌아가, 그것들을 다시 살펴보고, 하느님의 현존과 외부의 물질적 사물들의 현존을 증명했으며, 또한 현대과학의 발전을 가능케 하는 기본원리들을 세웠다.

5. 철학은 근원적 진리에 대한 열정적 탐구

데카르트는 그의 『철학의 원리』를 프랑스어로 번역한 이에게 편지를 쓰고 이것을 그 책의 서문으로 삼았는데, 그 속에서 다음과 같이 말하고 있다. "철학이란 말은 지혜의 탐구를 의미한다. 지혜란 그저 처세의 재능이 아니라, 생활의 행동을 위해서나 건강의 유지 및 모든 기술의 발견을 위해서나, 인간이 알 수 있는 모든 사물의 완전한 인식을 의미한다. 이 인식이 이런 것이기 위해서는 그것이 최초의 원인들로부터 이끌어내어지는 것이 필요하다. 따라서 본래의 의미에서 철학한다고 일컬어지는 것을 배우고 획득하기 위해서는 이 최초의 원인들, 즉 원리들의 탐구로부터 시작하지 않으면 안 된다. 그리고 이 원리들은 두 가지 조건을 가져야 한다. 하나는 그것들이 아주 분명하고 자명해서 인간의 정신이 주의해서 그것들을 살펴볼 때 그것들의 진리성을 의심할 수 없어야 하는 것이요, 다른 하나는 이 원리들에 다른 사물들의 인식이 의존하며, 따라서 다른 사물들이 없어도 이 원리들은 인식될 수 있지만, 이와 반대로 이 원리들이 없이는 다른 사물들이 인식될 수 없다고 하는 것이다. 그리고 이 원리들에 의존하는 사물들의 인식을 이 원리들로부터 연역하되, 이 연역의 전 과정 속에 아주 명백하지 않은 것은 하나도 남지 않도록 하지 않으면 안 된다."

 이 말은 철학에 대한 데카르트의 근본적 견해를 잘 요약하고 있다. 첫째로 철학은 <지혜의 탐구>라 했다. <지혜>는 <지식>보다 더 보편적이고 근본적인 성격을 띤 것이다. 지혜를 탐구하는 철학은 어떤 특수한 것, 개별적인 것에 대한 지식이 아니다. 그것은 하나의 보편적 지식이다. 그렇다고 해서 철학은 이 세상의 모든 것을 다 아는 학문이요, 철학자라 하면 모르는 것이 없는 사람인 것은 아니다. 옛날에는 사람들이 철학이나 철학자에 대해서 이와 같이 생각한 때가 있었다. 그리하여 철학은 만학의 참으로 군림하던 때도 있었다. 위에 인용한 데카르트의 말속에도 '철학은 인간이 알 수 있는 모든 사물의 완전한 지식을 의미한다'라는 구절이 있어, 데카르트도 그렇게 생각한 것처럼 생각할 수도 있다. 그러나 그 구절속에서 우리는 <완전한>이란 말을 주의하지 않으면 안 된다. 철학은 이 세상의 모든 것을 남김없이 아는 것은 아니다. 천문학·지리학·생물학·화학·역학 등 모든 학문을 모은 것이 철학인 것은 아니다. 그러나 이 모든 학문이 인간의 지식으로서 <완전한> 것이 되려면 철학이 없어서는 안 된다. 철학은 다른 모든 학문이 인간의 지식으로서 성립하는 기초를 밝혀 주며 그 진리성을 문제 삼는 것이기 때문에 가장 보편적이고도 근본적인 학문이다.

둘째로 데카르트는 철학이 <원리의 탐구>에서부터 시작하지 않으면 안 된다고 말하고 있다. 이 말도 철학이 근본적인 학문임을 드러내는 것이다. 그리고 이 원리들은 자명한 것이어야 한다고도 말하고 있다. 이것은 데카르트가 절대로 의심할 수 없는 원리에서 출발하여 인간의 모든 지식, 즉 학문의 체계를 확립하려 한 의도를 반영하고 있다.

<철학이란 무엇인가> 하는 데 대하여는 일찍부터 백인백양의 정의가 있었다. 정의가 많다는 것은 타당한 정의가 오직 하나밖에 없다는 것이 불가능함을 시사한다. 혹은 우주와 인생의 근본원리를 탐구하는 것이 철학이라고도 하고, 혹은 존재란 무엇인가를 묻는 것이 철학이라고도 한다. 이밖에도 이와 비슷한 정의가 많다. 존재자, 즉 특수한 것들을 연구하는 것이 과학인데 반하여 존재 자체, 즉 모든 존재자의 근원을 밝히려는 것이 철학이라 하는 것도 일리 있는 철학관이다. 우주와 인생의 근본원리를 탐구하는 것이 철학이라 함도 옳은 말이다. 그러나 이 모든 정의는 그 어느 것이나 완전하고 타당한 유일의 정의라고는 할 수 없는 것이다. 철학을 공부함에 있어 철학이 무엇인지 분명한 정의를 내리고 시작해야 할 테지만, 그럴 수 없는 데에 철학의 독특한 성격이 있다. 철학은 결국 이미 만들어진 어떤 지식체계가 아니고 인간의 궁극적인 문제에 관하여 끊임없이 진리를 모색하며 찾아 나아가는 정신의 활동이다.

그러면 인간의 궁극적 문제, 곧 철학의 근본문제는 무엇인가? 칸트는 이것을 다음 세 가지로 잡았다.

(1) 나는 무엇을 알 수 있는가?
(2) 나는 무엇을 할 것인가?
(3) 나는 무엇을 바랄 수 있는가?

그리고 이 세 가지 문제는 결국 인간이란 무엇인가? 하는 근본적인 문제에 귀착한다고 하였다.

사람은 철이 들면서부터 "나는 무엇 때문에 사는 것일까?" "죽은 다음에 우리의 운명은 어떻게 되는 것일까?"하는 의문을 품게 된다. 이런 물음을 마음속에 품는 것은 곧 철학적 사색의 움이 트는 것이라 하겠다. 그런데 이런 물음은 나아가 "내가 그 속에서 살고 있는 이 세계 내지 이 우주는 본질적으로 어떤 것이며 나에 대해서 어떤 의미가 있는가?" 하는 거창한 물음을 품게 한다. 그리하여 철학하는 정신은 이 우주의 웅대한 운행에 경탄하는 동시에 우주의 근본구조와 우주 안에서의 내 위치와 내 생명의 의의를 알고 싶어 한다. 이러한 문제를 생각하며 해결하려는 철학이 다름 아닌 <형이상학> 내지 존재론이다. 이 우주에는 어떤 목적이 있다거나, 아무 목적도 없이 우연히 생겨서 기계적으로 움직이고 있다거나, 하느님에 의하여 창조되어 그 섭리 아래 있다거나, 혹은 그러한 하느님은 없다거나, 우리의 영혼은 육체의 사멸과 함께 영영 없어지고 만다거나, 그렇지 않고 어떤 형태의 생존을 계속한다거나 하는 따위의 주장은 모두 형이상학적 이설이다. 예로부터 많은 사람들이 이런 주장을 해왔다. 이런 문제들은 인간의 근본적 관심거리였다. 그래서 쇼펜하우어는 인간을 <형이상학적 동물>(animal metaphysicum)이라 정의하였다.

형이상학적인 물음, 인간의 궁극적 문제에 대해서는 예로부터 여러 가지 상반되는 해답이 나왔었다. 그리고 그 해답들은 각기 자기의 옳음을 주장했다. 한편에서 신은 있다 하면 다른 한편에서는 신은 없다 했고, 인간의 의지는 자유라 하면 다른 한편에서는 자유가 아니고 필연의 법칙에 얽매어 있다고 했다. 그래서 그 어느 주장이 옳은가 하는 것이 문제되지 않을 수 없었고, 그것은 다시 진리란 무엇인가 하는 더 근본적인 중대한 문제를 제기하게 하였다. 여기 이르러 인간의 지식은 어떻게 성립하며, 어떤 때에 참되며, 또 인간은 어디까지 알 수 있는가 하는 문제가 철학에서 고구되기에 이르렀다. 이러한 문제, 즉 인간의 지식의 형성과정, 타당성, 그리고 그 한계를 문제 삼는 것이 다름 아닌 <인식론>이다. 넓게 말하면 논리학이라 할 수 있고 혹은 진리론이라 해도 괜찮을 것이다. 인식론은 형이상학과 밀접한 관계를 가지면서 역시 철학의 한 분과로서 오랜 세월을 두고 철학자들에 의하여 문제되어 왔다.

　그러나 인간에게 있어서는 세계가 어떻게 되어 있는가, 혹은 우리는 무엇을 어디까지 알 수 있는가 하는 문제보다 우리는 어떻게 살아야 하는가, 나는 무엇을 해야 하는가 하는 문제가 더 다급하고 더 절실한 문제가 아닐 수 없다. 우리는 숨 쉬며 살아있는 한 행동하지 않으면 안 된다. 행동없는 곳엔 죽음밖에 없다. 그런데 우리가 행동한다 할 때 무의식적으로 하는 때는 몰라도 정신 있는 존재로서 행동할 때에는 반드시 선택이 있다. 인생의 여로는 순간마다 선택하는 정신생활의 연속이다. 선택을 잘하면 우리의 인생은 아름다운 결실을 얻을 것이요, 그렇지 못하면 우리의 인생은 실패작이 되고 만다. 그러므로 우리 인생의 모든 순간은 엄숙한 선택과 결단의 순간이다. 선택과 결단에 있어서 우리는 무엇이 좋은 것인가, 어느것이 더 좋은 것인가에 대한 판단을 내리지 않으면 안 된다. 여기서 더 나아가면 선이란 무엇인가 하는 더 일반적인 문제가 제기된다. 이러한 문제, 즉 우리의 행위에 있어서의 선을 추구하는 것이 다름 아닌 <윤리학>이다. 따라서 윤리학이 역시 철학의 근본적인 문제를 다루면서 철학의 주요한 한 분과를 이룬다.

　그러므로 형이상학·인식론·윤리학은 철학의 세 주요 분과다. 그리고 이 세 가지가 밀접한 내적 연관성을 가지고 있음은 위에서도 시사한 바요, 또 쉽사리 짐작할 수 있는 일이다. 나는 무엇을 할 것인가 하는 문제를 생각하고 잘 해결하려면 나는 내가 이 우주 안에서 어떤 위치와 가치를 가지고 있는지 올바로 알지 않으면, 안 된다. 따라서 내가 올바로 행동하려면 우주 내지 세계에 대한 올바른 이해와 파악이 없어서는 안 된다. 이리하여 철학은 나 자신의 행위의 방향을 모색하며, 우주의 구조와 의미를 찾으며, 동시에 이와 같은 모색과 탐구에 있어서의 내 생각이 과연 옳은가 하고 자기음미를 하는 것이다.

철학에는 위에 말한 세 주요 분과 외에 예술철학·종교철학·역사철학·정치철학·법철학·과학철학 등 갖가지 소분과가 또 있다. 그러나 이것들이 다 같이 철학인 한에서, 그 특수한 분야들 즉 예술·종교·정치·법·과학 등의 활동 자체는 아니고, 그 근본원리를 찾는 것이다. 그리고 그 근본원리는 결국 형이상학·인식론·윤리학의 탐구대상인 진·선·미에 귀착된다.

철학은 결국 진실된 것을 찾고, 진실된 것을 사랑하며, 진실되이 살아가고자 하는 정신의 활동이다. 그런데 진실된 것은 또한 좋은 것이요, 아름다운 것이 아닐 수 없다. 그러기에 일찍부터 사람들은 진리는 미(美)요, 미는 진리라고 말하기도 했으며, 또한 플라톤 같은 사람은 미와 진리를 선에 포함시키기도 했다. 또 철학은 진리에 대한 사랑인 한에서 뜨거운 열정을 수반하는 것이 아닐 수 없다. 인간은 자기의 부족함을 알며 자기의 진실되지 못함을 뼈저리게 느끼기도 하는 존재다. 철학자는 특별히 인간의 불완전함과 무지함과 진실되지 못함을 깊이 자각하는 자다. 이러한 처지에서 철학자는 진실된 것·완전한 것을 뜨겁게 사랑하며 추구해 마지 않는다.

플라톤은 그의 유명한 저서『향연』에서 이러한 철학자의 모습을 에로스(사랑의 신)에 비기고 에로스를 철학의 상징으로 삼고 있다. 그래서 그는 에로스 신의 상을 그의 학원에 세웠다고 한다.『향연』에는 다음과 같은 설화로써 에로스의 본성이 인상 깊게 묘사되어 있다. 에로스는 포로스와 페니아의 아들이다. 포로스는 본래 계략이 많은 풍요·충족의 신이요, 페니아는 빈곤의 여신이다.『향연』의 이야기에 의하면, 여신 아프로디테가 출생했을 때, 신들이 잔치를 베풀었는데 그 자리에 포로스도 있었다. 식사가 끝날 무렵, 페니아가 구걸하러 와서 거지들이 으레 하는 것처럼 요란스럽게 떠들면서 문간에 서 있었다. 포로스는 이 때 이미 술을 많이 마시고 취하여 정원에 들어가 깊이 잠들었다. 그러자 페니아는 너무 궁핍했던 끝에 포로스에게서 자식을 하나 얻을 생각에서 그 곁에 누워 결국 에로스를 잉태하였다. 그리하여 에로스는 포로스와 페니아의 아들인 까닭에 그 성격도 이들에게서 얻었다. 첫째로 그는 항상 가난하다. 그리고 흔히 사람들이 사랑에 대하여 생각하는 것처럼 부드럽고 아름답기는커녕, 도리어 거칠고 신발도 없고 집도 없다. 그래서 늘 이부자리도 없이 땅바닥에 누우며, 문간이나 길가 같은 한데서 잔다. 이것은 그 어머니를 닮아 언제나 궁핍한 때문이다. 그러나 아버지를 닮은 데도 있어서 아름다운 것과 좋은 것을 차지하려고 획책한다. 또 용감하고 저돌적이고 열렬하며, 힘센 사냥꾼이요, 늘 모략을 꾸미며, 실천상의 지혜를 찾아 마지않되 여기에 성공도 하며, 온 생애를 통하여 애지자 즉 철학자이며, 또 놀라운 마술사, 독약조제자, 궤변가이기도 하다. 그는 하루에도 몇 번씩이나 풍요하여 꽃피고 생기가 돌다가도 때때로 죽어가는 듯 싶기도 하다. 그러다가는 그의 아버지의 본성을 따라 다시 새로운 삶을 얻는다. 그러나 풍요한 가운데 얻은 것은 늘 어느 샌가 사라져버리고 만다. 그래서 에로스는 빈궁하지도 않고 부유하지도 않다. 그리고 그는 또한 지혜와 무지의 중간에 있다. 신은 이미 지자인 까닭에 지혜를 사모하지 않는다. 아주 무식한 사람도 지혜를 사랑하지 않는다. 철학자란 지자와 무지자의 중간에 있는 사람들인데 에로스도 철학자들 가운데 하나다. 지혜는 가장 아름다운 것들 가운데 하나인데 에로스는 아름다운 것에 대한 사랑이니 말이다.

이와 같이 플라톤은 신화적 우화를 빌어 에로스를 설명하고 있다. 그러나 그 이야기 속에는 사랑의 본성을 잘 드러내어주는 깊은 사상이 있고, 철학자의 참다운 모습이 어떤 것인가를 부각시키는 멋진 시사가 있다. 철학자는 인간이 중간자임을 깊이 자각하는 까닭에 지혜를 사모하며 참된 앎을 안타까이 찾아 더듬어간다. 그리고 참된 앎은 그에게 있어 자기의 목숨을 바쳐도 아까울 것이 없는 것이다. 그리고 그는 참된 앎을 획득한 후에, 그저 그것으로 만족하지 않고, 나아가 실생활에 그것을 구현하여 마지 않는다. 이 구현은 자기 개인에게서만 그치는 것이 아니고, 자기 이웃, 자기 동포, 아니 온 인류에게까지 나아간다. 철학자는 진리의 빛을 본 다음, 무지의 암흑 속에서 허덕이는 인류에게로 나아가 그들로 하여금 또한 그 빛을 보게 할 것을 열망하여 마지않는다. 플라톤은 철학자의 이러한 현실참여의 모습과 사명을 그의 명저 『국가』(Politeia)에 있는 <동굴의 비유>라 흔히 불리는 이야기 속에서 분명하게 그려내고 있다. 동굴 속에 죄수들이 쇠사슬에 묶여 갇혀 있다. 그들은 벽만을 바라보게 되어 있어서 바깥 세상의 사물들의 희미한 그림자만을 바라보고, 그 그림자가 사물들의 실상이려니 생각하고 있다. 동굴 밖에는 밝은 태양이 빛나고 있어서 온갖 사물의 참 모습을 볼 수 있건만, 그 죄수들은 밝은 태양 빛이 비취는 사물을 보지 못하고 자기들이 어두컴컴한 데서 보는 그림자들만을 알고 있다. 그러던 중 죄수들 가운데 한 사람이 쇠사슬을 끊고 동굴 밖으로 나올 수 있었다고 가정하자. 밝은 세상에 나왔을 때 그는 눈이 부셔 그 전에 자기가 머물던 암흑의 세계에서 보던 것들이 참으로 있는 것들이요, 이 밝은 세상이 오히려 거짓된 세계로만 여겨진다. 그러나 그의 눈이 이 밝은 바깥 세계에 익숙하게 됨에 따라, 환한 태양 빛에 자태를 드러내는 만물의 선명한 모습을 분명히 볼 수 있게 되고, 자기가 전에 동굴 속에서 본 것은 동굴 바깥에 있는 것들의 그림자에 지나지 않는 것임을 알게 된다. 그는 태양 곧 진리의 빛을 본다. 이 빛에 비추어 볼 때 모든 사물의 참 모습을 알 수 있다. 진리를 본 그의 마음속에는 큰 기쁨이 넘친다. 그는 이 밝고 아름다운 진리의 세계를 마음껏 즐기며 큰 행복감에 젖는다. 그러나 그는 어두운 동굴 속에서 아직도 무지 가운데 헤매는 동포들을 생각하지 않을 수 없다. 그는 밝은 세상을 뒤에 두고 다시 그 동굴로 찾아 들어간다. 동포들에게 밖에 진리의 태양이 빛나는 세상이 있음을 알려주고 그들도 이 진리의 세계에로 나오게 하기 위해서다.

이 <동굴의 비유> 속에는 여러 가지 뜻이 담겨 있다. 첫째로, 철학하기 전의 우리들은 마치 이 동굴 속의 죄수들과도 같이 사물의 참된 모습이나 이치를 알지 못하고 다만 그 그림자에 지나지 않는 것을 보고서 모든 것을 다 잘 알고 있거니 생각하는 것이 아닐까? 철학은 먼저 이러한무지의 상태를 깨닫는 것이다. 철학은 정신의 각성이요, 제 2의 탄생이다. 둘째로, 쇠사슬을 끊고 나오는 데는 용기가 필요하다. 자기가 지금까지 믿고 있던 것, 옳다고 생각하던 것, 즉 상식이나 과학적 지식이나 종교적 교리를 의심해 보고, 그것이 정말 참된 것일까 하고 반성하며 검토하며 비판하는 일은 용기 없이 되는 일이 아니다. 정신의 각성 다음에는 용기가 뒤따르지 않으면 안 된다. 셋째, 어두운 데서 밝은 곳으로 나오면 누구나 눈이 부시다. 처음에는 공연히 나왔다고 후회도 되겠고, 찬란한 빛 속에 전개되는 삼라만상의 아름다운 광경을 보고 기이하게 여겨 마치 꿈나라에 온양 이것이 오히려 가상의 세계가 아닌가 하는 생각도 들 것이다. 전통과 관습에 젖어온 정신은 거기서 안일을 찾고, 새로운 혁신적 사상에 부딪혔을 때, 오히려 의혹의 눈초리를 돌린다. 또 그 새로운 사상이 진리임을 분명이 깨닫고 이것을 동포들에게 알려준다고 하면 필경 그들에게 거짓말장이라는 비판을 받고 박해를 받기 쉽다. 과거의 모든 위대한 철학자들의 고난에 찬 생애가 이를 잘 증명해준다. 넷째, 그러나 진리의 빛을 본 철학자는 어두운 세계에서 무지 속에 살아가는 인류 대중 가운데로 뛰어들어가지 않으면 안 된다. 자기 혼자 진리를 안다고 해서 혼자 기뻐할 것이 아니다. 내 이웃이 가난과 무지의 암흑 속에 허덕이는 마당에서 나 혼자 광명의 세계에 살며 진리를 안다고 해서 마음속에 깊은 기쁨과 참된 행복이 있을 리 없다. 만일에 거기에 기쁨과 행복이 있다고 하면 그것이야말로 거짓된 생활이다. 그러므로 철학은 진리를 자기 혼자만 알고 만족할 것이 아니라, 내 이웃에게, 아니 온 인류에게 알게 해주고, 또한 그 진리를 따라 살도록 정신을 높이 끌어올려주어, 이 세계가 밝은 진리의 빛에 의해 다스려지는 평화의 고장이 되게 하는 것이 아니어서는 안 된다.

제1편
서양 철학의 큰 줄기

제1장 철학사의 의의

어떤 학문을 연구하든지 그 학문의 역사를 아는 것이 매우 유익하다. 무릇 역사를 앎으로써 우리는 우리 자신을 더 잘 알게 된다. 학문에 있어서는 과거에 학자들이 고심하며 연찬(研鑽)하여 얻은 것을 앎으로써 우리는 그 위에 다시 더 높은 업적을 쌓아올릴 수 있다. 과거를 모르고서 자기가 무슨 새로운 발견이나 한 듯 생각할 때, 우리는 학문에 있어서의 오만과 무식에 빠지기 쉽다. 과거에 같은 문제를 가지고 씨름하고 더 좋은 해답을 얻은 사람이 있을지도 모르니 말이다.

철학에 있어서도 이와 마찬가지다. 지금까지 위대한 철학자들이 어떻게 살았으며 무엇을 생각했는지 알지 못하고, 철학한다고 자기 혼자 사색하는 것을 대견스럽게 생각하면서 자기 도취에 빠지는 것은 어리석은 일이다. 우리가 생각하는 철학적 문제를 과거에도 생각한 사람이 있고, 또 우리보다 더 깊이 생각하고 더 알뜰하게 서술한 사람이 있을지도 모른다. 가령, 플라톤 같은 사람은 철학의 모든 문제를 거의 전부 다루고 그 문제들에 대하여 훌륭한 답을 내리고, 또 그의 사상을 멋진 대화의 형식으로 서술한 바 있다. 그래서 20세기의 가장 위대한 철학자의 한 사람인 화이트헤드(Alfred N. Whitehead)도 "플라톤 이후의 모든 서양철학은 플라톤 철학의 각주에 지나지 않는다"고 말하였다.

철학사를 배운다는 것, 특히 인류사상사에 있어서 높은 봉우리를 이루었던 위대한 철학자들의 사상을 공부하고 이해하는 것은 우리 자신의 정신에 자양분을 섭취하고, 우리 자신의 사상을 살찌게 하며 풍부케 하는 것이다. 위대한 철학사상을 깊이 알고 거기서 출발함으로써 우리의 사색은 충실한 것이 될 수 있고, 더욱 높이 비약하여 인류의 정신생활에 이바지할 수 있다. 그런데 철학개론에서는 철학사를 자세히 다루고 모든 철학자를 남김없이 취급할 수는 없다. 다만 우리 자신의 정신생활과 철학적 사색에 대해서 유익하고 의미 있는 것을 잘 아는 것으로 충분하다. 과거의 사실을 모조리 아는 것이 역사인 것은 아니다. 우리의 현재의 활동과 빛나는 미래의 건설에 빛을 던져주는 역사적 사실들을 선택하고 해석하고 기술하는 것이 역사다. 과거는 과거로서만 흥미 있는 것이 아니다. 현재와 미래가 더 중요한 까닭에 현재와 미래를 위하여 과거가 돌이켜 생각되는 것이다. 우리에게도 철학이 없는 것이 아니지만, 아직 세계에 내어놓을 만큼 정리되어 있지는 않다. 세계에 내어놓아 높이 평가받을 만한 우리의 철학의 건설을 위해서도 우리는 과거의 위대한 철학자들의 뛰어난 사상을 섭취·소화하고 우리의 철학을 높고 깊은 것이 되게 하여야 한다. 이러한 의도에서 우리는 우선 서양철학의 큰 줄기를 더듬어 보고자 한다.

제2장 초기 그리스 철학

1. 소 서

B.C. 1,000여 년 전 여러 세기에 걸쳐 북방으로부터 내려온 그리스인들은 토착민족인 크레타(Crete) 인들과 종족 및 문화를 혼합시키게 되었다. 크레타 인들은 이미 높은 문명을 가지고 있었다. 이것은 그들이 남긴 건축과 조각으로 미루어 확실한 일이다. 개화한 민족이 야만민족에게 정복될 때에는 으레 그 문화수준이 저하하는 터이므로 그리스도 얼마 동안 암흑시대를 지냈지만, B.C. 3세기에 이르러 밝은 문화의 길로 들어서게 되었다. 이때에는 이미 그들을 전사일 뿐더러 또한 무역인이었고, 나아가 예술가들과 사상가들도 배출하였다. 또 그리스 문물 가운데 가장 유명한 것인 폴리스(polis), 즉 자주적인 도시국가를 조직하기도 했다. 그리스 고전문화는 이 <폴리스> 속에서 배양되었다. 그리고 아테네와 그 주변 영토 아티카는 B.C. 5세기에 그 전성기에 이르렀다.

북방으로부터 내려온 그리스인들 가운데 소아시아의 이오니아(Ionia) 지방으로 식민해 간 이오니아 족은 우수한 두뇌를 가졌고 또 매우 진취적이었다. 그들은 일찍이 동방의 여러 나라로 항해하여 그 문물을 수입하였다. 특히 밀레토스(Miletos)는 그 중심으로서 B.C. 7세기경에는 지중해 일대의 교역의 중심지, 문물의 집산지가 되어 그리스 본토에서는 볼 수 없을 만큼 번영하였다. 이와 같은 문물의 교류에는 사상의 교류가 따랐고, 또 정치적·사회적 발전과 더불어 물질적 생활의 구속에서 해방되는 사람이 생기게 되고 여기서 철학적 사색이 움트기 시작하였다.

그리스 철학 전체는 소크라테스를 분수령으로 하여 크게 두 시기로 나뉜다. 소크라테스 이전의 철학은 이른바 <자연철학>으로서 자연의 근본원리를 찾아내려 하는 것이었다. 변화무상한 자연현상의 밑바닥에 항구불변하는 그 무엇이, 즉 만물의 근원이 되는 그 무엇이 있으리라 생각하고, 이 근본원소 내지 근본원리를 찾아내려는 것이 소크라테스 이전의 철학자들의 공통된 경향이었다. 그러던 것이 소크라테스와 함께 철학의 관심은 인간 자신에게로 돌이켜져서 인간학적 철학이 개막되었다.

2. 이오니아(Ionia)의 철학자들

그리스의 옛 신화작가들과는 달리, B.C. 6세기 전반에 살고 활동한 탈레스(Thales)는 처음으로 자연을 합리적으로 설명하였다. 그는 B.C. 585년의 일식을 예언했다고 전해지며, 또 정치적 활동도 하였으며, 그 윤리상 및 정치상의 지혜로 인하여 그리스 7현인의 한 사람으로 꼽힌다. 그의 철학자로서의 의의는 만물의 근원을 물(水)이라고 주장한 데 있다. 이것은 물론 자연에 대한 소박한 경험적 관찰에 의한 것이요, 오늘날의 물리학의 지식에서 볼 때 매우 유치한 생각이지만 신화적 우주발생론에서 떠나 우주의 근원을 물질적인 것에서 찾은 점에서 획기적 의의가 있다. 탈레스가 만물의 근원을 물이라 보고, 모든 것이 물에서 생기고 물로 돌아간다고 생각한 것은 만물의 종자와 영양물이 습기를 띠고 있고, 일반으로 물기 있는 것에서 생명 있는 것이 나옴을 본 때문인 것 같다. 그러나 이것은 분명하지는 않은 일이다.

앞에서도 말한 바와 같이, 탈레스가 서양철학사의 맨 처음 철학자로서 기억되는 것은 그가 만물의 근원을 객관적으로, 다시 말하면 과학적으로 탐구한 처음 사람인 때문이다. 그는 만물의 근원을 시간적으로 우주의 시원으로 거슬러 올라가서 공상적으로 추측하지 않고, 예나 지금이나 한결같이 이 우주를 생성시키며 변화케 하는 근본적인 것을 찾았다. 여기에, 즉 우주의 근본물질을 물이라고 한 답이 아니라, 만물이 거기서 생기고 거기로 돌아가는 영원한 궁극의 원리 내지 물질이 무엇인가라고 물은 그 과학적 사고방식, 그 문제제기의 방식에 철학자로서의 그의 가치가 있다.

탈레스와 같이 밀레토스 사람으로 그의 뒤를 이은 아낙시만드로스(Anaximandros, B.C. 611~546)는 우주의 근본원질을 처음으로 <아르케(Archē)>라 불렀다. <아르케>란 본래 <처음>이란 뜻의 그리스어인데, 철학적으로 쓰임에 이르러 주로 <제1원리>를 의미하게 되었다. 그는 아르케, 즉 우주의 근본 원질을 <아페이론(apeiron)>, 즉 <무한한 것>이라 했다. 아페이론은 영원한 것, 질적으로나 양적으로나 한정되어 있지 않고, 그러면서도 만물을 포괄하며 지배하는 것이다. 그렇다고 해서 그것은 비물질적인 것은 아니다. 아낙시만드로스가 생각한 아페이론은 아직 특정한 원소들에로 분화되지 않은 근원물질, 이 원소들에 앞서는 것, 모든 원소의 화학적 중화 비슷한 것이었던 듯싶다. 그것은 영원히 자기운동하는 물질로서 끊임없이 <더운 것>과 <찬 것>을 산출·대립시켜 이 대립물들의 투쟁에 의하여 만물을 생기게 한다. 그러나 만물은 필연적 법칙에 따라 사멸하여 그 근원인 아페이론에로 되돌아간다. 유기체의 발생 및 진화에 관한 아낙시만드로스의 사상은 근대의 라마르크(Lamarck)와 다윈(Darwin)의 학설과 매우 흡사하다. 그는 동물이 태양의 영향으로 흙탕으로부터 발생하며 인간은 물고기나 육서(陸棲) 동물과 비슷한 모양을 거쳐서 생겼다고 생각하였다. 그가 남긴 말로는 다음과 같은 단편이 오직 하나 남아 있다. "존재하는 것들의 기원은 아페이론, 즉 무한한 것이다. 존재하는 것들은 거기서 그것들이 생긴 곳에로 필연적으로 파멸해 들어간다. 왜냐하면 그것들은 그 부정의 보상으로서 시간의 질서를 따라 서로 마땅한 보응을 하기에 말이다."

아낙시메네스(Anaximenes, B.C. 588~524)는 공기를 만물의 <아르케>라고 봄으로써 탈레스의 근본사상에 다시 접근하였다. 그에 의하면,

무제한하고 모든 것을 포괄하며 부단히 운동하고 있는 공기로부터 <희박화>와 <농후화>에 의하여 만물이 형성된다. 그가 이렇게 생각한 것은 공기가 전 세계를 감싸고 있고 호흡이 생명활동의 조건이 되고 있음을 관찰한 때문인 것 같다. 그의 어록에는 다음과 같은 말이 있다. "공기로 되어 있는 우리의 혼이 우리를 지탱하고 있는 것처럼 미풍이 전 세계를 감싸고 있다."

3. 피타고라스(Pythagoras) 학파

피타고라스(Pythagoras, B.C. 570~496경)는 이오니아의 사모스 섬에서 출생하여 정치적 이유로 남이탈리아의 크로톤 섬으로 이주하여 생애의 대부분을 거기서 보냈다. 그는 당파싸움으로 황폐화된 남이탈리아의 여러 도시를 윤리적 및 정치적으로 갱생시키고자 하나의 교단을 창립했다. 이 교단의 단원들은 청정한 생활, 서로의 굳은 우정, 교단의 도덕·계율·질서·조화를 유지하기 위하여 협력할 의무를 가지고 있었다. 피타고라스 개인에 관해서는 전설이 많고 역사적으로 확실한 것은 거의 알려져 있지 않다. 그래서 그의 사상이라 전해오는 것도 반드시 그 자신의 사상이라 할 수 없는 것이 많다. 그러나 그가 피타고라스학파에 영향을 주었으리라는 것은 의심할 여지가 없다.

피타고라스학파는 이오니아의 자연철학자들이 생각한 문제, 즉 <아르케>가 무엇인가 하는 문제에 대하여 보다 높은 해결을 시도했다. 그들은 물질의 감각적인 면이 아니라 형식적인 관계 내지 차원 같은 것이야말로 만물의 본질을 설명할 수 있는 근거라고 생각하였다. 그리하여 그들은 <수(數)>를 만물의 아르케라 보았다. 수는 우리가 감각적으로 직접 보는 것과 순수한 생각과의 중간에 있다. 수는 물질에 결부되어 있으면서 물질을 넘어서는 것이다.

피타고라스학파에게 수가 어떠한 의미에서 만물의 원리가 되는가 하는
데 대하여는 갖가지 해석이 있다. 어떤 사람들은 질료적 원리였다고 보
고 또 어떤 사람들은 형상적 원리였다고 본다. 피타고라스학파에게 수는
사물들의 질료였을까, 그렇지 않으면 사물들의 원형이었을까? 여기 대
해서 옛날 사람들의 보고는 서로 다르다. 아리스토텔레스(Aristoteles)도
"그들은 사물들을 수라 생각했다"고 말하는가 하면, "그들은 수를 물이
나 공기보다도 더 존재의 원형다운 것이라 생각했다"고도 말하고 있어
명확치 않은 점이 있다.

그러나 피타고라스학파가 수에 의하여 만물의 양적 비례·연장·크기·도
형·거리 등이 명확히 규정되고, 세계가 수적 비례에 의하여 조화 있게
조직된 전체라고 생각했음은 의심의 여지가 없는 일이다. 이러한 생각에
서 그들은 무릇 모양이라든가 비례가 없으면 아무 것도 존재하지 못함
으로, 수는 사물들 자체 및 질서의 원리라고 결론지었다.

피타고라스학파의 근본사상은 균제(均齊)와 조화의 이념이었다. 이 이
념은 우주의 최고법칙일 뿐더러 실생활의 원리이기도 했다. 피타고라스
학파에 의하면 모든 천체는 그 중심에 있는 불덩어리의 둘레를 일정한
궤도를 따라 운동하고 있으며, 이 중심에 있는 불로부터 빛과 열과 생명
이 우주 전체에 쏟아지고 있다. 그리고 우주는 균형을 이루며 조직되고,
존재의 모든 구별과 대립을 조화롭게 자기 속에서 통일시키고 있는 전
체다.

피타고라스 학도들은 우주의 <아르케>, 즉 세계형성의 원리로서의 수
를 음악과 의학에도 적용하였다. 즉 어떤 음과 그 8도 음정 혹은 5도 음
정 사이에 일정한 수적 비율이 있음을 발견하였다. 그들은 소음도 어떤
형식을 갖추게 되면 음악으로 변한다는 것, 그리고 수가 그 형식의 원리
라는 것을 깨달았다. 의학에 있어서는 육체를 여러 요소의 상호관계, 즉
더운 것과 찬 것, 젖은 것과 마른 것의 상호관계로 보는 동시에, 건강이
란 이 요소들 사이의 올바른 수적 비율이라 믿었다. 그들에게 있어 질병

은 곧 부조화요, 건강은 곧 조화였다. 질병과 건강과의 관계는 무질서한 혼돈과 정연한 형식과의 관계와 같다. 그리고 이 때 이 형식의 원리는 다름 아닌 수다. 피타고라스 학도들은 이 밖의 것들에 대해서도 수를 적용하였다. 그들 중 어떤 이는, 결혼은 3에 해당하며, 정의는 4에, 인간은 250에, 식물은 360에 해당한다고 주장했다. 또 어떤 이는 정의를 3에 환원시키는가 하면, 9에 환원시키는 사람도 있었다. 이런 주장이나 생각은 무의미한 것이라 무시해 버리는 게 보통이었다. 그러나 이 엉뚱한 주장들 속에 피타고라스적 사상의 중요한 특색이 깃들여 있다. 즉 가치 있고 훌륭한 것에는 정밀하고 명확한 형식이 필요하다고 하는 사상이 흐르고 있다. 명확하지 못한 것, 정밀하지 못한 것, 부정적인 것은 나쁜 것이요, 확연한 것, 정확한 것, 한도 있는 것은 좋은 것이다. 이리하여 수학은 사물들에 대한 응용에 있어서 윤리적인 의의를 지니고 있다. 인간을 포함하여 모든 것은 그 요소나 활동이 적당한 비례를 나타낼 때 최선의 상태를 얻게 된다. 이 사상은 플라톤을 비롯하여 후세의 많은 사상가들에게 큰 영향을 끼쳤다.

피타고라스학파의 또 하나 중심적 사상은 순결성을 강조한 것이었다. 그들이 교단을 형성하게 된 것도 이 순결성을 얻기 위해서였다. 여기에는 그 이전의 그리스의 제례 및 신앙의 영향이 있었다. 피타고라스 학도들은 (아마도 피타고라스 자신도) 영혼의 윤회전생을 믿었다. 그들의 교설에 의하면, 오직 순결한 영혼만이 육체의 감옥으로부터 벗어날 수 있다. 그래서 어느 영혼이나 정화가 필요하다. 피타고라스학파는 영혼정화의 방법을 여러 가지 가르쳤다. 첫째로 영혼은 외부의 오염으로부터 정화되지 않으면 안 된다. 그러기 위해서는 여러 가지 금기, 가령 동물의 심장이나 콩을 먹어서는 안 된다든가, 침구에 자국을 남겨서는 안 된다든가, 떨어진 물건을 주워서는 안 된다든가 하는 따위의 금지사항을 잘 지키지 않으면 안 된다. 또 신체가 깨끗해져야 영혼도 깨끗해지기 때문에 위장을 씻어내리는 방법을 연구하기도 하고, 이것이 건강에 미치는 가치도 역설하였다. 그러나 무엇보다도 영혼에 필요한 것은 음악과 철학에 의한 정화다. 이것에 의하여 영혼은 나쁜 정욕이나 속된 욕망에서 벗어날 수 있고 또 지나치게 세상일에 사로잡히지 않게 된다. 이리하여 피타고라스학파는 대체로 금욕주의적 경향을 띠게 되었다. 그들은 세상일이나 실제적인 문제 혹은 세속적인 사건 따위를 경멸하도록 스스로 노력도 하고 남에게 가르치기도 하였다. 또 참으로 지혜를 사랑하는 사람은 세계로부터 영혼을 분리시키고 정복(淨福)을 누릴 수 있도록 늘 준비해야 한다고 주장하기도 했다.

4. 엘레아(Elea) 학파

엘레아(Elea)학파는 감각적인 것, 물질적인 것을 모두 부인하고, 참으로 있는 것은 순수한 존재뿐이라는 원리를 세웠다. 이렇게 함으로써 그들은 이오니아학파의 감각적 원리 및 피타고라스학파의 양적 원리 대신에 예지적 원리를 세웠다. 피타고라스학파는 양과 시공관계를 근본적 원리로 삼았지만 그 원리는 아직 물질을 대상으로 삼는 것이었다. 그러나 엘레아학파는 존재의 모든 유한한 한정성과 모든 변화를 부인하였다. 이 세상에 있는 모든 것이 변화하고 있다고 보는 것은 우리의 착각일 따름이다. 이 세계는 결국 영원불변하는 하나의 존재일 따름이다. 이와 같이 그들은 존재의 다양성을 유일의 궁극적 원리에 환원시키려 했으나, 끊임없이 변화하는 이 현상계를 철저히 부인한다는 것은 쉬운 일이 아니었다. 그리하여 이 모순을 넘어서려 하는 데 그들의 노력이 집중되었다.

엘레아학파의 철학적 방향을 시작한 사람은 크세노파네스(Xenophanēs, B.C. 570~480)이다. 그는 소아시아의 콜로폰(Kolophon)에서 출생하여 남이탈리아의 엘레아에 이주하여 살았다. 그는 방랑시인으로서 여러 고장을 여행하는 중에, 사람들이 신들에 대하여 서로 다른 관념을 가지고

있음을 보았다. 트라키아인들은 신들의 눈이 푸르고 머리는 붉다고 생각
하였으며, 아프리카 사람들이 생각하는 신들은 그 빛깔이 검고 코는 납
작했다. 사람들은 제각기 자기들 모양대로 신들을 생각하고 있었던 것이
다. 그래서 크세노파네스는 만일 말이나 소가 신들의 관념을 가질 수 있
다면 말이나 소의 모양을 가지고 있는 것으로 생각할 것이라 하였다. 이
런 것이 신에 대한 참된 관념일 수는 없다고 그는 확신하였다. 신은 <일
자(一者)>일 것이요, 결코 사람이나 짐승 같은 유한자는 아닐 것이었다.
신은 사람들과 같은 감관을 가지고 있지 않을 것이요, "그 전체로 보고,
그 전체로 생각하며, 그 전체로 듣는" 존재일 것이었다. 신은 그 정신 내
지 그 사고에 의하여 만물을 지배한다. 이리하여 세계를 <하나이며 전
체>라고 보는 엘레아학파의 사상은, 그에게 있어서는, 아직 신학적·종교
적 성격을 띠고 있었다. 신의 단일성이라고 하는 관념과 민족종교의 의
인관에 대한 반박이 그의 출발점이었다. 그는 신들이 출생했다거나, 사
람과 같은 소리와 자태를 가지고 있다거나 하는 망상에 대하여 적극적
으로 반대하였다. 또 신들이 약탈도 하고, 간통도 하고, 기만도 하고 있
는 것으로 묘사하고 있는 호메로스(Homēros)나 헤시오도스(Hēsiodos)
를 매도하였다. 그리하여 그는 단일하고 불변하는 신을 최고의 철학적
원리로 확립하였다. 여기에 이르러 인류의 철학은 신에 대하여 상당히
높은 사상에 올라섰다고 하겠다.

엘레아학파의 주도적 인물은 파르메니데스(Parmenidēs, B.C. 540경 출
생)다. 고대에 있어서 사람들은 한결 같이 이 엘레아의 현인을 외경했고,
그 정신의 깊음, 그 지조의 견실하고 숭고함을 찬탄했다.

파르메네데스는 그의 철학을 『자연에 관하여』라는 서사시 속에서 전개
하고 있다. 이 서사시는 두 부분으로 나뉘어 있다. 제1부에서는 순수한
유일의 <존재>를 다양하고 변화하는 모든 것에 대립시키고 있다. 변화
하는 모든 것은 참으로 <없는 것>이요, 없는 것에 대해서는 생각조차
할 수 없다. 참으로 있는 것은 <존재>뿐인데, 존재는 생성도 하지 않고

소멸도 하지 않으며, 전체요 하나로서 무시간적으로 영원히 있다. 생성이라든가 변화라든가를 인정하는 것은 감각에 사로잡힌 데서 오는 <억견(臆見, doxa)>에 지나지 않는다. 이성을 따라서 보면 어디까지나 오직 <있는 것>만이 있으며, <없는 것>은 없고 생각될 수도 없다. 오직 이것만이 진리인데, 이와 같은 진리의 세계에서는 <없는 것>은 아예 없고 생각될 수도 없기 때문에 생각한다고 할 때에는 반드시 <있는 것>을 생각하는 것이다. 이리하여 파르메네데스는 "생각과 존재와는 같은 것"이라고 단언하였다. 그는 순수한 존재를 향한 순수한 생각을, 현상의 다양성과 변화에 관한 어설픈 생각에 대립시켜, 유일의 진실하고 확실한 인식이라 불렀고, 사람들이 흔히 진리라고 생각하는 것, 즉 생멸(生滅), 개물(個物), 장소의 변화, 성상의 변전 등을 망상이라 단정하였다. 그러므로 파르메네데스가 생각한 <일자>내지 <존재>는 모든 경험적 존재가 모여서 하나가 된 것이라고 생각될 성질의 것이 아니다.

『자연에 관하여』의 제2부에서는 비존재, 즉 현상계가 설명되고 있다. 이성으로는 오직 일자(一者)만이 있다는 것을 굳게 믿으면서도 역시 다양하고 변화하는 현상세계를 숫제 무시할 수는 없었던 것이다. 그러나 제2부의 첫머리에서 그는 다음과 같이 말하고 있다─ "진리의 말과 사상은 이제 끝났다. 이제부터는 죽을 수밖에 없는 자(즉, 인간)의 억견을 말한다." 제2부는 아주 불완전하게 전하여져 있어서 우리는 확실한 것을 알 수 없다. 제1부에서는 비존재·변화를 절대적으로 부정하고 이런 것들에 대하여는 생각도 할 수 없다고 하면서, 제 2부에서는 이런 것들이 적어도 인간의 생각 속에만은 있을 수 있음을 인정하고 있다. 그러나 비존재가 어디에도 있지 않는 것일진대 그것은 생각 속에도 있을 수 없을 터이므로, 생각 속에 있는 비존재를 설명하려는 것은 존재만을 인정하는 처음 입장과 모순된 것임이 분명하다. 그의 제자 제논(Zēnōn)은 이 모순을 극복하고 파르메네데스의 원리를 철저히 논증하려고 애썼다.

제논(B.C. 490경~430경)은 그리스의 철학자들 중 최초로 산문으로 글

을 썼다. 그는 자기 고향의 도시를 참주로부터 해방시키려고 꾀하다가
발각되어 고문을 당해 죽어가면서도 태연자약했다 한다.

 그는 유일·불변의 존재를 내세우는 학설을, 이에 반대하여 세상의 사물
들의 다수성과 변화를 인정하는 사람들이 빠지기 쉬운 자기모순을 지적
함으로써 변호했다. 그의 논법은 독특한 역설적 논법, 즉 일종의 귀류법
(歸謬法)으로서 흔히 <제논의 패러독스>라 불린다. 그 중에서 가장 유
명한 것은 다음과 같은 것들이다.

 (1) 만일 날쌘 아킬레우스(Achilleus)와 동작이 느린 거북이가 경주를
하되 후자가 조금이라도 먼저 출발한다면 아킬레우스는 절대로 후자를
앞지르지 못할 것이다. 왜냐하면 아킬레우스가 거북을 앞지르려면 우선
거북이 있는 지점까지는 가야 하는데 그 동안에 거북은 아무리 느려도
조금은 전진했을 것이요, 이 관계는 무한히 계속되겠기 때문이다. 무릇
운동하는 물체는 목표에 도달하려면 먼저 그 도정의 절반을 가야 하고
또 그 절반의 절반을 먼저 통과하지 않으면 안 된다. 그 물체는 무수한
거리를 통과해야 하는데 이것은 불가능한 일이다. 따라서 어떤 점으로부
터 다른 점으로 간다는 것은 있을 수 없고 운동이란 것도 존재치 않는다.
운동은 시작될 수도 없다. 왜냐하면 통과해야 할 각 거리는 다시 무한의
부분으로 나뉘기 때문이다. 아킬레우스가 거북을 앞지를 수 없음도 공간
의 이러한 무한분할성(無限分割性)으로 말미암는 것이다.

 (2) 정지란 같은 장소에 있음을 말한다. 화살이 날고 있는 시간을 여러
순간으로 나누면, 화살은 그 모든 순간에 있어서 한 장소에만 있다. 따
라서 화살은 정지해 있다. 우리가 보기에 날고 있는 것처럼 보일 뿐이다.
이러한 역설적 논증 때문에 아리스토텔레스는 제논을 변증법(辨證法)의
창시자라 부르고 있다. 제논은 플라톤에게도 근본적 영향을 주었다.

5. 헤라클레이토스(Herakleitos)

엘레아학파는 <순수한 존재>라고 하는 원리 때문에 모든 유한한 존재, 우리가 보고 접촉하는 이 세계의 존재를 희생시켰다. 그러나 자연과 세계를 끝내 부인한다는 것은 불가능한 일이어서, 그들도 여기 대하여 논하지 않을 수 없었다. 하지만 그들에게는 이 추상적인 존재로부터 감각적이고 구체적인 세계로 되돌아 갈 다리가 하나도 남지 않았었다. 그들의 원리는 변화하는 세계를 설명할 수 있는 것이어야 했는데, 사실상 그렇지 못했다. 그래서 생성·변화를 설명할 수 있는 원리를 찾아내는 것이 불가피한 과제가 되었다. 헤라클레이토스(Herakleitos, B.C. 533~475)는 이 문제를 존재는 비존재 이상의 실재성을 가지지 못하므로, 존재와 비존재의 통일인 <생성>이야말로 원리라고 함으로써 해결하였다. 그에 의하면 사물들, 즉 유한한 존재들의 본질은 부단의 유전, 끝없는 흐름 속에 있다. "모든 것은 흐른다"(Pantarhēi)라고 하는 것이 그의 사상의 핵심을 이루는 것으로서 오늘날까지 전해져오고 있다. 그리고 헤라클레이토스 이래로 생성의 원인이라는 문제가 언제나 철학의 주요한 관심사였고 발전의 계기가 되었다. 헤라클레이토스는 후세 사람들에게 <어두운 사람> 혹은 <우는 철학자>라고 불렸다. 그는 만사에 울었지만, 소크라테스 이전의 철학자들 중 가장 깊은 사상가였다.

헤라클레이토스의 세계관은 다음과 같은 것이었다. 모든 것은 영원한 흐름, 끊임없는 운동과 변전 속에 있다. 무엇인가가 항상 있다고 생각함은 잘못이다. 무엇이나 같은 것으로서 머물지 않으며, 항상 늘거나 줄며, 다른 것으로 변화하고 옮아간다. 모든 것에서 모든 것이 생기고, 삶에서 죽음이, 생명 없는 것에서 생명 있는 것이 생긴다. 오직 변전, 생멸의 과정만이 영원하다. "우리는 같은 냇물에 들어가되 같은 냇물에 들어가는 것이 아니요, 같은 냇물 속에 있으면서 사실은 같은 냇물 속에 있는 것이 아니다. 왜냐하면 우리는 같은 냇물에 다시 들어갈 수 없고 냇물은 쉴 새 없이 흩어졌다가는 모이고 흘러왔는가 하면 동시에 흘러가기 때문이다"라고 헤라클레이토스는 말하고 있다.

그는 나아가 모든 생성은 서로 싸우는 대립의 결과요, 서로 반대되는것들의 조화적 결합이라 생각했다. 그래서 그는 "싸움은 만물의 아버지"라 했고, 또 "어떤 물건이든지 악궁(樂弓)과 수금(堅琴)과의 조화처럼, 자기 자신과 분열하면서 자기 자신과 일치한다"라고 하는 유명한 말을 하기도 했다. 헤라클레이토스에 의하면 세계가 통일을 이루고 있는 것은 세계의 생명이 대립물들로 분열되어 있기 때문이고, 대립물들의 결합과 조화 속에만 통일이 있다. 통일은 두 가지 것을, 조화는 긴장을, 견인은 반발을 전제하며, 전자는 후자에 의해서만 생긴다. 수금은 질서의 상징이요, 악궁은 파괴의 상징이라 볼 수 있다.

탈레스가 물을, 아낙시메네스가 공기를 <아르케>라 했지만 헤라클레이토스는 불을 아르케라 했다고 아리스토텔레스가 전하고 있다. 그러나 생성만이 있다고 본 헤라클레이토스가 불을 생성의 밑바닥에 있으면서 불변하는 <원소>로 생각했을 리는 없다. 다만 그는 세계를 여러 단계와 정도로 꺼졌다가 다시 타오르는 영원히 산불이라 했고, 모든 물품이 황금과 또 황금이 모든 물품과 교환되듯이 모든 것은 불과 그리고 불은 모든 것과 교환된다고 말하고 있다. 이러한 말의 진의는, 불이라고 하는 쉴 줄 모르는 그리고 모든 것을 파괴하고 변화시키는 원소, 그러면서도 그 열에 의하여 생명을 주는 원소에 의하여 영원한 변전의 힘, 생명의 개념을 가장 선명하고도 힘있게 보여 주려 한 것이 아닌가 한다. 헤라클레이토스는 사물의 다양성을 불이 방해를 입어 부분적으로 꺼지는 것으로써 설명하고 있다. 이 방해 때문에 불은 농후하게 되어 물질적 원소가 되는데, 처음에는 공기, 그 다음에는 물, 다시 그 다음에는 흙이 된다. 그러나 불은 이 방해를 물리치고 새로 타오른다. 헤라클레이토스는 말한다 "만물에 있어서 하나인 이 세계는 신도 사람도 이를 지은 것이 아니요, 법을 따라 켜지고 법을 따라 꺼지는 항상 있었고 항상 있으며 항상 있을,

영원히 살아 있는 불이다." 이 법 즉 만물의 상호교환의 법칙이야말로 생성을 지배하는 <로고스(logos)>, 즉 필연적 이법(理法)이다. 이 로고스에 귀를 기울이고 만물에 있어서 하나인 것을 알아보는 자는 서로 반대되고 모순되는 여름과 겨울도, 전쟁과 평화도 하나임을 알고, 불화·갈등의 그늘에 파묻힌 조화와 통일을 본다.

　헤라클레이토스는 나아가 불이 또한 개별적 사물들의 운동의 원리요, 자연과 정신의 생동성의 원리라고 주장하였다. 우리의 마음이나 정신도 하나의 화기로서, 그것이 얼마나 힘있고 완전한가 하는 것은 그것이 거칠고 투박한 물질로부터 얼마나 자유로운가 하는 데 달려 있다.

　헤라클레이토스의 실천철학은 변화하며 소멸하는 것에 우리를 얽매이게 하는 감각이 아니라 이성에 따를 것을 요구한다. 이성이야말로 변화무상한 것 속에 있는 진실된 것, 영원불변의 것을 인식할 줄 알게 해준다. 특히 세계의 필연적 질서를 따르며, 우리에게 악이라고 보이는 것 속에도 전체의 조화에 협동하는 요소가 있음을 볼 줄 알게 해준다. 이러한 지혜를 얻은 사람에게는 "모든 것이 아름답고 좋고 바른 것"으로 보이지만 그렇지 못한 사람에게는 "다시없이 아름다운 이 세계도 아무렇게나 쌓아올린 쓰레기더미와 같은 것"으로 보일 따름이다.

6. 다원론자들

　고대 그리스에 있어서 엘레아학파의 <존재>의 철학과 헤라클레이토스의 <생성>의 철학은 서로 대립하는 철학의 2대 진영을 이루고 있었다. 그러나 세계는 하나의 전체이면서 또한 생성 변화하는 것이므로, 존재의 원리를 전제하면서 생성을 설명하는 것이 그 후의 철학의 과제가 되지 않을 수 없었다.

　시칠리아 섬의 아크라가스에서 출생한 엠페도클레스(Empedoklēs, B.C.

495경~435경)는 엘레아학파의 <존재>와 헤라클레이토스의 <생성>을 결합시키려 했다. 그는 전에 없었던 것이 생긴다는 것은 있을 수 없고, 있는 것이 없어지는 법도 없다고 하는 엘레아학파의 사상에서 출발하여, 흙·물·공기·불의 4원소를 불멸의 존재로 보았다. 이 네 원소는 분할될 수는 있어도 제각기 독립하여 있어서 서로 다른 것으로부터 나올 수는 없다. 그리고 이 4원소설에 헤라클레이토스의 원리를 결부시켜서, 이 네 원소가 두 개의 <움직이게 하는 힘>, 즉 결합시키는 힘인 <사랑>과 분리시키는 힘인 <미움>에 의하여 혼합되기도 하고 분리되기도 하여 세계가 형성된다고 생각하였다. 파르메니데스가 일자의 원리에서 출발하여 사랑을 원리로 삼았고, 헤라클레이토스가 다양한 변화의 관찰에서 출발하여 싸움을 세계 설명의 원리로 삼은 데 대하여 엠페도클레스는 이두 원리를 결합시켜 자기의 철학원리로 삼았다.

원자론자인 레우키포스(Leukippos, B.C. 440경이 그의 전성기)와 데모크리토스(Dēmokritos, B.C. 460경~370경)는 엘레아적 원리와 헤라클레이토스적 원리의 결합을 엠페도클레스와는 다른 방식으로 수행하려 하였다. 이 두 사람 가운데 나이가 적고 더 유명했던 데모크리토스는 이오니아 인의 식민도시 아브데라(Abdera)에서 출생했는데, 매사에 웃는 낙천적 성격을 가지고 있어서 <웃는 철학자>라 불렸다. 이 원자론자들의 아토마(atoma), 즉 원자란 불변하며, 연장(延長)을 가지고는 있으나 불가분이고, 양적으로만 규정되며 너무 작아서 감관으로는 지각할 수 없는 미립자다. 이 원자들은 질적으로 변화하는 일이 없고, 각기 서로 다른 크기와 모양을 가지고 있을 따름이요, 갖가지 꼴(예를 들어 A와 Z)과 순서(예를 들어 AN과 NA)와 자세(예를 들어 N과 Z)로 결합됨으로써 다양한 세계가 형성된다. 그런데 원자들이 이렇게 결합되려면 공간이 없어서는 안 된다. 그러므로 있는 것은 충실된 것으로서의 원자들과 공허한 공간뿐이다. 따라서 이 공간도 원자들에 못지않은 실재성을 가지고 있다. 그래서 데모크리토스는 "존재는 무(無) 이상으로 존재하지 않으며, 충실된 것은 공허한 것 이상으로 존재하지 않는다"라고 주장하였다.

그러면 원자들을 갖가지 모양으로 결합시켜서 온갖 사물들을 만들어내게 하는 것은 무엇인가? 원자론자들은 이 물음에 답변하기 위하여 <사랑>이나 <미움> 같은 정신적 원리, 혹은 신(神) 같은 것을 끌어들이지 않았다. 데모크리토스에 의하면, 원자들 자신 속에 그러한 결합의 근거가 있다. 서로 다른 원자들이 공허한 공간 속을 떠돌아다니면서 서로 충돌하면 거기에 소용돌이가 생긴다. 비슷한 원자들이 이 소용돌이에 모여들어 원자들의 갖가지 복합체가 생기며, 그것들은 그 본성상 다시 해체된다. 이 결합과 해체를 지배하는 일정한 원리는 없다. 다만 절대적 필연성이라 할까 하나의 운명이라 할 것이 있을 따름이다. 데모크리토스는 이것을 <우연>이라 불렀다. 이와 같이 우연히 모이며 흩어지면서 스스로 움직이는 원자들의 운동의 기계적 필연성 이외에는 다른 아무런 위력도 신들도 없다. 사람들이 무서워하는 죽음은 원자결합체의 분리해체일 따름이다. 이러한 원자론적 확신을 가지고 무서워하지 않고 미혹되지 않고 조용히 사는 자만이 현자이다. 데모크리토스는 여러 민족의 신들을 기상 및 천체의 현상들에 대한 공포 때문에 생긴 것이라 보았는데, 후기 원자론자들은 이 신들을 반박하고, 무신론(無神論)과 유물론(唯物論)을 차츰 더 공공연히 표명하였다.

아낙사고라스(Anaxagoras, B.C. 500년경~428년경)는 소아시아 클라조메나이(Klaxomenai)의 부유하고 세력 있는 집안에서 태어나 페르시아 전쟁 후 얼마 안 있어 아테네로 가서 그곳에서 퍽 오래 살았으나 신들을 부인한다고 고소되어 아테네를 떠나 소아시아로 돌아왔다. 그는 당시 그리스 정신생활의 중심이었던 아테네에 철학을 이식했으며, 특히 페리클레스(Periklēs) 같은 중요한 인물들과 가까이 지냄으로써 그 당시의 문화에 큰 영향을 끼쳤다.

아낙사고라스는 네 원소나 질적으로 다르지 않은 원자를 가지고는 무한이 다양한 만물의 성질의 차를 설명할 수 없다고 생각하였다. 그래서 그는 성질이 다른 무수한 원소가 있다고 보고 이것들을 <씨(spermata)>라고 불렀다. 이 근본적 구성요소인 씨란 엠페도클레스의 불·공기·물·흙 같은 보통 원소가 아니요, 무한히 다양한 질료, 곧 <만물의 종자>로서 모든 개별적 물건(돌·금·뼈 같이 동질의 부분으로 되어 있는 것)을 구성하는 것이다. 그래서 후세사람들은 이 씨를 <동질소>라고도 불렀다. 이 씨들은 무한히 작고 단순하고, 본래 혼돈한 혼합 상태에 있었다. 그러던 중 <누우스>(nous)가 정지 상태에 있는 이 물질의 작은 덩어리들에다가 영원히 계속되는 운동을 일으키게 했다. 아낙사고라스는 말한다 "모든 사물은 함께 어울려 있었고, 수에 있어서나 작음에 있어서나 무한하였다. 거기에 <누우스>가 더해져서 만물에 질서를 주었다." 아낙사고라스에 의하면, 누우스란 자발적으로 활동하는 것, 다른 어떤 것과도 혼합되어 있지 않는 것, 운동의 근거, 스스로는 부동이면서 어디에서나 작용하고 있는 것, 만물 가운데 가장 미묘하고 순수한 것이다. 물질을 움직이게 하는 이 누우스는 유기체에서는 특별히 뚜렷하게 나타나며, 모든 생물에 있어서는 갖가지 정도의 크기와 힘을 가지고서 그 생물들을 살아가게 하는 혼으로서 내재해 있다. 따라서 누우스는 만물을 각기 그 본성을 따라 배열하고, 만물로 하여금 존재의 갖가지 형태를 가진 우주가 되게 하며, 자기 자신은 개성적 생명력으로서 우주 속에 들어가는 것이다.

이와 같이 아낙사고라스는 물질세계를 움직이게 하고 조화 있는 우주를 형성하는 원리로서 누우스라는 일종의 정신적 원리를 내세움으로써 물질을 움직이게 하는 힘을 <사랑>과 <미움>이라는 신화적인 힘으로 본 엠페도클레스나 <우연>이라고 하는 무의식의 필연이라고 본 데모크리토스의 사상보다 크게 전진하였다. 그는 <예지>라 할까 <정신>이라 할 수 있는 <누우스>가 물질과 함께 있으면서 세계에 질서와 합목적적 운동을 준다고 생각함으로써 철학으로 하여금 하나의 위대한 원리, 즉 물질만으로 세계를 설명하지 않는 하나의 정신적 원리를 획득하게 했다. 그러나 아낙사고라스는 이 원리를 완전히 확립하지는 못하였다. 막상 누우스가 무엇인가를 설명함에 이르러서는 물질적인 것들을 가지고 설명하였던 것이다. 그리고는 역시 세계에 대하여 기계적 설명을 하였다. <세계를 형성케 하는 이성>인 누우스는 실제로 최초의 충격, 움직이게 하는 힘으로서의 역할밖에 하지 못하고 있다. 아낙사고라스는 보다 높은 원리를 예감하고 그것에 누우스라고 명명까지 했으나, 그의 선행자들과 마찬가지로 결국 자연철학의 경지를 넘어서지 못했다. 그에게 있어서 정신은 아직 자연의 전적으로 지배하는 참된 힘, 자기만의 힘으로 형성하는 우주의 혼으로서 나타나지 않고 있다. 어떻든 아낙사고라스와 함께 그리스 자연철학의 활기찬 발전의 역사는 막을 내린다.

제3장 철학의 황금시대

1. 궤변론자들 : 소피스트(Sophistai)

B.C. 5세기의 아테네는 인류역사에 있어서 문화의 꽃을 활짝 피어 오르게 하여 예술·정치사상·철학에 있어서 길이 빛나는 유산을 남겼다. 페리클레스(Periklēs) 같은 위대한 정치가가 나와서 훌륭한 민주주의를 구현하기도 했고, 아름다운 조각도 많이 제작되었으며, 소크라테스 같은 위대한 철학자가 나와서 인류에게 영원히 기억될 진리의 말을 토로하기도 했다. 아테네는 페르시아 전쟁에서의 승리의 여세를 몰아 지중해 일대를 주름잡았으며, 문물의 교류·인물의 왕래로 인하여 문화적 활동이 매우 활발하였다. 이런 때를 당하여 사람들의 사상은 풍부해지고 철학은 깊어졌다.

이때에 사람들의 이목을 가장 많이 끌고 제철을 만난 듯 활보하면서 문화계를 주름잡다시피 활동한 자들이 소피스트(Sophistai, 단수는 Sophistēs)였다. 소피스트란 본래 지자(知者), 혹은 현명한 사람을 의미하는 말이었다. 소피스트들은 무엇이나 안다고 자처하였고, 무엇이나 가르친다고 하면서 돌아다녔다. 그리고 가르침의 대가로 많은 보수를 받곤 했다.

소피스트와 더불어 철학은 새로운 국면에 들어선다. 지금까지는 자연이 문제였지만, 이제부터는 인간이 문제다. 자연철학자들은 객관적 세계의 탐구에서 진리를 찾으려고 애썼지만 소피스트에게는 그러한 진리가 숫제 없다. 세상의 모든 사물들은 그저 나에게 그렇게 보일 따름이요, 누구나가 옳다고 할 수 있는 진리는 없다. 이것은 사회와 인간관계가 아주 복잡해진 상황을 반영하는 것이지만, 이러한 상황 속에서는 한가하게 자연을 연구할 겨를이 없다. 그리하여 연구의 대상은 바로 인간이 되지 않을 수 없었다. 인간을 어떻게 다루는가, 어떻게 속이는가, 어떻게 하면 꼼짝 못하게 휘둘러 거짓도 참이라고 알아듣게 하는가 하는 따위를 연구하는 일이 성행하게 되었다. 이러한 일을 맡고 나서서 가르친 사람들이 다름 아닌 소피스트였다.

소피스트는 진리나 정의나 선의 절대적 기준은 없고, 이런 것들은 각자 편리한 대로 결정할 수 있는 것이라고 주장하였다. 이것은 어처구니없는 주장이지만, 그 당시의 사회상을 잘 반영하고 있다. 그 당시의 공공의 생활은 격정과 사욕이 날뛰는 무대가 되어 있었고, 당파싸움은 도덕성을 질식시켰으며, 무제한적인 이기주의가 사회의 모든 분야에 퍼져 있었다. 민주주의가 극도로 발달하면 방종으로 흐르는 수도 있는가 보다. 그래서 사람들은 각기 자기의 개인적 이익을 국가의 이익 및 공익보다 더 중히 여기고, 자기의 자의(恣意)와 이익에서 자기의 모든 행동의 표준을 찾게 되었다. 이렇게 사회가 어지러워지자 전통은 그 힘을 잃고, 법률이란 많은 사람들의 합의사항이요, 국가의 질서란 제멋대로 세워진 구속이요, 도덕이란 집권자들의 정치교육의 결과요, 신들에 대한 신앙이란 자유로운 활동을 위축시키기 위해서 인간들이 발명해낸 것이라 생각되었다. 이런 풍조를 부채질하고, 자연과 이성에 합치하는 필연성 및 보편타당성을 우연한 인위적 규정으로 끌어내린 것이 바로 소피스트였다. 물론 이러한 사상 경향이 유력하게 된 데는 시대의식이 변화한 탓도 있고, 인지가 발달하여 과거의 어리숙한 신화에 반발하게 된 탓도 있고, 학문이 진보한 탓도 있다. 그런데 소피스트는 각 방면에서 이러한 경향을 촉진시켰다.

소피스트의 철학은 백과사전식으로 지식의 각 방면에 걸쳐 있어서, 18세기 프랑스의 계몽주의 철학과 비슷한 것이 있었다. 프로타고라스(Prōtagoras)는 덕을 가르치는 사람으로 유명했고, 고르기아스(Gorgias)는 웅변가 및 정치가로서, 프로디코스(Prodikos)는 문법학자 및 동의어 학자로, 히피아스(Hippias)는 박식가로 널리 알려져 있었다. 이밖에 천문학·수학·기억술·교육술·무술·전술을 연구하고 가르치는 소피스트도 있었다. 요컨대 소피스트들은 각기 그 개성을 따라 어떤 직업에나 종사하였고, 무슨 지식분야에나 파고들어갔다. 그들은 인기와 명성을 얻는 데와 돈을 버는 데 힘썼다. 따라서 그들의 연구와 노력은 객관적 진리를 추구하는 학문에 관심이 있어서가 아니라 외부적 성공을 위한 것이었다. 특히 후기의 소피스트는 도시에서 도시로 여행하면서 직업적 사상가라 자칭하였고, 수업에 의하여 좋은 보수를 받기를 노렸는데, 그들이 주로 문제 삼은 것은 세상 일반의 관심거리가 되는 것과 사회적 교양에 관한 것이었다.

이와 같이 소피스트는 궤변·허영·이기심 등에 사로잡혀 행동했지만, 문화사적으로 볼 때 여러 가지 공적이 없지 않았다. 그들은 특히 문법·논리학·웅변술에서 많은 공적을 세웠고, 전 국민의 사고에 큰 혁명을 일으켰다. 대체로 그들은 많은 일반적 지식을 국민들 가운데 퍼지게 했고, 학문 발전의 씨를 뿌렸으며, 인식론·논리학·언어에 관한 연구를 활발하게 했고, 당시의 아테네의 정신적 활동을 창조하기도 하고 촉진하기도 했다. 그들의 공적 가운데 가장 큰 것은 언어연구에서 나왔다. 문체 자체를 주목하고 이것을 연구대상으로 삼고, 문법에 있어서의 수(數)와 수사학(修辭學)에 있어서의 표현술에 관한 제법 정밀한 연구를 한 것은 그들이 처음이었다.

최초로 소피스트라 불리게 된 사람은 아브데라 출신의 프로타고라스(Prōtagoras, B.C. 481~411)다. 그는 모든 것이 끊임없는 유동 속에 있다고 하는 헤라클레이토스의 사상에서 출발하여 이것을 인간에 적용시켰다. 그리하여 그는 "인간은 만물의 척도다. 존재하는 것에 대해서는 그것이 존재한다는 것의, 존재하지 않는 것에 대해서는 그것이 존재하지 않는다는 것의 척도다"라고 주장하였다. 이것은 무엇을 의미하는가? 끊임없이 유동하는 만물 속에서 나 자신이 지각하고 느끼는 것만이 참이요, 따라서 감각과 관능적 쾌락밖에 참된 것이 없다고 하는 것이다. 그런데 감각이나 지각은 주관적인 것이어서 사람마다 다르고, 한 개인에 있어서도 줄곧 변화하는 것이므로 다시 다음과 같은 결론이 나온다. 즉 일반적으로 객관적인 주장이나 규정은 있을 수 없고, 동일한 대상에 대하여 정반대되는 주장도 동등하게 옳다고 볼 것이요, 만사에 똑같은 권리를 가지고 찬성할 수도, 반대할 수도 있으며, 잘못이라든가 반박이라든가 있을 여지가 없다. 무엇이나 자체적으로 존재하지 않으며, 모든 것이 주관적 생각대로다 라고 하는 이 원리를 소피스트들은 특히 법률과 도덕에 적용시켰다. 선이니 악이니 하는 것은 그 자체 있는 것이 아니고 사람들의 편의상 있을 뿐이다. 따라서 사람은 자기가 원하는 것, 그때그때 이익이 되는 것을 법률로 제정하고 또 승인하면 된다. 프로타고라스는 이러한 사상을 실천에까지 옮기지는 않았다. 옛사람들의 증언에 의하면 그는 존경할 만한 인격을 가지고 있었다고 한다.

프로타고라스 다음으로 유명한 소피스트는 고르기아스(B.C. 483~376)였다. 그는 화려한 옷차림을 하고 다녔는데, 그 변론도 화려한 비유·이상한 말투·새로운 형용을 많이 써서 사람들을 현혹하려는 것이었다. 그는 "아무 것도 존재하지 않는다. 존재한다 해도 알 수 없다. 안다 해도 남에게 전할 수 없다"는 논리를 폈다고 한다.

후기 소피스트는 프로타고라스나 고르기아스 보다 훨씬 더 대담한 결론에 이르렀다. 그들의 대부분은 조국의 종교·법률·풍습을 파괴한 자유사상가들이었다. 그 중에서 칼리크레스(Kalliklēs)와 트라시마코스(Thrasymachos)는 정의란 강자의 이익이요, 강자의 권리는 자연의 법이며, 분방한 향락은 강자의 당연한 권리요, 구속적인 법률의 제정은 약자의 교활한 발명이라고 분명히 말하고 있다. 30인 전제자 중 재능이 가장 많았으나 가장 무신앙적이었던 크리티아스(Kritias)는 그의 시에서, 신들에 대한 신앙을 노회한 정치가들의 날조로 묘사하고 있다. 순수한 도덕감을 가지고 날카로운 인생관찰을 한 프로디코스(Prodikos) 같은 사람도 없지는 않았으나, 후세의 소피스트들은 비루한 이욕(利慾)을 일삼고 궤변을 일삼는 것이 보통이었다.

　이러한 타락상에도 불구하고 소피스트는 철학사에서 중요한 의의를 지니고 있다. 그것은 철학적 탐구의 대상을 자연으로부터 인간에게로 옮긴 점이다. 그리고 그들의 공적은 주관성을 살리고 자유와 자기 확신의 원리를 세운 데 있다. 그러나 그들은 이기적인 주관성을 원리로 삼고 개인의 우연한 욕망을 가치판단의 기준으로 삼았다는 점에서 큰 과오를 범하였다. 자유와 자기인식의 원리를 그 진실한 모습에로 끌어올리는 것, 소피스트가 파괴에만 사용한 반성과 변론이라는 수단을 누구나가 옳다고 인정할 수 있는 객관적 진리를 찾는 데 사용하는 것, 자의적 주관성 대신에 절대적 내지 이상적 주관성을 확립하는 것, 그리하여 절대의 진리를 찾아내는 것 – 이것이 다음 세대의 과제였다. 이 과제를 맡고 해결한 사람이 바로 소크라테스(Sōkratēs)다. 소크라테스에게 만물의 참된 척도는 나 개인의 편리나 욕망일 수 없었다. 진리·정의·선은 나 개인이나 다른 어떤 개인의 자의에 좌우될 수 없다. 그것을 결정하는 것은 다름 아닌 <나>의 생각이긴 하되, 그때의 내 생각은 이성적인 것이 아니면 안 된다. 내 이성적 생각은 나에게만 특유한 것이 아니라 모든 이성적 존재에 공통된 것이요, 보편적인 것이므로 내가 이성적인 존재로서 생각하고 활동하는 한, 내 주관성은 하나의 보편적 주관성이다. 진리를 인식하는 이는, 그것이 나에게만 그렇게 생각될 뿐만 아니라, 또한 모든 이성적 존재에게도 그렇게 생각된다는 의식을 가지고 있다. 이와 같은 것, 즉 객관적이고 절대적인 진리의 가능성을 밝힌 것이 소피스트에 반대하는 소크라테스의 입장이었다. 그리하여 소크라테스와 더불어 객관적 사고의 철학은 시작된다. 인간은 만물의 척도이긴 하되 개개의 자의적인 인간이 아니라, 보편적인 그리고 객관적 진리를 생각하며 인식하는 이성적 인간이 만물의 척도라고 하는 것 – 이것이 다름 아닌 소크라테스의 근본사상이었다.

2. 소크라테스(Sokrates)

소크라테스(Sōkratēs, B.C. 469~399)와 더불어 진정한 인간학적 철학이 시작된다. 소피스트도 인간을 문제 삼고 연구하였으나, 그들이 알려고 한 인간은 이욕(利慾)을 추구하는 인간, 출세의 수단으로서의 인간이었다. 그리하여 그들은 인간심리의 미묘한 움직임을 파악하는 일에 골몰했다. 이에 반하여 소크라테스가 알고자 한 것은 인간의 참된 본성이었다. 그가 일생 동안 알려고 한 것은 바로 이것이었다. 그는 "너 자신을 알라"고 하는 델포이(Delphoi) 신전에 새겨져 있는 말을 깊이 마음에 간직하고 자기 자신을 찾았다. 이것은 곧 그가 인간이 무엇인가 하는 것을 평생 철학의 과제로 삼았음을 보여준다. 이에 관하여 플라톤이 지은 파이드로스(phaidros)라는 대화편에는 다음과 같은 일화가 있다. – 하루는 소크라테스가 그의 제자 파이드로스와 함께 아테네 성문 밖에서 소요하였다. 소크라테스는 그 장소의 아름다운 경치를 찬탄해 마지 않는다. 파이드로스는 소크라테스가 이렇게 경치 좋은 곳에 처음 온 양 감탄하는 것이 이상하여 선생에게 묻는다. "선생님, 아니 여기 처음 와보시나요?" 이 물음에 대하여 소크라테스는 의미심장한 대답을 한다. "사실이야, 그 이유를 설명하면 나를 이해해줄 줄 아네. 그것은 다름 아니라, 내가 지혜를 사랑하는 사람인 때문일세. 그래, 내 스승은 도시에 사는 사람들이야. 나무라든가, 자연의 풍치라든가는 내 스승이 아니야."

이 일화는 곧 소크라테스가 인간을 그의 고찰과 사색의 중심문제로 여기고 있었음을 보여준다. 그러면 소크라테스는 인간을 어떻게 보았을까? 그의 인간탐구가 소피스트의 그것과 전혀 방향이 다른 것이었음은 위에서도 생각한 바이지만, 구체적으로 그는 인간을 어떻게 보았는가? 그는 인간이 무엇인가 하는 문제가 철학의 최고 과제임을 자각하고 있었지만, 인간은 이런 것이다 라고 답을 내린 적은 없다. 소크라테스의 언행을 충실히 기록했다고 여겨지는 플라톤의 저작에서도 이 물음에 대한 소크라테스의 답을 찾아볼 수 없다. 20세기의 위대한 철학자들 가운데 한 사람인 에른스트 카시러(Ernst Cassirer)는 여기 대하여 소크라테스의 이 침묵 속에 사실인즉 인간이 무엇인가에 대한 깊은 통찰이 깃들어 있고 또한 더할 나위 없이 훌륭한 답이 준비되어 있다고 해석한 바 있다.

플라톤의 책을 읽어보면, 소크라테스가 정의·절제·용기·지혜 및 선에 관한 자세한 이론을 전개하고 있다. 그러나 인간이 무엇이라고 직접적으로 말한 대목은 하나도 없다. 이것은 곧 인간이란 우리가 대뜸 무엇이라고 간단히 정의내릴 수 없는 존재임을 시사하는 것이라 하겠다. 인간의 본성은 오직 대화를 통해서만 차츰 드러난다. 올바른 대화를 할 줄 아는 능력이 인간의 조건이라 해도 무방할 것이다. 이치에 맞는 질문을 받았을때 이치에 맞는 대답을 할 줄 아는 존재 –이것이 소크라테스의 인간관이라 할 수 있다고 카시러는 말하고 있다. 즉 합리적 문답을 할 줄 아는 이성적 동물(animal ratiōnalē)이 다름 아닌 인간이라는 것이다. 이성은 인간의 조건이다. 이성이 있음으로써 인간은 인간다울 수 있다. 소크라테스가 사형선고를 받은 법정에서 "음미함이 없는 생활은 가치 없는 생활이다"라고 한 것도 이성적으로 나와 세계와 우주를 살피며 헤아리는 생활이 인간다운 생활임을 강조하는 것이라 하겠다.

이성은 우리의 행동의 원리가 되어 우리의 행복을 보증해줄 뿐 아니라 또한 국가와 사회가 이성에 의하여 다스려질 때 비로소 건전하게 발전하며 평화를 누리며 정의를 실현시킬 수 있다. 이렇게 이성을 중시하고 인간의 본성을 이성에서 찾음으로써 인간을 <이성적 동물>이라 한, 인간에 대한 정의 내지 인간관은 고전적 정의 내지 인간관으로서 오늘날까지 큰 영향을 끼쳐왔다.

소크라테스 철학의 방법은 이상과 같은 그의 근본사상과 밀접한 연관을 가지고 있다. 그리고 그 사상은 그의 인품에도 반영되어 있다. 소크라테스의 인품에 관하여는 플라톤의 여러 저서가 우리에게 많은 것을 시사해 준다. 그의 대화를 통해서 우리는 그가 온유하고 끈기 있으며 또 관용성이 풍부한 사람이었음을 짐작할 수 있다. 그는 언제나 독단을 피하였다. 독약을 마시는 전 날, 벗들과 더불어 영혼의 불멸에 관하여 담론할 적에도 그는 일생 동안 진리를 찾고 선을 행한 보람이 있으리라는 굳은 신념을 가지고, 우리의 영혼이 육체의 사별 후에도 반드시 순수한 삶을 이어가게 될 것을 증명한 터이지만, 사후의 세계에 관한 자기의 생각이 절대로 확실한가에 대해서는 <아마 그러리라>라는 단서를 붙이고 있다. 그는 철학적 논의를 전개할 때 언제나 자기의 주장부터 내세우고 고집하지 않고, 상대방의 말을 참을성 있게 다 듣고 나서, 그 말 속의 모순된 것을 지적하여 상대방으로 하여금 진리에로 나아가게 하곤 하였다. 이것이 곧 그의 철학의 방법, 즉 <에이로네이아(eironeia, 반어법)> 및 <산파술>이다.

그는 전장에서 용감하였으며, 또한 사형선고를 받은 후에도 무사히 도망갈 수 있으니 도망가자는 권고를 결연히 물리치는 용기를 가지고 있었다. 한 마디로 그는 용기의 사람이요 신념의 사람이었다. 그리고 그 용기는 진리에 대한 용기요, 그 신념은 사명감에 대한 신념이었다. 그러면서도 사람을 대할 때 그의 눈초리에는 사람의 마음속을 꿰뚫어 보는 날카로움이 있었지만 동시에 사람들로 하여금 선을 행할 수밖에 없도록 하는 부드러운 호소가 담겨 있었던 모양이다.

알키비아데스(Alkibiadēs)와의 관계가 이것을 잘 보여준다. 알키비아데스는 아테네의 화려한 정치가요 유명한 군인이었다. 그는 명문 집안에 태어나서 젊은 시절부터 소크라테스에게 호기심을 가지고 소크라테스를 따랐다. 그러나 그의 기질은 검소한 생활을 하며 사색에 전념하는 철학의 길에서는 멀었으며, 정계에 투신하면서부터는 세상의 영화만을 생각하게 되어 소크라테스를 슬슬 피하곤 했다. 소크라테스의 눈초리는 그에게 참된 인간의 길, 선의 길을 걸으라고 호소하는 것이었으나, 그는 이것을 싫어했다. 그러나 술에 취하여, 무의식 속에 잠겨 있던 생각과 감정이 터져 나올 때에는 소크라테스를 찬양하며, 소크라테스가 손짓하여 가리키는 길로 나아가지 않는 자기 자신을 부끄럽게 여기곤 했다.

소크라테스의 용모는 기괴하고 못났다고 전한다. 설사 이것이 사실이었다 해도, 그의 정신의 아름다움, 마음의 아름다움은 이 외모의 추함을 메우고도 남음이 있다. 그 정신의 아름다움은 그의 친구들과 제자들의 마음을 사로잡고야 말았다. 그리고 그들의 마음에 깊은 인상을 남겼다. 그의 생애와 사상을 수많은 대화편으로 엮은 플라톤도 그와 사귀고 그의 가르침을 받은 것은 그의 만년의 10년 안팎의 세월이었지만, 그의 인격에 온전히 매혹되고 도취하여 자기의 전 생애를 철학에 바칠 결심을 하게 되었다. 그리하여 플라톤의 덕택으로 우리는 오늘날 소크라테스의 모습을 생생하게 바라볼 수 있게 되었다.

소크라테스가 우리에게 준 유일의 적극적인 교훈은 덕은 인식, 곧 참된 앎 내지 지혜라고 하는 것이다. 소크라테스에 의하면 인식 없이 행동한다는 것은 모순이요, 인식을 가지고 행동하면 목적에 확실히 도달할 수 있다. 따라서 인식 없이 생기는 것에는 선이 있을 수 없고, 인식이 있은 후에 생기는 것에는 악이 있을 수 없다. 우리가 참으로 안다면 악을 행할 수 없다. 우리가 악을 행하는 것은 모르기 때문이다. 누구나 일부러 악인이 되는 것은 아니요, 사람이 악인인 경우에는 자기의 의지에 어긋나고 있는 것이다. 소크라테스는 여기서 더 나아가서 알면서 부정을 행하는 자는 알지 못하고 부정을 행하는 자보다 낫다고 말한다. 왜냐하면 후자의 경우는 참된지식이 없으므로 덕이 전혀 없는 것이지만, 전자의 경우에는 덕이 일시 결여되어 있을 뿐이기 때문이다. 그렇다 해도 소크라테스의 입장에서는 선을 알고서 즉시 행하지 않는 자가 있다는 것은 도저히 이해할 수 없는 일이었다. 그리고 개인의 행복과 인간사회의 행복은 무조건 선에 의존하고 있는 것이었다. 이리하여 모든 덕은 동일한 것이요, 참된 앎에서 선과 행복이 우러나오는 것이었다. 그리고 덕이란 가르칠 수 있는 것이라고 생각하였다. 따라서 덕은 이성 있는 모든 사람에게 속하는 것, 가르침을 받고 연습함으로써 누구나 손에 넣을 수 있

는 것이었다. 이러한 그의 투철한 사상은 그의 일거일동에 반영되어 지
(知)·덕(德)·복(福) 합일의 원만한 인격을 이루었으며 또한 그의 열렬한
진리애는 2000여년을 두고 고결한 인격의 소유자들에게 큰 감명을 주어
왔고, 선을 행하는 일과 진리를 탐구하는 일에 있어서 무한한 용기와 격
려를 주었다.

3. 소(小) 소크라테스 학파

소크라테스에게서 직접 가르침을 받은 제자들은 지·덕·복이 잘 융화되
어 완전한 조화를 이루었던 스승의 인격을 흠모하면서 인간의 참된 목
적을 그 인격에서 찾으려 하였다. 그런데 그들은 소크라테스의 조화 있
는 인격 가운데서 지 혹은 덕 혹은 복의 일면만을 강조하고 과장하였다.
안티스테네스(Antisthenēs, B.C. 444경~369경)는 스승의 태도를 열심
히 모방하여 지팡이를 짚고 자루를 메고 다니면서 거지 행세를 하였다.
이러한 그의 생활을 본받은 제자들과 신봉자들은 키니코스(Kynikos)학
파라 불렸다. 안티스테네스는 덕이 인간의 궁극 목적이라고 생각하였다.
그가 소크라테스에게서 본 덕의 이상은 <무욕>뿐이었고, 그래서 그는
다른 모든 정신적 관심을 무시하였다. 소크라테스를 이렇게 해석한 안티
스테네스는 덕의 목적이 악을 피하는 것일 따름이므로 변증법적 증명
같은 지적 노력은 쓸데없는 것으로 여겼다. 현자는 자족하고 모든 것을
초월해야 함으로 부나 명예나 향락에 대해서 무관심할 뿐더러 결혼이나
가족이나 국가적 공동생활에 대해서도 무관심하다. 우리의 자족과 무욕
의 방해가 되는 것, 가령 쾌락은 악이요, 자족과 무욕을 촉진하는 것, 가
령 노력이나 불쾌는 선이다. 이 밖의 모든 것은 아무렇게 되든 상관없는
일이다. 안티스테네스의 이러한 생각 속에서는 소크라테스에게서 볼 수
있던 아름다운 인간성과 풍부한 감수성이 상실되고 있다. 안티스테네스

의 제자인 시노페의 디오게네스(Diogenēs)는 "사람은 이성을 가져야 한다. 그렇지 않으면 목을 조를 끈을 가져야 한다"라고 늘 말했다고 한다.

키레스에서 출생한 아리스티포스(Aristippos, B.C. 435경~355경)는 소크라테스가 죽을 때까지 그 제자로 있었는데, 처세에 능하고 호사한 생활을 하였다. 소크라테스는 덕과 행복을 똑같이 인간의 최고 목적으로 삼고 있었다. 그런데 아리스티포스는 행복의 면만을 높이 생각한 나머지 쾌락이 인생의 궁극 목적이요, 최고선이라고 주장하기에 이르렀다. 아리스티포스가 말하는 쾌락이란 일생 동안에 걸친 행복이나 쾌락이 아니고, 일시적인 육체적 쾌락이었다. 그러나 그는 쾌락의 획득 및 유지의 수단으로서 식견과 극기와 절제 등을 권하고 있느니만큼 소크라테스의 정신이 그에게서 아주 사라지지는 않았다고 하겠다. 그의 제자들 가운데에는 정신적인 행복을 중시한 테오도로스(Theodōros)와 애니케리스(Annikeris) 같은 사람도 있었지만, 헤게시아스(Hēgēsias) 같은 제자, 쾌락이란 구해도 얻을 수 없는 경우가 많으므로 오히려 고통 없는 상태로 만족해야 할 것이요, 이렇게도 못한다면 차라리 자살하는 것이 좋다고 하였다. 이것은 쾌락주의가 막다른 골목에 이르렀음을 보여주는 것이라 하겠다.

메가라 학파를 연 에우쿠레이데스는 소크라테스의 원리와 엘레아 학파의 원리를 결합시켰다. 그에 의하면, 있는 것·불변하는 것·자기 동일적인 것만이 선이요, 그리고 이 선만이 존재한다. 변화하는 것·다양한 것·분할된 것은 모두 존재하는 것처럼 보이기만 할 따름이요, 선에 반대되는 것이다. 자기 동일하고 불변하는 이 선은 감성적 존재가 아니고, 개념적 존재·진리·이성이다.

키레네 학파·키니코스 학파·메가라 학파는 제법 오래 계속되기는 했어도, 완전한 체계를 이루는 데까지 발전하지는 못하였다. 이윽고 키레네 학파의 쾌락주의는 에피쿠로스의 학설 속에, 키니코스 주의는 스코아 철학 속에, 그리고 후기 메가라 학파의 쟁론술은 회의론에 해소되었다. 소(小) 소크라테스 학파라 일컬어지는 이 세 학파는 결국 과도기적 현상일 따름이었다. 소크라테스 철학의 이러한 해체와 분산의 상황 속에서 스승의 사상을 완전히 계승하여 더욱 발전시키고 체계화한 것은 플라톤뿐이었다.

4. 플라톤(Platon)

19세기 미국의 뛰어난 사상가였던 에머슨은 "플라톤은 철학이요, 철학은 플라톤이다."라고 말하였다. 또 플라톤 연구의 제일인자였던 버넷은 서양문화의 가장 좋은 것, 가장 중요한 것은 모두 플라톤에게 그 원천이 있다고 말하였다. 이 밖에도 플라톤에 대한 수많은 찬사를 들 수 있지만, 하여간 플라톤은 그 사상의 깊이와 고원함, 그리고 그 표현방식의 우아함에 있어서 유례없는 사상가요 예술가라 할 수 있겠다.

플라톤은 B.C. 427년에 아테네의 명문가에서 태어나, 원래 정치적 지도자가 될 터였지만, 소크라테스의 인격에 접하여 철학에 마음이 끌리고 또 자기의 스승을 사형에 처한 당시의 아테네의 정치에 환멸을 느껴, 우수한 청년들을 가르치는 일에 희망을 걸게 되었다. 그는 수 십 권의 대화편을 지었는데, 그 초기작품은 소크라테스의 풍모와 사상을 충실히 묘사하고 서술하는 것이었다. B.C. 387년, 40세 때에 아테네의 서북쪽 교외에 있는 아카데모스의 숲 속에 아카데메이아라고 하는 학원을 창설한 후로는 차츰 그 자신의 사상을 발전시켜 『국가』(Politeia), 『법률』(Nomoi)등 불후의 명저를 내어놓았다. 이 밖에도 2,000여년에 걸쳐 전 인류에게 애독된 그의 많은 저서 가운데, 『변명』(Apologia)·『향연』(Symposion)·『파이돈』(Phaidōn)·『크리톤』(Kriton)은 플라톤의 4복음서라 일컬어진다. 아카데메이아에서 그는 40년 동안 강의와 연구에 전심하여 인류역사에 길이 빛나는 업적을 남기고 B.C. 347년에 81세의 고령으로 세상을 떠났다.

현실의 정치에 환멸의 비애를 느낀 플라톤은 아카데메이아에서의 진리 탐구와 교육에 심혈을 기울였으나, 만년에 이르러 그의 가장 아끼고 사랑하던 제자 디온의 청을 들어 시라쿠사이의 디오니시오스 2세의 교육을 맡아, 철학자가 통치하는 이상국가 건설의 꿈을 품고 시켈리아로 건너갔다. 디온과 디오니시오스와의 불화로 이 꿈은 깨어지고, 플라톤 자신은 여러 차례 시켈리아로 왕래했으나 아무 소득도 없는데다가 이윽고 디온은 가장 신임하던 고문 칼리포스의 흉도에 넘어졌다. 플라톤의 비통한 심정은 필설로 다할 수 없는 것이었다. 자기의 사상을 누구보다도 잘 이해하는 제자이기에 누구보다도 더 사랑하였고, 천리만리 길을 멀다 하지 않고 그 청을 들어 시켈리아로 건너가 꼭 실현되리라고 기약되었던 것도 아닌 정치개혁, 이상국가 건설에 손을 대어 보았던 것이다. 급기야 그 지극히 사랑하는 제자가 죽으매, "오오, 디온아, 얼마나 너는 사랑으로 내 마음을 광란케 했더뇨!"라고 울부짖었다.

플라톤의 사상적 편력은 그 생애와 더불어 다채로웠다. 맨 처음에 소크라테스에게서 결정적 영향을 받은 그는 소크라테스의 사후, 이집트·남이탈리아·시칠리아 등을 여행하는 가운데 특히 메가라 학파를 통하여 엘레아 학파의 영원불변한 일자, 즉 존재의 철학에 접하여 그 영향을 받았고 또 피타고라스 학파로부터는 기하학에 대한 흥미와 더불어 현실적인 모든 도형의 영원하고 완전한 본인 <이데아>란 사상의 시사를 얻었고, 또한 적극적인 현실참여의 태도도 배웠다. 그러나 플라톤의 천재는 소크라테스의 사상을 주축으로 하여 그가 접하고 옳다고 본 모든 사상을 하나의 완전한 체계에로 종합하고 높였다.

플라톤은 진리가 감각에 의하여 인식될 수는 없고 순수한 이성적 사유에 의해서만 인식될 수 있다고 생각하였다. 감각의 대상은 쉴 새 없이 변화하는 사물들인데 이 사물들은 실재하는 것이 아니다. 즉, 참으로 존재한다고 할 수 있는 것이 아니다. 참으로 존재하는 것은 영원불변의 <이데아>들뿐이다. 그의 이러한 인식론에 관하여는 폴리테이아(Politeia)

에 나오는 하나의 신화가 함축 있는 시사를 던져주고 있다. 거기 의하면, 사람은 누구나 이 세상에 태어나기 바로 전에 레테(Lethe)라고 하는 강을 건넌다. 이 강을 건널 때에는 그 강의 물을 마시게 되는데, 그 물을 마시면 전생에 알고 있던 모든 것을 깨끗이 잊어버린다. 레테는 이를테면 <망각의 강>이다. 우리가 이 세상에 태어날 때 아무것도 모르는 것은 이 레테의 강을 건넌 탓이다. 그러므로 우리가 이 세상에 태어나서 무엇을 배우고 진리를 알게 되는 것은 세상의 사물을 이것저것 경험함으로써가 아니라, 다만 잊었던 것을 도로 생각해냈기 때문이다. 플라톤이 이런 이야기를 하는 것을 보면 그가 피타고라스 학파의 영향을 받아 영혼의 전생을 믿었던 것 같은데, 이것을 신화적인 생각이라 하여 일소에 붙일 수도 있다. 그러나 이 신화 속에 플라톤의 중요한 사상이 깃들어 있다. 즉 진리란 경험에 의해서가 아니라, 오직 <상기>(anamnēsis)에 의해서만 얻을 수 있다. 그리스어에서는 진리를 알레티이아(alētheia)라고 하는데, a는 부정의 뜻을 가진 접두사요 lētheia는 레테, 즉 <망각>이란 말에서 나왔다. 이것은 진리란 망각을 극복하고 상기하는 것임을 의미하는 것이다. 이러한 <상기설>을 통하여 플라톤은 감각에 의지하지 말 것과 정신의 순수한 사유에 의하여 진리의 세계에 나아갈 것을 가르쳤다.

 감각은 변화하는 세계를 알 뿐인데, 그 앎은 참 지식, 즉 인식이 아니다. 인식은 오직 불변하는 <이데아>의 세계에 대해서만 성립한다. 그러면 플라톤이 말하는 이데아란 어떤 것인가? 이데아(idea)란 에이도스(eidos, 형상)와 비슷한 말로서, 이 두 낱말은 다 같이 이덴(iden), 즉 <본다>고 하는 동사에서 왔다. 그리하여 <모양>이라든가 <모습>을 의미하게 되었다. 그리고 <이데아 설>에 있어서의 모양이나 모습은 감각의 눈이 아니라 말하자면 마음의 눈이 보는 것이다. 피타고라스(Pythagoras)학파에서는 기하학의 도형을 에이도스라 불렀다. 모래 위에 그린 삼각형은 육안으로 볼 수 있는 감각적인 삼각형인데, 기하학자는 진실에 있는 이러한 삼각형을 통하여 순수한 도형으로서의 삼각형의 본성을 찾는다. 감각을 통해서 보는 현실의 삼각형은 언제나 불완전한 것이지만, 기하학자의 머릿속에 있는 순수한 도형으로서의 삼각형은 완전하고 흠이 없는 것이다. 이 후자가 다름 아닌 삼각형의 <에이도스> 혹은 삼각형의 <이데아>다. 감각적인 삼각형은 이 에이도스로서의 삼각형을 닮을수록 더욱 완전한 삼각형이 된다. 이미 소크라테스는 이러한 생각을 도덕문제에 적용했던 것 같은데, 플라톤은 이 일을 더욱 철저히 그리고 훌륭하게 해냈다.

플라톤의 생각으로는 이 세상에 있는 <아름다운 것들>은 <아름다움>이 있기 때문이다. <아름다운 것들>은 우리가 감각을 통해서 볼 수 있는 것인데, 그것들은 어딘가 부족하고 불완전한 점을 가지고 있다. 이에 반하여 <아름다움>은 완전한 것이다. 아름다운 것들이 아름다운 것일 수 있음은 아름다움이 있기 때문이다. 이 아름다움이 다름 아닌 <아름다움의 이데아(idea)>인데 플라톤은 이것을 <아름다움 자체>라고도 부르고 있다. 세상에서 우리가 보는 아름다운 것들은 아름다움 자체를 닮고 그 아름다움을 분유함으로써 아름답다. 이런 의미에서 <이데아>는 감각적인 것들의 <본(範型)>이요 원인이다. 감각적인 것들은 생성 소멸하지만 이데아는 영원하다. 그리고 모든 사물에는 각기 그 이데아가 있다. 삼각형에는 삼각형의 이데아, 말(馬)에는 말의 이데아, 용기에는 용기의 이데아 등등. 가령, 세상에는 용기 있는 행위나 사람이 많이 있는데, 그 모든 용기는 완전한 것이 못 된다. 그것들이 용기인 것은 용기의 이데아로 말미암는 것이요 용기의 이데아를 닮음으로써. <용기의 이데아>는 모든 용기의 본이요 이상이라 할 수 있다. 그리고 아름다운 것들, 용기 있는 행위는 무수히 있지만, <아름다움 자체>, <용기 자체>는 각기 영원불변하면서 오직 하나 있다.

이와 같이 플라톤은 생성 소멸하는 다양한 감각적 세계에 대하여 영원불변의 초감각적 세계, 즉 <이데아>의 세계를 대립시켰고, 이 후자만이 참으로 존재하는 세계요, 전자는 이것의 그림자에 지나지 않는 것으로 보았다. 그리고 오직 이 후자에 대해서만 참된 앎이 있을 수 있다고 생각하였다. 그런데 사물마다 그 이데아가 있으므로, 각 사물의 이데아는 오직 하나 있지만, 사물의 수만큼 이데아도 많다. 플라톤은 이 무수한 이데아들의 세계에 통일이 있지 않으면 안 된다고 생각하였다. 그래서 모든 이데아 위에 선의 이데아가 있다고 주장하였다. 이데아는 모두 완전한 것이요, 따라서 좋은 것이기에 결국 모든 이데아는 <선의 이데아>로 귀일한다. 선의 이데아는 영원한 세계의 최고원리다. 그것은 마치 태양과 같다. 태양이 만물을 육성하는 동시에, 태양을 통하여 우리가 세상의 모든 사물을 볼 수 있듯이, 선의 이데아는 모든 이데아의 원인이요 또한 모든 이데아를 인식하는 근거다. 플라톤에게 있어서는 선의 이데아가 정신세계의 최고원리인 까닭에 그것은 자연계의 원인인 조물주(demiourgos) 내지 신보다도 더 높은 위치에 있다. 조물주에 대한 생각은 상상 내지 추측일 따름이요, 참된 인식이 될 수 없는 것이요, 오직 선의 이데아에 대해서만 참된 앎이 있을 수 있다고 플라톤은 생각하였다.

플라톤의 많은 저작 가운데 특히 『폴리테이아』(Politeia)는 인류사상의 풍부한 보고다. 아름다운 이상국가가 어떤 것인가 하는 것이 전편에 걸친 주제이지만, 그 속에는 정치 철학뿐만 아니라 또한 교육·예술·도덕 등의 중요한 문제들에 대한 심오한 사상이 담겨 있다. 『폴리테이아』에서 맨 처음에 제기되는 문제는 <정의란 무엇인가?>다. 그전부터 정의에 대해서는 여러 가지 견해가 있었는데, 특히 소피스트는 "정의란 강자의 이익이라" 하는 맹랑한 주장을 하고 있었다. 그래서 플라톤에게는 정의를 명확하게 정의하는 것이 매우 중요한 일로 여겨졌다. 정의는 이상국가 실현에 있어서 열렬히 갈구되는 덕이었으니 말이다.

정의가 무엇인가 하는 문제에 대하여 플라톤이 취하는 방법은 소크라테스를 따라 빙빙 우회하여 목적에 도달하는 변증법이다. 정의가 무엇임을 알려면 우리는 먼저 더 기초적인 다른 덕의 본성을 알아야 한다. 그 다른 덕이란 지혜·용기·절제다. 무릇 인간의 영혼은, 한편으로는 <이데

아>의 세계를 향하지만, 다른 한편으로는 감성적인 자연계에 얽매어져 있다. 이데아를 향하여 순수한 사유를 하는 부분은 <이성>이요, 육체에 얽매이는 것 가운데 심장에 관계하는 부분은 <기개>요, 복부에 관계하는 부분은 <정욕>이다. 이것이 플라톤의 유명한 영혼의 <3분설>이다. 그런데 지혜는 이성의 덕이요, 용기는 기개의 덕이요, 절제는 정욕에 있어서의 덕이다. 영혼의 이 세 부분이 각기 그 덕을 실현하고 이것들이 잘 조화되는 곳에 영혼 전체의 덕이 생기는데, 그것이 곧 정의다. 그러므로 정의는 어떤 한 부분의 덕이 아니고 전체의 덕이다.

　이러한 생각이 국가에 확대 적용된다. 한 나라에 있어서 통치계급은 이를 테면 머리요, 수호계급, 즉 군인들은 심장이요, 영양계급, 즉 국민의 생존에 필요한 물자를 생산하는 노동자·농민들을 복부 및 사지라 하겠다. 머리에는 머리의 덕이 있고, 배에는 배의, 다리에는 다리의 덕이 있듯이, 통치자에게는 통치자의 덕이 있어야 하고, 군인에게는 군인의 덕이 있어야 하고, 농민에게는 농민의 덕이 있어야 한다. 그러면 무엇이 이들의 덕인고 하니, 지혜는 통치계급의 덕이요, 용기는 수호계급의 덕이요, 절제는 영양계급의 덕이다.

　여기서 <절제>라 한 말은 그리스어로 소프로쉬네(sōphrosynē)요, 영어로는 temperance라고 옮겨지며, 우리말로는 <사려>라고도 옮겨질 수 있다. 이 말은 본래 <정신의 건전함>, <욕망의 온전함>, <자제> 등을 의미하였다. 플라톤에게 있어서 절제(sōphrosynē)는 다른 덕들보다도 더 어떤 합의나 조화와 같은 것이었고, 또 확실히 일종의 질서정연함, 그리고 쾌락들과 욕망들을 제어함을 의미하였다. 한 개인에게 있어서 그것은 보다 나은 부분이 그만 못한 부분을 지배하는 것이요, 이와 같이 국가사회에 있어서는 누가 통치할 것인가에 대하여 합의함으로써 보다 훌륭한 사람이 그만 못한 사람들을 다스리는 것이었다. 이렇게 볼 때 이 절제의 덕은 이미 정의의 덕을 예시하는 것이라 볼 수 있다. 뿐더러 개인에게 있어서 절제의 덕은 비단 영양계급의 사람들에게만 아니라, 통치계급과 수호계급의 사람들에게도 반드시 요구되는 것이라 하겠다.

그런데 정의는 어떤 한 계급의 덕이 아니고, 이 세 계급이 각각 그 덕을 실현하여 국가 전체에 조화가 있을 때의 그 국가의 덕이다. 그러므로 국가에 있어서의 정의란 우선 통치자·전사·농민 및 노동자가 각기 자기의 맡은 일을 잘 해나가는 상태이다. 그러므로 플라톤의 이상 국가에서는 각 분야의 사람들이 자기에게 주어진 기능을 다하지 않으면 안 된다. 자기에게 주어지지 않은, 자기의 능력에 맞지도 않는 분야의 일을 넘겨다보고 그것을 탐내고 거기 발을 들여놓는 것은 정의를 깨뜨리는 일이다. 정의란 소극적으로는 자기 자신의 일에 몰두하고 다른 사람들의 일에 관여하지 않음을 의미한다. 플라톤의 이러한 사상은 그의 귀족주의적 성미를 반영하는 것이요 사회의 계급을 고정시키려는 것으로서, 자유민주주의에 배리되는 것이라 하여 반대하는 사람들이 없지 않다. 그러나 플라톤의 진정한 의도는 깊은 통찰에 의거하는 것이요, 사실상 자기 능력에도 없는 자리를 탐내는 사람이 많을수록 그 사회가 얼마나 혼란하게 될 것인가 함은 쉽사리 짐작되는 일이다.

플라톤의 이상 국가에서는 모든 비이성적인 것이 배제된다. 이상적인 국가는 엄격한 이성의 원칙을 따라 통치되지 않으면 안 된다. 이성은 모든 아름다운 것의 본원인 아름다움 자체, 모든 좋은 것의 본원인 선 자체를 파악하는 능력이다. 플라톤은 <이성의 아름다움>이 규모 있는 훈련을 받은 청년의 축복된 상태라 말하고 있다. 그런데 이성의 아름다움을 지닌 생활은 단순성 내지 소박성을 그 특징으로 한다. 단순성은 또한 신의 참본성이요, 따라서 다시없이 아름다운 생활의 모습이기도 하다. "신은 전적으로 단순하고 그 말과 행위에 있어서 신실한 존재이다"라고 플라톤은 말한다. 이와 같이 이성을 높이 평가하여 소중히 여기는 플라톤인지라, 그 이상 국가에서는 이성적인 생활에 어긋나는 신화적이고 불건전한 것들이 모두 제거된다. 따라서 호메로스의 시에서와 같은 신들간의 싸움과 질투에 관한 설화를 아이들에게 얘기해 주어서는 안 된다. 음악도 단순하고 건전한 것이 아니어서는 안 된다. 우리의 신체에 있어서 여러 가지 복잡한 것들은 병을 생기게 하고, 단순성은 건강을 조장한다. 그러므로 특히 통치자는 극히 단순하고 소박한 생활을 하지 않으면 안 된다. 이성은 이와 같은 소박한 생활을 요구한다. 이러한 생활을 통해서만 국가는 건전하게 되고 조화를 얻으며 또 분규도 없게 된다. 왜냐하면 분규는 욕망의 과다에서 생기는 것이요, 무릇 "전쟁은 개인들에게 있어서나 국가들에게 있어서나 온갖 악을 가장 많이 낳는 원천인 여러 가지 욕망에 기인하는 것"이기 때문이다.

플라톤에게 철학자란 질서가 지배하는 불변하고 조화 있는 세계를 상념하는 사람이다. 철학자에게 무슨 쾌락이 있다고 하면, 그것은 곧 저 불변하고 조화 있는 질서의 세계를 상념함에 있다. 플라톤은 이 순수상념을 인간생활의 최고 형태로 보았다. 그의 깊은 혼은 이미 자체, 선 자체의 세계를 앙망한다. 이 현실세계, 특히 정치세계는 철학자가 뜻을 둘 곳이 못 된다. 고르기아스(Gorgias)에서 플라톤은 정치에 대한 혐오의 정을 표현하고 있다. 그러나 폴리테이아(Politeia)에서는 어쩔 수 없이 정치에 대한 적극적 관심을 보여주고 있다. 그의 가슴 속 깊은 곳에는 순수한 상념의 아름다운 생활에 대한 억제할 수 없는 동경이 있다. 그러나 국가를 개혁하여 정의가 우세하게 되도록 노력하는 데 참여하지 않을 수 없는 동포애와 의무감은 그로 하여금 응분의 활동을 하며 또 붓을 들어 이상국가를 묘사치 않을 수 없게 했다. 그리고 이 이상국가의 지표는 정의요, 그 지도원리는 이성이었다.

플라톤은 조화 있는 정의의 국가의 가능성에 대해서 다음과 같이 말하고 있다—"철학자가 임금이 되거나 그렇지 않으면 현재 임금이라 혹은 통치자라 일컬어지는 사람들이 지혜에 대한 진정한 욕구를 충분히 품게 되지 않으면, 즉 정치권력과 철학이 결부되지 않으면, 국가에 있어서나 인류에 있어서나 혼란에서 벗어날 길이 없다." 이것이 이른바 유명한 <철인정치>의 이념을 표현한 말이다.

플라톤의 사상 내지 학설에 대하여는 일찍부터 여러 가지 비판이 있어 왔다. 플라톤의 제자였던 아리스토텔레스는 <선의 이데아>란 것이 무엇인지 아리송하다고 비판하였다. 비교적 최근의 비판으로서 두드러진 것은 오스트리아 출신의 철학자 칼 포퍼의 것이 아닌가 한다. 칼 포퍼는 『열린 사회와 그 적들』(Open Society and its Enemies)이란 유명한 책에서 플라톤, 헤겔, 막스 등을 맹렬히 공격·비판하고 있다. 물론, 플라톤의 학설 속에는 재산의 공유, 통치자에게 허락되는 여자의 공유, 자녀들의 공동관리, 예술작품의 검열 등 공산주의 내지 전체주의 체제를 연상케 하는 주장들이 있다. 포퍼에게는 이런 것들이 못마땅했던 모양이다. 그러나 플라톤은 정의의 국가라는 이상을 위해서는 이런 조처들이 불가피하다고 생각하였던 것이 아닌가 한다.

플라톤의 『폴리테이아』(Politeia)에서 묘사된 이상국가(ideal state)의 청사진은 그야말로 청사진으로 그쳐, 인류역사상 한번도 실현되지 못하였다. 그 이상국가는 관념상의 국가에 지나지 않았다. 그러나 폴리테이아(Politeia)가 고전이 되어 지금까지 수천수만의 생각 있는 사람들에게 애독되어온 것은, 국가나 정치가 말할 수 없이 타락하여 막다른 골목에 다다르거나 심각한 사회적·정신적 위기에 처하게 될 때 인류에게 지혜를 주고 빛을 던져 갈 길을 제시해준 때문이라 생각된다.

미국의 철학자 윌리엄 제임스(William James)는 모든 철학자를 두 가지 유형으로 나누었다. 하나는 <부드러운 정신의 철학자들>(tender-minded philosophers)이요, 다른 하나는 <딱딱한 정신의 철학자들>(tough-minded philosophers)이다. 전자는 관념론·유신론·합리주의적 사상 경향을 가지고 있고, 후자는 실재론·무신론·경험주의적 경향을 가지고 있다. 플라톤은 전자의 시조요, 아리스토텔레스는 후자의 시조라 할 수 있겠다.

5. 아리스토텔레스(Aristoteles)

아리스토텔레스는 B.C. 384년에 그리스의 도시국가 트리키아의 식민지였던 스타케이로스에서 의사의 아들로 태어났다. 그래서 그는 일찍부터 생물학에 흥미를 가졌다. 또 해부의 훈련도 받았던 것 같다. 어릴 적에 부모를 여읜 그는 17세 때에 아테네로 가서 플라톤의 아카데미아(Akadēmeia) 학원에 들어가, 플라톤이 죽을 때까지 20년 동안 플라톤의 가르침을 받았다. B.C. 343년에 그는 마케도니아 왕 필립포스의 초청을 받아, 당시 13세였던 왕자 알렉산드로스의 교육을 맡게 되었다. 알렉산드로스는 후에 왕이 된 다음에도 비용을 아끼지 않고 그의 연구에 편의를 주었다. 알렉산드로스가 페르시아 원정을 떠나자 그는 아테네로 돌아와 루케이온에 학교를 세우고 가르치는 데와 연구하는 데와 저술하는 데에 전력을 기울였다. 그가 루케이온에서 나무그늘 우거진 산보로를 소요하며 철학을 가르친 까닭에 그의 학파는 페리파토스(Peripatos, 소요) 학파라 불린다. 그는 13년 동안 아테네 동쪽 교외에 있는 이 루케이온에서 가르쳤는데, 알렉산드로스 대왕이 죽자, 아테네 사람들에 의하여 독신죄로 고소되었다. 그는 "아테네 사람들이 철학에 대하여 다시금 죄를 범하지 않게 하기 위하여" 아테네로부터 도피하였다. 그는 B.C. 322년에 에우보이아의 칼키스에서 죽었다.

아리스토텔레스는 학문의 거의 모든 분야에 걸쳐 많은 저술을 남겼다. 논리학·형이상학·물리학·미학·윤리학 등은 그에 의하여 체계를 갖춰서 서양의 철학 및 과학의 원천을 이루게 되었다. 아리스토텔레스는 의사의 집안에 태어나서 자연히 생물학에 흥미가 많았고 또한 생물학의 연구가 깊었던 관계로 그의 세계관은 생물학적이었다. 대체로 어떤 철학자나 특별히 어떤 하나의 혹은 몇 개의 특수과학에 흥미를 가지고 있어서, 그 과학이 그의 철학의 배경을 이루는 경우가 많았다. 플라톤의 핵심사상인 <이데아 설>이 기하학과 깊은 관계가 있음은 주지의 사실이요, 현대철

학자들 가운데 화이트헤드나 러셀의 철학도 수학에서 출발하여 수학적
사고방식의 세계관을 세웠다. 칸트는 특히 뉴튼(Newton)의 역학에 깊은
관심이 있어서, 이윽고 자연과학 일반의 가능근거를 묻게 되었다. 또 베
르그송은 현대과학 전반에 걸쳐 광범하고 심오한 학식을 가지고 있었는
데, 특히 생물학에 많은 흥미를 가지고, 그의 저서 『창조적 진화』에서,
19세기 중엽 이래 종교계와 생물학의 중요한 관심사였던 진화론을 검
토·비판하고 있다. 아리스토텔레스 역시 생물학에 관심이 깊었으므로,
그 생물학 연구가 그의 철학적 사색과 그 결과인 세계관에 큰 영향을 끼
쳤다. 그리하여 그의 사상은 인식론에 있어서나 세계관에 있어서 1원론
적 성격을 띠고 있다. 플라톤은 감각을 불신하고 순수한 사유에서만 진
리 인식이 가능하다고 생각한데 반하여, 아리스토텔레스는 모든 지식이
감각에서 출발한다고 분명히 말하고 있다. 이러한 인식론의 필연적 결과
로 플라톤에게 있어서는 감각적 세계와 예지적 세계가 서로 건널 수 없
는 심연에 의하여 갈라져 있으나, 아리스토텔레스에게는 이러한 두 세계
사이의 단절이 없다. 아리스토텔레스의 세계관의 정점에도 신이 있고,
그 신은 순수한 사유를 그 본성으로 하는 비물질적이고 순전히 정신적
인 것이지만, 신도 가장 비천한 밑바닥의 존재로부터 점차 상승하는 단
절 없는 존재계열에 있어서의 최후·최고의 존재였다.

 아리스토텔레스는 플라톤의 이데아 설을 비판하고, 플라톤의 <이데
아>는 "영원화된 감각물"에 지나지 않으며, 따라서 감각적인 것들의 존
재 및 생성은 이데아를 가지고 설명할 수 없다고 말하였다. 이데아는 감
각적 사물을 떠나 독립해 있으며 생성이나 운동과는 아무 상관없이 완
전한 정지 속에 있다. 플라톤의 파이아돈(Phaidōn)에는 이데아가 존재만
아니라 생성의 원인이기도 하다는 말이 있기는 하나, 이데아만 있고 운
동을 일으키는 원인이 없으면 사물이 생길 수 없다. 그런데 이데아는 생
성하는 것과 아주 갈라져 있기 때문에 이러한 운동의 원인일 수 없다.
또 플라톤은 개별적인 사물들이 이데아를 분유 내지 모방함으로써 존재

하게 된다고 했지만, 이 양자의 관계가 매우 애매한 채로 있다. 이와 같이 이데아 설을 비판한 아리스토텔레스는 이데아와 같은 보편적 원리가 감각적이고 개별적인 사물들과 아주 떨어져 있으면서 독립적인 존재를 즐기는 것이 아니라, 보편적인 것이 바로 개별적인 사물들 속에 내재해 있다고 보았다. 그는 정신적인 것을 물질적인 것과 근본적으로 관련된 것으로 보고, 이 양자의 관계를 energeia(현실태)와 dunamis(가능태), eidos(형상)와 hyle(질료)의 관계로 규정하고, 정신을 질료의 절대적 현실태, 질료를 잠재적으로 존재하는 정신이라고 생각하였다. 이와 같이 그는 플라톤의 <이데아>를 감각적인 사물들과 밀접하게 연결된 것으로 봄으로써 1원론적 세계관을 수립하였다.

아리스토텔레스에 의하면, 모든 개별적 실체는 질료와 형상이 합해서 된 것이다. 가령, 목재는 질료요, 이 질료에 일정한 형상이 주어질 때 가옥이 된다. 청동은 질료요 여기에 하나의 형상이 주어짐으로써 하나의 동상이 이루어진다. 무로부터는 아무 것도 생기지 않는다. 무엇이 있다고 하면, 거기엔 반드시 질료와 형상이 있다. 그리고 질료는 가능태요, 형상은 현실태다. 가령, 질료인 나무는 집이 될 가능태로 있는 것이요, 완성된 집은 나무의 현실태다. 아리스토텔레스는 모든 사물의 성립근거를 자세히 설명할 때, 질료인·형상인 이외에 운동인과 목적인을 더하여 네 원인을 가지고 설명하였다. 가옥을 예로 들면, 질료는 목재요, 형상은 건축사가 그 머리에 그리는 가옥의 모양이요, 운동의 원인은 건축사요, 목적은 현실의 가옥이다. 그러나 이 네 가지 원인은 결국 질료와 형상의 두 가지에로 환원된다. 모든 것이 가능태에서 현실태로 나아가는 것일진대, 질료는 가능태요, 운동은 가능적 존재를 완전한 실태로 나아가게 하는 것이며, 불완전한 것을 완전한 것으로 끌어올리는 것이므로 질료의 운동인은 결국 형상이라 할 수 있고, 목적 역시 형상 속에 포함되어 있으니 말이다. 가옥의 운동인은 건축사이지만, 건축사의 운동인은 실현될 목적인 가옥이다. 그러므로 완성된 사물로서의 현실태 속에는 운동인과 목적인이 다 들어 있다.

아리스토텔레스는 세계 전체를 질료와 형상의 연쇄로 본다. 따라서 질
료와 형상의 관계는 고정된 것이 아니다. 어떤 관계에 있어서 질료인 것
이 다른 관계에 있어서는 형상이 된다. 재목은 가옥의 질료이지만, 원목
에 대해서는 형상이다. 영혼은 육체에 대해서는 형상이지만, 형상의 형
상인 이성에 대해서는 질료다. 이와 같이 볼 때, 존재 전체는 조금도 형
상을 포함하지 않는 <제1질료>로부터 조금도 질료를 포함하고 있지 않
는 순수한 형상 <절대적 혹은 신적 정신>에 이르는 하나의 단계 조직을
이루고 있다. 자연 전체는 질료가 영원히 단계적으로 형상으로 되어가는
부단의 운동 속에 있다. 이 운동의 최후의 단계인 최고의 형상은 다름
아닌 신이다. 그런데 신은 순수형상으로서 질료를 전혀 가지고 있지 않
다. 그러므로 신은 운동하는 것이 아니요, 부동의 상태에 있다. 우주 안
의 다른 모든 것은 순수형상이요 궁극의 완전 현실태인 신을 그리워하
면서 신을 목적삼고 신을 향하여 운동한다. 마치 사랑을 받는 이가 사랑
을 하는 자를 움직이듯, 신은 스스로는 부동이면서 만물을 움직인다. 이
런 의미에서 아리스토텔레스는 신을 <최초의 원동자>라 불렀다.

신은 또 <뒤나미스>가 아니라 <에네르게이아>다. 즉, 무엇인가로 될
수 있는 재료가 아니라, 순수한 정신적 활동이다. 아리스토텔레스가 신
을 에네르게이아로 생각하는 것은 바로 이 의미에서다. 신은 활동하고
있는 자기목적, 즉 entelecheia(완전 현실태)이기 때문에 하나의 생명이
다. 이 생명은 예지에 의하여 파악될 수 있는 동시에 그 자체 하나의 예
지다. 그것은 활동하며 있는 예지다. 그 활동은 다름 아닌 <생각>이다.
그것은 자기 자신을 생각하는 생각이다. 아리스토텔레스는 『형이상학』
(Metaphysica) 제12권에서 신에 대하여 "그 생각은 생각의 생각이다"라는
유명한 정의를 내리고 있다.

이와 같이 아리스토텔레스는 신을 자기 스스로는 움직이지 않으면서
만물을 움직이며 오직 자기만을 생각하는 순수한 정신적 활동이로되 우

주만물을 생성케 하는 생명이요, 예지라고 보았지만, 그러한 신이 자기는 부동이면서 어떻게 운동의 원인이 될 수 있으며, 모든 생성의 원인이면서 자기동일한 에네르게이아(energeia), 즉 두나미스(dunamis, 가능태)를 전혀 가지지 않는 운동인일 수 있는지, 또 이렇게 모든 운동의 원인이 되는 신이 왜 하필 생각의 생각을 본질로 하는 인격적 존재이어야하는지에 대해서는 의문의 여지가 있다. 세계를 1원론적으로 파악했던그가 신을 논하는 데 이르러서는 순수형상인 신의 정신과 질료가 잘 융화되지 않는 2원론이 나타나 있다.

아리스토텔레스의 생각으로는, 자연계의 최하층에 무생물의 세계가 있고, 그 위에 생물의 세계가 있다. 생물에 있어서는 육체와 영혼이 질료와형상의 관계에 있다. 영혼은 생명의 원리다. 영원의 최저의 단계는 식물영혼, 즉 <영양적 영혼>바, 이것은 영양과 생식의 원리다. 그 위의 단계는 동물영혼, 즉 <감각적 영혼>인 바, 이것은 감각 및 자발적인 장소 운동의 원리다. 제3의 최고의 단계는 인간적 영혼, 즉 <이성적 영혼>이다.이리하여 아리스토텔레스의 생각에 있어서는 인간이 질료와 형상의 체계인 전 자연의 목적으로서 자연적 생명의 온갖 발전에 있어서 최고의자리를 차지하고 있다.

인간적 영혼의 형상은 <이성>(nous)이다. 이성은 형상을 생각하는 것인데, 형상을 받아들이는 가능태로서의 이성은 <수동적 이성>이라 부른다. 이것은 이성을 질료와 형상으로 나누어 본 경우의 질료로서의 이성이요, 육체와 결부되어 있는 이성이다. 이에 대하여 형상으로서의 이성, 현실태로서의 이성은 능동적인 것이다. 이 <능동적 이성>은 신적이고 영원한 것이다. 이 이성에 있어서는 생각되는 것도 형상이요 생각을하고 있는 이성도 형상이다. 이리한 <이성적 사유>(theoria)의 순수하게사유하는 생활은 본래 인간의 수준을 넘는 것이요, 사람이 이러한 생활을 할 수 있는 것은 인간인 한에 있어서가 아니라, 신적인 것이 그의 속에 있는 한에 있어서다.

아리스토텔레스는 <선 자체>라든가 <선의 이데아>라 하는 것은 실제 생활에서 실행될 수 있는 선, 즉 우리를 위한 <선>과는 아무 상관도 없고 또 이 선을 인식하는 데 아무 도움도 되지 않는다고 생각하였다. 따라서 인간을 위한 선이 윤리학의 대상이다. 그리고 그는 선을 인간이 본래부터 가지고 있는 자연적 소질과 관계시키고, 자연 즉 인간의 본성이 지향하는 목표라고 보았다. 이와 같이 윤리적인 것과 자연적인 것을 불가분의 것으로 보았기 때문에 그는 덕에 대한 소크라테스의 생각을 반대하였다. 소크라테스는 지적인 면에서 윤리의 기초를 찾고, 덕과 앎이 하나라고 했기 때문에 모든 윤리적 행위의 본질적 요소를 이루고 있는 인간본성의 정의적인 면이 무시되었다고 아리스토텔레스는 생각한다. 덕의 최초의 기초는 이성이 아니라, 자연적인 여러 충동이다. 우리는 이론적 오성만으로 행동하지는 않는다. 우리를 행동케 하는 것은 욕구다. 그런데 충동이나 욕구 속에도 어느 정도 윤리적인 성질들이 깃들여 있다. 이것들은 자연적인 덕들인데, 이것들이 <사려>에 의하여 지도될 때 참된 덕이 된다. 사려에 지배 되는 욕구, 즉 올바른 욕구가 올바른 행위를 생기게 한다. 그러므로 덕은 가르칠 수 있고 배울 수 있는 것이 아니다. 우리는 지식을 발달시킴으로써가 아니라 <연습>과 <습관>에 의하여 선을 습득한다. 마치 음악이나 건축술을 연습함으로써 음악가나 건축가가 되듯이, 윤리적 행위를 연습함으로써 유덕하게 되는 것이다. 따라서 우리는 처음에는 훌륭한 덕을 기를 수 있는 능력도, 악덕에 뛰어나게 되는 능력도 가지고 있으나, 유덕한 성품이건 악덕스러운 성품이건 일단 성품이 형성된 다음에는 우리의 힘으로 그것을 어떻게 할 도리가 없다. 요컨대 사람이 선하게 되는 데는, 자연·습관·이성의 세 가지 것이 작용한다. 이 점에 있어서 아리스토텔레스의 입장은 소크라테스의 입장과 정반대다.

아리스토텔레스는 모든 행위를 목적과 수단의 관계에서 본다. 우리가 체육을 하는 것은 건강하게 되기 위해서다. 이 경우, 체육은 수단이요,

건강은 목적이다. 그런데 건강은 그 자체 목적이 되는 것이 아니요 그보다 더 높은 목적, 즉 행복을 위한 것이다. 이 경우에는 건강이 행복의 수단이다. 모든 행위의 목적이 되는 것은 선인데, 다른 어떤 것의 수단도 되지 않고 그 자체 목적이 되는 선은 인간의 궁극목적이요 따라서 최고선이다. 아리스토텔레스에 의하면 최고선이 무엇인가에 대해서는 누구나 행복이라고 생각하고 있지만, 행복이란 것이 구체적으로 어떤 것인가 하는 데 대해서는 여러 가지 견해로 갈라진다. 아리스토텔레스 자신은, 인간의 행복이 단순한 욕구의 만족인 쾌감에 있지 않고, 인간에게 특유한 정신의 이성적 활동에 있다고 본다. 그래서 그는 행복을 <정신의 유덕한 활동>이라고 정의하였다. 이것은 곧 완전한 생활에 있어서의 완전한 실천적 활동 속에, 즉 인간다운 이성적 활동 속에 행복이 있음을 말하는 것인데, 이 행복에는 또한 쾌감이 따르는 법이다. 이리하여 아리스토텔레스는 순수한 이성에 의한 <관조>(theōria)의 생활을 최고의 행복으로 보았지만, 또한 행복의 조건으로서 부·친구·자녀·집안·신체의 아름다움 같은 우연적인 요소들을 무시하지 않았다. 그러나 재산은 적당하게 있으면 충분하며, 뜻밖의 재난에 대한 준비만 있으면 된다고 말하고 있다.

　아리스토텔레스에 의하면, 어떤 행위든지 지나치거나 부족함이 있으면 불완전하고, 과도와 부족의 중간을 지킬 때에 완전하다. 따라서 덕이란, 일반으로 행위에 있어서 중용을 지키는 데에 성립한다. 그런데 이때의 중간 내지 중용은 양 극단간의 꼭 중간에 있는 산술적 중간이 아니고, 우리에게 유익이 되는 한에서의 중간이다. 가령, 불쾌나 해악에 관해서 말하면, 그것을 두려워하는 것과 조금도 두려워하지 않는 것의 중간에 있는 것이 용기다. 쾌락에 관해서는, 일락과 무감각의 중간인 절제가 중용이다. 사회 생활에 있어서 절도를 지키는 것, 즉 부정을 하는 것과 부정을 받는 것의 중간은 공정이다. 이 밖에 모든 행위에 있어서 아리스토텔레스는 중용을 지킬 것을 권하고 있다. 어떻든, 모든 덕은 부족과 과도로 대립하고 있는 두 악덕의 중간에 있다.

그리고 덕이나 행복은 개인만으로는 얻을 수 없는 것이다. 인간은 공동체 속에서 살기 마련인 존재, 즉 "사회적 동물"(Zōon politikon)인 까닭에 참으로 인간적인 생활은 공동체 속에서만 가능하다. 따라서 국가는 개인이나 가족보다는 우위에 있는 것이요, 개인들은 국가라고 하는 한 전체의 우연적인 부분에 지나지 않는다. 그러므로 선의 탐구인 윤리학으로부터 국가사회의 선의 탐구인 정치학에로 넘어가지 않으면 안 된다.

아리스토텔레스는 모든 정체 가운데서 입헌군주제와 귀족정치를 좋게 여긴다. 즉, 부가 지배하는 국가, 다수가 지배하는 국가가 아니라, 충분한 재산을 가지고 온전한 도덕교육을 받아 국민 전체의 보호와 통치의 능력을 가진 사람들이 지배하는 국가가 바람직한 국가라고 생각하였다. "덕이 통치하는 국가가 가장 좋은 국가다"라고 그는 말하고 있다.

예술에 관하여, 아리스토텔레스는 그것이 모방하는 기술이라고 한다. 그런데 그 모방이란, 자연 그대로의 모방이 아니다. 예술이 모방하는 것은, 이상적 자연, 즉 자연이 마땅히 그래야 하는 상태다. 따라서 예술의 대상은 아름다운 것, 위대하고 숭고한 것이 아니어서는 안 된다. 여러 가지 예술 가운데 아리스토텔레스가 문제 삼고 있는 것은 시 뿐이요, 특히 비극을 가장 높이 보고 있다. 비극의 두드러진 효과는 정화(katharsis)다. 아리스토텔레스는 비극을 다음과 같이 정의하고 있다. "비극이란, 일정한 크기를 가지고 그것만으로 질서가 있는 엄숙한 행위를 시의 각 부분에 어울리는 아름다운 말로, 그러나 서술에 의해서가 아니라 동작에 의하여 모방하는 것이다. 그리고 그 목적은 연민과 공포를 통하여 이러한 정동을 정화시키는 데 있다."

6. 헬레니즘(Hellenism) 및 로마의 철학

B.C. 6~4세기에 그리스의 도시국가들이 한창 융성하던 때가 지나자, 지중해 세계에는 혼란이 찾아왔다. 로마의 지배 아래 정치적 통일이 실현된 B.C. 1세기까지 약 300년 동안, 시리아, 마케도니아, 로마, 카르타고 등 강대국들은 지중해의 패권을 다투어 투쟁을 계속하였다. 그러나 문화적으로는 사람들의 자유로운 왕래 및 사상의 교환 등으로 말미암아 그리스적 로마문화의 하나의 세계가 형성되어 갔다. 그리스의 도시국가체제가 무너지고 보다 큰 정치적 단위들이 성장하는 한편으로 그리스의 사상이 세계시민적 성격을 띠게 된 이 시대를 헬레니즘 시대라 하며, 그 문화를 헬레니즘적 문화라 한다.

헬레니즘 시대, 즉 B.C. 3세기 이래의 약 300년 동안에는 그리스의 과학, 특히 수학·천문학·물리학이 눈부시게 발전하였다. 그러나 혼란한 시대상을 반영하여 철학은 건전하고 조화 있는 발전을 하지 못하고, 인간들 자신의 헝클어진 마음을 달래는 데 주력하는 경향으로 흘렀다. 사회는 복잡하게 되고 환락에로 달리는 경향이 농후하였다. 이러한 때를 당하여 사상계도 자연히 혼란하지 않을 수 없었다. 그리하여 가지각색의 사상이 나왔다. 금욕주의가 있는가 하면, 쾌락주의가 있고, 이성적 합리주의가 있는가 하면 회의론이 있고, 이 밖에도 여러 가지 사상이 혼잡을 이루며 들끓었다. 그러나 이 모든 경향의 사상 속에는 하나의 공통점이 있었다. 그것은 이제 사람들이 자연을 객관적으로 탐구하는 데 무관심하게 되고 혼란한 사회에서 어떻게 살며 어떻게 하여야 행복을 얻을 수 있으며, 또 행복이란 무엇이냐 하는 데 깊은 사색을 기울여 안심입명의 원리를 확립하려한 점이다. 이 시대의 갖가지 사상 가운데 가장 유력한 것은 스토아 학파, 에피쿠로스 철학이었다.

스토아 학파란 말은 그 창시자 제논(B.C. 335~263)이 아테나에 있는 스토아 포이킬러(Stoa-Poikile), 즉 <채색된 주당>에서 가르친 데서 생

졌다. 로마제국을 하나로 뭉치게 한 사람들은 대부분 스토아 철학자들이
었던 만큼, 스토아 철학은 로마제국에 공헌한 바가 매우 컸다. 스토아 철
학자들 가운데 특히 유명한 사람으로는 세네카(Seneca), 노예였던 에픽
테토스(Epiktētos), 황제였던 마르쿠스 아우렐리우스(Marcus Aurelius)
등이 있다. 마르쿠스 아우렐리우스는 소크라테스를 따라, 인간의 참된
본질(本質)을 찾으려면 무엇보다 먼저 인간으로부터 모든 외적 및 우연
적 특성을 제거하지 않으면 안 된다고 확신하였다. 외부로부터 인간에게
일어나는 모든 것은 아무 소용없는 것이다. 인간의 본질은 바깥 환경에
달려 있지 않다. 부·지위·사회적 명성·건강·지능 같은 것은 모두 인간의
본질과는 아무 상관이 없다. 오직 하나 중요한 것은 영혼의 경향, 즉 영
혼의 내적 태도다. 따라서 인간의 본질은 이성에 있다. 이성을 따라서 마
음의 아무 흔들림 없는 상태를 획득하는 것이 곧 인생의 목적이다. 그리
고 스토아 학파에 있어서는 이 이성이 인간행복의 원리일 뿐더러 또한
우주질서의 원리이기도 했다.

  에피쿠로스(Epikouros; B.C. 341경~270 경)가 시작한 에피쿠로스 학파
는 쾌락을 좋은 생활의 목표로 삼았다. 그런데 이 쾌락은 그 당시 일반
대중에게 육욕에 파묻히는 것으로 오해되었다. 그러나 에피쿠로스 자신
은 매우 존경할 만한 인격을 가졌던 사람으로서 그가 생각한 쾌락은 영
속적인 정신적 쾌락이었다. 이것이 이른바 <아타라크시아>(ataraxia),
즉 자기의 내적 가치를 자각하고 운명의 타격을 초월한 현자의 평정한
감정이다. 다른 쾌락주의자들은 될수록 강렬한 쾌감을 최고선으로 삼았
지만, 에피쿠로스는 전 생애에 걸친 영속적인 행복을 중요시하였다. 따
라서 그는 자기의 사상이 방탕아의 쾌락을 최고선이라고 삼는 것이라고
오해되지 않도록 조심했고, 빵과 물만 있으면 제우스(Zeus)와 더불어 행
복을 겨루어 보겠노라고 말하여, 적은 것으로 만족할 것과 차분한 마음
가짐과 절제를 권하였다.

  로마시대에 들어와서 이집트 태생의 플로티노스(Plōtinos; 205~270)가

시작한 신플라톤주의의 철학은 고대 그리스철학의 종착점을 이루는 동시에, 중세철학의 유구한 역사를 통하여 그리스도교 사상가들의 세계관 형성에 깊은 영향을 주었다. 플로티노스에 의하면, 이 우주는 완전하고 영원한 <일자>, 즉 신으로부터 그 완전성의 충일의 결과로 흘러나온 것이다. 일자로부터 맨처음에 흘러나오는 것은 <이성>인데, 이 속에 <이데아>의 세계가 들어 있다. 여기서 다시 세계영혼이 흘러나오고, 그 다음으로 감성적 세계가 흘러나온다. 이것이 이른바 유명한 유출설이다. 유출설은 세계를 신의 유출로 보고, 유출된 것이 그 본원으로부터 멀어짐을 따라 완전성의 정도가 적어지며, 그리하여 존재 전체는 하강적인 계층관계를 이루고 있다고 보는 것이다.

 인간의 영혼은 감성에 얽매어 있는 동시에 자기의 근원인 이성을 향한다. 우리는 우리의 영혼의 고향인 <이데아>의 세계로 우리의 온갖 생각을 돌이켜 관능을 끊고 우리의 자아를 육체적인 관계로부터 해방시키지 않으면 안 된다. 이렇게 하면 우리의 영혼은 이데아의 세계에 올라갈 수 있다. 여기서 다시 <일자>, 즉 신과 하나가 됨으로써 우리의 모든 희망과 노력의 마지막 목표인 엑스터시스(ekstasis:황홀)에 도달하게 된다. 정화되지 못한 영혼은 죽은 다음에 신과 하나가 되어 엑스터시스에 들어가지 못하고, 다시 인간이나 식물의 육체 속을 헤매지 않으면 안 된다. 만물의 유일의 원리요, 최고의 존재인 신을 직관하는 사람은 절대자로 충만하게 되고 그 빛의 비추임을 느낀다. 이러한 사람에게 있어서는, 이제 최고의 존재와 자기의 영혼 사이에 분리가 없다. 이와 같이 <일자>, 즉 신에의 침잠, 황홀한 가운데 절대자 속에 녹아 들어감을 체험하고 정신의 이러한 신비적 고양을 인생 최고의 목적으로 삼은 데 있어서 신플라톤주의는 참으로 그리스적인 철학과 아주 다른 특성을 지니고 있다. 이 특성은 헬레니즘의 모든 철학적 노력 즉 진정한 행복의 탐구의 절정을 이루는 것이요, 이윽고 1,000여년에 걸친 중세 그리스도교 신비주의의 문을 여는 것이었다.

제4장 중세 철학

1. 중세철학의 원류-아우구스티누스(Aurelius Augustinus)

"그런데 신실한 내 어머님은 세상의 어머님들이 그 육친의 죽음을 통
곡하는 것보다도 더 격렬하게 나를 위하여 당신에게로 향해서 울었을
때, 당신은 위로부터 손을 펴시어 이 깊은 암흑 속으로부터 나의 영혼을
구원하여 주셨습니다"라고 아우구스티누스(354~430)는 그『고백』속에
서 그의 어머니 모니카의 눈물의 기도를 술회하고 있다. 방탕과 유랑과
회의로 전전하는 자식을 위하여 이 모친은 시종여일하게 경건하고 굳은
신앙과 희망 속에서 살았다. "…약 9년 동안 나는 깊은 구렁텅이와 거짓
된 암흑 속에 뒹굴어 있어서, 때로 일어서려고 하면서도 더욱 깊이 가라
앉아 갔었음에도 불구하고, 이 정결·경건·현숙한 당신의 사랑하시는 과
부는 도리어 더욱 더 희망 속에서 살았습니다"라고도 적혀 있다. 여기서
우리는 중세철학의 운명 전체를 결정적으로 좌우한 아우구스티누스의
위대한 인격과 사상의 근원을 찾아볼 수 있다. 그 어머님 모니카의 눈물·
정성·굳은 신앙 없이 그 아들의 위대성이 나올 수 있었을까? 어머님의
경건한 성품과 온전하고 굳은 신앙이 아우구스티누스를 그답게 한 것이
다. 이 어머님은 죽음이 임박했을 때 아들을 향하여, "이 육체는 어디에
파 묻어도 좋다. 그런 것을 이러쿵저러쿵 걱정할 건 없느니라. 그저 내가
바라는 것은, 너희들이 어디 있든지 주님의 제단에서 나를 기억해주는
것이다"라고 온전한 귀의의 심정을 토로한 위대한 어머님이었다. 이 어
머님과 더불어, 잠시 잠깐인 이 세상의 모든 것의 헛됨과 저 영원한 세
계의 다시없는 복락을 서로 이야기한 지 며칠 지나서, 마침내 어머님을

여윈 아우구스티누스의 가슴 터지는 듯한 슬픔은 좀처럼 가시지 않았다. 그리스어의 목욕(βαλάυετον)이란 말에는 슬픔을 던진다는 의미가 있으므로 목욕도 해보았고 잠도 자보았다. 그러나 아무 소용도 없었다. 암브로시우스(Ambrosius)의 참다운 시가 생각나고 하느님께 대한 그의 어머님의 신성한 사랑과 순종을 생각하며 하염없이 흐르는 눈물을 흐르는 대로 내버려 두었을 때, 얼마간 슬픔은 누그러졌고 새 힘은 솟아났던 듯싶다. 암브로시우스의 시엔,

하느님은 만물의 창조주,
또 하늘의 주재자.
낮에는 밝은 빛을 비추어 주시고,
밤에는 부드러운 잠을 자게 하시어
약해진 마디마디를 새롭게 하사
다시 일할 힘을 얻게 하시며,
피곤한 마음을 불타오르게 하사
모든 슬픔을 가라앉혀 주시네.
『고백』 제9편 제12장

라 읊어져 있다.

"당신을 위하여 우리를 지으셨으므로, 당신 안에서 쉼을 얻을 때까지 우리의 마음에는 쉼이 없나이다." 이것은 아우구스티누스가 하느님께로 돌아왔을 때의 심정을 토로한 유명한 고백의 말이다. 어머님의 신앙에 돌아감으로써 아우구스티누스는 마음의 완전한 평화를 얻을 수 있었다. 또한 그의 깊은 철학적 사색의 정신을 만족시킬 수 있는 우주관도 얻게 된 것 같다. 386년에 그의 마음은 작정되었다. 이제부터는 교회의 온전한 일꾼으로 새 출발을 하게 되었다. 19세 때 키케로(Cicero)의 『호르텐시우스』를 읽음으로써 일어난 철학에 대한 흥미와 사랑은 하나의 종착

점에 이르렀다. 회의와 주저와 망상은 끝났다. 한때는 선의 신과 악의 신
이 싸운다고 하는 마니교에 마음이 끌리기도 하고, 완강한 육욕에 사로
잡히기도 하였으나, 이제 모든 어두움은 사라졌다. 온전히 하느님을 똑
바로 보았고 그 안에서의 참된 평안에 이르게 되었다. 그의 생활 전체가
하느님을 향한, 하느님을 위한 것이 되었다. 그는 말한다 - "하느님과 영
혼, 이것이야말로 내가 알기를 원하는 것이다. 달리 알고 싶은 것은 없는
가? 전혀 없다." 또, "하늘과 땅에 있는 모든 것을 알되 당신을 알지 못
하는 사람은 불행하며, 이 모든 것을 모르나 당신을 아는 자는 행복합니
다"라고도 말하고 있다.

그에게 있어서 하느님은 만물에 차고 넘치는 분이요, 지고·지선·지강·
절대의 능력·절대의 힘·절대의 연민·절대의 정의·절대의 비밀·절대의 현
재·절대의 아름다움·절대의 강함·항상 계시고, 포착할 수 없고, 불변하
며, 만물을 변화시키며, 만물을 새롭게 하시며, 항상 일하시고 또 항상
쉬시며, 아무런 결핍도 없는 분이다. 하느님은 그 어떤 물건도 아니고 자
연물도 아니다. "하느님은 무엇이다"라고 말하느니보다는 "하느님은 무
엇이 아니다"라고 말하는 것이 더욱 쉽다. 우리가 하느님을 아는 것은
오직 부정도(via negationis)를 통해서만이다. 이 하느님은 삼위일체의
하느님으로서 오직 겸허한 마음을 가진 사람에게 그 모습을 나타내신다.

아우구스티누스의 사상 속에는 플라톤의 깊은 영향이 엿보인다. 그러
나 그는 그리스철학의 전통을 근본적으로 변모시켰다. 그리스철학의
<로고스>는 추상적이고 관념적인 것이었으나, 아우구스티누스에게 있
어서 로고스는 구체적이고 분명하고 육신을 입으신 것이었다. 그리스도
에게서 로고스는 스스로를 드러낸다. 플라톤의 <분유>(methexis)라는
학설은 그리스도교 속에서 하나님의 수육(incarnatio)의 교리로 변화한
다. 순전히 주지주의적인 그리스정신에게는 이런 교리가 이해될 수도 없
고 상념될 수도 없었다. 그리고 아우구스티누스는, 신플라톤 학파의 철
학자들이 이 교리를 믿지 못하는 것은 그들의 교만으로 말미암은 것이

라 지적하였다. 그는 마침내 겸손히 그리스도교의 진리를 받아들인 것이다. 한편 그는 플라톤을 찬양하였다. 그리고 플라톤의 철학이 그의 사상 전체에 침투하고 있음을 우리는 부인할 수 없다. 그러나 그는 그리스도교의 방향에서 플라톤의 철학을 섭취하고 해석하였다.

플라톤에게 <데미우르고스>(demiourgos), 즉 조물주는 신화적인 개념이었다. 데미우르고스도 플라톤의 이른바 그럼직한 억측(doxa)의 세계에 속하는 것이요, 참된 철학적 인식의 세계에 속하는 것이 못된다. 다시 말하면, 데미우르고스란 확실한 인식의 대상이 되는 존재가 아니다. 플라톤에게 있어서 이 데미우르고스보다도 더 높고 더 참된 존재는 <이데아>다.

플라톤은 정의를 기하학적 균형에 비겼다. 정의의 국가는 기하학적 형태의 영원하고 불변하는 성격을 닮아 이 세상에서 찾아볼 수 없는 영원한 절대의 아름다움을 지닌 이상적인 국가다. 그런 나라는 현실의 세계에는 없고, 오직 관념의 세계에만 있다. 이 관념의 세계의 본질은 절대의 아름다움이요, 절대의 선이다. 그러므로 <선의 이데아>, 즉 절대의 관념 세계, 순수한 관념세계야말로 철학적 인식의 대상이요, 또한 우주의 최고원리다. 선의 이데아는 참된 철학적 인식의 대상이요, 철학자가 바라보는 마음의 고향이다. <데미우르고스>는 여기에 비할 바가 못된다. 그러므로 최고의 아름다움과 절대의 선은 구체적이고 신화적인 데미우르고스에 속하지 않고, 추상적이고 관념적인 <이데아>에 속한다. 그리고 최고의 참된 존재인 선의 이데아는 창조된 것도 아니요, 소멸하게 될 것도 아니다. 아우구스티누스는 이 선의 이데아의 개념에 인격성을 부여하였다. 아우구스티누스는 데미우르고스에 관한 사상이 전개된 플라톤의 저서 티마이오스(Timaios)와 『요한복음』을 결합시켜 세계창조와 하느님의 인격성의 사상을 확립하였다. 하느님은 그저 이데아의 세계에만 있는 비인격적인 추상적 관념이 아니다. 하느님은 예수 그리스도로서 자기 자신을 나타내신 구체적이고 인격적이고 의지적인 존재다. 여기서 우리는 그리스의 주지주의에 대립하고 그것을 초극하는 예언자들의 종교의 심원하고 철저한 주지주의적 소생을 볼 수 있다.

하느님에게로의 결정적 귀의와 또한 하느님에 대한 뜨거운 사랑과 봉사의 정신은 아우구스티누스의 세계관을 근본적으로 변화·결정시켰을 뿐만 아니라 또한 그의 인식론과 윤리학을 전적으로 특징짓고 있다. 아우구스티누스의 인식론은 플라톤적 사상으로 물들어 있다. 그는 플라톤의 상기설을 받아들인다. 플라톤의 저서 메논(Menon)에는 어떤 젊은 노예의 이야기가 나오는데, 이 노예는 자기 자신의 노력에 의하여, 그리고 순전히 이성적인 사고 과정에 의하여 기하학의 몇 가지 기본적 진리를 발견하는 데 성공한다. 이와 같이 우리가 무엇을 알게 되는 것은 상기함으로써다. 아우구스티누스는 말한다 – "배운다는 것은 다시 기억하고 생각나게 하는 것 이외의 다른 아무것도 아니다." 인간의 정신이 외부의 사물에서 무엇을 배운다는 것은 불가능한 일이다. 인식의 원리는 내부에 있으며, 우리들 자체 속에 있다. 그러므로 자기인식이야말로 가장 중요한 출발점이다. 자기인식은 외부의 현실에 관한 모든 지식의 전제조건일 뿐더러 또한 하느님에 관한 모든 지식에 있어서도 선결조건이 된다. 그는 말한다 – "너 자신으로부터 밖으로 나가지 말고, 너 자신에게로 돌아가라. 진리는 인간 속에 있느니라." 이러한 생각은 소크라테스, 플라톤, 스토아 학파의 정신 속에서 찾아볼 수 있는 그리스의 고전적 전통이다. 그리고 인식의 확실성을 자기 자신 속에서 찾은 데카르트(Descartes)의 철학적 원리에서도 볼 수 있는 하나의 합리적 태도다. 그러나 아우구스티누스에게 이 인식의 원리인 인간의 영혼이 독립되어 있지 않고, 하느님께 매여 있다. 진리는 인간의 내부에 머무는 것이지만, 그러나 여기서 인간이 발견하는 것은 오직 변하기 쉽고 한결같지 않은 진리다. 불변하고 절대적인 진리를 찾으려면, 인간은 자기자신의 의식과 자기자신의 실존의 한계를 넘어서지 않으면 안 된다. 그는 말한다 — "네 가변적인 본성을 발견하거든, 너 자신을 또 초월하라. 이성의 빛 자체가 켜 있는 곳으로 향하라." 이 말로 미루어보면 인간에게도 이성의 빛이 없는 것은 아니다. 그러나 그것은 이성의 빛 자체는 아니다. 이성의 빛 자체는 하느님께 있다. 그의 윤리사상에서와 마찬가지로 여기서도 우리는 육체에 대한 그의 불신을 본다. 인간의 육체는 죄요, 인간의 자연적 이성은 죄와 하나가 되어 있어 가변적이요, 참된 존재와 진리에 나아갈 수 없다. 오직 초월에 의하여 하느님께로부터 밝은 빛을 받음으로써만 진리를 볼 수 있고 찾을 수 있다. 이 초월에 의하여 변증법의 방법 전체, 즉 소크라테스와 플라톤의 방법은 근본적으로 변모한다. 플라톤에게 있어서 진리에 이르는 길은 매우 먼 길이다. 최고절대의 진리인 <선의 이데아>에 도달하려면 인간이성은 산술에서 기하학에로, 기하학에서 천문학, 화성학 그리고 마지막에 변증법에로 점진적으로 편력하지 않으면 안 된다. 그러나 신앙에서 우리는 단숨에 진리에, 하느님께 나아갈 수 있다. 인간의 이성은 그 독립성과 자율성을 포기해야만 한다. 아우구스티누스에게서 보는, 이와 같은 이성의 포기는 정도는 다를망정 중세철학 전체의 특성이라 하겠다.

일찍이 테르툴리아누스(Tertullianus)도 이와 비슷한 정신에서 불합리하기 때문에 믿는다(Credo quia absurdum)라고 하였다. 그는 나아가 "하느님의 아들은 못 박혀 돌아가셨다. 이는 참으로 부끄러운 일이다. 그러므로 나는 이것을 부끄럽다고 생각하지 않는다. 하느님의 아들은 죽었다. 이것은 참으로 이치에 맞지 않는 일이다. 그러므로 나는 이것을 믿는다. 그는 매장된 후 다시 살아나셨다. 이것은 참으로 불가능하다. 그러므로 확실한 일이다"라고도 말하였다. 아우구스티누스는 나는 알기 위해 믿는다(Credo ut intelligam)라고 말하였다. 믿음으로써 알게 되는 것이다. 하느님의 밝고 환한 빛 속에서 단숨에 진리를 확실히 파악하게 되는 것이다. 인간적인 생각, 육체의 구속을 버릴 때, 밝은 인식의 아침은 찾아온다. 인간의 이성은 그 자신의 빛을 가지고 있지 않으며, 다만 밀려오고, 반사된 빛을 가지고서만 빛을 발한다. 만일 이 근원의 빛이 사라지면 인간의 이성은 무능력하게 된다.

아우구스티누스의 『교사론』 속에 그리스 고전사상의 이 근본적 변모가 가장 명료하게 표현되어 있다. 『교사론』에서 그는 순전히 인간적인 지혜의 이상과 인간적인 교사의 개념에 반대한다. 그리스도교의 입장에서 볼 때, 유일의 스승, 인간행위의 스승일 뿐더러 또한 인간의 사상의 스승이 되는 분은 하느님이다. 하느님에게서, 그리고 오직 그에게서만, 우리는 참된 스승을 찾을 수 있다. 감각세계에 관한 지식이든, 수학적 혹은 변증법적 지식이든, 하여간 모든 지식은 이 영원한 빛의 근원에 의한 조명에 근거한다(조명설). 어느 이성적 사고과정이나 추리과정도 그러한 조명이요 따라서 신적 은혜의 행위 아닌 것이 없다. "하느님은 진리의 아버지, 지식의 아버지, 지성의 빛의 아버지요, 우리의 각성과 조명의 아버지다." 곧 깨닫게 하는 빛의 아버지요, 우리의 어두움을 밝혀주시는 아버지다. 아우구스티누스는 말한다 "하느님은 예지이시니, 우리는 그 안에서 그리고 그로 말미암아 그리고 또 그를 통해서 우리가 아는 모든 것을 안다. …… 하느님은 지성의 빛이다. 그 안에서 그리고 그로 말미암아 그리고 또 그를 통해서, 지적으로 빛나는 모든 것이 빛을 발하느니라." 또 이렇게도 말하고 있다 –"오, 영혼아, 볼 수 있거든 보라. 하느님은 진리이시니라. 무엇이 진리냐고 묻지 말라. 이는 육체적인 심상들의 어두움과 또 여러 가지 환상의 구름이 대뜸 길을 막아, 내가 진리를 말했을 때 첫번 번득임으로 네게 비추인 저 고요함을 깨뜨리겠기 때문이다. 만일 할 수 있거든, <진리!>라고 네게 말해졌을 때, 이를테면, 한 섬광에 의하여 네 눈이 부시게 된, 저 첫 번 번득임에 네가 머물고 있는지 보라."

의지의 자유를 지나칠 정도로 내세운 펠라기우스(Pelagius)와의 논쟁에서 아우구스티누스는 하느님의 절대하신 권능을 생각하는 가운데, 인간의 의지가 자유로움을 부인하였다. 그리하여 그의 도덕적 및 종교적 체험에서 우러나온 결정론(determinism)은 후세의 가톨릭 및 프로테스탄트의 사상에 한가지로 큰 영향을 끼쳤다.

율법은 우리에게 무엇이 옳고 무엇이 그릇됨을 알게 한다. 그것은 하느님의 뜻을 표현하고 있다. 그러나 인간의 죄스러운 의지는 거기에 복종할 것을 거부하였다. 인간은 결코 선악을 모르는 것이 아니다. 다만 그 선악의 지식 위에서 행동할 힘이 없는 것이다. 그러므로 하느님께서 우리들 속에 믿음과 사랑을 일깨워주시지 않는 한 우리는 의롭게 될 수 없다. 의는 사랑의 열매이기 때문이다. 성령을 통해서 이와 같은 일이 일어난다. 아우구스티누스는 말한다─"신자는 성령을 받는 바, 이 성령으로 말미암아, 최고의 불변하는 선, 곧 하느님 안에서의 기쁨과 하느님에의 사랑이 그 마음 속에 형성된다. ……자기의 의무와 목적을 깨달은 후일지라도 그 안에서 기뻐하고 그에 대한 사랑을 느끼지 않는다면 우리는 의무를 다할 수도 없고, 올바로 살 수도 없다. 그리고 이러한 마음의 변화가 일어나려면 하느님의 사랑이 우리 가슴 속에 흘러 들어오지 않으면 안 된다. 이것은 우리 자신에게서 일어나는 자유의지를 통해서가 아니라, 우리에게 주어지는 성령을 통해서다. "우리의 의지가 참된 의에 이르려면 하느님의 은총으로 성령의 도움을 받아 하느님과 이웃을 사랑하는 데로 나아가지 않으면 안 된다. 죄란 하느님을 사랑하지 않고 자기를 사랑하는 것이다. 그런데 이 자기애(amor sui)는 짓궂고 뿌리 깊고 강력하다. 하느님의 사랑(amor Dei)에로 다시 돌이키는 일은 인간의 힘만으로는 될 수 없다. 아우구스티누스의 깊은 종교적 경험에 있어서 인간의 자연적인 능력은 죄 속에 있는 것이요, 하느님의 만세 전부터의 섭리가 우리를 구원에 이르게 하지 않는 한, 우리에게는 아무런 힘도 길도 없다. 하느님의 크신 권능과 크신 경륜 앞에서 인간은 지극히 작은 벌레와 같은 존재다. 인간은 자기가 하고 싶은 일을 할 수 있는 듯싶다. 그러나 우리가 무엇을 뜻함도 하느님께서 뜻하게 하시는 것이다. 아우구스티누스는 말한다─"우리가 무엇을 뜻할 때 뜻하는 것이 우리인 것은 확실하나, 우리로 하여금 선한 것을 뜻하게 하시는 이는 하느님인 바, '의지는 주님에 의하여 준비되었느니라'라고 기록되어 있다."

하느님은 우주를 지으시고, 세상만사를 주재하시며, 또 우리의 마음속에서 일어나는 것까지도 미리 뜻하시고 계획하셨다. 세계에서 일어나는 모든 일이 그의 뜻대로 되어가는 것이다. 그는 완전하시고 절대적인 선이다. 그런데 이 세상에 죄와 악이 있음은 어찌된 일인가? 하느님께서 악도 창조하셨단 말인가? 그럴 수 없다. 악은 선의 결여다. 악은 스스로 있을 수 있는 것이 아니다. 궁극에 있어 악은 없다. 이렇게 아우구스티누스는 하느님의 완전하신 선 속에 악을 인정할 수 없었다. 악은 실재하지 않는다.

아우구스티누스의 결정론의 모순은 다음과 같은 문제에서 드러난다 즉 하느님께서 모든 일을 결정하실진대 우리는 아무것도 힘쓸 필요가 없지 않은가 하는 것이다. 거역할 수 없는 큰 힘이 세상의 모든 일을 속되고 평범하고 너절한 상태로부터 쇄신한다. 하느님의 절대하신 힘과 뜻이 인간의 온갖 좁은 생각과 뜻과 계획을 일소한다. 그렇다고 하면 인간은 아무 일도 하지 않고 그저 방관함이 현명치 않은가? 그런데 히포 (Hippo)의 주교로서 아우구스티누스는 부지런히 일하였다. 그의 사상과 행동에는 모순이 있었던 것이다. 위대한 사상가에게서 한결 같이 보는 모순이다. 아우구스티누스는 인간의 자유의지가 하느님의 절대적인 예지와 조화될 수 있다고 믿은 것이다. 그러나 아우구스티누스 속에 있는 신비가, 하느님을 열렬히 사랑하는 자로서의 아우구스티누스는 그 깊은 상념 속에서 결코 이런 상식적인 타협을 인정할 수 없었다. 그는 세속 질서 전체를 초월하고 이것을 전적으로 지배하는 하느님을 보았다. 이 세상은 그 현상을 박차고 하느님의 세계로 변모해야만 된다. 그러므로 아우구스티누스는 그 신비적 경향에 있어서 하나의 반항자였다. 가톨릭교 내부에서 개혁자의 그룹이 아우구스티누스를 권위로 삼고 전통을 묵수하는 그룹이 성토마스 아퀴나스(Thomas Aquinas)를 권위로 삼는 경향이 있음은 까닭 없는 일이 아니다.

413년에 기필하여 426년에 마친 『신국론』(De civitate Dei)은 아우구스티누스의 주저요, 서양의 최초최대의 역사철학적 저술이다. 그의 만년에 이르러 로마제국의 쇠망은 날이 갈수록 명백해갔다. 이때 이교도들은 소리를 합하여 로마제국의 쇠퇴의 원인이 그리스도교의 여러 가지 사악이 아니면 그 내세성에 있다고 하면서 그리스도교를 비난하였다. 『신국론』의 웅장한 논술에서 아우구스티누스는 인류역사와 뭇 국가들의 흥망성쇠를 검토한다. 그리고 마침내 로마의 쇠퇴를 논하여, 로마가 그 건국의 시초에 형제살해로 성립한 오점을 가지고 있으며 뒤이어 지배욕과 탐욕과 허식으로 말미암아 온갖 죄악이 가득 차게 된 현상을 들어 로마제국 멸망의 필연성을 증시하였다. 로마는 이를테면 서양세계의 바빌론(Babylon)이다. 바빌론이건 로마건 하여간, 이 지상의 나라(civitas terrena)는 퇴폐하고 멸망하고 마는 것이 그 본성이다. 오직 하느님의 나라(civitas Dei), 즉 하늘나라(civitas coelestis)만이 영원하다. 이 지상의 나라는 그 출발부터 또 그 본질이 죄와 악으로 되어 있다. 인간의 이성은 타락된 것이요, 이 타락한 이성은 오직 하나 참된 국가, 즉 하느님의 나라를 절대로 찾을 수 없고 얻을 수 없다. 그리스도가 세우시고 다스리시는 하느님의 나라에만 참된 정의가 있다. 로마의 부패의 한가운데에 그리스도께서 나타나셨다. 교회는 그리스도를 머리로 삼고 움직이는 하느님의 나라다. 지상의 나라는 도덕적·종교적 의미를 지니고 있다. 곧 죄와 악으로 가득 찬 인간의 세력 범위다. 하느님의 나라와 지상의 나라는 영원한 투쟁 속에 있다. 그리고 하느님의 나라는 이 지상에서도 우리에게 주어질 수 있지만, 아직은 이 지상에 없다. 하느님께서는 그러한 나라가 있다는 것을 우리에게 계시하셨고, 또 그의 아들 예수를 통하여 우리 모두에게 그 나라의 시민이 될 수 있는 기회를 주셨다.

하느님에게는 어제도 없고 내일도 없으며, 오직 <지금>만이 있으므로 하느님의 나라는 영원한 나라다. 지상의 나라는 아무리 강대하여도 언제나 일시적인 것일 따름이다. 그러나 이 지상의 나라도 이 세상에서는 그대로 계속해간다. 최후의 심판이 하느님의 나라와 지상의 나라를 영원히 가를 것이며, 구원받은 자는 영원한 복락을 누리고 저주받은 자는 영원한 형벌을 받을 것이다.

아우구스티누스가 운명하던 때, 그의 주교령은 반달(Vandal)족의 공위 속에 있었다. 그는 위대한 로마와 또한 뭇 국가의 영화의 허무함을 똑똑히 보았다. 그러나 하느님의 나라의 영원함에서 무한한 위안을 얻었던 것으로 생각된다. 그의 파란 많은 그리고 정신적 고뇌로 찬 생애는 드디어 하느님의 품속에서 깊은 안식을 찾았다.

2. 스콜라(Schola) 철학의 성립과 일반적 성격

중세 스콜라 철학의 기원은 칼 대제가 그 지배하에 있는 나라의 지적·도덕적 상태의 개선을 위하여 행한 노력과 밀접한 관계가 있다. 8세기에는 많은 이교적 요소가 습속 속에 남아 있어서, 깊은 무지의 상태가 사람들의 마음을 지배하고 있었다. 이러한 상태를 바로잡기 위하여 칼 대제는 스콜라, 즉 학원을 세우고 문학을 연구케 하였다. 이 교육사업을 조직함에 있어, 교양 있는 교사들을 프랑크인 속에서나 혹은 자기 나라 안에서 얻을 수 없었으므로 그는 사방으로부터, 특히 이탈리아와 영국으로부터 지적으로 유능한 사람들을 초빙하였다. 많은 사람들이 그의 협조자가 되어, 투르(Tours), 리용(Lyon), 오를리앙(Orléans) 및 이 밖의 여러 곳에 학원을 설립하였다. 이 학원에서 가르치는 교수들을 스콜라스틱, 즉 <학원교수>라 불렀다.

카톨링 왕조의 르네상스는 처음부터 그 주된 노력이 철학을 향했던 것은 아니다. 칼 대제의 협력자 가운데 가장 유명한 사람인 알퀴누스(730~804경)의 여러 저작은 그 당시의 교육내용에 대하여 매우 정확한 지식을 우리에게 준다. 알퀴누스는 이미 알려져 있던 일곱 가지 인문학과의 분류를 학원에 받아들여 보급시켰다. 이 학과들의 교육은 모든 연구의 기초가 되는 것이었다. 일곱 개의 인문학과는 다시 두 그룹으로, 즉 문법·수사·변증(논리학)의 3학과(trivium)와 산술·기하·천문·음악(여기에 의학이 더해진다)의 4학과(quadrivium)로 나뉜다. 철학은 변증학에서 분리되어 이미 독립하였고, 7인문학과 위에 있어 이 모두를 지배하였으며, 신학은 다시 이 철학을 지배하는 것이었다.

스콜라 철학은 중세정신의 핵심적 산물이었다. 중세 최고의 지성들이 한가지로 이를 시작하고 대성하였다. 그리고 그것은 역사적 필연성을 따라, 그리스도교의 진리를 그리스철학에 의하여 합리화하는 것이었다. 그것은 독일의 유명한 교의사가(敎義史家) 하르나크(Harnack)가 말한 바와 같이, "복음의 지반 위에서의 그리스적 정신의 사업"이었다. 일찍이 이 사업은 2세기에 시작되었으나 중세에 이르러 그 독특한 성격을 가지고 후세에 스콜라 철학으로 알려지는 체계를 이룩하였다. 중세에는 처음부터 헬레니즘이 침투하고 있었다. 20세기에 있어서 중세철학 연구에 귀중한 공헌을 한 에티엔 질송(Etienne Gilson)은 중세철학의 성격을 다음과 같이 규정하고 있다. "중세는 처음부터 아리스토텔레스의 몇 가지 저작과 플라톤의 중요한 단편들을 알고 있었을 뿐만 아니라 교리 자체에도, 그리고 또 교부들이 이에 가한 놀랄 만큼 풍부한 주석에도 그리스 사상의 인각이 깊이 새겨져 있다. 그리스철학은 도그마처럼 초자연적인 권위에 호소하지 않고, 오직 그 설명 능력만을 가지고서, 중세사상가들이 그들에게 제시된 실재를 정의하는 데 본질적인 공헌을 하고 있다. 그리하여 실재에 대한 이토록 다른 두 전망 사이에는, 독창적인 풍요한 결합이 부단히 가능하게 되고, 양자의 공연한 대립과 투쟁도 부단히 가능하게 된다."

이 두 가지 사상 세력의 대립·투쟁 및 타협·조화로 이루어진 스콜라 철학에는 12세기까지 플라톤의 영향이 결정적이었고, 13세기에 이르러 그것은 아리스토텔레스 철학의 완전한 섭취로써 완성의 절정에 이른다. 그러므로 스콜라 철학은, 그리스 철학의 흡수의 역사가 곧 그 발전의 역사이기도 했다.

이 스콜라 철학에 대하여 근세 이래로 극단적으로 상반하는 태도가 대립하여 왔다. 현대에 있어서도 서로 다른 태도를 보게 된다. 하나는 스콜라 철학이야말로 영원한 생명을 지닌 철학이요 진리 자체라고 보는 태도다. 이것은 현대의 혼탁한 세계에 13세기의 순박한 인생도를 다시 살려보려는 열망을 가진 토마스학자(Thomist)들의 태도다. 미국의 사회학자 소로킨(Sorokin)은 13세기를 인류문화의 하나의 절정기로 본다. 13세기는 도덕적으로 건전하였다. 오늘날과 같은 음란과 부패가 없었다. 현대사회의 활로는 적어도 13세기의 인간생활을 될 수 있는 대로 회복하는 데에만 있을 수 있다. 그러나 이러한 견해가 극단에 이르러 배타적으로 되는 경우, 중세 이후의 모든 철학적 발전을 소홀히 하는 폐단이 없지 않다.

한편, 중세 말기의 교회의 부패에 대하여 항거한 새로운 인간지성의 각성은 스콜라 철학을 시시한 것, 쓸데없는 일에 열중하는 진부한 철학으로 보았다. 르네상스 시대의 유능한 휴머니스트 에라스무스(Erasmus)는 비난하기를, 스콜라 철학자들은 바늘 끝에 천사가 몇이나 올라앉을 수 있는가를 토론하는 일로 소일한 자들이라 하였다. 그러기에 근대의 여러 철학사가에 의하여 스콜라 철학은 곧 번쇄철학이라 규정되기도 했다. 대체로 근대철학 사가들에 의하면, 스콜라 철학은 진정한 의미에 있어서의 철학이 아니라 <신학의 시녀>(ancilla theologiae)다. 즉, 독자적인 입장에서 진리를 탐구하는 철학이 아니다. 스콜라 철학의 논리인 삼단논법 내지 연역법은 아무런 열매도 맺지 못하는 사고방식이요, 그것은 결국 종교적 몽매주의에로 우리를 인도할 따름이다. 이러한 몽매로부터 베이컨(Bacon), 데카르트(Descartes)가 우리를 해방시켰다. 그리고 스콜라 철학의 본성 속에는 과학이 발달할 수 없는 이유가 깃들여 있다.

이와 같은 두 가지 태도에 대하여 길송은 중세철학을 사실 있는 그대로 역사적으로 정확하게 평가했다고 하겠다. 현대세계의 특징이 그 세계관의 난립에 있다고 한다면, 중세세계는 그 생활태도와 세계관의 통일에서 그 특색을 찾을 수 있다. 현대의 탁월한 사가였던 크레인 브린턴(Crane Brinton)이 말한 바와 같이, "중세는 한 마디로 하느님의 세계였다"고 말할 수 있겠다. 그러나 중세철학은 근본적으로 신앙에 입각하면서도, 느리고 꾸준한 발전이 없지 않았고, 또한 사상가들 사이에 여러 가지 논쟁과 차이가 없지 않았다. 길송은 말한다ㅡ"중세의 철학체계를 하나의 분류의 틀 속에 집어 넣는 것을 거부하는 태도는 근래의 연구에 나타난 주요 경향에 합치한다. 중세철학이 한결같다 혹은 다양성이 없다는 인상을 주는 것은, 그저 그것을 멀리서 한 가지 입장에서 밖에는 고찰하지 않는 사람들에 대해서만이라는 것이 확실하게 되어, 오히려 반대로 그것을 가까이서 각 사상가의 고유한 입장에서 고찰하는 사람에게는 극히 다종다양한 것으로 보이게끔 되었다. 또한 9세기에서 14세기에 걸친 철학적 사변은 내적 필연성에 지배되어 정상적으로 진화하였으며, 스스로의 기원을 하나의 혁명에 의한 것으로 자부하고 또 중세철학과의 대립에 의하여 스스로를 정의하려는 근대철학이 사실은 많은 점에서 중세철학의 당연한 결론, 단순한 연장에 지나지 않는다는 것이 명백하게 되었다."

3. 요하네스 스코투스 에리우게나(Johannes Scotus Eriugena)

아일랜드 태생의 스코투스 에리우게나는 중세 철학사상 최초의 참으로 위대한 사람이었다. 그는 그리스어와 라틴어를 모국어처럼 말할 수 있었으며, 847년경 프랑스에 가서 궁정의 학원에서 가르쳤으며, 뛰어난 학식뿐만 아니라, 또한 그 재지와 쾌활한 응대로 명망이 높았다. 그는 위 디오니시우스 아레오파기타(Pseudo Dionysius Areopagita)의 저작을 그리스어로부터 라틴어로 번역하였는데, 이것은 그의 사상과 중세철학의 장래에 대하여 매우 중대한 일이었다. 후대에 남은 이 번역들『신명론』

(De divini nominibus), 『신비신학론』(De mystica theologia), 『천상계위
론』(De coelesti hierar-chia), 『교회성계론』(De ecclesiastica hierarchia)
은 중세철학을 결정적으로 이 저작들 속에 스며들어 있는 신플라톤주의
의 영향 아래 두게 하였다. 5세기 말에 편찬된 이 저작들 속에는, 신플라
톤학파의 플라티노스, 포르피리오스, 이암블리코스의 정신이 남아 있어
서, 사람들의 정신 속에 중세시대가 그 후로 버릴 수 없는 하나의 우주
관을 아로새기려 하고 있다. 이것에 의하면, 세계는 계열적으로 질서 잡
힌 하나의 전체요, 그 속에서 각 존재의 위치는 그 완전성의 정도에 따
라서, 혹은 그 종의 완전도에 따라서 규정된다. 전 세계사를 포섭하는 2
중의 운동에 의하여 이 우주는 마치 무한한 해조가 흘러오고 흘러가는
것처럼, 하느님으로부터 나와서 하느님에게로 돌아간다. 스코투스 에리
우게나는 이와 같은 사상이 담긴 위 디오니시오(Pseudo Dionysius)의
저작의 영향을 처음으로 받은 사람이다. 그는 또한 아우구스티누스
(Augustinus)를 깊이 연구하였다. 그리하여 스코투스 에리우게나의 가
장 독창적인 저작은 위 디오시니오에게서 얻은 안계의 넓음과 사상의
정확성으로 인하여, 중세의 모든 철학적 소산들 중에서 탁월한 위치를
차지하고 있다.

  그의 사상은 대담한 것이었으므로 그는 가끔 교회의 처벌을 받았다. 그
는 신앙과 이성이 대립할 수 있는 것으로 생각하지 않았으며, 또 분리될
수 있는 것으로도 보지 않았다. 의지하는 권위가 진정한 것이요, 이성이
올바로 생각한다고 하면, 이 둘은 서로 모순될 리가 없다. 따라서 철학을
논구하는 것은 곧 참된 종교의 규칙을 해명하는 것이 되기도 한다. 다시
말하면 "참된 철학은 참된 종교요, 참된 종교는 참된 철학이다." 영혼의
구원이란 곧 우리에게 가르쳐지는 진리를 믿는 것이요, 우리가 믿는 진
리를 이해하는 것이다. 성서는 하느님에 관하여 믿을 것을 우리에게 일
러주는 것으로서, 그에 대한 유일의 권위요, 거역할 수 없는 권위다. 그
다음에 우리가 믿는 것에 의미를 주고 성서가 하느님에 관하여 말하는

것을 설명하기 위하여 이성의 노력이 있게 된다. 이 설명의 노력에 있어서, 우리는 우리에 앞서 이 일에 종사한 교부들의 권위를 만나며, 이것에 의거한다. 이성과 교부들의 권위 사이에 맞지 않는 것이 있을 때에는, 단호히 이성 편에 서지 않으면 안 된다. 실로 권위란 고정 강화된 이성일 따름이다. 권위는 이성에서 오는 것이요, 이성이 권위에서 오는 것이 아니다. 최후의 단정을 내리는 것은 언제나 이성이어야 하며, 권위이어서는 안 된다.

그의 주저 『자연의 구분』은 그저 사물들을 가지가지 종으로 나누는 것이 아니며, 또 주어진 하나의 전체를 그 여러 부분으로 분해하는 것도 아니다. 모든 분류는 한 원리로부터 시작하여 무수의 특수한 종으로 내려가는 것이요, 또 언제나 특수한 종으로부터 거슬러 올라가서 그 원리에까지 다시 결부시킴으로써 끝나는 것이다. 자연의 분류를 고구한다는 것은 곧 예지와 지고의 섭리로부터 <이데아>와 <류>와 <종>과 <개>가 나오는 것을 보는 것이지만, 그것은 동시에 개가 종에, 종이 류에, 류가 이데아에 다시 합하여 그리고는 이데아로부터 그 원천인 지고의 예지에로 돌아가는 것을 확인하는 것이다.

이와 같이 볼 때 자연의 구분은 네 가지로 나타난다. (1) 창조하지만 창조되지 않는 자연, (2) 창조되었으면서 창조하기도 하는 자연, (3) 창조되었지만 창조하지는 않는 자연, (4) 창조되지도 않고 창조하지도 않는 자연. 둘째와 셋째 것 속에 피조물 전체가 들어가고, 첫째와 넷째 것은 창조자로서 곧 신이다. 하느님 자체에 무슨 차이가 있는 것은 아니지만, 다만 우리가 하느님에 대해서 가지는 관념에 있어서 하느님을 원리로 생각하면 첫째 것이 되며, 하느님을 목적으로 생각하면 넷째 것으로 볼 수 있다. 이 구별은 하느님 속에 있는 것이 아니고, 우리의 이성 속에만 있는 것이다.

하느님의 본질은 인식될 수 없다. 우리로써 인식할 수 없을 뿐더러 그 자체로서도 절대로 인식불가능이다. 왜냐하면 하느님은 <본질> 이상의 것이기 때문이다. 그것을 적절하게 지시할 수 있는 말은 없다. 일찍이 위 디오니시오는 신학을 부정신학과 긍정신학의 두 부분으로 나누었다. 부정신학은 하느님의 본질이 우리가 생각할 수 있는 혹은 이름 붙일 수 있는 존재자 가운데 어느 하나임을 부정한다. 이에 반하여, 긍정신학은 하느님에게서 일체의 존재하는 것을 긍정한다. 이것은 하느님이 이것 혹은 저것이라 지적할 수 있는 것이 아니고 존재하는 일체의 것의 원인이므로, 하느님에게서 일체의 것을 상징적으로 긍정할 수 있다는 것이다. 하느님을 한 이름으로 지시하려면, 언제나 신학의 이 두 부분의 서로 모순되는 요청을 만족시키기 위하여 <수프라>(supra, 초)란 말을 그 앞에 붙이지 않으면 안 된다. "하느님은 본질이다"라고 말하지 않고 "하느님은 초본질이다"라고 말한다면 하느님에게 본질을 부여하는 의미에서 긍정하고 또 그것을 거부하는 의미에서는 부정하고 있는 셈이다. 그러므로 "하느님은 초본질이다"라는 명제 속에는 긍정과 부정이 다 들어 있다. 이와 같이 하느님을 진·선·영원보다도 위에, 우리가 하느님께 부여할 수 있는 모든 적극적 완전성의 위에 위치시킨다면, 하느님을 지시하기 위하여 인간정신이 할 수 있는 거의 모든 것을 다하는 셈이 된다.

피조물의 세계는 아무리 넓다 하더라도 우리로서는 훨씬 근접하기 쉽다. 존재하는 모든 것은 하느님에 의하여 창조되었다. 창조되었다는 것은 무로부터 산출되었다는 것을 의미한다. 없던 것을 존재하게 하는 것은 하느님의 은혜의 고유한 작용이다. 그러므로 일체의 것의 시원에 신성한 3위일체를 두지 않으면 안 된다. <아버지>와 함께 영원한 <웨르붐>(Verbum, 말씀, 로고스) 속에, 영원한 옛적부터 모든 제1원인, 즉 <이데아>가 있다. 이것이 바로, 그것을 따라, 그 속에 보이는 세계와 보이지 않는 세계가 형성되고 지배되는 영원의 형상이요, 부동의 본질이다. 일체의 사물은 가시적인 것이나 불가시적인 것이나, 그것들의 제1원인에 참여하고, 그것을 분유함으로써 비로소 존재한다. 선한 것은 <선자체>를 분유함으로써 비로소 선한 것이요, 마찬가지로 살아있는 것은 생명 자체를 분유하고 있으며, 지성·예지·오성도 다 이와 같다. 모든 <이데아>는 창조된 것으로서 자연의 제2의 구분에 들어간다. 이데아는 창조자와 거의 같은 정도로 영원하지만 완전히 동일하게 영원하지 않음은, 그것이 창조자에게서 창조되었기 때문이다. 하느님은 이데아보다 시간적으로 앞서는 것은 아니고, 원인이 결과에 앞서는 것처럼 앞설 따름이다.

하느님은 창조자로서 어디까지나 피조물과 다르지만, 한편 존재하는 모든 것은 스스로 존재하는 하느님을 분유하는 정도를 따라 존재한다. 그러나 피조물이 하느님으로부터 존재를 얻고 또 그것을 분유한다는 사실은 피조물이 그 창조자보다 무한히 열등하다는 것을 보여주는 것이다. 그러면서도 스코투스 에리우게나에게는 하느님과 세계의 연속성이 강력하게 표현되고 있다. 그는 말한다 – "피조물은 하느님 속에 있으며 그리고 하느님은 피조물을 창조하면서, 말할 수 없이 신비로운 양식으로 자기 자신을 창조한다." 하느님은 불가시한 것이면서 스스로를 가시적으로 만들며, 이해할 수 없는 것이면서 스스로를 이해될 수 있는 것이되게 하며, 초본질적·초자연적이면서 자신에게 본질과 자연을 주며, 우주의 창조자이면서 창조된 우주가 되고, 만물을 생산하는 그가 만물에 있어서 소산이 된다. 그리하여 존재의 단계의 정점에서 최하급에 이르기까지 하느님은 항상 영원하고 그러면서 또한 만들어진 것으로서 우리에게 나타나신다. 하느님은 자기에게서 자기를 생산한다. 하느님은 무로부터 창조한다. 즉 하느님은 말로 다할 수 없고 이해할 수 없는 완전성으로 말미암아 창조하는데, 그 완전성은 모든 점에 있어서 유를 초월하는 것이므로, 그 자신에서 보면 무다. 그러므로 스코투스 에리우게나는 즐겨 창조는 하느님의 표출이라고 정의하였다. 인간은 분명히 자연의 구분의 셋째 것에 속한다. 그 기원, 그 본체는 영원히 하느님 속에 있는 인간의 <이데아> 속에서 찾을 수 있다. 디오니시오의 공식에 "존재하는 사물의 인식이 곧 존재하는 사물이다"라는 말이 있다. 우주를 구성하는 다

른 모든 사물과 마찬가지로, 인간은 본질적으로 하느님이 인간에 대해서
가지는 영원한 인식이다. 이 사상에 의하면, 인간은 자기 속에 세계의 가
장 고귀한 것과 가장 하등한 것을, 즉 정신과 신체를 통일하여 실로 하
나의 소우주(microcosmos)를 이루고 있다. 정신인 한에 있어서의 인간
은 인식의 세 가지 작용 내지 기능에 의하여 정의되는데, 이것은 인간
속에 있는 <삼위일체>의 초상을 표현하는 것이다. 인간의 본성의 가장
고귀한 부분은 지성 내지 본질이다. 이것의 작용으로 우리의 영혼은 직
접 하느님께로 향하며, 하느님 자신에 있어서의 하느님에게 도달하려고
노력한다. 그러나 이 활동은 그 대상의 본래의 의미의 인식에 도달할 수
는 없다. 이것은 하느님이 영혼의 본성을 초월하는 것이기 때문이다. 영
혼의 제 2의 작용은 오성의 작용이다. 이것에 의하여 우리는 알 수 없는
하느님을 만물의 원인으로서 정의하며, 그리하여 우리는 영원히 하느님
속에 존재하는 <이데아>들 내지 원형들의 관상에로 높이 올라가, 감각
적 사물들의 매개 없이 이것들에 도달한다. 물론 모든 사물의 이데아들
도 하느님 속에 영원히 부동으로 존속하는 것이기 때문에 우리로서는
포착하기가 극히 어렵다. 그러나 인간의 영혼에도 천사의 본성 속에 있
는 것과 같은 신현(théophanie), 즉 "지적 본성에게 이해될 수 있는 어느
정도의 하느님의 현출"이 생겨, 제1원인의 인식을 형성하게 된다. 이러
한 하느님의 현출 속에는 언제나 천사의 본성을 향한 혹은 은총에 의하
여 조명되고 정화되고 완성된 인간성을 향한 하느님의 강하가 있고, 또
천사적 내지 인간지성의 하느님을 향한 상승이 있다. 영혼의 제3의 작용
은 감관에 의한 사물들의 인식이다.

 이러한 영혼을 가지고 있는 인간은 처음엔 또한 불멸하는 육체를 가지
고 있었으나, 자유를 가지고서 하느님으로부터 이반하였기 때문에, 그
육체는 허망한 것이 되었고 다른 동물과 같은 것으로 영락하였다. 인간
은 먼저 하느님에게로 향하여 가기 전에 자기 자신을 향해 갔기 때문에
타락하였다. 그래도 인간은 구원될 수 있다. 말씀(로고스)에 의하여 사물

들의 다양성이 맨 처음의 통일로부터 나온 것처럼, <말씀>에 의하여 사물들의 다양성은 이 통일에로 돌아가려 한다. 재통일이 본성의 분할에 뒤이어 오는 것이다. 인간은 하느님을 닮게 창조되었다. 그런데 하느님을 떠나 하느님을 닮지 않은 것이 되었다. 다시 하느님을 닮게 되도록 노력하여 하느님과 합일하지 않으면 안 된다. 이러기 위하여 재전의 연쇄가 필요하게 된다. 먼저 이성적 영혼은 그 배반의 벌을 받으면서 세속적인 육체적 욕구의 지저분한 다양성에로 분산되고 흐트러진다. 영혼이 물체적인 것의 사랑에까지 도달할 때, 이 분할과 분산은 최저단계에 이른다. 여기서 영혼이 다시 내려가는 일은 불가능하다. 영혼은 여기서 다시금 출발하여 차츰 자기자신에게로 집중된다. 이것은 영혼을 붙들고 도우며 자신에게로 다시 돌이키며 그리하여 구제하는 하느님의 도움으로 말미암는 것이다. 이 귀환과정의 마지막에 이르면 영혼은 하느님에게서 모든 피조물에 대한 지식에 도달하고 다시 예지에로 상승한다. 그리고 마침내 하느님 속으로 들어간다. 남는 것은 하느님밖에 없다. 스코투스 에리우게나는 말한다―“그리하여 오직 하느님 외에 아무 것도 없을 때, 하느님은 모든 것에 있어서 모든 것이 될 것이다.”

 스코투스 에리우게나의 사상체계는 교회로부터 괴이하게 여겨지고 때로 이단시되었다. 그것은 이토록 창조자와 분리하기 힘든 우주 속에는, 지옥이나 저주된 자가 갈 장소가 존재할 수 없기 때문이다. 죄는 악이요, 악은 무다. 하느님은 악을 생각하시지 않았다. 그런데 한 사물의 실체는 하느님이 그것에 대해서 가지는 개념 자체다. 그러므로 악은 사라지고 하느님에 의하여, 생각되고 의지될 적극적 완전성밖에 남지 않는다. 하느님에게로 돌아감으로써 전 인류는 처음의 완전성에로 부흥될 터인데, 이것이야 말로 낙원이다. 인간 상호간의 유일의 차이는, 어떤 사람은 하느님께 가깝고, 어떤 사람은 좀 멀다고 하는 것뿐이다. 이러한 모순이 있음에도 불구하고 그의 저작은 위대한 문체의 모범이요, 사상사가에게는 정열적인 회상의 대상이다. 9세기에 있어서 그는 홀로 뛰어난 지성과 깊은 사색에 의하여 독창적인 철학체계를 세웠다. 그는 전적으로 신플라톤 주의의 기반 위에 섰기 때문에 후대에 아리스토텔레스 철학이 더해짐에 따라 스콜라 철학의 방향에 변경이 가해지지 않을 수 없었다 하더라도 그의 뿌리 깊은 영향은 결코 사라지지 않았다. 스콜라 철학 그리고 중세 정신의 기저에 흐르는 것은 어디까지나 스코투스 에리우게나가 전개한 바와 같은 신플라톤적인 세계관이었다.

4. 캔터베리의 성(聖)안셀무스(Saint Anselm of Canterbury)

10세기는 깊은 암흑과 혼란의 시대로서, 카롤링 왕조의 르네상스로 말미암아 얻은 성과가 거의 말살되는 듯싶었다. 프랑스는 빈번한 전쟁으로 황폐되고, 노르만 족은 여러 강을 거슬러 올라와서 이 나라를 침략하고, 그 통로에 있던 것을 온통 부숴버렸다. 그리하여 학원의 활동은 도처에서 중절상태에 빠졌고, 철학적 사상은 수도원 속에서, 특히 이 세기 초엽에 탄생한 퀼루니(Cluny)의 베네딕트(Benedict)회 개혁파의 수도원 속에서 맥없는 생명의 상태로밖에는 존속치 못하였다. 철학적 사상의 각성을 찾아보고, 그 새로운 진보를 기록하려면, 9세기에서 곧장 11세기로 넘어갈 수밖에 없다.

11세기에 다시 학문의 논구와 철학적 사색이 활발해짐에 따라 두 개의 사상경향이 생겨 매우 격렬한 논쟁을 전개하였다. 즉 <변증가들>이라고 일컬어지는 사람들과 <신학자들>이라고 불리는 사람들의 사상경향이 서로 달라 이들 사이에 논박이 벌어졌다. 변증가들은 철학과 이성을 소중히 여겼고, 신학자들은 신앙과 성서를 무엇보다도 귀하게 여겼다.

이러한 사상적 상황 속에서 투철한 정신을 가지고 모든 문제를 깊이 다루어 13세기에 있어서의 완전한 해결에의 초석을 세워 스콜라 철학의 아버지라 불리게 된 이가 11세기의 가장 위대한 철학자요 신학자인 안셀무스(Anselmus, 1033~1109)다.

안셀무스는 스코투스 에리우게나 이래로 중세가 처음으로 낳은 규모가 큰 철학자다. 그는 1033년 북부 이탈리아의 아오스타(Aosta)라는 곳에서 출생하여, 노르망디(Normandie)에 있는 수도원에 들어가 1093년에 영국의 대사교에 임명되어, 이 직무로 말미암아 생긴 무수한 곤란에도 불구하고, 또 현세적 권력에 대하여 영적 권위의 특권을 지키느라고 격렬한 투쟁을 하지 않을 수 없었음에도 불구하고 죽을 때까지 이 지위에 있었다. 그의 가장 활발한 철학적 활동은 르 벡(Le Bec)에서 가르치던 행복한 시대와 부합한다. 그는 아우구스티누스의 사상에서 배양되었다. 그의 저작은 후에 발전한 수많은 사상을 함축적·암시적 상태로 보여주며, 그의 풍부한 사상은 흔히 사람들이 그에게 돌리는 존재론적 증명을 넘어 넘쳐흐른다.

안셀무스는 먼저 이성과 신앙의 관계에 대하여 스스로 취할 태도를 명확히 의식한다. 11세기의 사상은, 그에 의하여 변증가와 반변증가 사이의 논쟁으로부터 그 당연한 결론을 끌어내게 되었다. 안셀무스에 의하면, 인간은 인식의 원천을 둘 가지고 있다. 즉 이성과 신앙이다. 그는 변증가들에 대하여 먼저 신앙에 굳게 설 것을 주장하고, 따라서 성서를 변증법에 종속시키는 것을 거부한다. 신앙은 인간에게 있어 거기서 출발해야 할 소여다. 인간이 이해할 사실, 이성이 해석할 수 있는 실재는, 천계에 의하여 인간에게 주어져 있다. "믿기 위하여 이해하는 것이 아니라 이해하기 위하여 믿는다." 한마디로 말하여, 지성은 신앙을 예상한다. 그러나 그는 한편, 변증법에 대한 철저한 적대자를 향해서는, 반대의 입장을 취한다. 처음에 신앙에 굳게 선 사람에게는, 자기가 믿는 바를 합리적으로 이해하려고 노력하는 것이 조금도 잘못된 일이 아니다. 진리는 너무나 광대하고 너무나 심원하여 유한한 인생이 다 알 수 있는 것이 아니요, 교부들이 또한 다 말한 것도 아니며, 또 신앙과 우리들 모두가 동경해 마지않는 지복직관 사이에는 이 지상의 날부터 신앙의 이해라고 하는 중간적인 것이 있다. 자기의 신앙을 이해하는 것은 하느님의 직시, 즉 하느님을 직면하여 보는 데 가까이 나아가는 것이다. 그러므로 진리탐구의 순서는 이성을 가지고 토론하기 전에, 먼저 신앙의 깊은 진리를 믿고, 그러고 나서 다음에, 믿는 것을 이해하려고 노력하는 것이다. 변증가들처럼 신앙을 앞세우지 않는 것은 오만이요, 그 반대자들처럼 다음에 이성에 호소하지 않는 것은 태만이다. 그러므로 이 두 가지 결함을 모두 피하지 않으면 안 된다.

안셀무스의 업적 가운데 가장 깊고 가장 힘찬 부분은 하느님의 현존의 증명이다. 먼저 그의 중요한 저작 『독백록』(Monologium)에 있는 여러 증명을 살펴보자. 이것들은 두 개의 원리를 전제한다. 즉 (1) 사물은 완전성의 정도에 있어서 같지 않다. (2) 완전성을 혹은 많이 혹은 적게 가지고 있는 것은 그것을 절대완전자에의 참여·분유에 의하여 얻고 있다. 선을 예로 생각해보자. 사람은 누구나 좋은 것을 얻었으면 한다. 그러므로 우리가 좋다고 판단하는 모든 것이 어디로부터 오는가를 묻는 것은 거의 불가피한 일이요, 또 매우 자연스러운 일이다. 우리를 하느님께 인도하는 것은 우리의 내면적인 생의 내용에 관한, 그리고 우리의 욕구의 대상에 관한 이토록 자연스러운 반성이다. 우리는 수많은 서로 다른 선이 있음을 감관으로 감득하며 이성을 가지고 판별한다. 그런데 우리는 모든 것이 원인을 가지고 있음을 알고 있다. 그렇다면 각각의 선한 사물은 제각기 특수한 원인을 가지고 있는가, 그렇지 않으면 모든 선에 대하여 유일의 원인이 존재할 뿐인가? 모든 특수선이 서로 다르게 선한 것은, 유일한 동일선의 분유로 말미암아 비로소 그렇게 될 수 있다. 그것에 의하여 모든 것이 선일 수 있는 이 선은 하나의 큰 선이다. 다른 모든 것은 이것에 의하여 선이요, 오직 이것만이 그 자체에 있어서 선이다. 그러므로 이 지고선은 자기 위에 다시 아무것도 없다는 점에서 다른 모든 것 위에 뛰어난다. 그것은 곧, 가장 뛰어나게 좋은 것은 또한 가장 뛰어나게 크다는 것을 의미한다. 그러므로 존재하는 모든 것 위에 제1존재가 있다.

그리고 우리가 하느님이라고 부르는 것은 바로 이것이다.

『대어록』(Proslogium)에서 전개된 존재론적 증명은 다른 모든 증명이 필연적으로 흘러나올 수 있는 유일의 증명으로서 아주 단순하고 그것만으로 충분한 것이다. 이 증명은 신앙에 의하여 우리에게 주어진 신의 관념에서 출발하여 이 신앙의 소여를 이해하는 데 이르는 것이다. 우리는 하느님의 현존(existentia)을 믿으며, 하느님은 그 이상 더 큰 것을 생각할 수 없는 존재라고 믿고 있다. 문제는 과연 이런 것이 현존하느냐 안 하느냐를 아는 것이다. 왜냐하면, "어리석은 자는 마음속에 말하기를 하느님이 없노라"(『시편』14·1)라고 말하기 때문이다. 그런데 우리가 어리석은 자를 향하여, <그 이상 더 큰 것을 생각할 수 없는 존재>라고 말할 때, 그는 우리가 말하는 것을 이해한다. 그리고 그가 이해하는 것은, 그 현존은 지각되지 않더라도, 그의 지성 속에는 현존하고 있다. 왜냐하면 한 사물은 그것이 실제로 현존한다는 것을 지성이 알지 못해도, 그 지성 속에 존재할 수 있기 때문이다. 가령 어떤 화가가, 그가 제작하려는 작품을 표현할 때 그는 이것을 자기의 지성 속에 가지고 있지만, 아직 이것을 제작하지 않았으므로 그 현존을 알지 못한다. 그가 그림을 다 그렸을 때에는 그는 그 작품을 자기의 지성 속에 소유하며, 또 이것을 이미 실현하였으므로 그 현존을 알고 있다. 이와 같이 우리는 어리석은 자를 설복하여 적어도 그 정신 속에 <그 이상 더 큰 것을 생각할 수 없는 한 존재>가 있다는 것을 수긍케 할 수 있다. 왜냐하면 그는 이 명제를 들을 때 그것을 이해하는 바, 무릇 사람들이 이해하는 것은 모두 지성 속에 있기 때문이다. 그런데 사람들이 <그 이상 더 큰 것을 도무지 생각할 수 없는 것>은 그저 지성 속에만 현존한다고 할 수 없다. 다만 지성 속에서만이라도 이런 것이 정말 현존한다고 하면, 우리는 그것을 실재 속에도 존재하는 것으로 생각하지 않으면 안 된다. 그것이 상위의 존재이다. 그러므로 만일 그보다 더 큰 것을 전혀 생각할 수 없는 어떤 것이 지성 속에만 현존한다고 하면, 우리는 이것보다도 더 큰 어떤 것을 생각할 수 있다. 그런데 이것은 모순된 일이다. 그러므로 지성 속에도, 실재 속에도 그 이상 더 큰 것을 생각할 수 없는 존재가 분명히 있다. 이 논증의 원리는 다음과 같다. (1) 신앙에 의하여 주어진 하나의 신의 관념. (2) 생각 속에 현존한다는 것은 이미 실제로 존재한다는 것. (3) 생각 속에 있는 신의 관념의 현존은 만일 신이 실재 속에 존재하지 않는다면 불가능하다는 것. 이 증명은 중세 이래 결정적인 것으로 생각되어 오지는 않았다. 안셀무스의 생전에도 마르티노(Marmoutier)의 수도사 가우닐로(Gaunilo)라는 투철한 반대자가 있었다. 가우닐로는 사고 밖에 있는 존재를 결론 짓기 위하여, 사고 속의 존재에 근거할 수는 없다고 논박하였다. 사실, 생각 속에 현존한다고 해서 외부에도 현존한다고는 할 수 없다. 확실히 사람들은 생각의 밖에는 분명히 아무 존재도 갖고 있지 않는 수많은 오류와 그릇된 개념을 가질 수 있다. 이런 것들은 이것들을 상념하는 지성에 속하는 것이요, 결코 실재에 속하는 것이 아니다. 신의 관념인들 이와 다를 리 없다. 만일 우리가 대양 가운데 어디엔가 사람들이 알지 못하는 무진장의 부로 덮인 행복한 섬들의 관념을 가진다 하더라도 만물 가운데 가장 완전한 것으로 생각된 이 섬들이 현실 속에도 존재하지 않으면 안 된다고는 결론지을 수 없다. 안셀무스는 다음과 같이 이 논박에 대답한다―"생각 속의 존재로부터 현실 속의 존재로의 통로는, 사람이 생각할 수 있는 최대의 존재에 관한 경우에만 가능하고, 또 필연적이다." 행복한 섬들은 분명히 현존의 내재적 필연성을 가지고 있지 않다. 현존하지 않는다고는 생각될 수 없는 것은, 오직 하느님에게만 고유한 일이다. 이러한 하느님의 현존의 증명에서 하느님의 속성이 쉽게 연역될 수 있다. 하느님만이 오직 홀로 스스로 현존하며 다른 모든 존재는 하느님으로 말미암아 현존한다. 하느님의 본질은 그 현존과 더불어 하나를 이루고 있다. 빛의 본성을 그 발하는 광휘로부터 뗄 수 없듯이, 하느님의 본질은 그 현존으로부터 뗄 수 없다. 현존하는 모든 것은 하느님께로부터 그 현존을 빌리고 있다. 하느님이 계시지 않는 곳에는 아무것도 없다. 하느님은 물체라 할 수 없다. 정신이라 해서 마땅한 존재다. 하느님은 나눌 수 없고, 살아 계시고, 예지가 있으며, 전능하시며, 참되고, 바르고, 복되고 영원한 존재다.

하느님은 이 우주를 무로부터 창조(creatio ex nihilo)하셨다. 세계의 창조의 순간 전의 온갖 종류의 존재를 모두 거부하는 것은 과장이요, 세계의 출현을 불가해하게 하는 일이다. 세계는 아직 하느님으로부터 받은 현실적 존재로 있지는 않았지만, 이미 하나의 원형으로서, 형상으로서, 그 창조자의 생각 속에 존재하고 있었다. 그러므로 세계가 무로부터 창조되었다는 것은 사물들이 현재 있는 것처럼 있었던 것이 아니고, 또 거기서 사물들을 끌어낼 수 있는 물질이 있었던 것이 아님을 의미하지만, 그러나 사물들을 창조하시는 하느님의 영원한 예지에서 보면, 순수한 무였던 것은 아니다. 사물들은 이미 하느님의 생각 속에 현존해 있었으며, 하느님의 <말씀>의 효과에 의하여 거기서 끄집어내진 것이다. 이 창조적인 말씀은 우리의 말과 같지 않다. 그 말씀은, 우리가 사물들을 표상하고, 혹은 우리의 이성이 사물들의 보편적인 본질을 사유할 때, 우리가 그 사물들에 관하여 가지는 내적 시상을 닮고 있다. 이 말씀은 지음받은 사물들의 모형이요, 사물들 자체의 현존에 선행하는 원형이다.

안셀무스는 인간을 하느님과 더불어 전혀 이질적인 피조물이라 생각하고 특히 인간 속에 있는 <이성적 정신>(rationalem mentem)즉, <심혼>을 <하느님의 상>(imago Dei)으로서 파악하였다. 그리고 이 하느님의 상은 그 속에 <참되고 단순한 본질>이 들어 있는 <말씀>(Verbum)과는 달라, 다만 진리의 모방에 지나지 않는 것이었다. 이것은 안셀무스에게 인간이란 자기 속에 신적인 것을 전혀 가지고 있지 않으며, 오직 살아 계시고 인격적이고 창조자이신 하느님과의 올바른 관계에 있어서만 의미를 가지게 되는 것임을 보여준다. 따라서 이와 같은 인간에게 있어서의 가장 본질적인 존재인 <심혼>은, 한 번 하느님에게서 떠나자마자 심혼의 능력인 이성도 의지도 그 힘을 잃어버리고 그 본래의 사명을 다

할 수 없게 되어, 전혀 무의미한 것이 될 수밖에 없다. 그런데 현실에 있어서 인간의 심혼의 능력은, 이미 사실상 전혀 무의미하고 또 유해하였다. 이것은 하느님과의 인격적인 교제 속에서만 심혼의 능력 특히 의지가 이성과 조화하여, <죄를 범하는 가능성>(potestas peccandi)을 가졌으되 <죄를 범하지 않을 수도 있는>(posse non peccare) 자유 속에 있어, 하느님과 사람 앞에 선한 일을 할 수 있었지만, 처음 사람 아담(Adam)이 죄를 범하는 가능성과 <자유의지>에 의하여 죄를 범하여(이것이 원죄이다), 이로써 인간이 하느님으로부터 떠나면서부터, 인간 속의 의지와 이성은 분열하여, 인간 존재에 있어서의 가장 근본적인 능력인 인간의 의지가 죄를 범하지 않을 수 없는(non posse non peccare) 입장에 놓이게 되어, 선에 대하여 전혀 <무능력을 갖는>(impotentiam habere) 것이 되어버렸기 때문이다. 이와 같이 의지가 <무능력을 갖는다>는 것은 인간존재 자체의 괴멸을 의미한다. 그러므로 아담(Adam)의 타락 이래, 나면서부터 <원죄>를 걸머지게 된 것으로 생각되는 현실의 인간은 이미 그대로로서는 하느님으로부터 완전히 떠나, 전적으로 괴멸하고 있기 때문에 "만물은 자연적 본능으로 선을 욕구한다"는 생각을, 16세기의 신학자 칼뱅(Calvin)도 부정하고 있지만, 안셀무스는 전적으로 부정하고 있다. 안셀무스에게는, 칼뱅이 말한 것처럼, 난대로의 현실의 인간은, 저대로로는 스스로 의지하여 죄만을 범하는 죄인이었다. 안셀무스에게 인간은 한 사람의 예외 없이 모두 죄인이다. 그리고 이 죄는 죽음과 분리시켜질 수 없다. 그러기에 사도 바울은 "한 사람이 죄를 지어 이 세상에 죄가 생겼고 죄는 죽음을 가져왔고 모든 사람이 죄를 짓게 되어서 죽음이 온 인류에게 퍼졌습니다"(『로마서』5·12)라고 말하여, 본래 불사였던 인간이 아담의 죄로 인하여, 모두 가사적인 것이 되었다고 주장하고 있다. 바울의 이 주장은, 또한 그대로 안셀무스의 주장이었다. 그리하여 그는, 인간을 죽는 존재로 정의한 것은 다름 아닌 철학자들이요, 본래 "죽음이란 것은 인간의 순수한 본질 속에 속해 있는 것이 아니라,

퇴폐한 본질 속에 속해 있는 것이다"라고 하여, 죽음은 인간이 죄를 지어 타락함으로써 초래한 벌로서 인간에게 내려진 것이라고 논하고 있다. 죄를 지은 인간은 사망을 피할 수 없다. 인간은 <죽지 않으면 안 되는> 존재였다. 그러므로 우리가 타락의 결과 <죄를 범하지 않을 수 없는> 처지에 빠지게 되었다고 하는 것은 곧 <죽지 않을 수 없는> 것이 되었다는 것 이외의 다른 아무것도 아니다. 그러면 이러한 비극적인 현실의 인간은 어떻게 구원을 얻을 수 있는가? 인간은 자기의 힘으로 죄로부터 의롭게 될 수는 없다. 인간이 죄로부터 떠나서 의롭게 되려면 인간 이외의, 인간을 초월한, 인간 이상의 힘에 의하지 않으면 안 된다. 곧 하느님에 의하여야 한다. 그리고 그저 하느님에 의하여 인간이 의롭다 함을 얻는다고 하는 것은 문제의 완전한 해결이 못된다. 왜냐하면 죄를 짓고 속죄하지 않으면 안 되는 것은 어디까지나 인간이기 때문이다. 그러므로 안셀무스는 "인간이 구제되는 것은, 그리스도로 말미암든가, 그렇지 않으면 구제의 길이 전혀 없든가이다"라고 말한다. 구제의 길이 전혀 없다고 생각하는 것은, 하느님의 창조의 목적을 무시하는 것이 되고, 문제의 포기로서, 이와 같은 생각을 취할 수는 없는 일이다.

또 그리스도 이외의 그 어떤 다른 방법으로 된다고 생각하는 것은 결코 가능한 일이 아니다. 왜냐하면, 그리스도 이외의 방법이란, 그저 사람만에 의하든지, 혹은 그저 하느님만에 의하는 방도인데, 전자에 의해서는 불가능하고 후자에 의함은 무의미하기 때문이다. 그리하여 인간의 구제는 오직 <하느님의 능력>이신 <십자가의 말씀>에 의한다고 안셀무스는 확신한다.

그런데 인간의 구원이 오직 그리스도로 말미암는다는 것은 필연적으로 <수육>(incarnatio)에 근거를 둔 <신·인론>, 즉 하느님이 인간의 육신을 입어 예수가 되었다고 하는 이론의 전개로 나아가게 하는 것으로서, 이것이 안셀무스의 속죄론의 기초가 되었다. 실로 인간의 죄의 속량은 인간을 초월한 하느님에 의하지 않으면 안 되는 것이지만, 오직 수육하

신 <말씀>이신, 전혀 신이시고 동시에 전혀 인간이신 <신·인> 그리스
도에 의하여 성취된다. 그리스도의 십자가상의 죽음으로 인간의 죄의 속
량은 성취된다. 왜냐하면 그리스도의 죽음만이 인간의 필연적인 <어쩔
수 없는> 죽음이 아니고, <할 수 있는> 혹은 <원하는> 죽음이기 때문
이다. 우리는 이러한 안셀무스의 속죄론 속에 그리스도교 철학으로서의
스콜라 철학에 있어서의 가장 복음적인 그리스도교 고유의 은총론을 찾
아볼 수 있다.

5. 피에르 아베라르드(Pierre Abélard)

교양 있는 정신과 끈기 있는 성격의 사람들이 많았던 12세기에 있어서
도, 아베라르드(라틴명 Abelardus, 1079~1142)는 가장 주목할 만한 인물
이다. 그는 프랑스 낭트시에 가까운 팔레라는 곳에서 태어났다. 그의 아
버지는 군인생활에 들어가기 전에 얼마간의 학문연구의 경험을 가지고
있었고, 그의 자식들이 모두 자기처럼 되기를 원했지만, 아베라르드는
변증학의 연구에 열중하여 군대생활을 완전히 포기하였다. 그는 파리에
서 기욤 드 샹포(Guillaume de Champeaux)에게 사사했는데, 그 스승에
게 자꾸 반대함으로써 스승과 동문들의 미움을 샀다. 그래서 그는 이에
대처하여 멜렁으로 가서 젊은 나이에 자기 자신의 학원을 세웠다. 이것
이 성공하여 그는 이 학원을 파리 가까운 코르베유(Corbeil)에 옮겼지만,
병을 얻어 교육계를 떠나 고향에서 몇 해를 지내고 다시 첫 스승 기욤
드 샹포의 지도하에 수사학을 연구하기 위하여 파리로 돌아갔다. 여기서
그는 다시금 그 스승에게 반대하기 시작하였고, 그의 말대로 하면, 그의
스승으로 하여금 종래 주장해오던 관념실재론(realism -이데아가 실재
한다는 학설)을 포기하지 않을 수 없게 했다고 한다. 이와 같이 그 스승
에게 항복을 요구함으로써, 기욤 드 샹포의 변증학 교수로서의 명성을

떨어뜨리고, 그 학원을 공허하게 하여, 드디어 자기의 학원이 되게 하였다. 투쟁적인 변증가로서의 그의 모습은 다채롭다. 그는 교사들을 공격하고, 그 청강자들을 휘어잡아 전리품인양 몰아가고, 또 학원들과 교직을 탈취하려는 공위전을 펴는 전사다. 아베라르드 속에는 언제나 그의 집안의 군인정신이 얼마간 남아 있었다.

변증학과 수사학의 스승을 패배시킨 후, 그는 이와 동일한 운명에 빠지게 하려는 의도를 가지고, 라용의 저명한 신학자 안셀무스를 신학의 스승으로 모셨다. 이 새 스승과 불화하게 되매, 그는 파리로 가서 신학과 철학을 동시에 가르치면서 대단한 성공을 거두었다. 온 유럽으로부터 학생들이 그에게로 모여들었다. 그 당시 사람들은 그를 <유명론의 용장>이니 <경탄할 철인>이라고 불렀다. 엘로이즈(Héloïse)와의 사랑과 거세 사건은 바로 이때의 일이다. 그 후 그는 수도생활에 들어가, 교육활동과 불안한 마음을 여러 군데의 수도원에 옮기면서 방랑의 생활을 계속하다가 마침내 1142년에 퀼루니의 한 수도자로서 참회의 생애를 마쳤다. 베네라블레(Pierre le Vénérable)가 그의 죽음을 엘로이즈에게 알렸는데, 그 깨끗한 최후를 묘사한 감동적인 편지에 의하여 그가 신앙의 사람이었음이 전해져오고 있다.

이 격정적인 철학자, 이 열띤 호전적 정신, 그 생애가 돌연히 열정적인 에피소드와 극적인 결말에 의하여 중단되는 이 투사는, 아마도 그 철학적 사변의 독창성보다는 오히려 그 인물이 두드러지게 보여주는 힘찬 매력으로 해서 위대하다 하겠다. 아베라르드의 업적에는 신학적인 면과 철학적인 면이 있다. 신학적 관점에서는 그의 『찬부』(Sic et non)의 역사적 중요성을 먼저 생각하지 않을 수 없다. 이 저작은 많은 문제에 관하여, 성서와 교부들의 외견상 모순된 증언들을 모은 것이다. 신학에 관해서는 마음대로 여러 가지 권위를 이용할 수 없다는 것이 아베라르드의 원칙이다. 이 저작의 의도에 관해서는, 사람들이 가끔 고집하는 것처럼, 교부들을 대립시켜 권위의 원리를 파괴하려는 의욕을 찾아볼 수는 없다.

아베라르드는 이와 반대로, 자기가 이 외견상의 여러 모순들을 모은 것은 문제를 제시하여 이를 해결하고자 하는 의욕을 사람들의 정신 속에 환기시키기 위해서라고 명언하고 있다. 『찬부』의 방법은 완전히 성 토마스의 『신학대전』 속에 옮겨지는 것으로서, 거기서는 문제마다 뭇 권위를 긍정과 부정으로 대립시켰지만, 이 대립은 해답을 선택하고 결정하고 증명함으로써 해결된다. 아베라르드가 신학의 영역에서 권위 대신에 이성을 내세우려 했다는 것도 옳지 않은 말이다. 그러나 그가 비록 철학과 신학을 자주 혼동했다 하더라도, 권위가 이성에 앞서며, 변증법의 주요한 효용이 신앙적 진리의 해명과 불신자에 대한 논박에 있으며, 영혼의 구원이 결국 성서로부터 오는 것이요, 철학자들의 책에서 오는 것이 아니라고 하는 원리에 있어서는 그의 태도에 조금도 변함이 없었다. 엘로이즈(Héloïse)에게 보내는 편지 속에서 그는 말하고 있다 "나는 성 바울에 대항하여 철학자가 되려고 하지도 않으며, 그리스도를 떠나 아리스토텔레스가 되기를 원하지도 않습니다. 왜냐하면 내가 그 이름으로 구원될 수 있는 것은 천하에 그리스도밖에는 없으니까요. 내가 내 의식의 기초에 놓은 바위는, 그리스도가 그 교회를 세운 바위입니다."

철학사상에 있어서는 아베라르드가 스코투스 에리우게나에 비길 만한 체계를 세운 것도 아니요, 안셀무스에 비길 만한 여러 학설을 남긴 것도 아니다. 그의 철학적 지식의 범위 자체가 그리 넓지 않았다. 그러나 그는 넓이에 있어서 못한 것을 깊이에 있어서 메꾸었다. 아베라르드는 확실히 그의 동시대인들보다 더 완전하게 인식에 관한 아리스토텔레스의 학설을 흡수하였다. 그저 플라톤적인 관념실재론에 반대하여 구체적인 개물에만 현실적 존재를 부여하는 데 그치고 마는 것이 아니라, 인식론의 관점에서 이 학설로부터 논리적인 귀결을 끌어내고 있다. 오성은 개물들의 공통된 유사점을, 즉 여러 존재 혹은 여러 대상의 본성 자체를 파악하되 이 유사점을 추상에 의하여 파악한다. 형상과 질료는 뒤섞여서 혼동된 채 오성에 제공되지만 오성은 형상을 사상하여 질료를 고찰할 수 있고,

혹은 질료를 사상하여 형상을 고찰할 수 있다. 그런데 인식은 개물에 의하여, 즉 감각적인 것에 의하여 시작되는 것이요, 이 시원의 어떤 것을 인식은 언제나 보존하고 있으며, 또 인식은 추상작용 없이는 절대로 있을 수 없다. 이 추상의 노력의 결과가 보편자(universalia)다. 보편자는 우리의 지적 활동의 종결이 되는 것이므로 사물일 수는 없고, 또 하나의 낱말이 아니라 하나의 기술이다. 그러므로 보편자는, 그것들이 여러 가지 대상을 지시할 수 있는 한에 있어서 낱말이다. 이리하여 아베라르드는 뚜렷한 개념론(conceptualism)에 귀결되지는 않지만, 될 수 있는 대로 거기에 접근해 가고 있다. 그는 그의 스승이었던 로스켈리누스(Roscelinus)의 영향을 받아 관념실재론을 반대하였지만, 사상을 보편적 개념의 술어로 표현할 수 있음을 부정하지는 않았다. 그가 "일반자란 그 본성상 다수의 개별자에게 대하여 술어가 되는 것"이라고 정의한 것은, 개념이 그 자체로는 실재하지 않지만, 실재하는 사물들과 뗄 수 없는 관계에 있음을 보여준다. 그는, 보편성은 낱말이 사물을 의미할 수 있는 어떤 적성 속에 있다고 하는 아직 좀 막연한 그러나 올바른 의식을 가지고 있었다. 그로 하여금 유명론으로부터 멀어지게 하고, 또 관념실재론에 빠지지 않게 한 것은 바로 이 의식이었다.

보편자의 문제의 연구에 대한 이 중요한 공헌 이외에 아베라르드는 독창성이 없지 않은 도덕론, 『너 자신을 알라』를 남기고 있다. 이 논술은 우리를 지고선에 가까이 나아가게 하는 덕과, 우리를 그것으로부터 멀어지게 하는 악덕 및 죄에 관한 연구다. 아베라르드는 행동이 아니라 의향만이 우리의 행위에 선악의 성질을 부여한다고 하는 사실을 강조한다. 그에 의하면, 의향은 그 자체에 있어서 선이 될 수 있는 것이요, 거기서 생기는 행동은, 오직 선한 의향에 의해서만 선하다. 그러기 때문에 서로 다른 때에 동일한 행위를 하는 동일한 사람이, 그것을 추진시키는 의향이 서로 다름을 따라, 어떤 때는 선한 행위를 하고 어떤 때는 악한 행위를 하고 있는 것이다. 그런데 아베라르드는 또 다음과 같은 주장도 한다.

선한 행위를 하는 데는 선한 의향에 의하여 행하고 있다고 믿는 것만으로는 부족하다. 사람이란 선을 행하고 있다고 믿을 때마다 선을 행하고 있는 것이 아니다. 그 믿는 바가, 하느님이 우리에게 원하는 것이 아니어서는 안된다.

아베라르드는 위대한 체계를 구성하지는 않았으나, 매우 투철한 정신의 사람이었고, 힘있는 변증가였고, 비교할 사람이 없다고 누구나가 인정하는 고수였고, 특히 그를 미워하거나 사랑할 수는 있어도, 결코 그에게 무관심할 수는 없는, 괴로워하는 위대한 심혼이었다. 그는 선도자가 아니며, 스콜라학을 창시한 것도 아니지만, 정신사 내지 사상사에서의 그의 위치는, 13세기의 사업을 준비한 교사들의 반열에 선다. 그리고 그를 올바르게 이해하기 위해서 알아야 할 것은, 그의 인격적 영향이 그의 저술이 짐작케 하는 것보다 아마도 훨씬 더 깊었었다고 하는 점이다. 아베라르드는 많은 일을 했지만 또한 많은 일을 하게끔 했다고도 생각된다. 그의 영향은 여러 신학대전을 통하여 찾아볼 수 있다.

6. 토마스 아퀴나스(Thomas Aquinas)

13세기에 이르러 중세철학은 아라비아와 유대의 철학자들에게 전해졌던 그리스철학을 배우는 동시에, 그 속에 있던 농후한 신플라톤주의의 사상을 지양하고 아리스토텔레스의 철학을 그 순수하고 완전한 형태에서 그리스도교 신앙에 성취·동화하는 작업을 하였다. 이 작업의 완성자가 곧 토마스 아퀴나스다. 플라톤주의적 신학자들 및 아라비아 철학자들과의 사상적 투쟁을 거쳐 토마스 아퀴나스는 아리스토텔레스 철학을 완전히 신학에 끌어들이고, 신학의 튼튼한 기초로 삼는 데 성공하였다. 그리하여 그 이전의 모든 철학적 및 신학적 사상의 총결산인 토미즘(Thomism)은 가톨릭교회의 사상적 지주가 되었으며, 모든 교리가 의지할 권위가 되었다.

토마스 아퀴나스(이탈리아 이름 Thomaso d'Aquino, 1225~1274)는 일찍이 수도원에서 교육을 받고, 그 가족에게는 장차 귀족적 행정가가 될 것으로 기대를 받았으나, 학문에의 열의와 신앙생활에의 결심으로 해서 18세때에 수도사가 되고, 이윽고 가족의 반대를 물리치고 파리로 가서 신학을 공부하였다. 그 후의 그의 생애는 대체로 평온하였고, 묵묵히 연구하고 사색하고 열심히 가르치고 저술한 30년이었다. 이 동안에 위대한 저술을 많이 내었는데 특히『신학대전』(Summa theologiae)과『대이교도대전』(Summa contra gentiles)은 서양사상사에 있어 길이 빛날 2대 업적이다. 일생을 주님에 대한 사랑 속에서 경건하고도 순결하게 살며 학구와 교육에 정성을 기울이던 토마스에게 죽음의 그림자가 가까워오던 어느 날, 그는 십자가 앞에 엎드려 열심히 기도하고 있었다. 그 때 십자가 위에 못박힌 예수가 소리를 발하여, "토마스야, 너는 나에 관하여 잘 썼다. 그러니 너에게 무엇으로 갚으랴?"라고 말씀하셨다 한다. 이에 토마스는 즉석에서 대답하였다—"주여, 당신 이외에 아무 것도 원치 않습니다." 마지막 날, 최후의 성찬을 받으면서 깊은 예배에 잠긴 그가 드린 마지막 기도는 다음과 같은 것이었다 한다—"내 영혼의 구원의 값인 당신을 받아들이옵니다. 내가 배우고 밤을 새워가며 깨어 기진맥진하게 되곤 한 것은 당신의 사랑 때문이었습니다. 내 생애를 통하여 풀이하고 가르친 것도 당신이었습니다." 이러한 전설과 일화는 그가 명민한 철학자였을뿐더러 또한 성스러운 신앙인이었음을 나타내어 보여준다. 또한 여기에 나타난 그의 태도는 중세세계 전체를 통하여 지배적이었던 신앙적 자세의 좋은 본보기이다.

토마스는 그의 선생이었던 알베르투스 마그누스(Albertus Magnus)를 따라 철학의 영역과 신학의 영역을 엄격히 구별하였다. 알베르투스 마그누스는 "철학자란, 그 말하는 바를 이성에 의하여 말하는 자다"라고 말한 바 있고, 또 "특수한 것들에 관해서는 경험만이 입증한다"라고 하여,

철학적 진리는 이성에 의하여 인식될 수 있고 또 자연세계는 경험에 의하여 인식될 수 있음을 분명히 하였다. 이것은 곧 아리스토텔레스 철학의 정신을 따르는 것이었다. 토마스에게도 철학의 전 영역은 전적으로 이성에 속한다. 이에 반하여 신학은 계시, 즉 하느님의 권위에 의거한다. 그러나 진리는 하나일 터이므로 이성이 올바로 사용되기만 하면 이성이 우리에게 알려주는 진리도 신앙이 우리에게 계시해주는 진리에 어긋날 리가 없다. 이성과 신앙은 엄격히 구별되지만, 궁극에 가서 이 둘은 일치하지 않아서는 안 된다. 따라서 만일 철학의 결론이 그리스도교의 교리에 모순될 때에는 그 결론은 잘못된 것이다. 우리는 이성을 끝까지 발휘하여야 하지만, 이성으로써 알 수 없는 계시의 진리는 그대로 받아들이고 믿어야 한다. 여기서 우리는 토마스가 신앙과 이성의 일치를 내세우기는 했으되, 중세철학 전체의 상황 속에서 아무래도 신앙이 이성보다 우위의 자리에 있었음을 볼 수 있다. 다만 알베르투스와 토마스에게 그 전의 철학자들과는 달리 자연학의 연구가 전적으로 이성에게 맡겨져 있다.

토마스에게서 아리스토텔레스 철학의 영향을 뚜렷이 볼 수 있는 것은 신의 현존에 대한 그의 증명에서다. 그는 안셀무스의 존재론적 증명을 물리치고 감각적 현실로부터 출발하여 신이 계시다는 것을 증명한다. 먼저 그는 운동을 주목한다. 우주에는 운동이 있다. 모든 운동에는 원인이 있는데, 이 원인은 운동하는 존재 밖에 있지 않으면 안 된다. 운동하는 것은 다른 것에 의하여 움직여지며, 이 후자는 다시 다른 것에 의하여 움직여진다. 그런데 원인은 무한히 있을 수 없고, 모든 운동의 맨 처음의 원인이 곧 신이다. 둘째로 모든 존재자에는 그 형성인(形成因)이 있는데, 이 형성인에 있어서도 무한한 계열을 생각할 수 없으므로, 최초의 형성인으로서 신을 생각하지 않을 수 없다. 셋째로 모든 사물은 생성하는 것인데, 생성하는 모든 것은 존재할 수도 있고 존재하지 않을 수도 있는 것, 즉 우연적 존재다. 그런데 우연적인 것만이 있다고 하면, 이 우주는 존재할 수도 있었고 존재하지 않을 수도 있었다. 이 세상에 무엇인가가 있다고 하면, 그것은 하나의 필연적 존재 없이는 있게 될 수 없다. 이 필연적 존재가 다름 아닌 신이다. 넷째로 모든 사물은 어떤 정도의 완전성을 가지고 있다. 선이나 진리나 아름다움에는 각기 그 완전성에 한계가 있다. 조금 더 완전하고 혹은 덜 완전한 것은 절대로 완전한 것을 전제한다. 그 자체 절대로 참되고 아름다운 것이 신이요, 신은 다른 모든 것의 원인이다. 다섯째로 모든 자연물은 하나의 목적을 향하여 활동하며 움직인다. 그런데 자연물들은 이러한 목적을 의식하지도 의도하지도 않는다. 그러므로 모든 사물의 목적성을 질서 있게 하는 제1지성이 있다고 보아야 하는데, 이것이 곧 신이다.

하느님의 본질은 무한하고 이에 반하여 우리의 정신은 유한한 까닭에 우리는 하느님의 본질의 내용을 남김없이 알 수는 없다. 따라서 우선 하느님의 본질에 속하지 않는 것들, 가령 운동·변화·수동성 등을 제거하여, 부동·불변이면서 완전히 현실적이고 절대적으로 단순한 존재로서 신을 생각하기에 이른다. 이것이 부정의 길이다. 그러나 원인과 결과 사이에는 필연적 관계가 있으므로 피조물 속에서 신의 영상이 어느 정도 발견될 수 있다. 그리하여 신과 피조물 사이의 유비(類比)에 의하여 신의 속성을 어느 정도 적극적으로 규정할 수도 있다. 이렇게 생각할 때, 신은 완전·지상의 선·유일·총명·전지·의지적·자유·전능이라고 그 속성을 말할 수 있다.

토마스는 또한 아리스토텔레스의 사상을 따라 신을 <순수현실>이라고도 하였다. 신은 자기 속에 모든 피조물의 현존과 완전성을 포함하고 있는 무한한 절대적 존재다. 그러나 그것은 물질적인 것이 아니고 순수한 생각을 근본적 본질로 하며, 그 생각에 의하여 만물을 현존하게 하는 창조자다. 신은 그 무한한 완전성에 의하여, 그리고 오직 의지의 작용에 의하여 우주에 현존을 준다. 따라서 그의 우주창조는 무로부터의 산출이요, 그 산출의 원인은 오로지 그의 완전성 속에 있다. 그리고 그 창조에 의하여 현존하게 되는 피조물과 창조자 사이의 관계는 <분유(分有)>의 관계다. 이 분유라는 말은 토마스에게 범신론을 의미하는 것이 아니다. 피조물은 창조자보다 무한히 낮은 곳에 있으니 말이다.

또 우주는 자연적인 필연성에 의하여 신으로부터 나오지는 않았다. 그 것은 분명히 지성과 의지의 산물이다. 신으로부터 나오는 모든 결과는 이미 신 속에 있다. 그러나 신은 무한의 지성이요, 신의 지성은 바로 신 의 현존 자체이기 때문에, 신으로부터 나오는 모든 결과는 신의 속에 가 지적(可知的) 양태를 가지고 이미 있다. 따라서 신이 그것들을 산출하기 전에 그것들을 알고 있고, 그것들을 알기 때문에 그것들을 산출한다고 할진대, 신이 그것들의 현존을 원했다고 하지 않으면 안 된다. 또 세계를 지배하는 질서와 목적성을 바라보면, 그것이 일종의 필연성에 의하여 사 물들을 산출한 맹목적 자연이 아니고 사물들을 자유로이 선택한 총명한 섭리임을 충분히 알 수 있다.

하느님이 창조한 피조물들은 완전성의 계층적 질서를 따라 배치되어 있다. 그 정점에는 천사들이 있다. 천사들은 비물질적 피조물이다. 보나 벤투라(Bona Ventura)는 모든 피조물은 질료와 형상으로 되어 있으므 로 천사에게도 질료가 있다고 주장했으나, 토마스는 이 주장에 양보하지 않았다. 완전성에 따르는 것은 단순성이므로, 천사는 피조물들 가운데 가장 단순한 것으로 생각되어야 하고, 따라서 질료를 가진 것으로 생각 되어서는 안 된다는 것이다. 그러나 천사들의 단순성은 완전한 것일 수 없다. 만일 그렇다면, 천사들이 바로 <순수현실>이요 신이겠으니 말이 다. 천사들이 질료를 가지고 있지 않다 함은 그것들이 개체가 아니요, 오 히려 각기 하나의 종임을 의미한다. 토마스의 이와 같은 생각은 조금만 더 밀고 나아가, 천사라는 것이 도덕적 성품, 가령 순결이라든가 정직이 라든가 하는 것을 의미하는 것이라면 천사에게 질료가 있다는 생각보다 더욱 납득이 가는 것이라 하겠다.

피조물의 계층에 있어서 인간은 특별한 단계에 있다. 인간은 신체를 가지고 있음으로써 하나의 자연물이다. 그러나 인간은 그 정신에 의하여 비물질적인 존재의 계열에도 속한다. 인간의 정신은 천사와 같은 순수지성이 아니다. 그것은 순수지성의 세계와 물질의 세계의 경계선을 이룬다. 따라서 인간의 지적 능력, 즉 오성은 사물들을 인식함에 있어서 감각으로부터 출발한다. 우리의 인식의 기반은 감각 속에 있다. 그러나 한편으로 우리의 오성은 사물들 속에 있는 보편적인 것을 찾아낸다. 이것이 다름아닌 추상인데, 추상은 인간 오성의 가장 특징적인 작용이다.

 인간의 오성은 이 세상에 있어서의 최고의 선을 직접 파악하지 못한다. 그러므로 우리는 우리에게 주어지는 선들 가운데서 최고의 선과 필연적으로 결합되어 있음직한 것이 무엇인지 가려내기 위하여 이성의 노력을 끊임없이 새로이 하지 않으면 안 된다. 우리의 자유는 바로 여기에 있다. 따라서 우리의 의지는 항상 여러 가지 선 가운데 하나를 선택하여야 한다. 인간이 항상 영원한 선을 찾아 불안 속에 헤매되 많은 열매를 맺게 되는 것은 이러한 인간의 숙명 때문이다. 인간에게는, 이 지상에 사는 동안 추구할 하나의 상대적인 최고선이 있다. 이것을 인식하는 것이 곧 윤리학의 목적이다. 자기의 정념을 깨닫고 그것을 지배하는 것, 자기의 악덕의 근절, 덕의 획득과 그 보전, 인간의 가장 높은 기능을 완전히 발휘함으로써 얻는 행복의 추구, 즉 사색에 의하여 진리를 인식하고 거기서 행복을 찾는 것-이 모든 일을 우리는 불완전하게밖에 할 수 없으나, 바로 이렇게 하는 곳에 이 세상에서의 참된 정복(淨福)이 있다. 한편 우리의 인식은 한정되어 있거니와, 이와 같이 한정되고 부족한 점이 있음을 우리는 인식하며, 이 부족한 점을 메꿀 것을 희구한다. 우리의 인식은 우리를 신의 현존에까지 이끌어가지만, 신의 본질에까지 이르게 하지는 못한다. 그러므로 자기가 비물질적인 것이기 때문에 또한 불멸하는 것으로 아는 정신이, 그 희구의 목표와 그 참된 지상의 선을 어찌하여 현세를 넘은 미래에 두지않으랴고 토마스는 생각하였다.

7. 마이스터 에크하르트(Meister Eckhart)

토마스 아퀴나스를 고비로 중세 철학은 던즈 스코투스(Duns Scotus),
윌리엄 오컴(William Of Occam) 등을 거쳐 차츰 몰락의 길을 걷는다.
던즈 스코투스는 지식과 신앙을 준별하였고, 지성보다 의지를 우위에 놓
았으며, 또 인간의 의지의 자유를 주장하였다. 특히 그는 신의 속성 가운
데서 무한성에다 특별한 가치를 인정하고, 무한과 신을 동일시하였다.
이러한 신관은 17세기에 이르러 데카르트에게서 다시 보게 된다. 오컴은
개물(個物)만이 실재한다고 주장하여, <이데아> 같은 보편자는 이름에
지나지 않는다고 보는 유명론의 대표자가 되었다. 또 그는 인식에 있어
서의 경험의 역할을 중요시하여 지식과 신앙을 철저히 구별하고, 의지의
자유를 주장함으로써 스콜라 철학의 해체에 이바지하였다. 중세 말기의
철학은 대체로 과학의 발달에 자극되어 유명론적인 경향이 우세하게 되
어, 근대의 과학적 사고방식에로 줄달음치는 것이었다. 이러한 일반적
사상경향 속에서 유독 에크하르트는 하느님과 나의 합일을 체험하는 신
비주의에로 깊이 침잠하여 신플라톤주의와 결부된 중세 초기의 크리스
천 철학에로 되돌아갔다.

흔히 마이스터 에크하르트라고 불리는 요하네스 에크하르트(Johannes
Eckhart)는 1260년 경 독일의 호흐하임(Hochheim)에서 출생하였다. 그
의 사상의 범신론적 경향 때문에 그를 반대하는 사람들은 그를 이단자
로 선고했으나, 그는 이 선고에 앞서 1327년에 죽었다.

마이스터 에크하르트는 자기 당시의 시대정신과 사상경향을 몰라서 독
창적인 사상을 내세운 것은 아니다. 그는 아리스토텔레스 철학도, 알베
르투스 마그누스와 토마스 아퀴나스의 학설도 잘 알고 있었다. 그러나
그의 정신 속에서 아리스토텔레스적인 학설은 재조직되고 새로운 의의
를 얻게 되었으며, 또한 이 학설 속에 혼합되어 있던 신플라톤주의의 사
상이 그 순수한 모습으로 되살아났다. 이것은 곧 스코투스 에리우게나와

위(僞)-디오니시우스(Pseudo-Dionysius)에게로 되돌아가는 것이기도
했다.

에크하르트에 의하면 신은 절대적으로 무한하다. 에리우게나와 마찬가
지로, 그는 어떤 긍정에 의하여 신을 한정하는 권리가 우리에게는 없다
고 말한다. 신을 한정되고 규정된 존재로 볼 바에는, 차라리 모든 존재를
넘어선 <무>로 보는 것이 더욱 옳다는 것이다. 이 무한한 신으로부터
성령과 성자 그리고 세계가 나온다. 이 창조는 신 자신이 밖으로 나아가
는 발전에 의하여 생기는 것인데, 그것은 동시에 신 자신으로의 회귀요
심화다. 그러므로 신은 모든 사물의 기반에 있는 동시에 모든 사물의 현
존의 중심에도 있다. 이것은 특히 인간의 정신에 들어맞는다. 인간의 정
신은 그 가장 깊은 근저에 있어서 신에 속하므로 결코 신의 외부에는 있
을 수 없다. 그러나 정신은 자기 자신에 얽매여 신으로부터 멀어질 수도
있고, 또는 자기 속의 가장 깊은 곳에 있는 영혼의 <불꽃>에 의하여 신
과 합일할 수도 있다. 신에 도달하려면 인간은 피조물들을 넘어 피조물
들 저편에서 신을 발견하려고 힘쓰지 않으면 안 된다. 신을 발견하는 데
성공하는 첫째 조건은 피조물이 그 자신으로는, 즉 자기 속에 있는 신적
인 것을 떠나서는 아무것도 아니라는 것을 깨닫는 것이다. 이런 까닭에
피조물에 대한 사랑과 쾌락의 추구는 정신 속에 슬픔과 괴로움을 남길
뿐이다. 우리를 직접 신에게로 되돌아가게 하는 유일의 피조물은 만물
가운데 가장 고귀한 것인 정신이다. 정신이 자기의 모든 한계를 의식하
고, 이것을 그 의지에 의하여 부정함으로써, 정신을 한정 있는 것이 되게
하는 모든 것이 포기된다. 정신을 억누르는 질곡과 유한한 것이 되게 하
는 장벽이 일단 제거되면, 정신은 자기 자신 속에 자기의 존재와 신의
존재의 연속을 보게 된다. 신에 대한 사랑에 의하여 자기 자신을 부정하
면서 인간의 정신은 그 스스로의 본질에 도달한다. 이때 우리는 스스로
의 독립과 완전한 자유를 얻게 되는데, 이것이야말로 해탈이다. 이것은
또한 자기를 신에게 온전히 맡기는 것인데, 인간의 최고의 덕은 바로 여

기에 있다. 그리고 이 최고의 덕의 최고단계는 <가난>이다. 이 지상의 완전성에 도달한 사람은 이제 아무것도 아는 것이 없고, 아무 것도 할 수 없고, 또 아무 것도 소유하지 않는다. 정신은 하느님에게로 돌아감으로써, 모든 한정을 벗어나 마침내는 자기 자신을 잃는다.

이런 경지를 인생의 최고목표로 삼는 에크하르트에게는 도덕상의 모든 전통적 계율은 제2차적이고 공허한 것일 따름이다. 기도·신앙·은총·기적은 이런 경지에 도달하기 위한 준비요 수단에 지나지 않는다. 이런 것들은 정신이 자기 자신과 사물들의 굴레로부터 해방하기 시작할 때에는 필요하지만, 정신 속에 이를테면 신의 새로운 탄생이 실현된 순간부터 불필요하게 된다. 이 때 인간은 모든 것을 포기할 수 있고, 또 자기가 가지고 있는 것을 희구할 필요가 없으므로 신까지도 포기할 수 있다. 이 지상의 덕에 의하여, 인간은 그 현존에 있어서나 그 지복에 있어서나 신과 같게 된다.

이러한 사상은 교회로부터 위험한 것으로 여겨지지 않을 수 없었고, 드디어 이단으로 규탄되지 않을 수 없었다. 그러나 에크하르트의 이단은 하느님에 대한 순수한 사랑에 의하여 배태되었고, 또 형제애와 인격적 감화에 의하여 아름다운 크리스천공동체를 형성케 하는 것이었다. 그리하여 그의 후계자들은 그의 사상의 사변적인 면보다도 정감적·실천적인 면을 더욱 발전시켰다. 에크하르트가 형성한 공동체는 크리스천 역사의 하나의 아름다운 추억이 되는 것이요, 파국과 절망에 처한 인류가 돌이켜 본받아야할 것으로 흠모되는 참된 사람의 사회였던 것 같다. 그리하여 그의 사상은 그 이후의 신비주의운동에 깊은 생명력을 불어넣어 주는 것이었다.

제5장 근세 철학

1. 지오다노 브루노(Giordano Bruno)

중세의 폐쇄적 세계관을 박차고 현대로의 길을 연 이탈리아의 르네상스에 있어서 보다 참된 세계관의 수립을 위하여 순교한 지오다노 브루노는 1548년에 출생하였다. 그는 16세 때에 수도원에 들어가 스콜라 철학과 고대 및 아라비아의 철학을 공부하는 한편, 그 당시의 휴머니스트들과 자연철학자들 특히 코페르니쿠스의 지동설을 알게 되어 큰 감명을 받았다. 그 후 10여년이 지나서 그는 가톨릭교회의 정통교리인 화체설(化體說, 성찬의 빵과 포도주가 그리스도의 살과 피로 변한다는 교리)과 동정녀수태의 교리에 반대함으로써 1576년에 법의를 버리고 얼마 후 이탈리아를 떠나지 않으면 안 되었다. 그는 스위스·프랑스·독일·영국을 전전하는 방랑생활을 하면서 철학을 가르치며 많은 저술을 하였다. 그러던 중 어떤 청년 귀족의 꾐으로 고국에 돌아오게 되었으나, 그 청년의 밀고로 종교재판소에 의하여 체포되어 로마로 이송되었다. 그후 7년 동안 옥에 갇혀 있다가 파문당하고, 1600년 2월 17일 배교·이단 및 수도사의 서약을 어겼다는 죄목으로 화형을 당하였다. 처형되기 8일 전, 그의 주장을 철회하면 죽음을 면하게 해준다는 제안이 있었지만, 그는 이를 물리치고 꿋꿋이 죽음에 나아갔다.

그가 죽은 것은 무슨 나쁜 짓을 해서가 아니라, 다만 자연과 세계에 대하여 진리라고 생각한 것을 끝내 주장한 때문이었다. 지금 와서 보면 브루노의 사상이 더 옳지만, 그 당시 권세를 잡고 있던 종교재판소는 그 사상을 위험한 것으로 보고 탄압하였다.

아리스토텔레스와 토마스 아퀴나스의 권위에 의거하는 가톨릭교회의 정통사상에 있어서 자연은 그저 피조물이었다. 신을 자연과 동일시하는 사상은 신플라톤주의의 사상가들에게 있어서 가끔 범신론적 경향에로 나아갔으나, 이러한 경향은 자칫 잘못하면 이단시되었다. 르네상스의 자연관은 스콜라 철학의 시대로부터 내려온, 그리고 16세기와 17세기 초의 프로테스탄트 신학의 기저에 있으면서 조금도 의심을 받지 않았던 중세적 세계관, 즉 신을 자연으로부터 아주 분리시키고 자연은 피조물로서 신으로부터 무한히 낮고 천한 데 있다고 보는 세계관에 대립하여 이를 공격하는 것이었다. 르네상스는 자연을 <창조되는 자연>(natura naturata)과 <창조하는 자연>(natura naturans)으로 나누고 자연 속에 생명의 힘이 있고 창조와 생성의 원리가 있다는 사상에로 나아갔다. 자연은 한갓 피조물에 그치는 것이 아니요, 자연 속에는 신의 작용하는 힘이 넘쳐 있기 때문에, 자연은 신의 본원적 실재에 참여한다. 자연은 자기 속에 자기 형성과 자기발전의 능력을 가지고 있다. 따라서 자연은 신의 모습을 지니고 있다. 이러한 사상을 가장 아름답고 알뜰하게 표현한 사람이 브루노였다. 그는 말하였다—"자연은 사물들 속에 심어진 힘이요, 모든 물상이 자기 고유의 길을 걸어갈 때에 따르는 법칙 이외의 아무것도 아니다." 그리고 브루노에게 있어 "신은 주위를 돌면서 모든 것을 인도하는 예지가 아니다. 신의 품속에 사는 모든 것이 제각기 운동한다고 생각하느니 보다는, 오히려 신이 운동의 내적 원리라고 생각하는 것이 훨씬 더 신에 대하여 합당한 일이다. 이것이야말로 신 자신의 본능이요, 모습이요, 혼이다." 이리하여 신은 자연생성의 내재적 원리로 생각되며, 자연은 신에까지 높여지고 신의 무한성 속에 녹아들어간다. 이러한 범신론은 이윽고 스피노자에게서 그 뚜렷한 반향을 보게 된다.

브루노는 우주 안에 무수한 세계가 있어 생성소멸한다는 우주무한론을 주장함으로써 그리스도교에서 전통적으로 가르쳐 오던 우주유한론에 반대하였다. 우주에는 절대적 중심이 없으며, 따라서 우주의 모든 부분

은 평등하여 하늘과 땅 사이에 가치상의 차별이 없다. 만물 속에 나타나
며 만물을 생성케 하는 신은 가장 미소한 것들 속에도 생명으로서 들어
있다.

무한한 우주를 발견하고 마치 발 디딜 곳이 없이 허공에 뜬 것과도 같
이 불안해하던 당시의 사람들에게 세계가 무한하다고 하는 생각은 우
선 하나의 저주인 듯싶었으나, 이것을 하나의 축복이게끔 한 것이 바로
브루노였다. 그에게 있어 무한은 우주의 무한을 의미하는 동시에 또한
인간정신의 무한도 의미하는 것이었다. 인간의 힘으로 인간은 이제 이
좁다란 세계의 장벽 속에 갇혀 있지 않고, 이 무한한 우주의 지배자가
될 것을 바랄 수 있게 된 것이었다. 이리하여 우주의 무한성이 의식되는
동시에, 또한 인간정신의 무한한 능력이 자각되었다.

이 모든 것은 바로 근대적 세계관에로의 길을 개척하는 것이었다. 그러
나 코페르니쿠스의 지동설이 도처에서 공격을 받고 있던 그 당시, 우주
가 무한하여 헤아릴 수 없다고 하는 주장, 세계가 하나만이 아니고 무수
하다고 하는 학설은 드디어 하나의 범죄로 여겨지게 되었다.

브루노는 당시의 그리스도교적 내세관을 위선이라 보고, 궁극의 선이
란 우주적 생명과의 합일이라고 말하면서 현세에 있어서의 봉사를 강조
하였다. 그리고 신의 불에 몸을 태우는 것이 다름 아닌 구원이라고 가르
치기도 했다. 이리하여 르네상스의 열정적 사상가 브루노는 몽매와 횡포
가 행세하는 세상에서 자유와 진리가 보장되는 미래의 세계를 준비하면
서 결연히 신의 불에 몸을 태워 죽었다.

2. 데카르트(Descartes)

근세철학의 창건자 르네 데카르트(René Descartes, 1596~1650)가 살
던 시대는 정치적·사회적·사상적으로 아주 혼미한 상태에 있었다. 프로

테스탄트와 가톨릭의 두 종교세력이 복잡하게 갈등하면서 피비린내 나
는 30년 전쟁(1618~1648)을 벌이고 있었고, 전란으로 말미암아 많은 사
람들이 비참하게 삶과 죽음 사이를 헤매었으며, 정신적으로는 갖가지 미
신적 사고로 갈피를 잡지 못하고 있었다. 이러한 때를 당하여, 데카르트
도 청년시절에는 기사로서 여러 차례 종교적 사상과 세력이 얽힌 전쟁
터에 뛰어 들었다. 세상의 물정을 알려고 오랜 세월 동안 유럽 각지를
여행하기도 했다. 그러나 그는 이 모든 경험에서 인간의 어리석음과 그
역사의 허무함을 느꼈다. 이윽고 그는 모든 세상일에서 떠나 숨어 살기
시작하며, 오로지 진리의 탐구를 위하여 그의 일생을 바치게 된다. 그는
1625년 32세 때에 고국 프랑스를 떠나, 자유로운 사색과 저작의 생활을
위하여 네덜란드로 이주하였다. 여기서 그는 차분히 사색하며 연구하여
현대적 세계관의 초석을 제공하는 많은 업적을 내어 놓았다. 그가 한 일
은 인류의 먼 앞날을 내다보면서, 확실한 지식의 기초를 찾아내어 인류
복지의 견실한 터전을 닦은 것이었다. 그가 확립한 진리탐구의 방법과
그의 철학체계는 인류 문화의 영원한 보배라 하겠다.

　1450년에서 1700년에 이르는 시기는 서양에서 중세의 세계관이 무너지
고 현대적 세계관이 싹튼 과도기였다. 이 시기에 휴머니즘·종교개혁·합
리주의의 세 가지 운동이 일어나서 결국 중세적 사회제도와 사고방식을
깨뜨리고 그 세계관을 부수어 새로운 시대를 준비하였다. 휴머니즘은 문
학 예술에서, 또 더 나아가 인간생활 전반에 걸쳐 인간 본연의 생활을
되찾자는 운동이었다. 중세에는 일반적으로 사람들이 그리스도교의 내
세주의와 금욕주의 사상에 젖어, 인간적인 것을 덮어놓고 추악시 내지
죄악시하였다. 인간의 육체는 더럽고 본래 죄 속에 있는 것이라 생각되
었다. 그러나 휴머니즘의 예술가들이 새로 발견한 것은 특히 인체와 자
연의 아름다움이었다. 이 아름다움이 조각에서, 회화에서 유감없이 표현
되기 시작하였다. 중세예술에 나타나는 인물들은 옷을 두껍게 입고 있었
다. 르네상스 이래로 예술에 표현되는 인물들은 차츰 옷을 벗기 시작하

며 살을 드러내기 시작한다. 사람의 몸, 사람의 살은 더럽고 추한 것이 아니라 자연 가운데 가장 아름다운 것일 수 있다. 휴머니즘은 이와 같은 생각을 문화의 각 방면에서 표현하기 시작하여 인간의 존엄성을 확립하려 하였다. 종교개혁은 낡은 것을 버리고 새로운 시대를 열자고 하는 의식에서 이루어진 것이 아니다. 도리어 그것은 본래의 그리스도교, 초대 그리스도교의 올바른 정신에로 되돌아가자고 하는 일종의 복구운동이었다. 그러나 개혁자들의 의도와는 달리, 그것은 현대적 세계에로의 길을 닦는 하나의 중요한 운동이었다. 하지만 중세의 세계관을 붕괴시키고 새시대의 세계관을 세우는 데 있어 결정적 역할을 한 것은 합리주의의 철학적 사상이었다. 합리주의는 그 근저에 있어 초자연적인 것들을 부인하고, 인간의 이성을 신뢰하며, 이 이성의 활동에 의하여 진리를 인식하기도 하고 밝은 사회를 건설할 수도 있다고 믿는 것이었다. 이러한 합리주의적 세계관은 17세기에 이르러 여러 천재적 철학자에 의하여 체계적으로 훌륭하게 표현되었다. 이 천재들 가운데 가장 으뜸가는 사람이 바로 데카르트다.

1619년 겨울의 어느 날 밤, 데카르트는 독일의 울름(Ulm) 근처에 있는 작은 마을의 군영에서 세 차례 꿈을 꾸었다. 첫 번째 꿈에서는, 회오리바람이 몰아치는 가운데 데카르트가 길을 걷는다. 그는 비틀거리며 목적지를 향하여 간다. 그의 앞에는 어렸을 때 다니던 학교의 문이 열려 있는 것이 보인다. 그는 그 학교 안에 있는 예배당에 가서 기도를 드리려 한다. 그런데 그는 자기가 아는 사람에게 인사를 하지 않고 지나쳐 온 것을 깨닫고 되돌아 가려 한다. 그러나 세찬 바람이 불어와서 그를 예배당 쪽으로 몰아간다. 교정 복판에서 어떤 사람을 또 만나는데, 그 사람은 데카르트에게 앞서 지나쳐 온 사람을 만나면 무엇인가 줄 것이 있으리라 한다. 데카르트는 그것이 어떤 먼 나라로부터 가져온 멜론이라고 상상한다. 두 번째 꿈에서는, 날카롭고 폭발하는 듯한 소리를 듣는다. 그는 이 소리를 천둥소리로 안다. 그는 놀라 잠을 깬다. 세 번째 꿈에서는, 책상

위에 한 권의 책이 있다. 그것은 사전이었다. 그는 그것이 매우 유용하리라 생각하고 크게 기뻐한다. 그런데 그 밑에 다른 책이 또 하나 있다. 그것은 시집인데, 그 시집을 펼치니, "나는 내 생애에 어느 길을 갈 것인가?"라는 라틴어의 시구가 눈에 뛴다. 바로 이때에 어떤 낯모르는 사람이 나타나서 그에게 'Est et non'이라는 말로 시작되는 시구 하나를 보여주면서 참 좋은 시라고 자랑한다. 그는 이 사람과 이 두 권의 책에 관하여 이야기하는데, 책과 사람이 다 사라진다.

데카르트는 잠을 다 깨지 않은 채, 이 이상한 꿈을 해석해 보았다. 사전은 <모든 학문을 한데 묶은 것>이요, 시집은 <철학과 지혜가 함께 합쳐진 것>이라 해석되었다. 여기서 시에 철학과 지혜가 깃들이고 있다고 본 데에는 까닭이 있다. 데카르트는 시인이 철학자보다 더 날카롭게 실재에 육박하고 열정과 상상력에 의하여 지혜를 샘솟게 한다고 평소에 생각하고 있었다. <나는 내 생애에 어느 길을 갈 것인가?>라는 시는 어떤 현자의 충고요 호소로 여겨졌다. 그리고 시는 그에게 있어 영감과 열정을 의미하는 것이었다. 'Est et non'이라는 말을 그는 <인간의 지식과 세속학문에 있어서의 참과 거짓>이라 해석하였다. 이렇게 꿈을 해석한 그는, 이 꿈을 통하여 진리의 영이 그에게 모든 학문의 보고를 열기를 바라는 것이라 생각하였다. 또 처음의 두 꿈은 사람 앞에서만큼 하느님 앞에서 떳떳하지 못한 자기의 과거에 대한 경고였으며, 세 번째 꿈은 그의 장래를 그려주는 것으로 생각되었다. 그리고 멜론은 고독과 한적의 매력을 의미하는 것이요, 그를 예배당 쪽으로 몰아간 바람은 그의 앞길을 막는 악령이었으며, 천둥소리는 그의 위에 내려와서 그가 소유하게 될 진리의 영이었다.

이 꿈은 데카르트에게 그의 일생에 걸친 사업에 대한 소명감을 불러 일으켰다. 그 사업이란, 인간의 모든 지식을 하나의 통일성 있고 질서 있는 전체에 묶는 체계를 수립하는 것이었다. 그는 이즈음 자기가 일생 동안 할 일이 무엇인가에 대하여 고민하는 한편, 수학 연구에 골몰하고 있었는데, 차츰 수학이 대수나 기하학에 국한되는 것이 아니요, 오히려 가장 확실하고 명백한 모든 지식의 본이라 보고, 모든 학문을 이 기초 위에 세우려는 원대한 계획을 구상하고 있었다. 그가 꾼 꿈은 이 구상을 뒷받침해주고, 그가 일생 추구할 목표를 뚜렷이 그에게 보여주었다. 이 목표는 곧 <하나의 놀라운 학문>의 수립이었다. 이 학문은 인간의 모든 지식으로 하여금 수학에서와 같은 확실성과 명증성을 띠게 하여 통일성 있는 하나의 광대한 체계를 이루는 것이었다. 데카르트는 이 학문을 <보편적 수학>이라 불렀다. 그러나 이 말은 단순히 우리가 보통 생각하는 수학만을 의미하는 것이 아니기 때문에 <보편학>이라고도 새겨진다.

데카르트는 이러한 보편학을 건설하되, 조금도 의심할 수 없는 원리 위에 세우기 위하여, 인간의 모든 지식과 신념을 의심해 보고 확실한 것만을 받아들여 그 위에 견고한 지식체계를 세우려 하였다. 그래서 그는 자기가 옳다고 여겨오던 것, 자기가 진리라고 믿어오던 것을 송두리째 내어버리고, 아무 전제도 없는 상태 속에 자기의 정신을 던져 아주 새로이 확실한 것만을 쌓아올리는 지적 작업을 벌였다. 이것이 그의 유명한 방법적 회의(方法的懷疑)다. 『철학의 원리』에서 데카르트는 다음과 같이 말하고 있다ー "우리는 어렸을 적에, 우리의 이성을 온전히 사용하지 못하여, 우리의 감각에 주어진 사물들에 대하여 가지가지 모양으로 판단하였기 때문에, 이러한 많은 성급한 판단으로 인하여 진리의 인식에 이르지 못하고 있다. 이러한 판단들로부터 해방되려면, 조금이라도 불확실한 점이 있다고 생각되는 모든 것에 대해서 일생에 한번은 의심해보는 길밖에 다른 도리가 있을 것 같지 않다." 그러나 그의 회의는 <회의를 위한 회의>가 아니라, "확신을 얻기 위한 것, 흙탕이나 모래를 제켜놓고 바위나 진흙을 찾아내기 위한 것"이었다. 그래서 <방법적 회의>라 불린다.

데카르트는 그의 깊고 철저한 회의를 통하여, 감각이란 것이 믿을 수 없는 것임을 발견하였고, 수학적 원리라고 배워온 것이나 하느님의 현존이나 또 외부세계의 실재성에 대해서도 근본적으로 의심할 근거가 있음을 깨달았다. 그러나 모든 것을 의심한 끝에, 의심하는 <나>, 생각하는 <나>의 현존은 절대로 의심할 수 없다는 것이 분명해졌다. "나는 생각한다. 그러므로 나는 있다"라고 하는 자명하고 더할 나위 없이 확실한 진리에서 그는 다른 모든 확실한 지식의 체계를 세울 반석 같은 기초를 보았다.

이 기초 위에서 그는 자기가 지금까지 의심해오던 것을 다시 검토해 본다. 이렇게 함에 있어, 그는 먼저 진리탐구, 즉 학문연구에 있어서 따를 규칙을 정한 바, 이 규칙은 다음의 네 가지인데, 데카르트 자신의 말로 하면 다음과 같다.

(1) 내가 명증하여 참되다고 안 것 외에는 어떤 것도 참된 것으로서 받아들이지 않을 것. 즉 속단과 편견을 조심하여 피할 것. 그리고 의심할 여지가 조금도 없을 정도로 아주 명석하게 또 아주 판명하게 내 정신에 나타나는 것 외에는 아무 것도 내 판단 속에 넣지 않을 것.

(2) 내가 검토할 난제의 하나하나를 될 수 있는 대로 그것들을 가장 잘 해결하기에 필요한 만큼의 소부분으로 나눌 것.

(3) 내 생각들을 순서를 따라 이끌어 나아가되, 가장 단순하고 가장 알기 쉬운 것에서부터 시작하여 계단을 올라가듯 조금씩 위로 올라가, 가장 복잡한 것들의 인식에 이를 것. 그리고 자연대로는 아무런 순서도 없는 것들 간에도 순서가 있는 듯이 가정하고 나아갈 것.

(4) 하나도 빠뜨리지 않았다고 확신할 수 있을 정도로 완전한 매거(枚擧)와 전반에 걸친 통관(通觀)을 어디서나 행할 것.

이 가운데 둘째 것은 분석의 규칙이요, 셋째 것은 종합의 규칙이다. 학문의 방법으로서는 이 네 규칙에 하나 더 보태는 것이 옳다고 보는 사람도 있다. 그것은 『방법서설』 제3부에서 데카르트가 내어놓은 세 가지도덕률의 둘째 것이다. 그것은 다음과 같이 요약될 수 있다-처음에 선택한 길을 끝까지 걸어갈 것.

이 규칙들은 우리가 상식적으로 잘 알고 있는 당연한 것이라 여겨지기 쉽다. 그러나 이 규칙들은 어느 시대에나 잘 알려져 있었고 또 충실하게 사용되었던 것은 아니다. 데카르트가 반성하며 관찰하며 사색하던 시대에는 이 규칙들이 사실상 무시되고 있었다. 길을 잘못들어 동굴 안의 캄캄한 암흑 속에 들어가게 된 장님처럼, 이성은 혼돈한 편견 속에서 힘껏 노력을 계속하지만, 아무런 보람도 얻을 수 없었다. 데카르트의 『방법서설』은 이러한 때를 당하여 인간이 순전히 이성에 의하여 광명한 데로 나아가는 길을 비추어 주었다. 그 규칙들은 3세기 후인 지금도 세계의 모든 학자가 실험실에서 적용하고 있는 것이다. 그리고 그것들은 우리가 이성의 빛에 의지하려고 결심할 때에, 우리의 사고와 행위에 개입시키는 규칙들이다.

이러한 규칙들, 즉 학문의 방법을 확립하고 나서 데카르트는 나 자신과 하느님과 물질적 세계의 본성을 밝혀 나아간다. 여기 관한 그의 근본적 사상은 그의 영원히 빛날 저작인 『방법서설』과 『성찰』에 전개되어 있다. 먼저 인간에 대해서 데카르트는 그것이 하나의 생각하는 존재라고 말한다. 『성찰』에서 그는 "나란 무엇인가?"고 묻고서 "하나의 생각하는 것"이라 답하고 있다 그리고 "나는 있다. 나는 현존한다. 이것은 확실하다. 그러나 얼마 동안인가?"라고 묻고는, "물론, 내가 생각하고 있는 동안만이다. 왜냐하면, 만일 내가 생각하는 일을 그친다면 아마도 내가 있거나 현존하는 일도 그치겠기에 말이다"라고 답하고 있다. 이만큼 내 생각은 내 현존과 불가분리하게 결부되어 있다. 인간은 생각함으로써 인간이라 할 수 있는 것이요, 그 정신활동에 의하면 다른 동물들과 구별되고 또 신과의 유사성을 얼마간 가지고 있는 것이다. 그래서 데카르트는 인간을 신과 무의 중간자라고도 말한다. <생각>이야말로 인간의 본성을 이루는 것이요, 인간 속에서 생각하는 부분인 정신 내지 영혼만이 <생각하는 실체>로서 인간의 본질을 형성하며, 신체는 연장된 실체, 즉 물질적인 것으로서 결코 우리의 본성에 속하지 않는다. 여기서 나아가 데카르

트는 진리 인식이 결코 감각이나 상상력에 의하는 것이 아니고 순수하게
생각하는 능력인 오성(entendement)에 의하는 것이라고 주장한다. 이것이
바로 그의 철학, 특히 인식론을 합리론(rationalisme)이라고 부르게 하는
것이다.

 데카르트는 하느님도 <생각하는 실체>라고 말한다. 하느님은 연장 있
는 물질적 존재가 아니라는 것이다. 그리고 그는 그의 저서의 여러 군데
서 전통적인 신관을 받아들인다고 말하고 있다. 가령, 『성찰』에서는 "하
느님이란 이름으로 내가 이해하는 것은, 무한하고, 독립해 있고, 모든 것
을 알고, 모든 것을 할 수 있고, 나 자신을 창조하였고, 또한 나 이외에
다른 것이 있다고 하면 그 모든 것을 창조한 하나의 실체다"라고 말하고
있다. 그러나 이러한 표명에도 불구하고 그가 하느님께 돌리고 있는 근
본적 속성은 <무한>·<완전>·<단순성> 셋이라고 생각된다. 물질적 세
계 내지 우주는 한계가 없음으로써 <무한계>(indefinitum)라고 말할 수
있으나, 결코 <무한>하지는 않다. 오직 하느님만이 <무한>하다. 하느
님은 완전하시므로 그 무한성 속에는 아무런 한계가 없음을 우리는 확
실히 알 수 있다. 다른 사물들에 있어서는 그 한계가 없음을 우리는 하
느님의 경우에서처럼 확실히는 알 수 없다. 하느님은 그 속에 완전성과
절대의 단순성을 내포하고 있는 무한성 자체다. 이 세 가지 속성은 완전
히 일체를 이루고 있다. 그래서 데카르트는 하느님을 <자연질서 자체>
라고도 말하였다. 데카르트 철학의 연구에서 출발하여 그것을 철저하게
발전시켰다고 볼 수 있는 스피노자(Baruch de Spinoza, 1632~1677)는 "신
은 곧 자연"(Deus sive Natura)이라 하여 범신론에로 나아갔다. 데카르
트의 신관 속에는 이러한 범신론이 나올 수 있는 씨가 들어 있었다고 볼
수 있다. 그러므로 데카르트가 전통적 신관을 누누이 표명했음에도 불구
하고, 그의 신관을 철학적인 것으로 보고 비난하는 사람이 적지 않았다.
가령, 파스칼(Pascal)은 "나는 데카르트를 용서할 수 없다. 그는 될 수만
있으면 그의 철학 전체에서 하느님 없이 지내려고 하였다. 그러나 세계

를 움직이게 하기 위해서는 하느님으로 하여금 한 손가락을 쓰게 하지 않을 수 없었다. 그 다음에는 하느님이 필요치 않다"라고 말하였다. 그러나 데카르트의 신관이 정확하게 어떤 것이었는가 하는 문제는 아직 결정적 해답을 얻지 못하고 있다.

데카르트는 신의 관념에서 출발하여 신의 현존(existence)을 증명하였다. 사람은 누구나 하느님의 관념을 본래부터 가지고 있다. 이 관념은 하나의 결과인데, 그 원인은 나 자신일 수 없다. 원인은 결과 속에 있는 것과 적어도 동일한 것 혹은 그보다 더 많은 것을 가지고 있어야 하는 법인 데, 유한한 내가 무한한 하느님의 관념을 가지고 있다고 하면, 그 원인은 오직 하느님만이다. 하느님이 없다고 하면 내 속에 하느님의 관념이 있을 수 없으므로 하느님이 없을 수 없다. 신의 존재의 둘째 증거는 나 자신의 현존이다. 나는 우선 부모에게서 나왔지만, 부모는 내 현존을 유지시켜 가지는 못한다. 나를 보존하는 데는 나를 창조하는데 못지않은 힘이 필요하다. 나를 창조하고 보존하는 원인은 오직 완전성을 자기 속에 내포하고 있는 하느님뿐이다.

이상은 하느님의 여러 결과에 의하여 하느님이 한 분 계시다는 것을 증명하는 것이다. 데카르트는 여기에 존재론적 증명을 다시 보탠다. 이 증명은 하느님의 본성에 의하여 그 현존을 증명하는 것이다. 하느님은 완전한 존재인데, 만일 그가 현존하지 않는다면 그는 완전하지 못하다. 현존(existence)은 하느님의 본질(essence)의 일부다. "하느님의 본질은, 그가 현존하지 않는다는 것이 불가능한 데 있다." 따라서 하느님은 그 본질상 필연적으로 현존한다.

데카르트의 자연관은 천공(天空)에서 지구에 이르기까지 우주 전체가 동일한 물질로 되어 있고, 자연 전체가 하나의 질서정연하게 움직이는 기계라고 보는 데에 그 특징이 있다. 데카르트에게 있어서 세계는 목적론적으로 설명될 것이 아니라 기계론적으로 설명되어야만 한다. 그리고 우주전체가 동일한 물질로 되어 있다고 하는 생각으로부터 두 가지 중요한 귀결이 나온다. 하나는 공허 혹은 진공이 없다고 하는 것이요, 다른 하나는 공간의 유한성 및 한계를 부정하는 것이다. 데카르트는 <무한>을 오직 신에게만 돌리고 세계에 대해서는 <무한계>하다고 말할 수 있을 뿐이라고 했지만, 무한과 무한계의 구별은 분명치 않은 것으로 여겨질 수도 있어, 그도 역시 세계를 무한하다고 보았다고 해석할 수도 있다. 이와 같이 무한한 세계는, 하늘 위로부터 땅 속까지 다 똑같은 물질로 되어 있다. 옛날에는 이 지상의 모든 것이 변화하고 생멸하는 것이요, 이에 반하여 저 하늘나라는 변화가 없고 생멸함이 없다고 생각되었다. 그러나 데카르트의 세계관에 있어서는 이러한 대립이 말끔히 사라지고 있다. 우주는 그 구성물질에 있어서 동질적이요, 그 법칙에 있어서는 제일적(齊一的)이다. 따라서 세계는 오직 하나 있을 따름이요, 저 먼 하늘나라에 어떤 신비롭고 색다른 물질로 되어 있는 천체란 있을 수 없다. 결국 데카르트에게 있어서 세계는 오직 물질, 즉 연장과 운동으로써 설명될 수 있다. 다만 여기서 예외가 되는 것은 인간의 정신과 하느님이다. 인간은 연장 있는 신체와 연장 없이 생각만 하는 정신으로 되어 있고, 세계에는 물질과 또한 신이 있다고 봄으로써, 데카르트는 신과 자연, 정신과 신체를 아주 이질적으로 보는 2원론에 빠졌다. 데카르트는 아주 이질적인 신체와 정신이 송과선이라고 하는, 소뇌 앞에 있는 길쭉한 선에서 연결된다고 하는 가설을 내놓았지만, 여기 대해서는 그 후로 반론이 많아 데카르트 이후의 철학자들은 그의 2원론을 극복하려고 무던히 노력하였다.

『방법서설』에서 데카르트는 이 세상에서 우리가 살아가는 데 있어서는 모든 문제에 대해서 완전한 진리를 발견한 후에 행동할 수는 없고, 우리는 우선 행동하여야 하므로 임시로 도덕률을 정하고 살아가야 한다고 말한다. 그리고 다음과 같은 세 가지 도덕률을 내어놓았다.

 (1) 내 나라의 법률과 습관에 복종하여, 하느님의 은총으로 내가 어렸을 적부터 배워온 종교를 한결같이 지키며, 다른 모든 일에 있어서는, 내

가 함께 살아가야 할 사람들 가운데 가장 총명한 사람들이 실생활에서 보통 받아들이고 있는 가장 온전하고 또 극단에서 가장 먼 의견들을 따라 나를 다스리는 것.

(2) 내 행동에 있어서 될 수 있는 대로 가장 확고하고 가장 결연한 태도를 취하며, 또 어떠한 의심이 가는 의견이라 하더라도 일단 그것을 받아들이기로 결정하면 그것들이 아주 확실한 것인 것처럼 어디까지나 그것들을 따를 것.

(3) 언제나 운명보다는 나를 이기며, 세계의 질서보다는 오히려 내 욕망을 바꾸려고 노력할 것. 또 일반으로 우리가 완전히 지배할 수 있는 것이라고는 우리의 생각밖에 없으며, 따라서 우리의 외부에 있는 것들에 관해서, 우리가 우리의 최선을 다한 후에도 성공을 거두지 못한 모든 일은 우리에게 있어 절대로 불가능하다고 믿는 습관을 붙일 것.

위의 세 격률(格率) 가운데 첫째 것은 하나의 보수주의이기는 하나, 험난한 세상을 살아가는 데 있어 지켜야 할 신중한 사려와 총명한 양식을 강조하고 있다. 둘째 격률에 관련하여 데카르트는 길 잃은 나그네의 비유를 들어 설명하고 있다. 깊은 숲 속에서 길을 잃은 나그네는 우왕좌왕하거나 한군데에 그냥 머물러 있을 것이 아니라, 줄곧 같은 방향으로 걸어가야 한다. 그래야만 비록 목적지에는 도달하지 못해도 숲 밖으로 나갈 수 있다. 셋째 격률은 체념을 일삼는 소극적 태도를 나타내는 것이라고 생각도 되나, 우리의 깊은 만족감은 일종의 체념을 통해서만 얻어질 수 있는 것이기에, 이 격률 역시 깊은 지혜의 말이라 아니할 수 없다.

데카르트는 이 모든 도덕률이 <잠정적>인 것이라 한다. 우리가 모든 진리를 완전히 알게 되었을 때에는 최후의 결정적인 도덕률이 세워질 것이다. 이것은 우리의 이성이 완전히 계발된 후에 비로소 이루어질 수 있다. 이렇게 되기 전에 우리가 다급하게 행동해야 할 처지에서는 이 세 가지 격률을 지키는 것이 우리의 안전과 행복을 확보해 주는 길이다.

『정념론』은 데카르트의 심리학을 엿볼 수 있는 유일의 저서인데, 그 속에서 그는 여러 가지 정서 내지 정동을 분석하는 가운데 특별히 <고매한 마음>을 높이 평가하고 있다. 그는 "고매한 덕은 다른 모든 덕의 열쇠요, 온갖 정념의 혼란에 대한 일반적 요법이라"고 말하고 있다. 참된 고매는 우리로 하여금 우리 자신을 정당하게 존중할 수 있는 극점까지 존중하게 한다. 고매한 사람은 자기의 의지의 자유로운 통어력(統御力) 밖에는 참으로 자기에게 속하는 것이 아무 것도 없음을 잘 알고 있다. 또 그는 자기의 자유의지를 잘 사용하려는 굳은 결의를 항상 가지고 있다. 즉 최선의 것이라고 자기가 판단한 모든 것을 기도하고 실행하려는 의지를 늘 가지고 있다. 그는 결코 남을 경멸하지 않는다. 또 자기보다 재물이나 명예를 더 많이 가지고 있는 사람 혹은 재능이나 아름다움을 더 많이 가지고 있는 사람보다 자기가 훨씬 더 못하다고 생각하지 않는다. 왜냐하면 이 모든 것은 선의지(善意志)에 비하면 보잘 것 없는 것이라고 생각하기 때문이다.

 고매한 사람은 그 본성상, 늘 위대한 일을 하려 한다. 하지만 자기의 힘이 미치지 못한다고 느껴지는 것은 일체 기도하지 않는다. 또 남에게 선을 행하는 것보다 더 크고 좋은 일은 하나도 없다고 생각하며 자기의 이익을 돌보지 않기 때문에 누구에게나 상냥하고 친절하다. 뿐만 아니라 자기의 여러 가지 정념, 특히 욕망·시기·선망을 억제한다. 자기의 힘으로 얻을 수 없는 것은 일체 바랄 것이 아니라고 생각하기 때문이다. 또 고매한 사람들은 증오를 억제한다. 모든 사람을 존중하기 때문이다. 또 그들은 공포심을 억제한다. 자기의 미덕에 대한 신뢰가 그들의 마음을 편안하게 하기 때문이다. 끝으로 그들은 노여움을 억제한다. 남에게 의존하는 모든 것을 극히 조금밖에는 존중하지 않는 까닭에, 자기의 적들이 자기의 마음을 상하게 했다고 여길 정도로 적들을 높이 평가하지는 않기 때문이다. 이상을 요약컨대, 데카르트의 윤리사상은 결단과 고매의 정신을 중심으로 하는 것이라 할 수 있다.

3. 영국의 경험론

영국 사람들은 경험과 상식을 소중히 여기는 현실주의적 사고경향이 농후하여 일찍부터 경험론적 철학을 발전시켜왔다. 간혹 관념론 내지 이상주의를 주장하는 사람들이 나오기는 했으나, 자기의 사상에 경험론적 요소를 뒤섞거나 혹은 경험론적 철학에로 전향하는 경우가 많았다. 경험론 철학은 수백 년 동안 영국 사상의 기조를 이루어 왔으며, 오늘날도 영국철학계의 대세를 이루고 있다.

근대에 있어서 영국의 경험론 철학의 흐름을 시작하게 한 것은 베이컨(Francis Bacon, 1561~1626)이었다. 그는 자연과 인간의 발견이라 일컬어지는 르네상스의 아들로서, 특별히 자연과학의 발달을 염원하고 그것이 인류의 진보에 크게 기여할 것을 바랐다, 그는 "자연에 복종하지 않고서는 자연을 정복할 수 없다"(Natura non vincitur nisi parendo)라 하여 합리적으로 자연을 탐구할 것을 강조하였다. 인간은 자연을 예속시키거나 노예화할 수 없다. 자연을 지배하려면 인간은 자연을 존경해야만 한다. 인간은 자연의 법칙들을 분명히 알고 따라야 한다. 이렇게 하려면, 인간은 먼저 여러 가지 오류와 착각과 망상에서 벗어나야만 한다. 베이컨은 우리로 하여금 그릇된 생각에 빠지게 하는 것을 우상(idola)이라 불렀다. 우상에는 종족의 우상(idola tribus), 동굴의 우상(idola specus), 시장의 우상(idola fori), 극장의 우상(idola theatri)의 네 가지가 있다. <종족의 우상>이라 하는 것은 인간이라고 하는 종족에 고유한 오류, 즉 모든 사물을 인간본위로 생각하는 데서 오는 오류다. 자연을 의인화하여 본다든가 자연에도 무슨 목적이 있다고 생각하는 따위이다. <동굴의 우상>은 이른바 우물 안의 개구리가 생각하는 것으로서, 개인의 편견으로 말미암는 오류다. 사람마다 자기가 속하는 당파가 있고, 즐겨 읽는 책이 다르며, 취미도 가지가지다. 그래서 자기가 호감을 가지는 사람이 하는 일은 덮어놓고 좋다 하고, 자기가 싫어하는 사람이 하는 일이면 덮어놓고 나쁘다고 하기 쉽다. <시장의 우상>은 사람들이 서로 오고 가며 교역하면서 관계하는 가운데 생기는 오류요, 특히 언어사용에 관련해서 생긴다. 어떤 말이 있으면 반드시 거기 대응하는 존재가 있다고 흔히 생각한다. 그래서 사람들은 <운명의 여신>을 정말 있는 줄 알고 숭배하며, <스스로는 움직이지 않으면서 움직이게 하는 자>(아리스토텔레스 철학에서 신을 가리켰던 말)니 하는 것에 관하여 쓸데없는 공론을 일삼았다. 여기 관하여 베이컨은 다음과 같이 말하고 있다. "사람은 그 이성을 가지고 언어를 지배하고 있다고 생각하지만, 사실은 언어가 오성에 반작용을 하여 그 때문에 철학이나 과학은 무력한 궤변적인 것이 되고 말았다." <극장의 우상>이란 전통이라든가 교리 같은 권위 있는 것을 무비판적으로 받아들이는 데서 생기는 오류다. 독자적으로 생각하지 못하며 전통을 묵수하기만 하는 것은, 마치 배우가 극장에서 연출하는 연극과 같이 허수아비의 흉내에 불과하다. 여기에 대하여 베이컨은 다음과 같이 말하고 있다. "일반이 승인하고 있는 체계들은 모두 무대연극에 불과하며, 사실과는 관계없이 연극적으로 꾸며진 작가들 자신의 창작의 세계에 어울리는 것들이다."

이러한 우상들로부터 해방된 후, 과학연구를 통하여 자연을 정복함에 있어서는 귀납법을 사용해야만 한다. 베이컨은 그때까지 유력한 학문의 방법이었던 연역법을 배격하고 귀납법을 사용할 것을 역설하였다. 연역법은 보편적 진리를 대전제로 하고 거기서 개별적 진리를 이끌어내는 추리방법으로서, 결론은 이미 전제 속에 들어서 아무런 새 진리도 발견하지 못하는 것이다. 이에 반하여 귀납법은 개별적 사실들로부터 출발하여 보편적 진리를 발견하고 확립하려는 것이다. 베이컨은, 귀납법이야말로 경험적 자연계에 관한 지식을 새로 얻게 하고 증가하게도 하여, 새로운 발견과 발명에 의하여 인류의 복지를 증진시키기도 하리라 생각하였다. 이렇게 될 때 인류는 자연계를 정복도 하게 되겠으므로, 베이컨은 "지식은 힘이다"(sapientia est potentia)라고 말하였다.

로크(John Locke, 1632~1704)는 퓨리턴혁명과 왕정복고의 종교적·정치적 동란을 겪고, 그 자신은 이신론적 사상을 품었으나, 관용 즉 신교의 자유를 역설하였다. 그는 또한 당시의 풍조를 따라 자연과학의 실험적 연구도 많이 하였다. 그러나 그는 신이나 도덕의 원리, 그 밖의 여러 가지 문제를 논하기에 앞서 우리들 인간 자신의 오성이 어떤 대상을 다루기에 적합하며 혹은 적합하지 않은가 하는 것을 음미하는 것이 필요함을 절실히 느꼈다. 그래서 그는 『인간오성론』이라고 하는 유명한 책을 저술하여 인식론의 문제를 구명하였다.

　로크에 의하면, 인간의 정신은 <빈 방>이나, <아무 글자도 쓰여 있지 않는 백지>(tabula rasa)와 같다. 그것은 본래 아무 관념도 가지고 있지 않다. 다만 감각을 통해서 외부의 사물이 정신 속에 들어옴으로써 관념이 생긴다. 따라서 인간의 인식은 경험에서 생기는 것이다. 관념에는 근본적으로 두 가지가 있는데, 하나는 감각관념이요, 다른 하나는 내성관념이다. 희다·검다·달다·쓰다·맵다 등의 관념은 전자에 속하고, 공간·운동·사유 등의 관념은 후자에 속한다. 이 양자는 다 같이 단순관념인데, 단순관념들이 합하며 복합관념이 된다. 가령, 실체·양태 같은 것이 그것이다. 태양의 관념은 환하게 빛난다·뜨겁다·둥글다·일정한 규칙적 운동을 한다 등의 여러 가지 관념이 합하여 된 것이므로 역시 하나의 복합관념이다. 로크에게 있어서는 이러한 관념들이 우리 정신의 직접적 대상인데, 이 관념들은 어디까지나 감관경험에서 생기는 것이었다. 신이라고 하는 실체도 역시 하나의 복합관념일 따름이었다. 여기 이르러 그는 인류사상의 흐름을 신학으로부터 인간학에로 전회하게 하였다고 하였다.

　버클리(George Berkeley, 1685~1753)는 "존재한다는 것은 지각되어 있다는 것이다"(esse est percipi)라고 주장한 것으로 유명하다. 무엇인가가 있다고 하면 그것은 나에게 혹은 누군가에 의하여 지각됨으로써만 있다는 것이다. 내 앞에 책상이 있다(is)는 것은 그 책상이 나에게 보여지고 있다(is seen)고 하는 것이요, 무슨 소리가 난다는 것은 그 소리가 나에게 들려지고 있다는 것이다. 그러므로 무엇이 있다는 것은 그것이 지각되어 있다는 것이다. 즉 모든 존재는 지각하는 정신 속에 그 관념으로서 존재한다. 내가 지각하지 않는 것은 어떻게 존재하는가? 가령, 옆방에 책상이 있고 내가 그것을 보고 있지 않다고 하면, 그 책상은 어떻게 존재하는가? 그것도 결국은 나 아닌 다른 사람이 지각함으로써 그의 정신의 관념으로서 존재한다고 버클리는 주장한다. 그러면 더 나아가, 북극이나 남극에 사람이 전혀 살지 않는 곳에 무엇이 있을 때, 그것은 분명히 아무에게도 지각되지 않는데 어떻게 있다고 할 것인가? 버클리의 생각을 따르면 그것은 하느님 속에 관념으로서 존재한다. 이리하여 버클리에게 있어서는 있는 것은 관념과 그것을 지각하는 정신만이다.

버클리는 그의 저술 속에서 숲과 나무, 강과 산, 바다와 샘, 바위와 사막, 빛나는 천체와 뭇 별 등 온갖 자연물이 분명히 실재함을 누가 의심하랴고 말하고 있어, 처음엔 실재론적 태도를 비친다. 그러나 이 태도는 금방 관념론으로 바뀌어, 있는 것은 관념과 정신만이라고 주장한다. 이와 같이 모순된 주장을 하는 것은 결국 유신론을 변호하기 위해서였다. 버클리는 당시 자연과학이 발전함에 따라 차츰 크게 번지게 된 유물론적·무신론적 사상과 싸우기 위하며 이렇게 상식에 어긋나는 논의를 전개했지만, 그 후 그의 사상에 대해서는 많은 사람이 논박하였다.

흄(David Hume, 1711~1776)은 인간정신의 모든 지각에는 결국 두 가지 것이 있다고 보았다. 그는 이것을 인상(impression)과 관념(idea)이라 불렀다. 인상은 뚜렷하고 생생하게 감각에 나타나는 지각이요, 관념은 인상이 상기되었을 때 우리의 마음속에 생기는 것이다. 따라서 인상은 그것을 묘사하고 있는 관념에 앞서며, 그 대상인 외부 사물에 더 충실하여, 그것을 지각하는 사람이 완전히 제 마음대로 할 수 없는 것이다. 이에 반하여 관념은 아주 공상적인 것일 수도 있어서, 그것이 묘사하는 인상을 발견할 수 있는 한에서만 신뢰할 수 있다.

이와 같이 흄이 인상과 관념을 구별한 것은 우리의 모든 관념, 즉 생각이 인상, 즉 생생한 직접적 경험으로부터 생긴다는 것을 강조하고 싶었던 때문이다. 가령, 원인이나 결과 같은 관념도 인상에서 생긴다. 불에 가까이 가면 뜨거운데, 이 때 불에 가까이 가는 것은 원인이요 뜨겁다고 느끼는 것은 결과다. 이것은 타고 있는 불이란 인상과, 그 불에 접근하는 신체의 동작으로 말미암아 뜨겁다고 하는 피부감각의 인상이 있고, 전자에 후자가 뒤이어 일어나는 것 이외에 다른 아무 것도 아니다. 그러므로 원인과 결과란 결국 한 인상에 다른 하나의 인상이 뒤따라 일어나는 것에 지나지 않는다. 실제로 있는 것은 인상의 계기뿐이요, 앞서는 인상을 원인이라 하고 뒤에 생기는 인상을 결과라고 한다. 이러한 경험이 있은 후에는 뜨겁다고 하는 인상이 있을 때 어디엔가 가까운 곳에 불이 있다고 생각하며, 혹은 불이 타고 있는 것을 보고서는 거기 가까이 가면 뜨거우리라 생각한다. 즉 처음에는 인상과 인상의 결합으로 원인·결과의 관계를 생각하지만, 이런 경험이 있은 후에는 인상과 관념 혹은 관념과 관념 사이에도 인과관계를 설정하여 생각하게 된다. 이러한 지각표상의 연결을 관념연합(association)이라 한다. 흄은 관념연합의 원리로서 인과성(causation) 외에 유사(resemblance)와 시간적·장소적 근접성(contiguity)을 들고 있다. 유사라 함은 비슷한 것을 생각나게 하는 것이요, 시간적·장소적 근접성이라 함은 전에 애인과 헤어질 때 어떤 음악이 들려왔다고 하면, 몇 해 후 그 음악을 들을 때 그 애인과 헤어진 때의 일을 생각하는 경우를 말한다.

　관념연합 가운데 흄이 중시한 것은 인과관계로서, 이 인과관계는 또한 가장 중요한 의미를 지니고 있다. 이것은, 그 당시 신학에서 신의 현존의 증명에 인과관계가 이용되었던 때문이다. 모든 물건이 그 원인을 가지고 있다고 하면, 이 우주 안에도 그것을 만들고 질서정연하게 움직이게 하는 원인이 있어야만 할 것이요, 그 원인이 다름 아닌 신이라고 추론되었다. 그런데 흄에게 있어서는 원인과 결과의 연결이란 것이 결국은 인상들의 연결에 지나지 않는 것이므로, 외부에 있어서 그런 연결이 확실히

있는 것인지 분명하지 않다. 그러므로 우리는 신이 현존한다고 말할 수
도 없고, 신이 없다고 말할 수도 없다. 여기에 인간의 지식의 유한성이
있고, 이것이 우리 인간의 실제 형편이라고 흄은 생각하였다. 우리의 지
식은 경험의 세계에 국한되어 있고, 우리가 생활하는 것도 이 경험의 세
계 안에서이므로, 경험의 세계에 관해서는 우리가 무지하지 않다. 그러
나 경험을 넘어선 세계에 대해서 우리는 확실한 것을 알 수 없다. 이리
하여 흄은 경험적 사실에 입각해서 이 세계의 현상들 간의 일정한 질서
와 법칙을 찾으려 하였다. 이러한 태도의 영향 아래 영국에서는 일찍부
터 사회과학이 발달하게 되었다.

4. 임마누엘 칸트(Immanuel Kant)

18세기는 유럽에서 계몽주의(Aufklärung) 내지 계몽운동의 회오리바
람이 불던 시대였다. 특별히 프랑스에서 볼테르(Voltaire), 디드로
(Diderot), 달랑베르(d'Alembert) 등 이른바 계몽사상가들(philosophes)
이라고 일컬어지는 사람들이 백과전서를 편찬 간행하여, 이성의 밝은 빛
에 비추어 모든 문제를 해결하고 사회의 불합리한 요소들을 제거하려는
사상운동을 전개하였다. 이 운동의 근본정신은 지금까지 크리스천들만
이 죽은 후에 얻을 수 있다고 생각된 완전한 행복의 상태에 여기 이 지
상에서 도달할 수 있다고 하는 것이었다. 계몽운동을 영도한 사상가들은
하늘나라가 저 세상에 있다고 믿지 않았다. 그들의 하늘나라는 이 지상
에 세워질 수 있는 것이었다. 그러나 그들이 당시의 사회적 현실을 살펴
보았을 때 거기에는 허다한 모순과 부자연스러운 것과 불합리한 것이
있었다. 이 모든 것은 사람들의 마음이 어두운 때문이라고 그들은 생각
하였다. 그리고 사람들의 마음이 어두운 데에는 그리스도교의 교리의 영
향이 가장 크다고 생각하였다. 그리스도교는 비합리적인 생각을 강요하

며, 귀족과 결탁하여 사회적 불평등을 조장하며, 그리하여 대중의 생활을 비참하게 하는 것이라 생각하였다. 그래서 볼테르같은 사람은 "파렴치한을 분쇄하라!"고 외쳤으며, 루소(Rousseau)같은 사람은 "자연에 돌아가라!"고 부르짖었다.

이와 같이 18세기에는 이성을 높이 평가하고 부자연스럽고 불합리한 것들을 제거하려는 사상운동이 크게 번졌기 때문에 흔히 <이성의 시대>라 불린다. 그리고 이 운동의 공격목표는 주로 기성 정치세력인 귀족계급과 이와 결탁하고 있던 가톨릭교회의 성직계급이었다. 볼테르는 이신론자로서 아직 신의 현존을 부정하는 데까지는 이르지 않았지만, 디드로에 이르러서는 무신론이 주장되었고, 또 일반적으로 교회에 대한 반감이 세차게 되었다. 이러한 사상운동이 정치에까지 번져 마침내 프랑스대혁명을 터지게 하였다. 프랑스대혁명은 하루 아침에 모든 사회적 모순을 부수어버리고 이 지상에 자유·평등·박애의 아름다운 사회를 건설하려는 것이었다.

임마누엘 칸트는 계몽운동의 아들로서 유럽 천지를 휩쓴 이 모든 사상운동과 사회적 정치적 사건을 목격하였다. 그런데 그 모든 사태는 이성의 이름 아래 벌어진 것이었다. 즉 이성의 이름으로 사회의 현상이 맹렬히 비판되고, 종교가 비난·부인되며, 나아가 하늘나라를 이 지상에 세우려 하는 것이었다. 칸트는 이성의 활동에 의한 사회개조에 희망도 걸고 찬사도 보냈지만, 한편 이성의 횡포에 의한 지나친 주장과 파괴에 대해서는 반대하는 입장을 취하였다. 인간의 이성에는 장점도 있지만 또한 한계도 있음을 분명히 보았다. 그리하여 칸트는 이성비판을 자기 철학의 근본과제로 삼았다. 그의 가장 중요한 저작은 셋인데, 첫째는 『순수이성비판』(Kritik der reinen Vernunft), 둘째는 『실천이성비판』(Kritik der praktischen Vernunft), 셋째는 『판단력비판』(Kritik der Urteilskraft)이다.

칸트는 『순수이성비판』의 처음 부분에서 "순수이성 자체의 불가피한 과제는 신, 자유, 그리고 불사다"라고 말한다. 신·자유·불사는 인간정신이 근본적으로 알고 싶어 하며 획득하고 싶어 하는 대상이라는 것이다. 하느님이 있다고 생각하며 자유와 불사(즉, 영혼불멸)를 원하는 것은 인간영혼의 근본경향이다. 이 문제에 관하여 과거에 많은 사람들이 깊이 생각하고 여러 가지 주장을 내세웠다. 그러나 그 모든 주장은 완전한 설득력을 가지지 못한 채 서로 대립하여 왔다. 이러한 상황에서 칸트는 도대체 인간의 이성이 무엇을 어떻게 알며 어디까지 아느냐 하는 근본적인 문제 즉 인식의 가능성 내지 타당성과 그 한계를 분명히 밝히는 것이 급선무요 철학의 근본과제라고 생각하였다. 『순수이성비판』은 바로 이 과제를 해결하려는 것으로서, 그 대부분이 인식론의 문제를 치밀하게 다루고 있다.

 인식론에 있어서 칸트는 데카르트, 라이프니츠(Leibniz) 등의 대륙 합리론과 로크, 흄 등의 영국 경험론을 종합·지양하였다. 그는 인식의 성립에 있어서 경험적 요소와 합리적 요소가 다 같이 있어야 함을 강조하였다. 감각을 아예 무시할 것도 아니요, 그렇다고 해서 감각이나 경험만으로 인식이 성립하는 것도 아니다. "직관 없는 개념은 공허하고 개념 없는 직관은 맹목이다"라 함은 그의 유명한 말이다. 여기에서 직관이라 함은 감관경험이요, 개념이라 하는 것은 인간정신의 순수한 생각이다. 인식의 대상이 먼저 직관에 의하여 주어지지 않으면 안 된다. 직관에 의하여 우리의 정신에 주어지는 것은 현실적 사물로서 반드시 시간과 공간의 제약 아래 주어진다. 우리가 현실에 있는 사물을 생각할 때 그것은 반드시 어느 시간에, 어느 장소에 있다. 그러므로 시간과 공간은 직관의 형식이다. 그런데 직관에 의하여 주어지는 것은 다양한 것, 즉 통일과 질서가 없는 것이다. 이 다양한 것들에다 통일과 질서를 주는 것이 개념이다. 현실적 대상을 생각하는 능력, 즉 개념을 만들어내는 능력은 오성인데, 직관에 의하여 주어진 잡다한 것이 이 오성에 의하여 통일되어 인식이 이루어진다.

인간의 정신 속에는 경험에 의하여 생기지 않은 순수한 오성개념
(Kategorie, 범주)이 있다. <순수하다>(rein)라는 말과 <선천적>(a priori)
이라는 말을 칸트는 똑 같은 의미에서 쓰는데, 이것은 다같이 <경험에 의
거하지 않는다>는 뜻을 가지고 있다. 순수 오성개념, 즉 카테고리
(Kategorie)는 우리가 경험에 의하여 얻은 것이 아니요, 인간의 정신 속에
본래 들어 있는 것이요, 현실적 사물을 인식할 때에는 반드시 이것에 의하
여 잡다한 것을 통일 있는 대상으로서 파악하는 것이다. 칸트는 온갖 판단
을 12종류로 나누는 원리를 따라 다음과 같은 카테고리를 도출하였다.

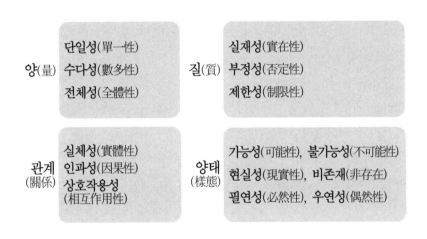

가령, 한 그루의 나무를 지각할 때, 우리는 직관을 통하여 시간·공간의
제약을 받는 그 여러 성질을 파악하지만, 그것이 <한 개>의 나무임을
파악하는 것은 감관지각이 아니다. 도대체 <하나>라고 하는 수는 어느
시간, 어느 공간에 현실적으로 있는 것이 아니다. <하나>라고 하는 수
개념은 인간정신이 추상해낸 것이요, 또 정신 속에 본래부터 선천적(a
priori)으로 있다. 현실의 나무의 여러 성질을 보고 그것이 <한 개>의 통
일 있는 것임을 파악하는 것은 오성이요, 순수한 오성개념, 즉 카테고리
를 적용함으로 이루어진다. 이와 같이 칸트는 우리의 인식이 경험에 의
해서만 이루어지는 것이 아니요, 우리의 정신이 대상을 그저 모사함으로

써 생기는 것이 아니라, 오히려 경험에 의하여 주어진 것을 정신의 순수한 통일능력인 오성에 의하여 규제함으로써 성립한다고 보았다. 그래서 인식의 객관적 측면을 강조하는 경험론에 대하여 그가 인식의 주관적 측면, 즉 질서를 주고 통일을 주는 통각의 역할을 강조하였기 때문에 그의 인식론은 이른바 <코페르니쿠스적 전회>를 했다고 하는 것이다. 이러한 의미에서 칸트는 자기의 철학을 선험적 철학 혹은 선험적 관념론이라고 불렀다.

이러한 인식론의 필연적 귀결로 칸트는 『순수이성비판』의 마지막 부분에서, 순수한 이성의 입장에서는 신의 현존이 증명될 수 없고, 자연의 모든 현상은 필연의 법칙 아래 있으므로 인간의 의지도 필연의 법칙 아래 있어서 자유로운 것이 아니라고 할 수도 있으며, 불사 즉 영혼의 불멸도 증명될 수 없다고 주장하였다. 이러한 문제에 관해서는 끝없는 이율배반(Antinomie)이 성립할 따름이다. 즉 서로 반대되는 견해가 똑같은 권리를 가지고 어디까지나 평행적으로 주장될 수 있다.

『순수이성비판』에서 부정되었던 신의 현존, 의지의 자유, 불사는 『실천이성비판』에서 긍정된다. 순수한 이성의 입장에서는 신의 현존이 논증될 수 없지만, 실천, 즉 행동에 있어서는 전제되지 않을 수 없다. 신의 현존은 <실천이성의 요청>이다. 또 자연 전체의 인과적 법칙의 관념에서는 인간의 의지도 자연의 필연성을 따르는 것이지만, 행동의 세계에서는 우리의 의지가 어디까지나 자유롭다고 생각되지 않으면 안 된다. 그래야만 우리가 우리의 행위에 대하여 책임을 질 수 있다. 또 불사, 즉 영혼의 불멸은 종교생활의 중심을 이루는 것이요, 불사를 바라는 것은 우리의 정신의 가장 깊은 희구요, 그리하여 우리는 불사를 바라지 않을 수 없다. 이와 같이 칸트는 이론의 세계와 행동의 세계를 엄격히 갈라보았다.

그는 최고선을 논하면서, 무조건적으로 선한 것은 오직 선의지만이요, 행위의 선악은 그 결과에 의해서가 아니라 그 동기에 의하여 결정된다 하여 이른바 심정주의 내지 동기주의의 윤리를 고조하였다. 그리고 순수한 실천이성의 근본법칙으로서 다음과 같은 높은 이상을 제시하였다. "네 의지의 격률이 항상 동시에 보편적 입법의 원리로서 타당할 수 있도록 행위하라." 이것은 우리의 행동이 언제나 또 어디서나 모든 사람에게 합당하다고 인정되도록 행동하라는 엄격한 준칙이요, 우리가 무조건적으로 따라야 할 지상명령 곧 정언명법이다. 칸트는 이 정언명법을 다시 다음과 같이 전개시켰다. "너 자신을 포함한 모든 인격에 있어서의 인간성을 언제나 목적으로서 대우하고, 결코 한갓 수단으로 사용하지 말라." 이 말은 모든 사람의 인격이 존귀함을 분명히 알고 사람을 개·돼지 다루듯 혹은 물건을 다루듯 취급하지 말라는 것이다. 물건이나 짐승은 어떤 목적을 위한 수단만이 될 수 있어도 사람이 어떤 목적을 위한 수단이 되어서는 안 된다. 이러한 사상은 현대 민주주의의 인권존중의 원리를 명확히 규정한 것이라 하겠다.

칸트는 『판단력 비판』에서 아름다움과 숭고를 분석하고, 나아가 자연의 객관적 합목적성을 고구하였다. 이 책에서 그는 <안다>는 것과 <의욕 한다>는 것 사이에 <느낀다>고 하는 작용이 있다고 하는 심성의 3분설을 확립하여 예술이 학문이나 도덕에 예속하지 않는 자율성을 가지고 있음을 밝혔고, 순수 이론이성에서나 순수 실천이성에서가 아니라 판단력에서 유래하는 인식과 쾌·불쾌의 감정과의 관계를 선험적 개념에 의하여 규정하는 것이 가능함을 밝혔으며, 정신의 세계와 자연의 세계 사이를, 구상력과 오성 사이를, 감정과 의지 사이를 합목적성이 언제나 귀중하고 유효한 그리고 확실한 중개를 함을 밝혔다. 이 가운데의 마지막 것, 즉 합목적성의 개념은 이윽고 보편적 조화에까지 높여지는 것으로서, 이 조화는 칸트 미학의 주도적 이념을 이룬다.

칸트는 먼저 <취미>에 관하여 독창적 이론을 세우되, 취미는 <감정의 판단>일뿐더러 또한 동시에 <판단의 감정>이요, 따라서 <정서적>(affek-tive)인 동시에 보편타당한 것임을 명쾌히 지적하였다. 그리고 나서 질·량·관계 양상의 네 카테고리를 따라 취미판단을 네 계기로 나누고 여기 대응하여 다음과 같이 아름다움을 정의하였다.

(1) 만족의 대상, 즉 만족을 주는 것은 아름답다.

(2) 개념 없이 보편적으로 쾌적한 것은 아름답다.

(3) 아름다움은 목적의 표상 없이 대상에서 그것(합목적성)이 지각되는 한에 있어서 대상의 합목적성의 형식이다.

(4) 개념 없이 필연적 만족의 대상으로서 인식되는 것이 아름답다.

요컨대 아름다움의 조건은 네 가지, 즉 만족·보편적 쾌적·합목적성· 만족에 있어서의 필연성이다. 아름다운 것은 우리에게 만족을 주며, 누구에게나 개념적으로가 아니라 감정에 있어서의 쾌적함을 주며, 무슨 목적을 의식하고 있지 않으면서 합목적적이요 (즉 전체의 조화를 깨뜨리지 않으며), 또 필연적으로 만족을 주는 것이다.

칸트는 아름다움과 숭고를 대립시켰다. 아름다움은 대상의 한정성 때문에 자연의 형식이 합목적적인 데에 존립하고, 숭고는 대상의 무한정성 때문에 자연이 몰형식이며 오히려 합목적적이 아닌 점에 존립한다. 아름다움은 자연이 예술인 한에서 자연 속에서 발견되지만, 숭고는 본래 정신 속에 있다. 아름다움은 고요한 체관(諦觀)의 상태와 결부되고, 숭고는 동요하는 마음의 상태, 혼의 진동과 결부된다. 칸트는 숭고를 다시 수학적 숭고와 역학적 숭고로 나누었다. 전자는 절대적으로 큰 것이 자아내는 것이로되 정적인 것이요, 후자는 무쌍으로 힘찬 대상이 자아내는 것으로서 동적이다. 자연의 사물들 가운데에는 절대적으로 큰 것이 없다고 할 수 있으나 자연 전체에 대해서는 우리의 정신이 무한대의 세계를 생각하고 수학적 숭고를 느낀다. 그리고 높이 솟은 준령, 파도치는 끝없는 대양은 우리를 위압하고 두려운 감정으로 휩싸서 역학적 숭고를 느끼게 한다. 하여간 "숭고는 우리로 하여금 주관적으로 자연 자체를 그 전체성에 있어서 생각하게 하는 것이다." 그런데 인간은 무섭게 위압하는 자연을 그 정신에 의하여 넘어서기 때문에 인간성 속에야말로 진정한 역학적 숭고가 있다.

제2편

현대철학

소 서

현대는 한 마디로 격동의 시대다. 우리는 쉴 새 없는 정치적·경제적·사회적 변화 속에 살고 있다. 사상적으로도 우리는 그저 조상 전래의 세계관이나 생활태도에 안일하게 머물러 있을 수 없게 되었다. 해방 후만 하더라도 여러 가지 사상과 생활양식이 외부로부터 우리의 정신적·물질적 생활을 침범하여 들어왔다. 처음에는 민주주의라 하는 것이 미국 군정에 의하여 도입되었고, 또 거기에 맞서 공산주의가 온 나라를 집어삼키려고도 했고, 그런가 하면 한때는 또 실존주의라 하는 것이 창백한 인텔리들 간에 유행하기도 했다. 이것들은 모두 그 근원에 있어서 서양의 것이다. 이것들이 지식층의 입에 오르내리고 우리의 의식의 표면을 오락가락 하는 한편, 그보다 더 뿌리 깊은 우리의 정신생활 속에는 샤머니즘·불교·유교 같은 동양적인 사상적 요소가 은연중 우리의 의식과 행동을 지배하여왔다.

이러한 정신적 상황은 우선 혼란이라는 한 마디로 규정할 수 있겠지만, 그렇다고 우리는 이 혼란이 우리에게 불행을 가져온다고만 볼 것은 아니다. 과거의 위대한 문화민족들은 외래사상을 잘 섭취하여 그것을 자기 자신의 것과 잘 융합시킴으로써 보다 더 훌륭한 문화를 창조하였다. 외래사상이 들어오면 혼란이 생기는 것은 불가피한 일이다. 근시안적으로 보면 거기에는 여러 가지 불행이 따른다. 그러나 지성 있는 민족은 모름지기 이러한 불행을 돌이켜 민족과 인류의 축복과 영광이 되도록 지혜

있는 활동을 전개해야 될 것이다.

우리는 여기서 현대에 있어서 인류의 운명에 큰 영향을 준, 혹은 현대
인의 사고방식을 크게 지배하고 있는 철학사상으로서 변증법적 유물론,
프래그머티즘, 실존철학, 분석철학, 사이버네틱스의 다섯을 다루어보려
한다. 이 밖에도 유력한 그리고 줄기차게 명맥을 유지해오고 있는 사상
이 없지 않다. 인도에는 장구한 전통사상을 배경으로 하는 라다크리슈난
(Radhakrishnan)의 관념론이 있고, 또 경험론적 실증주의적 경향이 강
한 미국에도 관념론 내지 이상주의가 없지는 않으며, 또 이 밖에 인격주
의 같은 학파도 있다. 그런가 하면 세계의 어느 구석엔 아직도 여러 가
지 의미의 회의론자도 있겠고, 허무주의자도 적지 않을 것이다.

그러나 대체로 우리의 정신생활에 큰 영향을 주고 있고 또 우리가 거기
대해서 우리의 태도를 결정해야 할 것으로 위에 든 다섯 가지 사상을 문
제 삼을 수 있지 않을까 한다. 변증법적 유물론이 마르크시즘(Marxism)
혹은 공산주의의 철학이론이고 보면, 우리가 그것을 분명히 알아두어야
할 것은 두말할 필요가 없는 일이다. 프래그머티즘은 미국의 대표적 철
학이다. 물론 오늘날 미국에는 여러 가지 철학사상이 들끓고 있고 프래
그머티즘은 한물 지난 듯이 보이기는 하지만, 미국적인 것을 찾으려면
아무래도 프래그머티즘 외에 달리 구할 수 없고, 또 미국인의 사고방식
의 밑바탕을 이루고 있다고도 할 수 있으니만큼, 일고의 가치가 있다고
하겠다. 실존주의 내지 실존철학은 한때 전세계를 풍미하는 듯도 싶었으
나, 그 본고장은 아무래도 독일과 프랑스다. 그것은 현대 유럽의 독특한
세계관·인생관이라 할 수도 있다. 한때는 우리나라에도 이 주의라 할까
사상이 피상적으로 들어와서 사회풍조를 주름잡는 것 같이 보이다가 이
제는 그 유행이 시들었다. 그러나 우리는 이 사상에서도 좋은 점은 배우
고 어수룩한 것을 버려야겠다.

분석철학은 우리에게는 좀 낯선 사상이다. 그 이해에는 수학 및 현대
논리학의 훈련이 필요한 탓도 있겠으나, 하여간 우리가 <분석철학>이

라는 말을 자주 듣게 된 것도 그리 오래 되지 않았다. 그러나 그것이 본
래 영국적인 사고방식에서 나와서 영국과 미국의 철학계를 주름잡고 있
으니만큼, 그 사고방식의 본질이 어떤 것인가를 잘 알아두는 것은 매우
유익한 일인 줄 안다. 그것은 우리의 언어와 사고에 있어서의 애매성을
제거할 것을 목표 삼는 만큼, 그것의 이해는 우리의 사고를 정확·면밀케
하는 데 큰 도움이 될 것이다.

사이버네틱스는 기계와 함께 생활할 수밖에 없는 현대 인간이 어쩔 수
없이 해결해야만 할 문제들에 대한 깊은 통찰과 진지한 기도를 보여 준
다.

어떻든, 우리는 복잡한 정신적 상황 속에서 외래사상을 무턱대고 모방
만 할 것이 아니라, 우리의 본래의 사상적 기반을 살리면서 한편 외래사
상을 편협하게 배격만 하지 말고, 마음을 활짝 열고 그 가운데서 고귀한
것과 유익한 것을 받아들여 우리의 정신을 풍부하게 하고 깊이 있는 것
이 되게 해야 할 것이다. 인간의 심성을 높여주는 것, 인간의 행복과 복
리를 증진시켜 주는 것 - 이런 것이 좋은 사상의 시금석이다. 이런 것이
들어 있는 사상을 받아들임으로써 우리의 마음은 윤택하게 되고 높여질
것이다. 이렇게 될 때 다시 우리가 지성의 창발력을 충분히 발휘함으로
써 우리나라의 문화를 찬연히 발전시킬 수 있지 않을까 한다.

제1장 변증법적 유물론

　현대에 있어서 사회주의 사상에는 여러 가지 형태와 종류가 있고, 넓은 의미의 사회주의 속에 포함되는 것으로 볼 수 있는 공산주의에도 여러 가지가 있다. 마르크스주의와 마르크스·레닌주의 또 스탈린주의는 여러 가지 점에서 차이가 있다고 할 수 있다. 그러나 레닌(Lenin)이나 스탈린 (Stalin)도 마르크스(Marx)를 내세우고, 자기들이야말로 마르크스의 진정한 후계자라고 떠들어댔었다. 또 이 밖의 많은 현대 사회주의자들이 마르크스를 숭배하고 올바르게 그를 해석하며 따르고 있다고 자부하고들 있다. 이런 사정만으로도 마르크스에서 유래하는 마르크시즘이 현대에 있어서 중대한 의의를 가지고 있는 것은 두말할 여지가 없는 일이다.

　마르크시즘은 물론 마르크스 자신의 여러 가지 연구와 사색에서 우러나온 것이지만, 역사적으로 볼 때 그것은 프랑스 혁명의 사상적 계승이라 할 수 있다. 주지하는 바와 같이 18세기 말의 프랑스대혁명은 계몽주의자들의 사상적 영향 아래 일어나고 성취되었다. 볼테르, 디드로 등의 계몽주의자들은 사람들의 마음속에 사회구조의 현재 상태가 모순에 차있고 인간의 이성은 능히 이 부자연스러운 상태를 뜯어고쳐 이 지상에 하늘나라를 건설할 수 있다는 생각을 고취하였다. 그래서 프랑스의 시민계급은 평등을 부르짖고 귀족계급을 타도하여 공화국을 세웠다. 계몽주의는 이러한 정치적·사회적 대변동을 생기게 했지만, 그 사상의 핵심 속에는 또한 반종교적 태도와 유물론적 세계관도 들어 있었다. 프랑스 혁명은 반동과 공포의 세월을 지내고 결국 실패로 돌아갔지만, 그 원동력이 되었던 민주주의 사상은 인류의 위대한 유산으로서 오늘날에 이르도록 각광을 받고 있다. 마르크시즘은 이 민주주의 정신을 이어받으면서

부르주아 혁명을 다시 프롤레타리아 혁명에로 극단화시키려는 사상체
계였다.

 마르크시즘의 시초에는 자본가에게 착취당하면서 비참한 빈곤에 허덕
이며 인간 이하의 생활을 이어가고 있는 노동 대중에 대한 유대인 마르
크스의 휴머니즘이 있었다. 마르크스는 동정하고 또 분노하였다. 이 감
정은 더 나아가 증오로까지 발전하였지만, 하여간 마르크스는 자기 주위
의 사회현실속에서 커다란 모순을 발견하고 그 현실의 정치적·경제적
구조를 분석하게 되었다. 이러한 분석의 결과, 현존하는 모든 국가가 자
본계급을 보호하고 노동계층을 착취하는 수단임을 보았고, 인류의 전 역
사는 계급투쟁의 역사요, 또 역사의 원동력은 물질 내지 경제적 조건임
을 주장하게 되었으며, 나아가 압박되고 착취당하는 대중의 혁명에 의하
여 장차 착취도 없고 착취의 수단인 국가도 없는 이상사회 건설을 꿈꾸
게도 되었다. 이러한 여러 가지 사상적 요소가 한데 뭉친 마르크시즘은
독일의 고전철학 영국의 고전경제학·프랑스의 사회주의의 세 원천에서
흘러나와서 이것들을 성취·비판·발전시킨 것이다. 그러고 이 모든 사상
적 요소의 철학적 기초를 이루고 있는 것이 다름 아닌 변증법적 유물론
(dialektischer Materialismus)이다. 레닌이나 스탈린이나 중국의 공산주
의 지도자들은 모두 이 변증법적 유물론을 그들의 세계관의 기초로 삼
고 있다.

 이 학설이 마르크스에 의하여 처음으로 형성된 것은 19세기의 40년대
중기요 그 직접적인 바탕이 된 것은 포이에르바흐(Feuerbach)의 유물론
과 헤겔(Hegel)의 변증법이었다. 포이에르바흐의 유물론은 프랑스 사회
주의의 근거가 되어 있던 18세기의 프랑스 유물론을 이어받아 종교 및
신학과 투쟁하면서, 관념론의 가장 완성된 형태로서의 헤겔 철학을 비판
하고 유물론의 입장을 분명히 내세운 것이었다. 포이에르바흐는 1841년
에 나온 그의 저서『그리스도교의 본질』(Das Wesen des Chirstentums)
에서 "신이란 무엇인가?"라는 종래 신학의 근본문제에 대하여 "신이란

인간이다"라고 잘라 말하고 있다. 또 그는 "신학의 비밀은 인간학이다"라고 하여 신학을 인간학에 해소시켰다. 이것은 무엇을 말하는가 하니, 인간이 자기를 이상화하여, 현실의 제한을 떠나 저 청정한 피안의 세계에 자존하는 대상을 그려놓고 숭배한다는 것이다. 그 대상이 다름 아닌 신이다. 다시 말하면, 신이 인간을 만든 것이 아니고 인간이 신을 만들었다는 것이다. 포이에르바흐는 "인간은…그가 종교에게 줌으로써 잃어버린 자기의 본질을 도로 찾기 위하여 천상의 세계로부터 지상의 자기 자신에게로 돌아오지 않으면 안 된다"고 주장하였다.

마르크스도 처음에는 헤겔학도로서, 역시 세계는 이념(Idee)의 변증법적 발전의 과정이라고 생각했으나, 포이에르바흐의 영향을 받고 관념론으로부터 유물론에로 돌아갔다. 그런데 흔히 마르크스는 덮어놓고 철저한 유물론자로 취급되고 있지만, 『경제철학 수고』(Ökonomischphilosophiche Manuskripte)에서 자기의 입장을 "관념론과 유물론을 종합하는 진리다"라고 말하고 있는 것을 보면, 그가 유물론이란 말을 관념론에 대립하는 것으로서의 그것과, 관념론과 유물론의 대립을 넘어선 것으로서의 그것의 두 가지 의미에서 사용하고 있음을 알 수 있다. 이 후자가 진정한 변증법적 유물론의 성격을 지닌 것이다. 그래서 마르크스의 생각이 독일이나 러시아에서 카우츠키주의 내지 레닌주의라는 형태로 대중운동화하게 되어서는 마르크스의 유물론이 관념론과 대립하는 독단적 유물론으로 속류화되고 만다고 보고, 이와 같이 속류화한 마르크시즘의 유물론과 마르크스 자신의 본래의 입장을 명확히 구별해야 한다고 주장하는 사람도 있다. 하여간, 마르크스는 포이에르바흐에 의해서 관념론의 미망에선 깨어났다. 그는 이 사실이 매우 중대함을 분명히 자각하고 있었다. 포이에르바흐의 『그리스도교의 본질』이 나온 지 2, 3년 후에 쓴 것으로 생각되는 <헤겔 법철학 비판 서설>이라는 제목의 소논문에서 마르크스는 이렇게 말하고 있다. "종교에 대한 비판은 인간을 미망에서 깨어나게 하고, 그리하여 그가 한 사람의 각성한 인간으로서…자기 자신의 주위를,

즉 그의 참된 태양의 주위를 회전하게 한다. 종교란 요컨대, 인간이 아직 자기 자신의 주위를 회전하는 자각에 이르지 못하고 있는 동안, 인간의 주위를 돌고 있는 환상적인 태양에 지나지 않는 것이다." 이와 같이 해서 포이에르바흐의 종교비판에 인도되어 마르크스는 헤겔의 변증법이 현실을 거꾸로 파악하고 있음을 발견하였다.

마르크스는 『자본론』(Das Kapital) 제2판 발문에서 다음과 같이 말하고 있다. "헤겔에게 있어서는 사유과정이 현실적인 것의 조물주요, 현실적인 것은 사유과정이 밖에 나타난 것에 불과한 것이지만, 나에게 있어서는 그와 반대로 이념적인 것은 인간의 두뇌에 전치되고 번역된 물질적인 것이외의 다른 아무것도 아니다." 즉 현실적인 것이 지반이 되어 그것이 밑에 있고 그 위에 이념의 세계 혹은 관념의 세계가 서 있는 것이 현실의 진상인데, 헤겔에게 있어서는 위에 있어야 할 것, 머리의 위치에 있어야 할 사유과정이 아래에 오고, 아래에 있어야 할 것, 발의 위치에 있어야 할 현실적인 것이 위에 올라 앉아 있기 때문에 "변증법은 그에게 있어 머리로 서 있다"고 마르크스는 그 발문의 조금 뒤에서 말하고 있다.

그리하여 변증법적 유물론에 있어서는 사유가 존재를 결정하는 것이 아니고, 존재가 사유를 결정한다고 주장하고 있다. 엥겔스(Engels)가 1898년에 단행본으로 낸 『루드비히 포이에르바흐(Ludwig Feuerbach)와 고전철학의 종말』이라는 책에서는 다음과 같이 서술되고 있다. "모든 철학, 특히 근세철학의 큰 근본문제는 사유와 존재와의 관계에 관한 문제다. 도대체 어느 것이 근원적인 것인가, 정신이냐 자연이냐? …이 물음에 어떻게 대답하는가에 따라 철학자들은 2대 진영으로 분열하였다. 자연에 대해서 정신이 근원적인 것이라고 주장한 사람들, 따라서 또 결국에 있어서 어떤 종류의 세계창조를 인정한 철학자들은 관념론의 진영을 형성하였다. 이에 대하여 자연을 근원적인 것이라 생각한 다른 철학자들은 유물론의 갖가지 학파에 속하고 있다." 이와 같이, 존재 혹은 자연이 근원적인 것이고, 그것이 우리의 사유를 결정한다고 하면 우리들이 가지고 있는 복잡한 의식의 내용은 결국 외적인 현실세계의 반영일 따름이요, 마르크스적 말로 하면 "물질적 생활의 생산양식이 사회적·정치적·정신적 생활과정 일반을 제약하고 있다."

이렇듯 마르크스는 포이에르바흐에 의하여 헤겔의 관념론으로부터 떠났으나, 한편 포이에르바흐의 유물론의 결함을 간과하지도 않았다. 포이에르바흐의 유물론은 아직 기계적(역학적) 유물론으로서, 그 당시의 자연과학의 성과(특히 에너지 전화의 법칙·세포설·생물진화론)를 고려하지 않았고, 자연에 있어서의 관련이나 발전에 대한 지식을 가지고 있지 못했다. 프랑스의 기계적 유물론의 특색을 이루는 것은 대체로 다음의 네 가지라 볼 수 있다.

(1) 자연은 자연 자체 속에 그 원인을 가지고 있다. 따라서 종교가들이 말하는 신이나 창조자는 가상이요 허구다.

(2) 인간은 자연의 일부다. 따라서 인간의 정신(사유나 의식)은 물질에서 파생한 것일 따름이다. 즉 인간의 신체의 일부분인 대뇌피질이 외계로부터의 자극에 의하여 인식을 생기게 하며, 사유의 기능을 맡아보고 있다. 따라서 인간의 인식은 자연의 모사다.

(3) 갖가지 모양으로 나타나는 자연도 사실은 분자의 기계적 운동과 분자의 기계적 이합집산에서 성립한다.

(4) 따라서 모든 자연현상 및 자연과정은 물질적 요소들, 즉 분자들의 결합·분해·재결합(분자의 수와, 그 위치의 변화에 의한 기계적 운동)이 무한히 반복되는 과정일 따름이다.

이 넷 중에서 (1)과 (2)는 소박한 유물론에도 공통된 것이요 존재와 사유와의 관계에 대해서 특별히 이론적인 반성을 깊이 하지 않더라도, 이를테면 본능적으로 혹은 매우 상식적으로 인간에 대하여 독립해 있는 외계의 현존을 확신하는 태도다. 18세기의 유물론은 (3)과 (4)의 생각에 의하여 소박한 유물론을 넘어 기계적 유물론이 된다. 즉 그것은 인간사회까지도 포함하여, 모든 자연현상은 물질을 갖가지 운동의 형태에 의하여 측정될 수 있다고 본다. 분자들의 기계적 변화란 중간적 위치의 변화와 마찬가지로 다른 물체로부터 물리적인 힘이 가해질 때에 생기는 타율적 운동이요, 물건 자체의 자발적인 운동이 아니다. 결국 그것은 수를 가지고 셈할 수 있는 변화다. 물질의 갖가지 운동형태, 가령 광선·열·전기·화합·분해 같은 현상은 미립자의 수와 그 위치변화에 의하여 측정될 수 있다고 그 당시의 자연과학에서는 설명하고 있었는데, 기계적 유물론은 이러한 자연과학의 견지에 서있다. 엥겔스는 이러한 기계적 견해에 대하여, "화학적 및 생물학적 성질의 현상에 역학의 척도를 적용하였다"고 비평하고 있다. 이러한 기계론은 현실의 세계를 설명하는 데 있어서 충분한 것이 못된다. 왜냐하면 거기서는 자연의 모든 성질의 운동을 그저 물질의 공간적인 위치나 시간상의 변화로만 파악하고, 모든 운동에 본질적으로 들어 있는 질적 변화(발생·발전·소멸)가 파악되고 있지 않기 때문이다. 이러한 결함은 18세기의 프랑스 유물론에만 아니라 뷔흐너(Büchner), 포크트(Vogt), 몰레스호트(Moleschott) 등 19세기 독일의 소위 속류유물론(Vulgärmaterialismus)에도 공통되는 것이었고, 또 포이에르바흐에게도 있었다.

포이에르바흐는 신학을 인간학에 해소시키고, 결정적으로 신을 부인한 점에서 유물론에 큰 공헌을 하기는 했으나, 종교를 사회적·역사적인 요소들에로 분석하지 못하고, 참된 종교는 인간 상호간의 사랑을 기초로 하는 것이라 하여, 결국 인류애의 신앙 나아가 종교 일반을 인정하게 되었다. 또 인간을 고찰함에 있어서도 영원불변의 <인간적 본질>을 시종 문제 삼고, 인간의 사회적인 관련이라든가 역사적 발전을 보지 못했는데, 이런 점에서는 일종의 관념론에 빠지고 말았다. 그리고 포이에르바흐는 헤겔을 깊이 공부했으나, 그 관념론을 비판하는 동시에 그 변증법마저 버리고 말았다. 마르크스, 엥겔스의 변증법적 유물론은 헤겔의 관념론이 거꾸로 서있는 것을 바로 세워 유물론에 정초시키는 동시에 포이에르바흐가 버린 변증법 속에 오히려 생명의 핵심을 보고, 기왕의 유물론의 기계적 견해를 날카롭게 비판하여 변증법적 성격을 획득하게 했다.

하여간 재래의 유물론과 변증법적 유물론의 근본적인 차이점은, 전자가 이미 다 되어져 있는 물건들의 이합집산에 의하여 모든 현상을 설명하려 하는 데 반하여, 후자는 <발전>이라는 사상을 헤겔에게서 얻어서, 물질을 기성물로서가 아니라 쉴 새 없이 발전하고 있는 것으로서 파악한 데 있다고 할 수 있다. 마르크스와 엥겔스는 발전에 관한 가장 전면적이고 내용이 풍부하고 심오한 학설로서의 헤겔의 변증법을 고전적 독일철학의 최대의 수확으로 보고 있다. 엥겔스는 이런 말도 하고 있다─ "변증법적 철학 앞에는 궁극적인 것, 절대적인 것, 신성한 것은 아무것도 성립하지 못한다. 그것은 모든 것에 관하여 또 모든 것에 있어서의 가변성을 보여준다. 그리고 그것 앞에는 생성과 소멸, 높은 데로 향하는 무한한 상승의 끊임없는 과정 이외의 아무것도 성립하지 않으며, 이 철학 자체가 사유하는 뇌수 속에서의 이러한 과정의 한갓 반영일 따름이다." 이리하여 변증법적 유물론에 의하면 세계의 본질은 스스로 운동하고 발전하는 물질이다. 의식이나 사고는 이 물질의 하나의 발전단계로서의 특정한 유기적 물질(즉 뇌수)의 소산이요, 인식이란 인간의 실천을 매개로 하여 물질을 될수록 충실하게 모사하는 과정일 따름이다. 이러한 인식론을 반영론이라 한다. 여기서 우리가 모사라는 말을 했고, 또 반영론은 흔히 모사설(copy theory)과 같은 소박한 인식론으로 생각되고 있으나, 변증법적 유물론에서는 그것이 매우 복잡한 내용을 가지고 있다. 즉, 변증법적 유물론에서는 (1) 외계의 반영이 인간에 의한 현실의 변경, 즉 실천(생산, 실험, 사회·정치적 행동)에 의하여 매개된다고 본다. 그러므로 반영의 과정은 형이상학적 유물론에서처럼 대상이 거울에 반영되는 것과 같은 수동적인 것이 아니고, 자연 및 사회에의 인간의 능동적인 작용 내지 활동에 의해서만 가능하다고 한다. (2) 반영은 상대적이고도 역사적인 과정으로서, 1회만으로 완결되는 것은 아니라고 본다. 무한히 전개되는 인간의 실천에 의하여 각 사물의 반영은 끊임없이 시정되어가고, 모순에 찬 과정으로서의 표면적인 현상으로부터 차츰 내면적인 본질로 나아간다고 한다. (3) 감각에서 개념·판단·추리에의 전진은 동시에 또한 반영과정의 발전이라고 본다. 형이상학적 유물론은 감각에 의한 모사로 인식이 성립한다고 보고, 모사 이상의 지적 활동은 주관에 내재하는 관념연합에 의하여 행해진다고 설명하는데, 이것은 오히려 객관적인 사물로부터의 유리를 의미하는 것이었다. 변증법적 유물론은 감성으로부터 지성에로의 이행을 도리어 반영의 일층의 심화라고 본다. 끝으로 (4) 반영은 객관적인 대상의 그것인 동시에 인간의 주체적(사회적·계급적) 현존의 그것이기도 하다고 본다. 이것은, "인간의 사회적 현존이 그 의식을 규정한다"고 하는 사적 유물론의 기본적 관점이요, 의식에 의한 사물의 <한계>, <왜곡>, <역립>같은 것도 이 관점에서만 설명할 수가 있다고 본다. 그러나 변증법적 유물론의 인식론인 이 반영론은 <반영>이라는 말을 다의적으로 사용하고 있는 과오를 범하고 있다. 반영이 그러한 여러 가지 의미를 가진다 하더라도 그저 <반영>만으로 인식이 가능하다고 하는 것은 도저히 수긍할 수 없는 주장이다. 위의 (4)에서는 반영이 주관적인 성격을 띠고 있다고 할 수 있겠는데, 반영이란 말에 그런 의미를 포함시킬수 있을까? 그것은 오히려 정신의 근원적 종합능력이라 하겠는데, 모든 것을 물질에 해소시킨 후에 이러한 정신능력을 그 정당한 위치에 복권시키는 것은 전혀 불가능한 일이 아닌가 한다. 그러므로 반영론은 여러 가지 내용을 무리하게 끌어들였으나, 현대의 고도로 발달한 인식론의 기준에서 보면 매우 부족한 것이라 하겠다.

다시 변증법적 유물론에 의하건대, 세계는 이러한 인식활동도 포함하여 서로 관련하는 뭇 과정의 통일이요, 모순을 포함하면서 질적인 비약을 하며 낮은 것에서 고차적인 것에로 나아가는 무한한 발전과정이다. 이것은 곧 변증법을 받아들여 세계를 변증법적으로 파악한 것이다. 이 변증법의 주요원칙은 두 가지다. 하나는 <대립의 통일>의 원칙이요, 또 하나는 양에서 질로의 전환이다. 이른바 변증법이라 하는 것은, 간단히 말하면 인간 밖의 세계와 인간 속의 의식세계의 두 세계를 일관하는 변화·발전의 법칙이다. 그러나 진화·발전을 규정하는 법칙이 모두 변증법적인 것은 아니다. 기계적인 유물론도 일종의 발전이론이라 할 수 있다. 그러나 그것은 발전을 양의 증감, 위치의 이동으로써만 이해하고 있다.

이에 반하여, 변증법은 발전을 물질에 내재하는 대립의 상극과 통일의 과정으로 이해한다. 위에 인용한 엥겔스의 말에서도 알 수 있듯이, 변증법에 의하면 이 세상에 불변하는 것이란 하나도 없다. 모든 것은 변화하고 발전하고 소멸한다. 그리고 이와 같이 모든 것이 변화하는 것은 모든 것이 각각 자기 속에 대립하는 요소들을 가지고 있고, 항쟁에서 통일로, 통일에서 항쟁으로 쉴 새 없이 전화하고 있기 때문이다. 이것이 변증법적 유물론의 제1원칙이다. 이 원칙에서 보면, 세계는 그 자체 내에 변화와 발전의 동인을 머금고 있는 까닭에 외부적·초월적 세력이나 신을 가정할 필요가 없다. 그러나 이 원칙만으로는, 세계가 쉴 새 없는 반복운동을 하는 것으로는 파악될 수 있을지언정, 아주 새로운 것이 발생하는 것을 설명할 수는 없다. 여기에 <양에서 질로의 전화>라고 하는 제 2원칙이 필요하게 된다.

사실 발전은 동일한 질을 가진 것의 양적인 변화만으로는 의미가 없는 것이요, 새로운 질의 발생에서 본격적인 발전이 이루어지는 것이라 하겠다. 정신적인 것이건 혹은 물질적인 것이건, 하여간 모든 존재는 자기의 한계를 가지며 다른 것으로부터 구별된다. 이와 같이 어떤 존재를 다른 것으로부터 구별케 하는 것은 그 존재의 질 혹은 형식이다. 그러므로 질이란 존재에 있어서 없을 수 없는 어떤 것이요, 질이 없으면 존재도 해소되어 버린다. 가령 한 사람에게 있어서, 피부가 희다든가 검다든가 하는 것은 이래도 좋고 저래도 좋은 성질의 하나이지만, 그의 손·발·얼굴 같은 것에 의하여 규정되는 그의 자질은 있어도 좋고 없어도 좋은 것이 아니다. 이러한 자질이 없으면 그는 이미 그가 아니다. 뿐만 아니라, 이러한 질은 분명히 그의 신체 속에 내재하며 신체의 영향 아래 성립하고 있는 것이요, 우리가 멋대로 생각해 낸 것이 아니다. 그러므로 신체라고 하는 내용의 양과 그 질은 불가분의 관계에 있다. 다시 말하면, 모든 존재는 일정한 질과 양의 통일체로서 존재하고 있다. 그런데 질은 그 존재를 온전히 보존하려는 형식이요, 내용이 되는 양은 항상 운동하고 있어서 많아지기도 하고 적어지기도 한다. 그러므로 질과 양, 형식과 내용은 통일의 내부에서 항쟁하면서 있는 두 개의 모순요소다. 어떤 물건이 일정한 시간동안 일정한 모양을 지니고 있는 것은 질의 이와 같은 보존성 때문이다. 이것은 항쟁의 상대적인 양이 아직 그 형식을 깨뜨릴 만큼 되지 못했음을 의미한다. 그러나 이윽고 이 상호관계의 균형이 깨어질 때가 온다. 이때 형식은 부서지고 새로운 질이 생긴다.

이와 같이 형식으로서의 질이 급격히 파괴되어 아주 새로운 것이 생길 때 진정한 의미에서의 발전이 있었다고 할 수 있다. 최근의 생물학에서는 유기체의 일정량의 축적이 새로운 종을 발생시킨다는 것을 실험에 의하여 증시하고 있다. 그러나 이 새로운 종이 얼마만큼 그 전의 종과 정말로 질적으로 다른가 하는 것은 쉽게 결정지울 수 있는 문제가 아니라는 생각이다. 사회적 현상에 있어서는, 마르크스의 견해에 의하면 다수 노동자의 협업이 각 노동자의 개별적 생산력과는 다른 새로운 생산력을 낳는다고 생각되고 있다.

이제 변증법적 유물론을 인간사회에 적용하고 그것으로써 구체적인 역사의 전개를 내다볼 때, 이른바 사적유물론(historischer Materialismus, 유물사관[materialistische Geschichtsauffassung]이라고도 한다)이 성립한다. 마르크스가 1859년에 저술한『경제학비판』의 서문에 <유물사관의 공식>이라 불리는 것이 있다. 그것은 다음과 같다. "인간은 그 생활 자료를 사회적으로 생산함에 있어서 일정한 필연적 관계, 즉 자기의 의지와는 관계없이 독립해 있는 관계에 들어간다. 이 관계란 다름이 아니라,

그 사회에 있어서의 물질적 생산력(Produktivkraft, Produktionskrat)의 일정한 발전 단계에 대응하는 생산관계(Produktionsverhältnisse)다. 이 생산관계의 총체가 사회의 경제적 구조를 이루고 있으며, 법률적 및 정치적 상부구조(Überbau)가 그 위에 세워지는 참된 기초(Basis, 혹은 토대[Unterbau]로서 하부구조라고도 함)가 되며, 또 이에 대응하는 일정한 사회적 의식형태, 즉 종교·철학·과학·예술·도덕 등의 정신문화의 내용을 생기게 한다. 그런데 생산수단 즉 생산능력은 점차 발달해 가는 것이기 때문에, 기왕의 생산력에 어울리도록 형성되었던 생산관계 및 법률 정치 등의 형태는 이윽고 새로운 생산력에 적합하지 못하게 된다. 아니 그뿐만 아니라, 이러한 여러 가지 관계는 생산력의 발전 형태였으나 이제는 그 <질곡>으로 전화한다. 이 충돌이 곧 혁명이요, 이리하여 사회의 개조는 필연적으로 이루어져간다."

이와 같이, 사회현상의 자연적·필연적 관계를 밝히려는 데 유물사관의 특색이 있다. 레닌은 1914년에 마르크스의 학설을 요약하여 쓴 『칼 마르크스(Karl Marx)』라는 책에서 다음과 같이 유물사관의 의의를 해명하고 있다. "유물사관의 발견, 좀 더 정확하게 말하여 사회현상의 영역에서의 유물론의 철저한 연장 및 부연은 종래의 역사이론의 두 가지 주요한 결함을 제거하였다. 첫째로 종래의 여러 이론은 기껏해야 인간의 역사적 활동의 관념적 동기만을 관찰했을 뿐이요, 이 동기들을 생기게 하는 것을 연구하지 않았으며, 따라서 사회관계의 발전에 있어서의 객관적 법칙성을 파악하지 못했다. 둘째로 종래의 이론들은 인민대중의 행동을 포괄하지 않았다. 그러나 사적유물론은 처음으로 자연과학적 정확성을 가지고 대중의 사회적 생활조건과 그 변화를 연구하는 가능성을 주었다."

이러한 역사관에 서서 보면 『공산당선언』에서 마르크스가 말한 바와 같이 "기왕의 모든 사회의 역사는 계급투쟁의 역사"다. 여기 대해서 엥겔스는 "원시공동체의 역사를 제외하면"이라 부언하고 있다. 『공산당선언』은 이어 다음과 같이 계급투쟁의 현황을 서술하고 있다. "봉건사회의 몰락 속에서 태어난 근대 부르주아지 사회도 계급의 대립을 제거하지 않았다. 그것은 그저 새로운 계급을 만들고, 새로운 억압조건, 새로운 투쟁형태를 만들어내어 밝은 것과 바꾸었을 뿐이다. 하지만 우리들의 시대, 즉 부르주아지의 시대는 계급의 대립을 단순화했다고 하는 특색을 가지고 있다. 사회 전체는 날로 더욱 두 개의 큰 적대진영으로, 즉 직접 서로 대립하는 2대계급인 부르주아지(Bourgeoisie)와 프롤레타리아트(Proletariat)로 분열되어 가고 있다.”

　마르크시즘이 인간을 역사적으로 형성된 사회적 생활환경 속에서 실천적으로 활동하는 구체적 존재로 파악한 점에서 사상적으로 중대한 의의를 가지고 있고, 또 그 유물사관이 사회의 경제적 구조가 얼마나 역사를 움직이는 큰 힘을 가지고 있는가를 밝힘으로써 역사철학의 새로운 국면을 개척했지만, 인류 역사가 오직 물질적 요인에 의해서 결정적으로 좌우된다고는 생각할 수 없다. 가령 종교개혁 같은 역사적 대사건도 마르크시즘의 입장에서는 루터(Luther)나 여러 종교개혁자들의 종교적·정신적 동기가 결정적 원인이 되었던 것이 아니고, 근본적으로는 당시 막대한 재산을 가지고 있던 가톨릭교회를 뒤집어 엎음으로써 그 재산을 탈취하려는 야심이 그 진정한 원인이라고 해석한다. 개혁자들의 마음속 깊은 곳에 경제적 동기가 꿈틀거리지 않았다고 단언할 수는 없다. 그러나 그것만으로 종교개혁 전체를 설명할 수는 없다. 부패한 사회 내부를 청신하게 하고 옛날의 본래적인 그리스도교의 참된 상태로 되돌아가려는 불붙는 의욕이 또한 없지 않았다고 보아야 할 것이다. 종교개혁에는 이 밖에도 여러 가지 다른 원인이 작용하였다.

　모든 것을 물질적으로만 해석하는 유물사관에 대해서 인간의 정신 혹은 마음의 자세가 더 결정적인 힘을 가지고 있다고 보는 역사관을 우리는 『구약성서』에서 찾아볼 수 있다. 이런 역사관을 유심사관(唯心史觀)이라고 할 수도 있겠다. 『구약성서』에 나오는 여러 전쟁의 이야기에서, 우리는 무기나 군사력의 다과가 승리를 결정짓지 않고, 오히려 비교도

안될 만큼 소수의 전투원과 빈약한 장비를 가졌더라도 만일 도덕적으로 부패하지 않고 정신적으로 긴장하여 잘 단결되어 있을 때에는 수백·수천 배의 대군을 몰고 쳐들어오는 적군을 무찌른 사실을 적지 않게 본다. 이런 일은 옛날에만 있었던 것이 아니고 바로 얼마 전에 이스라엘과 아랍공화국의 전쟁에서도 실증되었다. 하여간 유물사관은 일면의 진리를 가지고 있으나, 역사를 완전히 설명하는 것은 못된다고 하겠다.

  헤겔은 이념이 자기를 부정하여 자연이 되고 자연으로부터 자기에게로 돌아와 정신이 된다고 보았는데, 이와 같이 이념이 자기를 부정하여 자기와는 생소한 타자가 되는 것을 자기소외(Selbstentfremdung)혹은 외화(Entäusserung)라 불렀다. 초기의 마르크스는 여기에 새로운 내용을 붙여, 자본주의 아래서 인간이 노동자로서 또는 자본가로서도 자기의 본질을 상실한 비인간적 상태에 놓이게 된 것을 인간의 자기소외라는 말로 표현하였다. 이와 같이 마르크스는 인간이 자기가 만든 생산수단인 자본의 노예가 되어 인간답지 못한 생활을 영위하는 것을 분개하는 휴머니즘적 심정에서 출발하여 그 사상체계인 마르크시즘을 발전시켰지만, 레닌주의나 스탈린주의에 이르러서는 이러한 휴머니즘의 그림자도 찾아볼 수 없다.

『공산당선언』에서도 혁명의 방법으로서는 방화와 약탈 같은 것이 권해지고 있지만, 그래도 마르크스나 엥겔스에게는 휴머니즘이 밑바닥에 깔려 있었다. 『공산당선언』이 발표된 지 40년이 지나서, 즉 1888년의 『선언』의 영역판 서문에서 엥겔스는 이러한 주의를 하고 있다 "『선언』의 근본 취지의 실제 적용은(『선언』에서도 말하고 있는 바와 같이) 모든 장소, 모든 시기에 있어서 그 현존하는 역사적 상태에 의하여 결정되어야 할 것이기 때문에, 제2장 끝머리에서 제안되고 있는 혁명적 정책들에는 반드시 중점을 둘 필요가 없다. 그 구절은 많은 점에서 오늘날이면 퍽 다른 말로 표현되어 마땅한 것이다." 이러한 아량은 레닌이나 스탈린에게서는 찾아볼 수 없는 것이다. 혁명이 유죄였는지는 모를 일이로되, 지난날의 소련에서는 인간적인 체취를 맡을 길이 없었다. 보리스 파스테르나크(Boris Pasternak)의 『의사 지바고』를 읽으면, 정의의 이상은 얼마나 좋은지 모르나 그 사상의 광란 속에, 혁명의 핏자국 아래 신음하고 오열하는 서러운 인간혼의 모습들을 볼 수 있다. 다시 그의 시 『이별』을 읽으면 독재와 전체주의의 정치 체제 밑에서 내일의 운명을 모르는 인간의 무한한 서글픔이 우리의 가슴을 메어지게 한다. 우리가 6·25 때에 경험한 것은 공산당원이 아니면 굶어 죽을 수밖에 없는 사실이었다. 당원 아니고도 아니 누구나가 인간인 한에서 생존할 수 있는 자유, 혁명 없이도 모든 사람들이 즐겁게 살 수 있는 세월이 몹시 아쉽다. 그 수많은 유혈의 혁명으로도 공산주의의 이상사회는 찾아오지 않았다. 우리는 만인평등의 사회를 좀 더 현명하고 견실한 방법으로 실현하도록 힘써야 하겠다. 사회주의의 좋은 면이 충분히 채택되고 있는 영국과 같은 나라에서는 공산주의가 인심에 전혀 호소하지 못한다고 한다. 우리는 좀 더 훌륭한 정치를 하여 그 악착스러운 공산주의가 필요 없게 되기를 고대하는 마음 간절하다.

제2장 프래그머티즘

　주지하는 바와 같이, 미국이라는 나라가 존재하게 된 맨 처음의 동기는 종교적인 것이었다. 즉 영국에서의 종교적 탄압에 견디다 못해, 개인의 양심에 기초한 신앙의 자유와 예배의 순결(purity)을 보전하려고 대서양을 건너간 퓨리턴들로 말미암아 그 초석이 세워졌다. 그래서 현재는 미국이라는 나라가 세계 각지로부터 모여든 갖가지 인종들로 들끓는 곳이 되었지만, 그래도 미국의 모든 문물제도의 밑바닥에서 그 방향을 잡아가는 결정적인 세력은 어디까지나 퓨리터니즘(puritanism)이라 할 수 있다. 이렇게 퓨리터니즘은 미국의 초창기부터 지금까지 유형무형으로 미국사람들의 사상과 감정을 지배해 온 세계관이요, 생에 대한 태도였으며, 19세기 중엽까지만 해도 그러한 사상·감정을 중심으로 한 철학적 사상밖에 이렇다 할 철학이 없었다. 그러던 것이 19세기 말엽부터는 미국적인 철학이 등장하게 되었다. 미국의 학문은 20세기의 20년대 내지 30년대까지만 해도 유럽의 뒤를 따라가는 것이었고, 철학만을 가지고 보면 미국에서 근래 성행되는 소위 분석철학도 영국의 학자들을 추종하는 경향이 농후하다 하겠으나, 19세기 말에는 윌리엄 제임스(William James, 1842~1910)같은 위대한 철학자가 나와서 아주 미국적인 철학을 내되 그 당시의 선진국이었던 유럽 여러 나라의 어느 철학에도 손색이 없는 깊이 있고 폭이 넓은 철학을 내어놓았다. 이 철학이 곧 흔히 프래그머티즘(pragmatism)이라 하는 것이다. 프래그머티즘은 미국 사람들의 특수한 환경과 특수한 경험에서 우러나온 철학으로서, 오늘날 미국 철학계에는 여러 가지 조류가 엇갈려 흐르고 있지만, 진정한 미국적인 사고방식과 행동양식의 원천을 찾는다면 프래그머티즘 외에는 없을 것이다.

<프래그머티즘>이라는 말은 그리스어 <프래그마>(πρᾶγμα, Pragma)에서 만들어졌다. 프래그마란 <행하여진 것>(that which has been done 즉, 행한 일), <행위>(a deed), <행동>(act)을 의미한다. 행하여진 것, 행한 일이라 하면 행위의 결과요, 행위의 실제적 효과·효용이다. 따라서 어원적으로 볼 때 프래그머티즘이란 프래그마 - 행위의 결과, 즉 행위의 실제적인 효과·효용 - 를 중요시하는 입장이다. 그래서 프래그머티즘은 <실용주의>, <행위주의>, <실제주의>라고 번역된다.

칸트는 '프라크티슈'(praktisch)라는 말과 '프라그마티슈'(pragmatisch)라는 말을 구별하여 썼다. 프라크티슈는 도덕법칙에 관계되는 것이요, 프라그마티슈는 이익이나 행복에 관계되는 것이다. 칸트의 생각으로는 도덕법칙이라 하는 것은 행위의 결과와는 관계없이, 따라서 그 행위의 결과로 불행하게 되거나 불리하게 되는 경우가 있을지라도 어떤 일을 하라, 가령 "거짓말을 하지 말라"고 명령하는 것인데, 프라그마티슈한 것은 행위의 결과를 생각하고서 그것을 위해서는 어떻게 하면 좋을까 하고 궁리하는 데 있어 능숙함을 의미한다. 칸트의 말로 하면, 프라그마티슈란 "자기 자신의 최대행복에 대한 수단을 선택하는 데 능숙한 것"(Geschicklichkeit in der Wahl der Mittel zu seinen eignen gröBen Wohlsein)이다. 따라서 그것은 영리(怜悧, Klugheit)에 관계된다. 거짓말을 하지 않으면 큰 불행 혹은 불리한 일이 있을 것이 뻔한 경우, 사람이란 약하기 때문에 도덕적으로는 거짓말을 해서는 안 되겠다고 생각하면서도 그만 거짓말을 하게도 되고, 또 그렇게 하는 것이 영리한 적이 많기도 하다. 불행을 피하고 행복을 찾는다면 이런 경우에 거짓말을 하라고 하는 것이 영리한 일이다. 실천적(praktisch)과 실용적(pragmatisch)의 구별은 경험계에 있어서의 행위의 결과에 관계가 있는가 혹은 없는가 하는 점에 있다. 프래그머티즘의 제창자의 한 사람인 퍼스(Charles Sanders Peirce, 1839∼1914)는 이러한 칸트의 용어법에 의거하여 실천적(practical)이라는 말을 피하고 실용적(pragmatic)이라는 말을 자기의 입장에 적용하였다.

이때 그는 칸트에게 있어서 <능숙함>(Geschicklichkeit)이 목적에 대한 수단에 관계하며, 따라서 <기술적>(technisch)이라는 의미를 가지고 있음을 주목하였다.

1870년대 초에 미국의 매사추세츠 주의 캠브리지(Cambridge)라는 곳에서 몇 사람의 젊은 학도들이 격주로 모여서 열심히 논전을 벌이곤 했다. 때때로 의논이 혼란해지면, 언제나 그 중의 그린(Green)이라는 청년이 바인(Bain)이라 하는 사람의 '신념의 정의'를 격언처럼 꺼내 놓고는 친구들로 하여금 반성하게 하고 의논을 정리하면서 이야기를 진전시켜 나아가도록 힘썼다. 바인의 정의란 이런 것이다.—"신념이란, 어떤 사람이 그것에 의하여 행동할 용의가 있는 생각이다." 이 젊은 학도들의 토론에서 미국 철학의 주류가 된 프래그머티즘이 싹텄다. 그들 가운데 퍼스도 있었고 제임스(William James)도 있었다. 퍼스는 후일에 그린(Nicholas Saint Green)이야말로 프래그머티즘의 조부였다고 술회하고 있다. 그리고 프래그머티즘의 아버지는 바로 퍼스였다.

퍼스는 본래 과학자·기술자로서 측량과 측광학에 훌륭한 업적이 있었고, 또 수학 방면에도 전문적 지식을 가지고 있었다. 그는 또한 기호논리학에도 흥미를 가지고 조지 불(George Boole, 1815~1864)의 이론체계를 개량하려고도 하였다. 이러한 논리학자로서 그는 실험적 기술자의 정신으로 사색하였고, 특히 사고의 기술에 흥미를 가졌다. 그리하여 개념을 명석화하는 기술로서 다음과 같은 프래그머티즘의 준칙(pragmatic maxim)을 세웠다. "우리가 개념적으로 생각하는 대상이 실제적 영향을 끼친다고 여겨질 수 있는 어떤 효과들을 가지고 있는지 살펴보라. 그런 때에는 이 효과들에 대한 우리의 개념적인 생각이 그 대상에 대한 우리의 개념적인 생각의 전부다."(Consider what effects, that might conceivably have practical bearings, we conceive the object of our conception to have. Then, our conception of these effects is the whole of our conception of the object.) 이것은 요컨대 우리가 어떤 개념을 음미할 때에는 그 개념의 대

상이 우리의 실제적 행동의 세계에서 어떠한 효과를 가지느냐를 생각해
보라는 것이다.

 이러한 의견을 퍼스는 위에 말한 그 친구들과의 모임에서 발표했지만,
그것이 글로 표현된 것은 1878년에 『월간 통속과학』(Popular Science
Monthly)이라는 잡지에 실린 그의 논문 『우리의 관념을 명석하게 하는
방법』(How to make our ideas clear)에서였다. 이 논문은 앞으로의 미국
철학이 취할 방향을 제시한 중요한 논문이었으나, 그 당시의 미국철학계
는 토마스 힐 그린(Thomas Hill Green, 1836~1882)을 필두로 하는 옥
스포드의 신칸트학파나 신헤겔학파의 이상주의적인 철학의 지배 아래
있었기 때문에 그의 학설은 별로 세상의 주목을 끌지 못했다.

 프래그머티즘이라는 말이 처음으로 공개석상에서 사용된 것은 1898년
캘리포니아대학의 철학대회에서 윌리엄 제임스가 『철학적인 생각과 실
제적 결과들』(Philosophical Conception and Practical Results)이라는 제
목으로 행한 강연에서였다. 이 때 이후로 프래그머티즘은 세상 사람들의
공명을 사고 제임스와 함께 유명하게 되었으며, 또 철학적 사상운동의
유력한 세력으로 되었다. 제임스는 프래그머티즘 원리의 창조자로서의
공을 퍼스에게 돌렸으나, 퍼스는 제임스의 프래그머티즘이 자기의 사상
과는 다르다고 주장하였다. 퍼스는 1905년에 『일원론자』(The Monist)라
는 잡지에 실린 논문 『프래그머티즘이란 무엇인가?』에서, 그 자신의 입장
을 제임스의 프래그머티즘과 구별하여 <프래그머티시즘>(pragmaticism)
이라 불렀다. 퍼스의 사상은 제임스에 비기면 훨씬 객관주의적인 성격이
있었다. 그는 칸트 철학에 정통하였고, 또 중세철학 특히 던즈 스코투스
(Duns Scotus, 1265~1308)의 사상을 연구하여, 프래그머티즘의 원리를
착상하게 되기 전에, 스콜라적 <관념실재론>(Realism)의 입장을 받아
들이고 있었다고 술회하고 있다. 이와 같이 퍼스의 입장은 실재론적 객
관주의에 기초한 논리정신과 과학적 기술자의 실험정신이 결합하여 성
립하는 것이었기 때문에, 어떻게 보면 절충주의적이고 주관주의적인 제

임스의 프래그머티즘을 용납할 수가 없었다. 가령 제임스는 "어떤 관념이든지 그 자체 하나의 신념으로서 쓸모 있는 것이면 참된 관념으로 볼 수 있다"고 말하고 있다. 그리하여 어떤 관념이 엄밀한 논리적 검토를 감당할 수 없다 할지라도 우리의 정신 생활에 어떤 의미가 있으면 참된 관념이라 할 수 있다는 것이다. 또 어떤 신념이 정서적 만족만을 주더라도 그 신념은 참되고 옳은 신념이라고 한다.

퍼스는 여기 대해서 반대하였다. 그에 의하면, 정서적 만족이란 사람의 개성과 기질을 따라 여러 가지 차이가 있다. 따라서 정서적 만족을 주는 신념이면 곧 참되고 옳은 신념이라고 한다면, 동일한 하나의 신념이 어떤 사람에게는 참되고 다른 어떤 사람에게는 거짓이 된다는 것을 허용하게 된다. 진리는 공적인 것이지 사적인 것이 아니다. 공리성이 곧 진리가 될 수는 없다.

퍼스는 이와 같이 엄밀한 논리적 입장을 취했으나, 제임스는 공적 명증과 사적 만족을 날카롭게 가르려는 퍼스의 주장에 끝내 굴복하지 않았다. 예술적 감각이 예민하고 종교적 정서가 풍부했던 제임스는 프래그머티즘을 심화하고 윤택하게 하여 당시의 미국의 정신적 상황에 부합하는 세계관을 수립하였다.

제임스가 프래그머티즘적 세계관을 형성하고 있던 당시의 미국, 즉 19세기의 70년대로부터 19세기 말에 이르는 동안의 미국은 남북전쟁(1861~1865)에 의하여 노예제도가 폐지되고 통일국가를 형성한 후, 아메리카-스페인 전쟁을 전기로 하여 자본주의가 급속도로 발전하는 단계에 있었다. 미국의 자본주의적 생산력은 비약적으로 상승하여 미국의 공업생산력은 세계 제1위를 차지하게 되었다. 이렇게 세상이 바뀜에 사람들의 생각은 날로 더욱 실리적으로 되고, 기술적·실제적 사고방식이 유력하게 되었다. 그런가 하면 한편에는 미국 자본주의 발전의 정신적 원동력이었던 퓨리터니즘의 종교 신조가 은연 중 사람들의 정신생활을 크게 지배하고 있었다. 대체로 이러한 정신적 상황 속에서 퓨리터니즘의 도덕적·종교적

관념과 기술적·실제적 사고방식 사이의 부조화가 차츰 두드러지게 의식
되어, 그 조정이 요구되기에 이른 것이다. 이를테면 재래의 이상주의와
새로 출현한 현실주의의 마찰에서 하나의 균형 잡힌 세계관이 필요하게
된 것이다. 제임스의 철학은 이러한 시대적 요구에 훌륭하게 응답하였
다. 제임스는 의학연구에서 철학에로 들어갔다. 그의 모든 사색과 저술
을 통하여 우리는 그의 <치료적인 관심>을 찾아볼 수 있다. 그는 사람
들이 과학적 진리를 터득하여 실생활을 향상시키기도 하려니와 또한 정
신적으로도 풍부하고 행복스러운 생활을 하는 것을 도우려고 하였다. 그
는 이를테면 심령을 고치는 의사였다. 그리하여 프래그머티즘의 철학은
어떤 독단적인 학설에 인간의 정신이 예속하는 것을 적극 반대하며, 자
유롭고 개방된 마음으로 세계를 대하면서 앞길을 개척해 나아가도록 고
무한다. 제임스는 어떠한 과학적 결론이든지 우주에 관한 최종적인 진리
로 보려 하지 않았다. 확실한 증거가 있는 결론이면 그 어느 것을 막론
하고 그것을 받아들이는 데 인색치 않았으나, 또한 세계가 여러 가지 뜻
밖의 일로 차 있어서 여러 가지 다른 결론을 내릴 여지가 있음을 주장해
마지않았다.

  초기의 여러 논문에서 제임스는 진화론을 논하여 생명이 주위 환경의
여러 세력의 작희에 의하여 위협을 받는다고 하는 다윈(Darwin)의 주장
을 선뜻 받아들이면서도, 또한 다윈의 학설이 생존경쟁을 위한 여러 가
지 어려운 조건을 강조하고 있기는 해도 개인의 창발성에 대한 많은 여
지를 남기고 있는 것이라고 보았다. 그는 결정론적 학설들을 통렬히 비
난하였고, 또 인생은 살 만한 가치가 있다는 희망적 견해를 토로하기도
했다. 초기의 논문들 가운데 가장 유명한 논문인『믿으려는 의지』(The
Will to Believe)에서는, 우리가 어떤 문제를 해결할 수 있는 명증을 얻
을 수 있을 때에는 그 명증을 소중히 여겨야 하며, 그러한 명증이 없고
도 결정을 지체시킬 수 있을 때에는 우리의 판단을 보류해야만 한다고
말하고 있다. 그런데 우리가 어떤 선택을 해야만 할 때, 그리고 그 선택

이 우리의 실생활에 중대한 관계가 있고 우리가 즉각적으로 결정하여 힘찬 행동에로 나아가야만 할 때, 우리는 <믿으려는 의지>를 행사해도 좋다. 제임스는 이러한 믿으려는 의지를 두 방면에 적용시켰다. 즉 도덕 문제와 종교문제가 그것이다. 도덕문제에 있어서는, 가령 우리는 친구의 진실성에 대하여 확고부동한 신념을 가질 수 있으며 이러한 신념은 큰 힘과 좋은 결과를 가져온다고 본다. 종교문제에 있어서는, 우리의 한정 있는 지식의 좁은 테두리를 넘는 광대한 미지의 세계에 대해서 우리가 관계하여 어떤 선택을 하지 않으면 안 되는 경우, 우리는 그 광대한 미지의 세계가 우리의 여러 가지 가치를 보전시켜 주며, 우리가 실패할 때 우리를 동정해 주며, 우리의 여러 차례의 실패를 결국에 가서는 성공으로 전환시켜 준다고 믿어도 좋다고 한다.

그의 위대한 저서 『심리학원리』(The Principles of Psychology)에서 제임스는 <의식의 흐름>(stream of consciousness)이라 하는 깊은 독창적 사상을 발표하였다. 의식이란 관념들이나 감각들, 혹은 이 밖의 여러 요소가 모여서 되는 것이 아니다. 이러한 요소들은 우리들의 생각이 추상해 낸 것이다. 전체적인 <의식의 흐름>은 그러한 모든 추상된 요소들에 앞선다. 그리고 제임스에 의하면, 두뇌가 의식을 산출한다는 것을 입증하는 증거는 하나도 없고, 도리어 두뇌야말로 의식이 세계에 대하여 효과 있게 작용하려 할 때에 사용되는 도구라고 하는 데 대한 증거가 있다고 한다. 우리가 어떤 목적을 달성하기 위하여 우리의 손을 사용하는 것과 꼭 마찬가지로 우리는 우리의 두뇌를 사용한다. 그리고 우리의 의식은 신체의 일부인 두뇌를 도구로 사용한다.

제임스의 생각으로는 의식이란 본래 인식이나 지적 활동을 위한 것이 아니다. 의식은 오히려 충동적이요, 정서적 내지 정열적이요 또 그것이 진행하고 있는 동안은 내내 의욕적이다. 의식은 <간혹> 지적일 따름이다. 제임스는 의지작용이 인식과 심지어 지각을 지배한다고 주장하였다. 그래서 그는 "지각과 사고가 의식 속에 있는 것은 오직 행동을 위해서

다"라고 말하였다. 의식에 대한 이와 같은 생각으로 미루어 보아 제임스가 의식이란 현상을 전체적 상황에서 파악했음을 알 수 있고, 또 인간의 정신이 이성이나 지식의 결정적 지배 아래에 있다고 보는 주지주의(主知主義)와는 아주 방향이 다른 주의주의(主意主義)적 입장을 취했음을 알 수 있다.

이러한 탄력성 있는 사상을 특색으로 하는 제임스는 처음부터 세계를 다원적으로 보았다. 그는 모든 1원론에 대하여 또 세계가 불가피하게 고정된 길을 밟아간다고 보는 모든 학설에 대하여 맹렬히 반대하였다. 1890년 이후로 10여 년 동안에 걸쳐 그가 발전시키면서 품었던 근본적 경험론(radical empiricism)은 세계가 미완성의 사물들로 되어 있고, 이 사물들 가운데 어떤 것은 서로 아주 밀접한 관계를 가지고 있고 다른 어떤 것들은 허술하게 관계되어 있어서 많은 생각지 않던 방향으로 전환시켜질 수 있다고 하는 그의 확신을 강화해 주었다. 인간의 정신은 여러 가지 일을 하지만, 특히 가설적으로 생각된 여러 가지 가능성을 탐색하고 개척하는 일을 한다. 그러므로 정신이 들어 있는 세계는 새로운 예기치 않던 것들이 들어오는 데 대하여 개방되어 있다. 하여간, 우리는 단원우주(universe)에 살지 않고 다원우주(multiverse)에 혹은 <다원적 우주>(pluralistic universe) 속에 살고 있다.

제임스의 명저 『프래그머티즘』은 1900년에 나왔다. 이즈음 그의 사상을 대중에게 알기 쉽게 전달해 주는 것이 크게 요망되었다. 이 저서에서 그는 프래그머티즘의 원리와 여러 가지 철학문제에 대한 그 적용을 재치있는 명문으로 재미있게 전개하였다.

제임스에게 있어서는 이론들은 수단이요, 관념들은 행동의 계획이다. 그리고 변화하는 세계에서는 과거의 최선의 공식들도 끊임없이 재검토되고 재보강되고 재구성되지 않으면 안 된다. 우리는 누구나 과거에 누적된 진리에 의지하면서 살아간다. 그러나 우리가 이 진리들을 가지고 앞으로 나아가 새로운 사실들을 파악하되 열린 마음으로 밝은 추측들을 수정하며 또 새로운 진리를 추가해 가지 않는다면 밝은 진리는 죽은 말 재롱의 무더기가 되고 만다. 생각한다는 것은 행동의 준비다. 그리하여 어떤 관념이 참이냐 거짓이냐 하는 것은 행동(action)에 의하여 검증(test)되지 않으면 안 된다. 영원절대의 진리란 존재하지 않는다. 과학상의 관념도, 도덕·종교상의 관념도, 하여간 어떠한 관념이든 모든 관념은 행동에 의하여 검증될 수 없으면 무의미하고 공허하다. 그리고 세계는 절대적으로 선한 것도 아니요, 절대적으로 악한 것도 아니다. 세계는 선한 것과 악한 것의 복합체요, 그러기 때문에 세계는 개선(improvement)이 가능한 것이다. 이것이 그의 개선관(meliorism)인데, 여기서도 우리는 그의 희망적·미래지향적 세계관을 찾아볼 수 있다.

 이리하여 그의 진리관은 독특한 방향으로 나아가는 것이었다. 제임스는 우선 진리란 우리의 관념의 한 성질임을 전제한다. 그런데 한 관념은 현실세계에 유용한 영향을 끼칠 때 참이다. 다시 말하면, 만족스러운 결과를 낳으면 참이다. 즉 결과가 어떤가를 보아 한 관념의 진위를 알 수 있다. 우리가 가졌던 관념이 감관을 통하여 모든 관찰자에게 검증될 수 있을 때 그 관념은 참된 관념이다. 또 우리가 가지고 있는 어떤 관념으로 말미암아 우리의 생명이 더욱 확대되고 우리의 생활에 용기가 더해지며, 또 앞으로 우리가 맛볼 환희에 대한 희망 속에서 더욱 위안을 얻는다면 그러한 관념도 참된 관념이다. 이렇게 그는 진리를 넓게 해석하였다. 우리의 생명에 유익함이 더해지는 것이면 모두 진리라는 것이다. 제임스는『프래그머티즘』의 마지막 장에서, 유용한 결과를 인생에 가져다주는 가설은 그 어느 것을 막론하고 배척할 것이 아니라고 말하고 있다. 이것은 그가 다른 사람들의 여러 가지 신앙, 심지어 기괴하게 보이는 신앙에 대해서도 관용적인 태도를 취했음을 보여주며 또 이러한 태도를 사람들 간에 증진시키는 데 깊은 관심이 있었음을 보여준다. 그런데 이러한 관용(toleration)의 정신은 오늘날 미국을 저만큼 융성하게 한 가장 중요한 정신적 기반이었다. 프래그머티즘의 정신에 입각하여 제임스는 신의 관념도 유용하다고 보았고, 따라서 종교 속에 진리가 있다고도 보았다. 우리는 종교적 경험에서 신과 관계하는데, 신의 관념은 우리의 능력을 충분히 발휘케 하며, 또 우리가 자신감을 가지고 외계에 적응할 수 있게 해준다. 즉 우리는 우리의 조촐한 일에 충실함으로써 신과 협동할 수 있고, 또 신의 위대한 목적을 실현하는 데 적으나마 도움이 된다고 믿을 수 있게도 해준다. 이리하여 제임스의 프래그머티즘은 미국의 전통적인 퓨리터니즘의 종교 신앙을 새로이 대두한 과학적 사고법의 입장에서 시인하고, 그리함으로써 또한 이 새로운 과학적 사고법에 신앙적 인가를 주는 것이었다. 그리고 씩씩한 건설과 발전을 목격하면서 희망에 부풀어 살던 미국인들의 세계관·인생관의 기본원리로서 수십 년의 명맥을 유지하면서 오늘날도 깊은 영향을 끼치고 있다.

  존 듀이(John Dewey, 1859~1952)는 제임스의 뒤를 이어 프래그머티즘의 원리를 현실생활과 사회문제에 광범하게 또 견실하게 적용시켰다. 그는 자기의 지적 발전을 <절대주의에서 실험주의로>라는 말로 표현하였다. 처음에 그는 헤겔 및 생물학적 사상의 영향을 깊이 받았는데, 나중에는 이 사상들의 많은 점에 대하여 반대했지만, 이 사상들은 그의 사상의 특징을 이루는 요소로서 끝내 간직되었다. 가령 헤겔은 역사를 정-반-합(These-Antithese-Synthese)의 변증법적 발전으로 보았는데, 듀이는 사상을 회의 - 탐구-답(doubt - inquiry-answer)의 경험으로 보았다. 또 자연과 지식을 역사·문화·과정·변화·생성 같은 카테고리를 가지고서 생각할 때 그 특성을 더욱 잘 알 수 있다고 생각하기도 했다. 그러나 그는 헤겔에 반대하여 경험이란 것이 본래 인식의 성질을 띤 것이 아님을 강조하였다. 사고나 인식은 경험을 맹목적인, 닥치는 대로의 행동에서 지혜로운 선견으로 전환시킬 수도 있다. 그러나 경험이 본래 고통을 겪으며 기쁨을 맛보며 또 이 밖의 여러 가지 일을 겪는 것이 아니었던들 사고는 그러한 전환을 생기게 할 수 없다. 듀이에게 있어서는 현실적인 것이 이성적인 것과 동일한 것이 되기에는 너무나 거리가 멀며, 따라서 현실적인 것이 이성적인 것으로 되는 일은 아주 드물다. 하여간, 헤겔에게는 사고가 구성적인 것이지만, 듀이에게는 재건적(再建的)인 것이다. 여기서 우리는 먼저 듀이의 사상이 변동이 심한 사회에 대처하는 매우 동적인 사상임을 간취할 수 있다.

듀이는 서슴지 않고 자기 자신을 프래그머티스트라 불렀다. 그는 제임스 사상에 많은 점에서 공명하였다. 그러나 그는 제임스가 프래그머티즘 사상에다 감상주의를 마구 혼합한 것을 한탄하였다. 듀이의 지적 경향은 프래그머티즘보다는 오히려 퍼스의 프래그머티시즘에 훨씬 더 가까웠다. 그리하여 그는 계속 <프래그매틱>이라는 말을 썼지만, 무조건 프래그머티스트라 불리기를 싫어하였다. 그는 기구주의(instrumentalism)와 실험주의(experimentalism)라는 말을 지어내어, 자기 자신의 프래그머티즘과 제임스 및 감상주의자들의 프래그머티즘을 구별하였다.

듀이는 『프래그머티즘은 '실제적'이라는 말에 의하여 무엇을 의미하는가』라고 하는, 역사적으로 중요한 논문에서 제임스에 반대하는 자기의 입장을 밝혔다. 그는 어떤 것이 <의미>를 가진다고 할 때, 이 의미란 말이 가질 수 있는 세 가지 뜻을 제임스가 혼동하고 있다고 지적하였으며, 또 이 세 가지 뜻을 구별함으로써 제임스와 그의 입장이 다름을 분명히 하려 하였다. (1) 우리는 첫째로 <대상>의 의미를 생각할 수 있다. 즉 어떤 대상이 어떤 의미를 가지고 있는가라고 물을 수 있다. 여기서 대상이라 함은 경험 속에 이미 주어진, 따라서 경험적으로 확실한 근거를 가지고 있는 어떤 것이다. 그리고 대상의 의미란 그 대상이 산출하는, 따라서 우리가 고려하지 않으면 안 되는 결과들이다. (2) 둘째로 우리는 <관념>의 의미를 생각할 수 있다. 관념의 의미는, 관념이 우리로 하여금 행하게 하는 여러 가지 탐구와 또 우리로 하여금 대상들 속에 생기게 하는 여러 가지 변화이다. 이상의 두 의미는 서로 얽혀 있다. 대상과 관념은 다 같이 미래에 관계있는 의미를 가지고 있다. 한 대상의 의미는 우리의 관념을 변용시키며 한 관념의 의미는 대상을 변용시킨다. 그리고 이 두 가지 변용은 상호관계 속에 있는 <실제적> 결과들이다. 그런데, (3) 우리는 또 <신념>의 의미를 생각할 수도 있다. 신념의 의미는 그것을 품는 사람의 정동적 태도에서 생기는 결과라고밖에 달리 말할 수 없다. 신념이란 참된 것으로 받아들여진 낙착된 견해이어서, 앞으로의 탐구에 있어서 시도적으로 검토되고 실험적으로 사용되는 관념이 아니다. 그것은 이미 고정된 논리적 내용을 가지고 있다. 그것은 반성의 과정에 있어서의 한 요인이 아니다. 그것은 즐거할 어떤 것, 소중히 여길 어떤 것이다. 그 가치는 그것이 현재의 소유물인 데에 있다. 그러므로 그것은 변화에 대하여 문을 닫으며, 세계에 대한 우리의 여러 가지 관계를 기존의 방식을 가지고 보는 데 만족하게 한다.

프래그머티즘은 진리란 것이 관념과 사실의 일치임을 인정하는 점에서 출발했다고 듀이는 지적하였다. 그러나 프래그머티즘의 특징은 이 일치가 정적이고 시간과 상관없는 관계에서 성립하는 것이 아니라, 관념이 발전하고 새로운 사실들이 추구되는 가운데 마침내 반성을 통하여 관념과 사실의 일치를 알게 되는 시간적 과정에서 성립하는 것임을 발견한 데 있다. 듀이는, 제임스가 믿음을 품으면 정동적 만족을 얻고 그런 의미에서 신념에도 의미가 있다 하여 여러 가지 신념 내지 믿음을 품을 것을 권함으로써 프래그머티즘의 올바른 이론에서 떠났다고 보았다. 그는 제임스가 관념의 진정으로 프래그머틱한 가치를 혼동했다고 불평하였다. 그리고 제임스의 광범한 영향이 세상 사람들로 하여금 깊숙이 품는 신념들에 대해서 자기만족을 가지게 했기 때문에, 듀이는 더욱 그 자신의 뚜렷한 간판을 내걸어 자기 자신을 기구주의자 혹은 실험주의자라 부르게 되었다. 이러한 경향의 사상을 그는 특히 교육철학에 적응하여 오늘날 미국 교육의 근본적 방향을 결정짓게 했다. 그의 명저『민주주의와 교육』(Democracy and Education, 1916)은 20세기에 있어서 미국 교육의 모든 활동에 지배적 영향과 활력을 주는 이론적 기초가 되었을 뿐만 아니라, 또한 전 세계의 교육제도와 교육방법에도 지대한 영향을 끼쳤다.

듀이에 의하면, 교육이란 집단사회가 그 존재를 유지하기 위하여 영위하는 하나의 프로세스(process, 과정)다. 진보적인 사회에서는 그 성원이 서로 동일한 관심을 함께 가지면서, 또 그 관심이 더욱 다채롭게 되는 것을 지향하며, 낡은 습관의 유지만이 추구되지 않는다. 사회는 자각적으로 사회화된 관심과 함께 그 성원들의 자유를 인정함으로써 참으로 민주적으로 될 수 있다. 경험의 끊임없는 재건 내지 재조직(reconstruction or reorganization of experience)이야말로 민주적인 이상이다. 학교는 학생들의 경험이 공동의 능동적 활동에 의하여 풍부하게 되고 재조직되는 공동체가 되어야 하며, 학습의 주제 및 방법은 이러한 이상에 기초하여 선정되어야 한다. 그리고 또 학교는 외부사회를 그저 모방·재현하는 것이 되어서는 안 된다. 학생들에게 과하는 과제는 그들이 그것을 잘 이해하고 행동할 수 있도록 간단하고 단순하게 할 필요가 있다. 그러면서도 학교의 공동생활은 외부사회보다도 훨씬 더 훌륭한 도덕적 계획에 의거하여 영위되지 않으면 안 된다. 이것은 보다 더 나은 민주주의를 지향하고 그 실현을 촉진하기 위해서다. 그런데 듀이에 의하면, 이러한 민주주의의 이상은 현재의 사회에서나 학교에서는 결코 완전히 실현되고 있지는 않다. 그 까닭은 경험계는 온갖 관심이 거기서 조화될 수 있는 유기적인 생성이어야 할 터인데 이것이 분명히 이해되고 있지 않기 때문이다. 도리어 경험계는 서로 고립하고 항쟁하는 갖가지 영역이나 관심으로 나뉘어 있기나 한 듯이 오해되고 있다. 이것은 과거의 여러 철학체계의 잘못에 책임이 있다. 플라톤이나 아리스토텔레스는 귀족주의자였고, 민주적인 사람이 아니었다. 그들은 농민의 유용한 생활을 멸시하고, 실제적 효과가 없는 순전히 지적인 사색만을 너무 높이 평가하였다. 그리하여 사회는 소수의 특권적 유한층과 가난한 노동대중으로 나뉘어, 전자는 문화적 교양을 쌓고 후자는 농공의 천업을 훈련받았다. 이러한 서로 항쟁하는 두 계층으로의 사회의 분열이 민주주의적 사회의 모습이어서는 안 된다.

또 데카르트와 그 후계자들은 자연과 정신을 서로 외적인 것으로 보고 2원론적인 생각을 품었었다. 이렇게 되면, 자연과 인간이 뚜렷이 대립하는 것이 되고 만다. 그러나 듀이의 생각으로는, 인간은 자연에서 나와서 발전한 것이요, 인간의 힘은 자연과 조화를 이루는 것이요 따라서 인간은 자연을 크게 재건할 수 있다.

그런가 하면 또 근대의 경험론이나 감각론의 철학자들은, 감각이란 것을 감각 이외의 심적 과정이나 혹은 외계로부터 분리시켜 고립화하여 지식의 근원적 원천으로 보았다. 그러나 우리는 이와 같이 감각에만 우선권을 줄 수는 없다. 또 홉스(Hobbes), 아담 스미스(Adam Smith), 벤담(Bentham) 같은 사람들은 인간이란 전적으로 이기적이요, 이기적 관심을 개발시킴으로써만 사회화된다고 주장한다. 그러나 그들은 인간이 항상 사회적 충동을 가지고 있음을 깨닫지 못하였다.

듀이의 생각으로는, 철학이란 언제나 사회생활의 곤란에서 유래하는 여러 가지 문제에서 생긴다. 이론과 실천의 관계, 혹은 개인과 사회의 관계 같은 철학적 문제가 그럴 뿐더러, 정신과 물질의 관계, 신체와 영혼의 관계, 인간과 자연의 관계 같은 것에 관한 형이상학적 논의도 역시 그렇다. 철학은 생활하는 행동에 힘을 주는 지혜를 얻으려 해왔다. 우리는 세계의 사실들을 알기 위하여 수학·물리학·화학·생물학·인류학·역사학 같은 여러 과학에 나아가지만, 그 여러 사실들의 빛 아래서 어떠한 종류의 행동의 영속적 자세(permanent disposition of action)를 취할 것인가를 찾을 때 우리는 비로소 철학하게 된다. 철학은 새로운 이상 사태를 당하여 일어나는 미해결의 문제를 해결하려는 기도이다. 해박한 지식과 사상의 내용이 아니라, 장래를 지향하는 현실적 프로세스에 있어서의 사색이 철학이다. 철학은 난문을 밝히고 그것을 처리하는 방법을 지시한다. 과학적 관심, 종교적 관심, 경제적 관심, 미적 관심 사이에 항쟁이 있을 때, 혹은 질서를 추구하는 수구적 관심과 자유를 찾는 진보적 욕구 사이에 항쟁이 있을 때, 그리고 이러한 항쟁들이 행위의 갖가지 이상 사이의 상극이요 또 그것이 공동체 전체를 해쳐 전반적 재조정(readjustment)을 필요로 할 때, 언제나 철학자들이 있어야만 한다. 철학자들은 각자 그 자신의 사회층의 정기를 받아 갖가지 해결책을 내어 놓을 것이다. 어떤 철학자의 학설이 영향력을 가진다고 하면, 그것은 사회적 재조정의 어떤 프로그램을 그것이 내포하고 있기 때문이다.

　이러한 생각을 가진 듀이에게 있어서 철학과 교육이 밀접한 관계를 가지는 것임은 당연한 일이다. 교육이 넓은 의미에 있어서 자연 및 인류 동포에 대한 기본적인 지적 및 정적 자세를 형성하는 프로세스라고 한다면, 철학은 교육의 일반이론이라 하겠다. 그리고 교육은 철학의 학설이 실제적으로 테스트되는 실험실이다. 철학에 의한 과거의 경험의 결산과 가치에 관한 프로그램은 행위에 있어서 효과 있는 것이 되지 않으면 안 된다. 그러기에 듀이에게 있어서는 관념·사상·사고는 보다 나은 민주적 사회를 만드는 행동을 위한 <기구>요, 그 <조작>은 자연과학의 실험(experiment)에 비겨지고 있다.

제3장 실존 철학

한 마디로 실존철학이라 하여 흔히 키에르케고르(Kierkegaard), 니체(Nietzsche), 하이데거(Heidegger), 야스퍼스(Jaspers), 마르셀(Marcel) 같은 철학자들을 한 묶음으로 다루는 것이 근래의 관례가 되어 왔다. 그러나 이렇게 하는 데는 무리가 없지 않다. 이 여러 사상가는 그 사색의 방향이 여러 모로 다르니 말이다.

실존철학(Existenzphilosophie)이란 말은 1928년에 프리츠 하이네만(Fritz Heinemann)이 처음으로 지어낸 말이다. 어떤 사람은 릴케(Rilke), 카프카(Kafka), 마르셀, 볼트만(Bultmann), 바쓰(Barth), 야스퍼스 같은 사람들을 이 실존철학의 테두리에 속하는 것으로 보고, 하이데거 같은 사람의 사상은 실존의 철학(Existenzialphilosophie)이라 하여 그와 구별하고, 다시 사르트르(Sartre) 같은 사람의 사상을 실존주의(Existentialisme)라 하여 구별하는 것이 좋겠다고 시사하는 사람도 있다.

그러나 한편 생각하면, 이상의 여러 사상가들이 물론 여러 가지 점에서 서로 다르지만, 또한 다같이 19세기와 20세기의 특수한 시대적 정신의 분위기를 반영하고 있는 점에서 공통되는 면이 없지 않다. 그리하여 그들을 전부 실존철학 내지 실존주의의 제목 아래 다루는 것이 아주 그릇된 일이라고만 할 수도 없는 줄 안다.

그러면 실존철학이라 불리는 사상적 조류의 특성은 무엇이며, 그 조류에 속하는 사상가들의 공통점은 어떤 것일까?

실존철학은 무엇보다 먼저 <병든 사회>, <병든 인간>의 의식에서 우러 나온 것이라 생각된다. 사회가, 인간이, 아니 <나 자신>이 병들었다고 절실히 느끼고 그러한 <병든 상태>에 반항하여 발버둥 치면서 거기서 빠져나와 그 전의 싱싱한 신체와 정신을 되찾으려는 가운데서 생긴 사색이다. 도스토예프스키(Dostoevski)는 실존철학자라 할 수 없을는지도 모르지만, 그의 글 속에는 이와 같은 시대적 정신의 상황을 잘 반영한 것이 있다. 『지하로부터의 쪽지』(Notes from Underground)의 첫 장은 이런 말로 시작되고 있다-"나는 병든 사람이다… 나는 원한에 찬 사람이다. 나는 보기 흉한 사람이다. 나는 내 간장이 좋지 못한 줄 믿는다. 하지만, 나는 내 병에 관해서 아무것도 알지 못하며, 무엇이 나를 괴롭히는지도 확실히 알지는 못한다. 그렇지만 나는 의사의 진단을 받지는 않는다. 또 지금까지 한 번도 받아본 적이 없다. 하기는 의학과 의사들에 대해서 존경은 하지만 말이다. 내가 의사의 진찰을 받지 않는 것은 원한 때문이다. 아마 자넨 이걸 이해 못할게다 …."

19세기는 인류 역사상 물질문명이 급속도로 발전한 시대였다. 그러나 어딘가 인간의 정신을 좀먹는 것이 도사리고 있었던 것 같다. 키에르케고르와 니체의 형안은 이것을 꿰뚫어 보았다. 이런 의미에서 그들은 20세기의 여러 차례의 파국을 예언했다고 할 수 있다. 르네상스, 산업혁명 등 거친 풍파를 거친 유럽 천지에서는 물질적 진보와 부르주아의 진출이 현저해졌다. 그리고 <대중>이란 것이 특별한 의미를 띠게도 되었다. 그러나 그 대중의 사고방식은 너무나 피상적이고 안이한 것이며, 진정한 인간의 모습이기에는 거리가 먼 것이었다. 여기에 키에르케고르는 <진실한 나>를 찾고 거기 충실하려는 피눈물 나는 정신적 분투를 하였다. 니체는 지나치게 <대중>을 통매하기도 했다. 여기에 실존철학 내지 실존주의의 둘째 공통점이 드러난다. 즉 그것은 인류도 민족도 아닌 <나 자신>의 주체성을 찾는 것이다. 이것이야말로 진정으로 인간이 되는 길이다.

병든 사람은 회복하기를 간절히 희구한다. 그리하여 병들었다고 하는 의식이 온몸에 배어 있는 실존사상가들은 회복을 고대하면서 몸부림친다. 우리는 거의 모든 실존사상가에게서 <비더게부르트(Wiedergeburt)>에의 갈망의 부르짖음을 들을 수 있다. 이 말은 흔히 <부활>이라 새겨지거니와, 실존철학의 경우는 글자 그대로 <다시 남>이라고 하는 것이 더욱 좋겠다. 실존철학자의 저작의 도처에서 우리는 <다시 남>의 고조를 듣는다. 그 <다시 남>은 그리스도교에서 말하는 육신의 부활이 아니다. 그런 부활의 교의는 안이한 것이다. 현대인은 그런 부활을 모른다. 그러나 실존적 인간의 영혼은 그 무엇인가가 자기 속에서 썩고 있음을 뼈저리게 느끼고 자기의 삶이 새로운 힘과 새로운 의미를 지녀야만 되겠다고 애타게 갈구하고 있다.

키에르케고르는 이렇게 일기에 적고 있다-"속죄는 전혀 다른 종에로의 전입이다.", "하느님은 지금 내 형편이 달라지기를 원하신다. 무엇인가가 내 속에서 동요하면서 변신을 지향하고 있다. 그래서 나는 베를린으로 가지 않으련다.", "나는 내 연애에 있어서 불행하였다. 그러나 나는 내가 아주 다른 사람이 되지 않았던들 스스로 행복하다고 단순히 생각할 수 없다. 나에게는 아무 부족도 없다.", "영(spirit 혹은 정신)이란 무엇인가? 영이란 마치 죽은 것처럼(세상에 대하여 죽은 것처럼) 사는 것이다."

<비더게부르트>의 부르짖음은 니체에게서도 들을 수 있다. 니체는 자라투스트라(Zarathustra)의 입을 빌려 이렇게 절규한다 - "반갑다. 너, 내 의지여! 무덤 있는 곳에만 부활도 있다." 그리하여 거기에는 강렬한 삶의 의지가 있다. 그러나 진정한 삶은 <아래로 내려감>(Untergehen 혹은 몰락함)으로써만 비로소 얻어질 수 있다. 그리고 협소한 인간들의 꼴을 보고 권태와 혐오를 느끼고 무한한 방황을 한 끝에 자라투스트라는 "내 날은 밝아 온다. 이제는 일어서라. 너 위대한 대낮이여!"라고 외치면서 새날의 아침 해의 빛나고 강함을 예고하며 예찬하고 있다.

하이데거에게 있어서도 <아이겐틀리히카이트(Eigentlichkeit, 본래성>라 하는 것이 시종 강조되고 있다. 우리는 너무나 비본래적인 생활을 해왔다. <진정한 나>라고 하기에는 거리가 먼 삶을 살아왔다. 현대문명의

큰 매커니즘 속에서 우리는 너 나 할 것 없이 진정한 나를 상실하였다. 야스퍼스도 이러한 인간의 상황을 『현대의 정신적 상황』(Die geistige Situation der Zeit)에서 잘 묘사하였다. 우리는 진정한 나를 찾아야 하겠다. 이렇듯 모든 실존사상이 신생(vita nuova)을 갈망하고 있음을 우리는 엿볼 수 있다.

실존철학을 빚어 낸 시대의 정신적 상황과 그 대체적 공통점을 생각한 후, 이제는 몇몇 대표적인 사상가에게서 그 특수한 사색의 발자취를 더듬어 보기로 하자.

키에르케고르(Søren Kierkegaard, 1818~1855)는 코펜하겐에서 부유한 직물상인의 막내아들로 태어나 어렸을 적부터 부친에게서 엄격한 그리스도교적 교육을 받으면서 고독하고 우수에 잠긴 청년으로 자랐다. 그의 부친은 일찍이 광야에서 목동으로 일할 때 굶주리며 추위에 떨었고, 그 빈궁과 고독에 절망한 나머지 하루는 언덕에 올라가 그렇게도 가난한 생을 준 신을 저주하였다 한다. 그 후 모직물 상인 밑에서 일하다가 그 노력과 재능으로 유능한 모직물상이 되었다. 그러는 가운데 신에게 기도를 드리면서 경건한 생활을 하려 했지만, 그러면서도 신에게 배반하는 자신의 정욕이 어두움과 죄스러움으로 괴로워했으며, 그런 까닭에 또한 어렸을 때에 광야에서 신을 저주한 순간의 일을 잊어버릴 수가 없어서 신에 대하여 죄를 지었다고 느끼는 어두운 절망에서 일생 동안 헤어나올 수가 없었다. 그래서 그는 속죄하는 의미에서 아들을 하느님께 바치고, 그 아들이 목사가 되어줄 것을 바랐다. 1830년 키에르케고르는 코펜하겐대학 신학과에 입학하여 신학·철학·미학을 공부하였다. 그러나 덩그러니 큰 저택에서 형들과 누나들이 뒤이어 죽는 것을 보고 필경 자기의 집에는 하느님의 저주가 따르고 있다고 느끼지 않을 수 없었다. 1835년경 그는 정신상의 <대지진>을 겪고 <무서운 변동>을 경험하였다. 이것은 그의 아버지가 하느님께 대하여 범한 죄를 그가 알게 됨으로써였다. 이 때 이후로 그에게는 자기 자신이 죄인이요, 또한 전인류가 죄 있는 존재임을 절실히 느끼게 되었다. 그는 절망한 나머지 폭음하기도 하고 유녀의 집에 들어갈 뻔도 하고, 또 자살하려고도 했다.

1837년에 키에르케고르는 레기네 올슨(Regine Olsen)을 만나 서로 사랑하게 되었고, 1840년에 약혼했지만, 1년쯤 후에 파혼할 것을 제의하여 결국 파혼하게 되었다. 그의 이 행동은 관계된 양가의 사람들을 분격시키고, 레기네를 깊은 슬픔에 몰아넣었지만, 키에르케고르로서는 깊이 생각하고 나서 취한 비통한 행동이었다. 참새와도 같이 명랑하고 행복스러워 보이는 레기네에 비하여 죄의 의식으로 어두운 생각에 괴로워하는 키에르케고르는 레기네의 사랑이 약속하는 안락한 행복을 받아들이기에는 자기의 신앙의 경지가 너무나 음울한 것임을 절실히 깨달았다. 하느님을 믿으려 하면서도 믿을 수 없게 하는 죄의 어두운 구름 속에 그의 마음은 깊이 잠겨 있었다. 그리스도인으로서는 하느님 안에서 그리고 하느님을 통하여 사랑하고 사랑을 받기도 해야만 할 터인데, 하느님을 믿을 수 없다면 참으로 사랑한다고는 할 수 없으며, 따라서 참으로 사랑하지 않으면서 결혼한다는 것은 그로서는 도저히 할 수 없는 일이었다. 그는 약혼한 바로 다음 날에 그 약혼이 잘못된 것임을 진작 느꼈던 것 같다. 쓰라리고 괴로운 생각 끝에 참으로 그녀를 사랑하고 존경한다면 그녀와 결합되어서는 안 된다고 결심하고, 레기네의 절망적인 저항에 대하여 신의 조력을 믿고 사자처럼 행동하여, 씩씩한 기사와도 같이 끝내 그녀의 저항을 이기고 넘어섰다. 이별에 즈음하여 레기네는 항상 자기를 기억해줄 것을 간청하였는데, 키에르케고르는 이 청을 들어 일생 동안 그녀를 생각하면서 살았고, 또 그의 모든 저작을 돌아가신 아버지와 그녀에게 바쳤다. 그녀와의 연애는 그의 사상의 끊임없는 샘이 되었고, 그의 종교심을 깊어지게 해서 그리스도인으로서 고독의 길을 걷게 하였으며 또 그의 모든 저작활동의 원천이 되었다.

키에르케고르는 실존의 세 단계를 구별하였다. 미적 실존(aesthetische Existenz), 윤리적 실존(ethische Existenz), 종교적 실존(religiose Existenz)

이 그것이다. 미적인 것을 찾는 사람은 향락을 위주로 하는 사람으로서 돈 쥬앙(Don Juan)처럼 결혼 같은 것의 속박을 받지 않고 이 이성에서 저 이성으로 전전하면서 쾌락만을 추구하는 사람이다. 윤리적인 사람은 가족적인 사람으로서 한 가정에 충실한 아버지가 될 수 있는 사람이다. 이런 사람은 양심의 지배를 받는다. 마지막으로 종교적인 사람은, 키에르케고르의 예를 따른다면 결혼할 수 없는 혹은 결혼해서는 안 된다고 생각하여 결혼하지 않는 사람이라 할 수 있다. 세상의 연인들이 서로 상대방을 사랑한다 할 때 사실은 자기 자신을 사랑하는 경우가 얼마나 많은지 모른다. 그러므로 정말 사랑한다고 하면 결혼하지 않아야만 될 것 같다. 종교적인 사람은 인간의 착한 마음에도 한계가 있음을 알고 결국 인간이 절망에 둘러싸여 있음을 절실히 느끼면서도 거기서 기사회생하여, 새로운 형태의 생활로 결단하여 비약하는 사람이다.

키에르케고르의 생각으로는, 유한하고 죄 많은 존재인 인간이 절대자이신 하느님 앞에서 자기를 살펴보며, 자기의 생존을 성실하게 들여다보려 하면 할수록 인간은 하느님과의 관계에서 근원적으로 규정되는 존재요, 따라서 유한성 속에서 헤매는 자일 수밖에 없었다. 그리고 인간이란 성실한 체하면 곧 불성실로 전락할 수밖에 없는 존재였다. 이것은 하나의 깊은 <이로니>(Ironie)요, 나아가 <불안>이요, 또 결국은 <절망>이었다. 그리고 절망에서 드러나는 <무>에서만 절대자이신 하느님에의 신앙으로 <비약>할 수 있다고 키에르케고르는 생각하였다. 그가 레기네를 떠난 것은 그의 동포 시민에게서 다시 없이 불성실한 행동이라 비난받았지만, 그렇게 한 것이야말로 그에게는 다시 없이 성실한 행위였다. 여기에 키에르케고르의 깊은 <파라독스>가 있다. 그리고 실존의 깊은 진리는 오직 패러독스로서만 나타내어질 수 있는 것이었다.

<실존>(Existenz)이란, 본래 서유럽의 전통에 있어서는 중세철학의 개념으로서 신의 <본질>(essentia)에 대하여 신의 <현존> 내지 <실존>(현실존재, existentia)이라 하는 경우에 사용된 말이다. 서양 중세철학에

서는 신이야말로 가장 우월한 의미에서 실존하는 존재였다. 그리고 안셀무스 같은 신학자는 신의 <본질>로부터 신의 <현존>을 논증하였다. 지고·완전·절대 등등의 신의 본질 속에는 또한 현존 즉 현실존재도 포함되어 있지 않으면 안 되겠으므로 신은 현존한다고 증명하는 것이다. 이것을 <존재론적 증명>이라 한다. 그런데 서유럽의 근대에 이르러서는 신 중심적 세계관으로부터 인간중심적 세계관으로의 전회가 성취되어, 이윽고 18세기에 칸트는 재래의 <존재론적 증명>을 비판하게 되었다. <신>의 본질이라 하지만 결국 그것은 우리 인간이 생각하는 것이요, 우리 인간이 그러한 본질적 관념으로부터 그 관념의 대상이 현실적으로 존재한다는 것을 논증하려면 경험에 의해야만 되는데, 신은 경험을 초월한 존재인 때문에 우리는 그가 계시다는 것을 경험에 의하여 알 수는 없다. 이리하여 칸트는 기왕의 모든 <신의 현존의 증명>을 부인하였다. 즉 신을 생각한다는 것과 신이 현실로 존재한다는 것은 전혀 다르다고 칸트는 생각한다. 이것은 칸트 철학의 인간중심적인 성격을 보여준다. 그런데 칸트는 인간의 존재를 아직 인간의 <본질>이란 관점에서 생각하였다. 그리고 칸트가 생각한 개체적 인간의 <자유의 의식>이라 하는 것도 아직 인간존재의 일반적 형식적 본질로서 파악된 것이었다. 이러한 형식적 자유를 내용적으로 충실하게 하려고 일어난 것이 다름 아닌 낭만주의인데, 이 낭만주의 철학의 최후의 완성자였던 헤겔은 "절대자는 주체다"라고 했고, 초개인적인 의식주체, 즉<정신>(Geist)이 세계에 있어서 역사의 주체를 이루는 것이라 주장하였다. 이로써 인간의 자유의 의식은 신에게까지 확대되고, 자연과 역사에 있어서 충실화되었지만, 동시에 이로써 인간의 개체성은 사라지고 말았다. 개체적 인간의 존재, 즉 <실존>은 인간의 초개인적·일반적 본질에 해소될 수 없다. 오히려 실존은 본질에 선행한다. 개인은 국가나 사회의 전체 속에 해소될 수 없는 그리고 해소되어서는 안 되는 귀중한 가치와 의의를 지니고 있다. 이것을 키에르케고르는 예리하게 꿰뚫어 보았다. 그는 자기의 시대를 <수평

화(水平化)>의 시대라 불렀다. 정열을 잃어버리고 무턱대고 이성을 내세우면서 공론을 일삼는 타락한 시대라는 것이다. 거기서는 근원적 구별이 수평화되고, 개인은 평균화되었으며, 인간은 추상적이고 비개성적인 존재들의 집단, 즉 <공중>이 되고 말았다. 공중이란 "모든 사람이요, 동시에 아무도 아닌, 하나의 거대한 어떤 것, 추상적 공허자"일 따름이다. 그러므로 키에르케고르는 하느님 앞에서의 <단독자>요, 평균인들 가운데 <예외자>로서, 마치 <순교자>처럼 홀로 하느님 앞에서 성실하게 될 것을 추구하였다.

프리드리히 빌헬름 니체(Friedrich Wilhelm Nietzsche, 1844~1900)는 일찍이 아르투르 쇼펜하우어(Arthur Schopenhauer, 1788~1860)의 사상에서 깊이 배운 바 있었다. 쇼펜하우어는 칸트의 <현상>(Erscheinung)과 <물자체(物自體, Ding an sich)>와의 구별을 받아들이고, 전세계는 <표상>(Vorstellung)이요 세계의 주체인 물자체는 다름 아닌 <살려는 맹목적 의지>(blinder Wille zur Leben)라고 보았다. 무기적 자연계에서 식물계·동물계, 나아가 인류에 이르기까지 이 우주 안의 만물은 <살려는 의지>의 <객체화>(Objektivation)의 여러 단계다. 그런데 이 살려는 의지는 맹목적이요, 끝없이 추구해 마지않는 것이므로 언제나 결핍의 상태에 있다. 또 그것은 항상 방해를 당하고 있으므로 고뇌(Leiden)의 상태에 있다. 그리하여 우리는 이러한 고뇌로부터의 해탈을 생각하게 된다. 해탈은 먼저 예술에서 오지만, 예술이 주는 해탈은 일시적이다. 궁극적인 영구한 해탈은 고대 인도적 우파니샤드(Upanischad)가 가르치는 열반(Nirvana)의 경지에 들어감으로써 성취된다.

니체는 쇼펜하우어의 이러한 염세주의적인 <살려는 의지>의 철학을 일보 전진시켜 적극적인 생의 철학에로 변형시켰다. 니체에 의하면, 존재하는 모든 것에서 작용하고 있는 근본적인 힘은 <힘에의 의지>(Wille zur Macht)다. 그것은 창조적·적극적·능동적인 힘으로서, 생의 보다 높은 단계에로의 진화를 가능케 한다. 그것은 초기 그리스에 있어서 건강하고 아름다우며 또 강한 지성, 그리고 창작 및 감상에 있어서의 훌륭한 미적 능력을 가진 성성한 개인들을 낳았다. 그런데 그리스시대 이래 현대까지 2천여 년 동안 서유럽문명은 잘못된 길을 걸어왔다. 그리하여 고대 그리스의 귀족주의에서 보는 바와 같은 의지적 개성을 억제하고, 생물로서는 부적하고 약하게 되는 경향을 증대시켜 왔다. 고대의 그리스는 건강했는데, 근대의 그리스도교는 퇴폐하였다. 니체는 만일 고대 그리스 정신이 재생되고 그 이상이 회복되면, 진화가 더 있게 되고 마침내 초인 (Übermensch)이 출현하리라 기대하였다. 평범하고 나약한 인간들에게 염증을 일으키고, 아침 햇빛마냥 성성한 초인의 출현을 갈망해 마지않았다.

고대 그리스의 헤라클레이토스나 엠페도클레스 혹은 피타고라스처럼 니체도 진화의 발전을 하나의 원환(圓環)으로 생각한다. 공간·물질·에너지는 유한한데 시간은 무한하기 때문에 공간에 있어서의 에너지나 물질의 결합은 장래에 있어서 다시 되풀이될 것이 불가피하다. 이것이 곧 <동일한 것의 영원한 회귀>(Ewige Wiederkehr des Gleichen)의 사상이다. 고귀한 생활을 하는 강건한 영웅에게는 <영원한 회귀>가 반가운 일이지만, 퇴폐한 사람에게는 동일한 생을 끝없이 되풀이한다는 것이 무섭고 두려운 일이 아닐 수 없다. 오직 고귀하고 영웅적인 인간만이 기쁜 마음으로 동일한 것의 영원한 회귀를 바라보고 태연히 그것을 긍정할 수 있다. 이런 까닭에 <모든 가치의 개가>(Umwertung aller Werte)가 필요하다. 즉 그리스도교, 민주주의, 공리주의, 사회주의 같은 일반에 인기 있는 가치 규준의 배격과 고대 그리스의 고귀한 귀족주의의 가치규준의 부활이 필요하다.

니체는 <주인의 덕>(Herren-moral)과 <노예의 덕>(Sklaven-moral)을 구별하였다. 주인이란, 가령 고대 그리스의 귀족, 인도의 지배계급이었던 아리아족, 초기 로마인, 게르만인 같은 부류에 속하는 사람이다. 그들에게 있어서 <좋은 사람>이란 자기들처럼 힘이 넘쳐 흐르는 군주·지배자·

주인이다. 그들은 용감하고 솔직하며 또 정직하고 순결하다. 그래서 비천한 계층의 사람들과 섞이기를 싫어한다. 그들에게 있어 <나쁜 사람>이란 피지배계층에 속하는 민중이요, 노예 되기에 합당한 비열한 사람이요, 그리하여 반역심을 품고 있는 사람들이다.

니체가 보기에 그리스도교는 남성다운 자기긍정과 전사적인 용감의 덕을 배격하고, 그 대신에 동정·연민·온유·순종·평화주의 같은 것을 높이 평가하면서 절름발이·소경·귀머거리, 이 밖의 온갖 고통에 신음하는 사람들에게 접근하여 그들을 불러 모았다. 그리스도교는 유대인에게 그 근원이 있는데, 유대인은 자기들을 정복한 남성적인 사람들을 증오한 노예민족이었다. 그리하여 그리스도교의 숨은 동기는 주인에게 복수하려는 노예의 희망이었다. 이것은 『성서』와 교부들의 말에서 보아 분명한 일이라고 니체는 주장하였다. 민주주의, 노예해방, 부인 및 노동자의 인권, 사회주의의 발전 같은 것은 그리스도교의 승리와 더불어 생긴 것으로서, 유럽인을 정신적으로나 육체적으로 열악하게 하고, 개인주의·자신·귀족성을 억압하고, 위대한 음악·미술·문학을 질식시키고, 결국 전체적으로 볼 때 본래적인 가치를 붕괴시키게 했다는 것이다.

히틀러(Hitler)가 니체를 숭배한 것은 매우 유명한 사실이다. 니체를 잘못 해석하면 전체주의적인 정치철학이 나오고, 끔찍한 전쟁이 그 광신에서 빚어질 수 있다는 것은 인류가 제2차세계대전에서 경험한 바이다. 그러나 니체의 그리스도교 비판 속에는 아주 예리하고 진실한 생각이 무수히 들어 있어서, 우리는 오히려 그의 진정한 사상 속에서 그리스도교를 참으로 깊이 그리고 새로이 살릴 수 있는 원리와 예지와 힘을 찾아낼 수도 있다고 본다.

마르틴 하이데거(Martin Heidegger, 1889~1976)는 현대의 가장 깊이 있는 철학자라 하겠다. 그의 언어는 난삽하고 또 애매한 데가 많지만, 그의 사상의 독창성을 부인할 수는 없다. 그리고 히틀러가 집권한 직후 그가 프라이부르그대학의 총장 취임연설에서 "독일의 대학의 학생들과 교수들은 이제 나치국가에 봉사할 것을 생각하지 않으면 안된다"고 말했다고 해서 이제 와서 그의 철학자로서의 가치와 철학에 대한 공헌이 감소되는 것도 아니다.

하이데거는 일찍이 1927년에 『존재와 시간』(Sein and Zeit)을 저술·발표함으로써 철학사에 길이 남을 업적을 세웠다. 그는 <존재>(Sein)란 무엇인가 하는 가장 근본적인 물음을 철학적 문제로 삼았다. 존재는 <존재하는 것>(das Seiende)과는 다르다. 존재하는 것은 특수한 존재 혹은 특수한 사물이지만 존재는 아니다. 존재는 <존재자>를 존재자이게 하는 것이다. 모든 개별과학은 존재자를 다루는 것인데, 철학은 존재를 다루지 않으면 안 된다. 그런데 존재란 누구에게나 잘 알려져 있는 듯 싶지만, 막상 그게 뭐냐고 캐묻는다면 실상 우리는 잘 알지 못하고 있다. 과거에도 많은 철학자들이 존재를 문제 삼았으나, 결국 그들은 쉽게 존재자를 논하였던 것이다.

철학의 이러한 상황에서, 즉 존재의 문제가 가장 중요한 철학적 문제임이 자각되면서도 그것을 해결할 실마리가 잘 잡히지 않는 상황에서 하이데거는 <인간존재>를 존재·해명의 실마리로 삼는다. 인간존재는 다른 존재자들과 같은 모양으로 존재하면서 또한 동시에 <존재>를 문제 삼는 존재자다. 이러한 인간 존재를 하이데거는 <다자인>(Dasein)이라는 말로 표현하고 있다. da-라는 접두사는 <거기에>라는 의미를 가지고 있으므로, Dasein이란 거기에 현재 실지로 존재한다는 것을 의미한다. 이 Dasein은 <현존재>라고 흔히 번역되지만, 영어로는 human existence, transience 혹은 life라고도 번역된다. 하여간 다자인은 하이데거의 용어 가운데 이해하기 곤란한 것의 하나이지만, 본래는 라틴어의 existentia에 해당하는 말이요, 보통은 <생존>이란 의미로 쓰인다. 인간이란 존재자를 하이데거가 다자인이라 부르는 것은 인간이 이 세계 속에서 항상 주체적인 관심을 가지고 사는 특수한 존재이기 때문이다. 인간은 다른 모든 존재자처럼 그저 존재자로서만 취급할 수 없는 존재다. 다자인, 즉 인간

존재는 <세계 내 존재>(In-der-Welt-sein)로서 항상 <근심·걱정>(Sorge)
하면서 사는 존재다. 근심·걱정, 즉 <배려>는 다자인의 근본성격이다. 근
심·걱정이라 하는 것은 유한한 존재가 궁극적으로는 <죽음>과의 관계
에서 살 수밖에 없고 그것을 분명히 의식하는 데서 생긴다. 그러므로 인
간은 <죽음에의 존재>(Sein zum Tode)요, 여기에 인간존재가 <시간>
과 불가분의 관계에서 생존(dasein)하고 있음을 알 수 있다. 하이데거에
게 있어서 시간성은 바로 다자인의 존재의 의미다. 인간은 이러한 세계
안에서 산다. 그리하여 세계는 그저 자연인 것은 아니다. 어디까지나 나
와의 관계에서 성립한다. 가령 <거리>가 문제될 때에도 가장 가까운 것
이란 공간적 거리에 의하여 정해질 것이 아니라 내 관심에 의하여 결정
되는 것이다. 즉 내가 마음 쓰는 것(걱정·근심하는 것)이야말로 가장 가
까운 것이다.

이렇듯 하이데거의 실존철학은 주관주의적 색채가 농후하다. 그래도 『존
재와 시간』에서는 문제를 엄밀히 다루려는 의도가 엿보인다. 거기서 그는
"다자인(Dasein)이 거기 대해서 이렇게 혹은 저렇게 관계할 수 있고, 또
언제나 어떤 모양으로 관계하고 있는 존재 자체를 실존이라고 일컫는
다"(Das Sein selbst, zu dem das Dasein sich so oder so verhalten
kannund immer irgendwie verhält nennen wir Existenz)라고 규정하고
있다.

쉽게 말하면 Dasein(현존재)의 Sein(존재)이 Existenz(현실존재)이다. 하이
데거는 모든 존재론에 앞서서 <기초적 존재론>(Fundamental-ontologie)을
문제 삼아야 한다고 주장하는데, 모든 존재론이 성립하려면 <존재>가
무엇인가가 분명하게 되지 않으면 안 된다. 그런데 위에서도 말한 바와
같이 존재 일반은 그 중의 독특한 존재인 다자인의 존재, 즉 현실존재
(Existenz)를 통해서 그 비밀이 열려지겠기에, 그의 기초적 존재론은 우
선 현실존재의 철학, 즉 <실존철학>이 되지 않을 수 없다.

이리하여 현실존재(Existenz)를 문제 삼으면서 하이데거는 인간이 자

기의 주체성을 상실하여 <세상사람>(man)의 하나가 될 때 <본래적 자기>가 사라진다고 본다. 그리하여 그에게도 <본래적으로 실존하는 자기>(eigentlichexistierenden Selbst)에 대한 강렬한 호소가 있다. 그리고 또 인간은 세계 속에 이미 <던져진>(geworfen) 존재이면서 또한 자기의 존재를 <앞으로 던져 꾸미는>(entwerfen, 투기하는) 존재라고 하이데거는 지적한다. 인간은 광대한 세계 속에 필연의 법칙에 의하여 던져짐으로써 생존하게 된 존재이지만, 또한 그 세계를 생각하고 꾸미고 고쳐나갈 수 있는 자유도 가지고 있는 존재다. 이러한 인간존재의 모든 특성이 시간성 속에서 드러난다. 실로 시간은 인간존재의 불가분리의 짝이다.

그러나 하이데거는 노년에 이르면서 차츰 신비주의적인 색채를 띠어간다. 그는 예술에 있어서 현실을 그대로 재현하는 것을 못마땅하게 여길 뿐더러 또한 우리의 사고에 있어서도 눈앞에 있는 것을 그대로 재생시키는 사고를 좋지 않게 여긴다. 그런 사고 대신, 우리는 <상기하는 사고>(das andenkende Denken)를 해야만 한다. 우리는 잊혀진 것을 상기하고 다시 찾지 않으면 안 된다. 존재자들이 아니라 존재를 찾지 않으면 안 된다. 즉 한갓 대상이나 물건이 아니라 우리가 그 일부분인 근원적 존재를 파악하지 않으면 안 된다. 소크라테스 이전에는 존재가 그 참모습에서 파악되었지만 그 후로 우리는 존재 망각의 역사 속에 살고 있다. 이러한 존재를 우리에게 드러내어주는 것은 상식을 내세우는 과학적인 철학이 아니다. 오히려 휠더린(Hölderlin)의 신비로운 시 혹은 릴케(Rilke)의 애매한 시가 존재를 우리에게 보여 준다.

하이데거에 의하면 현실존재(Existenz)란 <존재>의 밝음 속에 <나가서>(Ek-) <서는 것>(-sistenz), 즉 Ek-sistenz다. 우리는 계량적 사고에 의하여 존재자를 지배하는 일을 그만두고, 오로지 <존재의 소리 없는 소리가 귀띔하는 언어>에 귀를 기울이지 않으면 안 된다. <존재>의 진리는 그것에 귀를 기울이고 그것에 응답하여 말하는 <말> 속에 깃들이고 있다. 말(Sprache)은 존재가 그 속에 들어서 사는 집이다. 인간은 이 집 속에 사는 것이요, 또 철학적 사색은 말에 봉사하는 것이다. 우리는 만물을 지탱하는 자모요 고향인, 존재에로 돌아가지 않으면 안 된다. 존재는 <원자연>(Urnatur)이다. 그것은 모든 존재자를 지탱하고 있는 근거이지만, 그 자신에게는 아무런 밑받침도 필요 없다. 이런 의미에서 그것은 <근거에서 떠난 것>(Abgrund), 즉 <심연>이기도 하다.

칼 야스퍼스(Karl Jaspers, 1883~1969)는 자각적 존재로서의 인간존재를 <실존>(Existenz)이라 부른다. 그에게 있어 실존이란 결코 대상이나 객관으로서 인식될 수 없다. 실존이란 "내가 거기 의거하여 생각하며 행동하는 근원"이기 때문이다. 그리고 <실존철학>(Existenzphilosophie)은 <실존으로부터의 철학>이지, 실존에 <관한> 철학이 아니다. 실존철학이 구하는 것은 "자기 존재의 암흑한 근거"인 실존을 조명하면서 자각하는 것이요, 이것을 통하여 자기의 실존이 실존하는 의의를 분명히 알며, 또 남의 실존에 호소하여 그로 하여금 또한 자신의 실존의 의의를 자각케 하는 것이다. 즉 "인간 자신이 본래 무엇임을 상기시키고 깨닫게 하는 것"이다. 야스퍼스에 의하면 실존은 자기 자신에 관계하는 것이요, 그렇게 함으로써 동시에 초월자 곧 신에 관계하는 것이다. 실존은 초월자 곧 신에 의하여 지탱되고 있다. 따라서 실존이 이러한 초월자에 대하여 귀의의 관계에 있음을 자각할 때 실존은 참으로 실존할 수 있다. 실존은 초월자 앞에서만 본래적인 존재일 수 있고, 또 초월자에게만 자기 자신을 완전히 내어맡긴다.

『현대의 정신적 상황』(Die geistige Situation der Zeit)은 현대문명의 불행과 위기를 예리하게 해부하고 있다. 세계적 동란과 갖가지 혼란이 있은 후 현대인은 걷잡을 수 없는 <불안>(Angst)을 느끼면서 살고 있다. 고대 그리스인들은 자연적 조화 속에서 살았고, 중세 서유럽인은 그리스도교의 신적 질서 속에서 마음의 평화를 얻으면서 살았고, 근대 서유럽인들은 인간정신을 지고의 것으로 보고 거기서 생존의 근거와 의의

를 찾았지만, 현대인은 이제 그러한 안주의 고향을 잃어버리고 자기의
뿌리에서 끊겨 심히 허무한 심정 속에서 살고 있다. 현대인은 생물학적
다자인(생존)을 영위하고 있을 따름이요, <대중>의 일원으로서 <집단
질서> 속에 살지 않을 수 없는 <수평화>(nivellieren)된 인간이 되고 말
았다. 기술이 발달하고 대규모의 기계화된 생산양식이 생기고 고도로 조직
화된 자본주의사회의 경제기구와 정치기구 같은 거대한 <장치>(Apparat)
가 형성되어, 우리의 <생존>은 아무 개성도 없고 창의도 없는, 그리고 아
무와도 임의로 대체될 수 있는, 한갓 기구 운전의 한 기능에 불과하게 되
었다. 이러한 집단화·수평화·기계화는 오늘날 일상의 가정생활이나 노
동이나 오락에까지 침투하여 국가와 교육의 모습을 이지러지게 하고, 교
양·예술·과학·종교·철학을 퇴폐시키고 있다. 그리하여 실천적 주체로서
의 존엄한 자유를 가진 독립적 인격은 거의 찾아볼 수 없게 되었다. 여
기에 현대인을 불안으로 몰아넣는 위기가 있고, 실존 즉 본질적인 자기
존재가 상실되려 하는 불행한 정신적 상황이 있다.

이러한 상황 속에서 우리 각자의 <가능적 실존>(mögliche Existenz)의
철저한 <고독의식> 속에서 참된 자기 자신을 깨닫고, 자유의 결단에 의
하여 자기 독자의 충실한 생활을 세계 속에서 새로이 실현하며 또 이러
한 자유로운 존재로서만 서로 마음이 통하는 진실한 벗과의 <연대
성>(Solidarität)에 의하여 고독으로부터 구출되는 길밖에는 <불안>을
극복할 도리가 없다고 야스퍼스는 생각한다. 그래서 인간의 자유의 본질
을 <밝히 비추어 주는>(erhellen) 새로운 철학, 즉 사람들에게 <호소하
여> 참된 자기를 현실적으로 <깨워 일으키는>(erwecken) 새로운 철학 –
실존철학 – 이 출현해야만 한다는 것이다.

야스퍼스에 의하면, 자기 존재의 근거인 <실존>은 "오직 이성(Vernunft)
에 의해서만 밝게 되며" "이성은 오직 실존에 의해서만 알맹이를 얻는"
다. 오성(Verstand)은 개개의 지식을 고정화시키고, <이성>의 사유는
이에 반하여 쉴 줄도 끝날 줄도 모르는 운동 속에만 존재한다. 이성은

<실존의 도구>요, 그 자신은 비생산적·비창조적 능력이지만 만일 실존에 이성이 없으면 실존은 그때그때의 감정이나 자의에 좌우되어 맹목적 존재가 되고 실존이기를 그치고 만다.

야스퍼스는 <이성의 자각>을 <철학적 논리학>이라 부른다. 이것은 온갖 존재양식을 그 형식에 의하여 드러내는 것이다. 갖가지 존재가 그 속에 나타나고 그리고 이 존재들에 관한 지식이 그 속에서 성립하는 포괄적 공간을 야스퍼스는 <포월자>(das Umgreifende)라 부른다. 포월자는 하나인 초월적 전체자인데, 우리가 그것을 확인하려 하면 그것은 주·객으로 분열되어 <존재 자체인 포월자>와 <우리가 그것인 포월자>가 된다. 그리고 다시 전자는 <세계>(Welt)와 <초월자>(Transzendenz)로, 후자는 <현존재>(Dasein), <의식 일반>(Bewuβtsein überhaupt), <정신>(Geist), <실존>(Existenz)에로 분열한다. 이것들은 포월자의 여러 양태요, 이것들을 서로 연결시키는 <유대>가 다름 아닌 이성이다.

그의 주저 『형이상학 일기』(Journal métaphysique)에서 "신은 결코<그>가 될 수 없는 절대의 <너>다"(Dieu est le toi absolu qui ne peut jamais devenir un lui.)라 하여 신을 <절대의 너>로서 파악한 가브리엘 마르셀(Gabriel Marcel, 1889~1973)은 수십 년을 하루같이 조용히 그리고 성실하게 실존적 사색에 침잠했던 사상가다. 그는 나중에 하나의 체계적 저술을 내어놓을 생각으로 <형이상학적 일기>를 기록했다. 그러나 1914년에서 1923년까지 자기의 사색을 적어간 후, 막상 체계를 세우려 하니 도저히 그리할 수 없음을 절실히 느끼게 되었다. 실존적 사상은 체계의 정신과는 거리가 먼 것이었다. 그리하여 『존재와 소유』(Etre et Avoir, 1935)에서도 그의 <형이상학적 일기>는 계속되고 있다. 여기서는 될수록 그 자신의 말을 들어보기로 한다. 그렇게 하는 것이 단편적이기는 하되 우리로 하여금 이 사상가의 진정한 모습을 볼 수 있게 해주겠기 때문이다.

마르셀은 <실존>을 <존재자로서의 자기의식>(Conscience do soi comme

existant)이라 규정하며, 더 나아가 <하나의 신체에 결부된 것으로, 즉 육신을 가진 것으로 자신을 의식하는 자기의 의식>(Conscience de soi comme lié à un corps, comme incarné)이라고 설명한다. <실존>이란 <육신을 갖춘 인격>(personalité incarnée) 이외의 다른 아무 것도 아니다. 이러한 입장에서 볼 때, 존재하는 모든 것은 내 신체와의 관계에서 그 자리를 잡는다. 따라서 모든 객체도 인식하는 주체에서 분리되어 생각될 수는 없다. 그러한 분리는 한갓 추상일 따름이다. 마르셀의 실존사상은 처음부터 관념론을 생명 없는 추상으로 본다. 그리고 그 미망에서 깨어나려고 마르셀은 사상적 몸부림을 치기도 했다.

1929년 2월 28일 일기에 그는 이렇게 적었다―"오늘 오후 이러한 생각을 했다. 시간에 대해서 있을 수 있는 유일의 승리에는 성실이 참여한다고. 이 성실이란 말은 니체의 말에서 매우 심원한 바 있다. 인간은 약속을 하는 유일의 존재다."

"3월 5일, 이제 더 의심치 않는다. 오늘 아침, 기적적인 행복이다. 처음으로 <은혜>의 경험을 했다. 마침내 나는 그리스도교에 둘러싸였다. 거기 빠졌다. 지복의 침잠<submersion). 더 뭐라고 쓸 생각이 없다. …그러나 무엇인가 부족한 듯싶다. 말문이 막혀 더듬는 듯싶다. 이것은 확실히 하나의 탄생이다."

이날 마르셀은 가톨릭으로 귀의하는 심정을 굳게 한 것 같다. 거기에는 프랑수아 모리악(François Mauriac)의 오랜 동안의 우정 어린 권유가 있었다. 5월 28일 아침 그는 세례를 받았다.

"5월 7일,…시간은 체험(épreuve, 시련, 해봄, 고난)의 형식이라고 어제 오후 생각하였다. …우리가 세계를 구경거리(spectacle)로 취급하면 할수록, 그 당연한 결과로 세계는 우리에게 형이상학적으로 더욱 알 수 없는 것이 된다. …내가 어떤 특수한 사물을 생각할 때에는, 나를 세계로부터 분리시키는 행동이 당연한 것이지만, 우주가 문제되자마자 이 행동은 부당하고 부조리한 것이 되고 만다. 나는 사고 속에서조차 나를 실제로

우주로부터 떠난 어떤 곳에 둘 수 없다.… 나의 발생의 문제와 우주의
발생의 문제는 오직 하나의 그리고 동일한 문제다. 다시 말하면 오직 하
나의 그리고 동일한 불가해한 문제다. 이 불가해성은 나의 위치 자체, 나
의 실존 그리고 이 실존의 형이상학적 근본사실과 연관되어 있다. 그리
고 여기서 사람들은 영원이라 하는 절대적 개념에로 비약한다. 그런 한
에 있어서 우주는 객체로 생각되지 않고 또 생각될 수 없으므로, 올바르
게 말한다면 우주는 과거를 가지고 있지 않다. 도대체 우주는 내가 영화
에서 보는 바와 같은 그 어떤 표상이라 할 것을 완전히 초월하고 있다.
그것은 정확히 나와 동일하다. 어느 점에서 보면 나는 우주와 동시적인
것(contemporain do l'univers)으로, 즉 영원한 것으로 나에게 보이지 않
을 수 없다. …나는 이 빛, 내 생각 속에 이루어진 이 빛이 나에 대해서
타자(l'autre), 즉 유일자(le seule)의 연장 이외의 다른 아무것도 아니라
고 쓰지 않을 수 없다. 기쁨의 충만."

마르셀에 의하면, 시간을 이해의 양식으로 보는 것은 잘못이다. 이것은
주체를 현실에서 추상하고, 주체를 참으로 주체이게끔 하는 <앙가주
망>(engagement, 현실참여)과 절연시킴으로써만 생기는 견해다. 주체
는 앙가주망 없이는 진정한 주체가 되지 못한다. 주체가 현실에 참여하
면 그때 시간은 한갓 객관적 이해의 양식이 되는 게 아니라, 우리의 깊
은 체험의 양식이 된다. 그리고 <시간을 초월한다>는 것은 공허한 상태에
로 비약하는 것이 아니라, 창조적 의도에 더욱 효과 있게 참가하는 것이다.
이런 의미에서 주체는 <수용성>(réceptivité)인 동시에 <행동자>(agent)다.
"7월 18일, penser(생각한다)와 penser à(즉 해서 생각한다, ~에 대해
서 생각한다) 사이의 차이를 많이 생각하였다. penser는 하나의 <구조>
(structure)를 인식하는, 혹은 구성하거나(édifier) 제거하는(dégager) 것
이요, penser à는 이것과 전혀 다르다. …우리는 어떤 존재 혹은 어떤
사건에 대하여 생각한다(penser à). 나는 우리가 사람의 몸을 입은 그리
스도에 대하여 생각하는(penser à) 의미에서 신에 대하여 생각할 수 있

다고 확신할 수는 없다. 하느님을 구조로서 다루지 않는 한에서만 그럴 수 있다. …" 마르셀에게 있어서 penser는 보편적인 것을 추상적으로 생각하는 것이요, penser à는 구체적인 것을 내 속마음으로 생생하게 생각하는 것이다.

"7월 19일, 요컨대 penser는 본질들에로만 나아가는 것이다. 비인격화(dépersonnalisation)는 거기서는 완전히 합법적이지만, penser à의 세계에서는 불가능한 일이다. …우리가 내용을 회복하면 할수록 penser에서 penser á로 넘어간다."

"어찌하여 신에게 기도하는 것이 조금도 의심할 여지없이 신을 생각하는(penser à Dieu) 유일의 방식이 되는가를 이해해야 되겠다. 내가 어떤 무한한 존재에 대하여 생각할(penser à) 때, 나는 그와 나 사이에 이를테면 하나의 공동체(communauté), 친밀성 내지 하나의 <아베크>(avec, 공재)를 다시 세운다(rétablir, 회복한다). 어떻게 내가 신에 대하여 생각할 수 있는가라고 자문하는 것은 어떠한 의미에서 내가 그와 함께 있을 수 있는가를 탐구하는 것이다. 나를 어떤 사람에게 연결시키는 공존 비슷한 어떤 공존이 여기서 문제되지 않는다는 것은 아주 분명한 일이다. 그러나 <어떤 사람을 생각한다>(penser à quelqu'un)는 사실 속에 이미 적극적으로 공간을 부정하는 일이 있다는 것을 잊지 말자. 공간의 부정 – 죽음의 부정 – 은 공간에서 실현될 수 있는 분리에 대한 부정의 가장 극단적인 표현이다. 죽음은 어느 의미에선 하나의 승리이기에 말이다. 죽은 자는 다른 어떤 곳에도 있지 않는 자다. 어디에도 그는 없다. 그러나 생각은 허무화의 적극적 부정이다."

생각(penser à)은 허무와 죽음을 넘어서서 공간을 부정하고 그리운 이를 우리 마음속에 영원히 간직하게 해주는 가치를 지니고 있다. 여기에 이르러 마르셀의 사상에는 쓰라린 마음을 안고 적막하게 헤매는 인간의 영혼을 따뜻이 감싸주는 훈훈한 분위기가 감돌고 있다.

"실존주의는 하나의 휴머니즘이다"(L'existentialisme est un humanisme)라고 주장하는 장 폴 사르트르(Jean-Paul Sartre, 1905~1980)는 가장 적극적인 행동으로 줄곧 현실에 참여하면서 현대를 살았던 사상가다. 그의 이러한 생활태도의 철학적 기반을 우리는 그의 철학적 주저 『존재와 무』(L'etre et le néant)에서도 찾아볼 수 있다. 『존재와 무』의 서론에서 그는 니체의 정신을 따라 <배후세계의 망상>(l'illusion des arrière-mondes)을 깨끗이 버린 입장에 선다. 존재는 나타난 현상대로 있는 것이요, 그 뒤에 무슨 비밀이 있는 것이 아니다. 모든 것은 현실태로 있다(Tout est on acte). 현상이 그대로 현실태요, 현상을 현상되게 하는 어떤 본체 즉 현실태가 따로 있지 않다. 그리고 우리는 외부세계와 직접 관계하는 것이지 외계 사물에 대한 우리의 관념을 통하여 간접적으로 관계하는 것이 아니다. 견실한 상식에 입각한 것으로 여겨지는 이러한 입장에서 그는 버클리(Berkeley)와 후설(Husserl)의 관념론을 거부한다. 존재는 있는 그대로 있는 것이요, 인간은 자기 스스로 자기 자신을 만드는 존재다. 인간은 자유롭도록 운명 지워져 있는 존재다. 이렇게 자유의 운명을 짊어진 인간은 자기 자신에 대한 입법자다. 인간은 어디까지나 자유롭다. 물건은 <앙 수와>(en soi)로서 그 자체만으로써는 언제까지나 그저 그대로 머물러 있는 존재이지만, 인간은 <뿌르 수와>(pour soi)로서 자기 자신을 의식하고 자기 자신을 허무화할 수도 있는 존재다. 그러므로 인간은 그 행동에 책임을 지고 자유를 추구하되, 그 자유는 <위마니떼>(humanité, 인류)를 위한 것이 아니어서는 안 된다. 사르트르는 1945년 10월에 실존주의의 기관지 『현대』의 창간사에서 이렇게 말하고 있다 — "이 위기적인 현대에 있어서 작가의 책임은 그저 예술을 위한 예술이나, 혹은 그저 사실주의적인 작품을 만드는 데 있지 않고, 모름지기 인간해방의 운동에 참가하는 것이다."

제2차세계대전 중에 어떤 청년이 사르트르에게 나치에 가담할 것인가 그렇지 않으면 항독 지하운동에 참가할 것인가라고 물었더니 사르트르가 대답하기를 "너는 자유다. 그것은 네가 결정할 일이다"라고 했던 바,

그후 그 청년이 나치스에 가담하게 되어 그런 무책임한 소리를 하는 게 어디 있느냐고 사르트르를 비난하는 사람들이 있었다. 이러한 사르트르의 대답은 그의 철학에서 나오는 당연한 귀결이다. 사르트르가 말하는 자유는 아무 원칙도 없이 아무렇게나 행동하는 것으로 그릇 해석되는 까닭도 여기에 있다고 하겠다. 그러나 돌이켜 생각하면 타의에 의한 결단은 진정한 결단이 아니요 또 오래 가지도 못하는 것이 아닐까 생각된다. 그리고 사르트르가 생각하는 자유가 무원칙한 것이 아님은 그의 행동이 입증하고 있다.

사르트르의 사상은 그의 행동, 그의 사회적 참여에서 우러나온 것이다. 그는 제2차세계대전에 병사로 출정하여 포로가 되었다가 탈출하여 파리로 돌아와서 레지스탕스의 대열에서 싸웠다. 그는 한때 프랑스 공산당에 동조하였다. 이것은 그가 현상유지에 맹렬히 반대하고 현상을 뒤집어엎는 데는 공산당이 가장 적극적이라고 생각한 때문이었다. 그러나 그는 자기가 공산당원이 아니요, 공산당의 이론들을 받아들일 수 없으며 또 공산당이 집권하는 날에는 자기가 곧 처형되리라고 주장한다. 그는 언제나 진정한 위마니떼의 편에 선다. 그래서 헝가리 의거를 계기로 공산당과 결별하였다. 사르트르는 프랑스 식민지 알제리아에 대한 제국주의적 전쟁에 반대하여 죽음의 위험을 무릅쓰고 싸웠고, 쿠바 전쟁에서는 카스트로(Castro)와 함께 쿠바를 시찰하고 이제야말로 쿠바인이 사탕수수의 지배에서 벗어나 자기들의 운명을 자기들 스스로가 결정하게 되었다고 주장하였다. 여러 해 전 그가 노벨상의 수상을 거부한 것이 세계의 화제가 되었고, 그 수상기준의 편협함이 그의 거부의 이유라고 전해진 일이 있거니와, 이것도 그의 자유정신의 발로라 하겠다.

하여간 그의 행동에는 좀 이해가 안 가는 점도 가끔 있지만, 그의 세계관의 기초를 알면 납득이 간다. 즉 그는 언제나 현실세계를 직시하고, 니체의 말을 따라 "땅에 충실하게" 살되, 언제나 전적 인간(homme total)의 해방과 자유를 염두에 두고서 행동한다. 그는 이렇게 말하고 있다 —

"실존주의가 참으로 성실한 것이 되려면 그 원칙대로 생활하지 않으면 안 된다. 실존주의로써 산다는 것은 그 견해를 위하여 희생할 각오가 되어 있음을 의미하는 것이지, 그것을 그저 책에다 저술하는 것을 의미하지 않는다."

현대세계는 매우 복잡하고 미묘하다. 우리는 성실을 추구하면서 깊은 의미에서는 불성실하게 되는 수가 있다. 이런 사정을 사르트르는 다음과 같이 말하고 있다. "…성실의 본질적 구조는 그릇된 믿음(mauvaise foi, self-deception, 즉 자기기만)의 그것과 다를 바 없다. …사람은 성실함으로써 그릇된 믿음(자기기만)에 빠질 수 있다." 그러므로 성실한 행동이 진정으로 의미 있는 것이 되려면 통찰력이 있어야 한다. 사르트르는 행동하는 프랑스 지성으로서 현대에 있어서의 휴머니즘의 첨단적 통찰력을 줄곧 제공해 왔었다고 하겠다.

제4장 분석 철학

 분석철학(analytic philosophy)은 제1차세계대전과 제2차세계대전 사이
에 주로 영국에서 발전하였다. 그 사상경향은 과거 영국의 경험론과 매
우가깝고, 다만 더 예리한 논리학으로 무장하고 있는 듯한 느낌을 준다.
그것이 소위 빈(Wien) 학파의 논리실증주의(logical positivism)와 상통
하는 바가 있어, 이 두 철학사상의 조류가 합하여 근래까지 영국과 미국
의 철학계를 주름잡아 왔다.

 20세기의 분석철학 내지 철학적 분석(philosophical analysis)은 버트런
드 러셀(Bertrand Russell, 1872~1970)이 1905년에 영국의 유명한 철학
잡지 Mind에 실었던 On Denoting이라는 논문에서 발단했다고 할 수 있
다. 이 논문은 그 이후의 분석철학에 지대한 영향을 끼친 획기적 논문이
었다. 이 논문에서 러셀은 영어의 몇몇 어구가 내포하는 애매성을 지적
하고, 그 애매성으로 말미암은 논리적 오류를 밝히고 있다. 즉 그는
denoting phrase(지시구)가 어느 경우에나 지시하는 것이 아니고, 지시
대상이 없는데도 마치 지시하는 양 지시구가 들어 있는 경우가 있음을
지적하고 있다. 러셀은 <지시구>의 예로서 a man, some man, every man,
the present King of France, the present King of England, the centre of
mass of the solar system at the first instance of the twentieth century,
the revolution of the earth round the sun, the revolution of the sun round
the earth 등을 들고 있다. 이런 말들이 지시하는 대상은 직접 우리의 경
험에 주어져 있지 않다. 이런 대상에 대해서 우리는 acquaintance(직접
지)를 가지고 있지 않다. 우리는 이것들을 다만 기술(description)에 의해
서만 알고 있다. 이러한 성질을 가진 <지시구>는 그 자체만으로는 아무

의미가 없고. 다만 그것이 포함되는 명제 속에서만 의미를 가진다. 그런데 이런 지시구들 가운데는 어떤 일정한 대상을 지시하는 것도 있고, 그렇지 않은 것도 있다. 가령 the present King of England는 일정한 대상을 지시하는 것일 수 있지만, the present King of France가 지시하는 대상은 아무 데도 없다. 이 후자와 같은 지시구를 마치 그것이 어떤 대상을 실지로 지시하는 것처럼 다루면서 무슨 명제를 세운다면 그 명제는 무의미한 것이 될 수밖에 없다.

지시구가 들어 있는 명제는 지시구의 본질상 그 의미가 모호한 까닭에 지시구 없는 다른 명제로 고쳐서 생각하면 그 의미가 분명하게 드러나기도 하고, 혹은 그 명제가 성립될 수 없다는 것이 드러나기도 한다. 가령 "프랑스의 현재의 임금은 대머리다"(The present King of France is bald)와 같은 명제는 "현재 프랑스의 임금이 한 분, 그리고 오직 한 분 있고, 그 분은 대머리다"(There is one and only one entity who is now King of France and is bald)로 고쳐서 보아야 한다는 것이다. 도대체 영어의 a라 하는 부정관사는 매우 애매하게 쓰이는 말이지만, 정관사 the도 보기에는 매우 명확한 의미를 지닌 듯싶으면서 사실은 그렇지 못하다. 위의 문장에서 the가 들어 있는 어구 present King of France는 하나의 <지시구>로서 엄밀하게 한 대상을 지시하는 것이어야 할 터인데, 실상 그것이 지시하는 대상이 이 세상에는 현재 어디에도 없다. 이것은 좀 극단적인 예이지만, 어떻든 러셀은 영어의 어구들 가운데 의미 없는 것들을 날카롭게 해부하고 있다. 일반으로 'C'가 하나의 지시구이고 그것이 F란 속성을 가지고 있는 경우, "C가 F의 속성을 가지고 있다"라고 함은 "오직 하나의 어떤 것이 있고, 그것이 F의 속성을 가지고 있다"고 함을 의미한다. 이러한 의미를 가지고 있지 않을 때 "C가 F의 속성을 가지고 있다"라는 명제는 무의미하다. 따라서 '둥근 사각형', '2 이외의 맨 처음 우수', 'Apollon' 같은 말은 아무것도 지시하지 않는 지시구요, 이런 말이 들어 있는 명제를 위와 같이 옮겨보면 <오직 하나의 그런 것>이 없기 때문에 그 명제가 무의미함을 대뜸 알아볼 수 있다.

러셀은 이 논문에서 다음과 같은 예도 들고 있다. 즉 "가장 완전한 존재는 모든 완전성을 가지고 있다. <현존>은 하나의 완전성이다. 그러므로 가장 완전한 <존재>는 현존한다."(The most perfect Being has all perfections; existence is a perfection; therefore the most perfect Being exists.)는 "가장 완전한 것 x가 하나 그리고 오직 하나 있다. 그것은 모든 완전성을 가지고 있다. 현존한다는 것은 하나의 완전성이다. 그러므로 그것은 현존한다."(There is one and only one entity x which is most perfect; that one has all perfections; existence is a perfection; therefore that one exists.)로 옮겨서 생각할 수 있는데, 이것은 "가장 완전한 것 x가 하나 그리고 오직 하나 있다"라고 하는 전제가 증명될 수 없으므로 그러한 가장 완전한 <존재>(Being)의 현존(existence, 실제로 존재한다는 것)에 대한 논증이 될 수 없다는 것이다.

이 예에서 우리는 러셀이 의도하는 분석이 형이상학에 대해서 가지는 관련성을 엿볼 수 있다. 즉 철학적 분석은 경험론적 정신에 입각하여 직접적 경험에 근거를 두지 않는 언어의 애매성과 관념론적인 생각들에 반대하기에 이르고 있다. 이러한 태도는 러셀이 여러 군데서 논하고 있는 직접적 감각에 의한 지식(knowledge by acquaintance, 직접지)과 기술에 의한 지식(knowledge by description, 간접지)과의 구별에서도 잘 엿볼 수 있다. 러셀은 모든 지식을 이 두 가지로 나누고, 전자는 감각에 의한 직접적 파악인데 반하여 후자는 간접적으로 남의 말이나 설명 같은 것에 의하여 알게 되는 경우로 보고 있다. 그리고 모든 지식은 그 시초에 전자가 없으면 참된 지식이 될 수 없다고 주장하고 있다. 여기서 그의 철학의 경험론적 성격을 찾아볼 수 있는데, 청년시절에 무어(G. E. Moore)와 함께 한때 헤겔 철학에 경도됐던 러셀이 관념론의 미망에서 깨어나 실재론에로 결정적으로 전환하게 된 사상적 변화의 중대한 계기가 바로 On Denoting에서 전개되었다.

이러한 분석적 정신과 수학의 본질에 대한 성찰에서 러셀은 1910년대 후기에 <논리적 원자론>(logical atomism)이라는 형이상학적 세계관을 수립하게 되었다. 러셀은 이 세계관을 가지게 되는 데 있어 자기의 제자였던 루드비히 비트겐슈타인(Ludwig Wittgenstein, 1889~1951)에게서 배운 바 있다고 말하고 있다. 철학적 분석은 처음에 이 논리적 원자론과 더불어 서로 밀접한 관계를 맺으면서 발전하였다.

비트겐슈타인은 그의 철학적 천재가 힘 있게 나타나고 있는 획기적 저술 『논리·철학 논고』(Tractatus logico-philosophicus)를 "세계는 모든 <경우>의 총체다. 세계는 사실들의 총체이지, 사물들의 총체가 아니다"라는 수수께끼 같은 말로 시작하고 있다. 그의 깊은 영향 아래 발전한 논리실증주의는 형이상학을 부인하고 배척하고 있는데, 엄밀한 수학적·논리적 사고를 생명으로 삼는 비트겐슈타인에게서 이와 같은 형이상학적 발언을 그 저술의 맨 처음에서 읽는 것은 뜻밖의 일이다. 그러나 그의 의도는 차츰 분명해지고 수학적이고 논리적인 엄밀한 세계관을 수립하려는 노력이 힘차게 전개된다.

세계는 원자적 사실들(atomic facts)이 모여서 된 것이다. 이때의 원자는 물리학적 의미의 그것이 아니고 논리적 의미의 그것이다. 즉 논리적 원자론은 세계를 구성하는 물질이 무엇인가에 대한 답이 아니고, 세계의 논리적 구조를 밝히려고 한다. 원자적 사실이란 다시 더 나눌 수 없는 가장 단순한 사실이다. 그것은 경험할 수 있는 것이어야 한다. 이러한 사실들의 전체가 곧 세계다. 그리고 이러한 원자적 사실에 대응하는 원자적명제가 있다. 우리의 일상생활의 여러 가지 언명(statement)이나 과학의이론들은 아무리 복잡하다 하더라도 결국 원자적 명제들이 합해서 된 것이요, 따라서 원자적 명제들에로 분해될 수 있다. 어떤 언어에서나 모든 복잡한 명제들의 진위는 그 명제를 구성하는 단순한 명제들에 의하여 결정된다. 비트겐슈타인의 말로 하면, "명제는 기본명제들의 진리함수다."(Der Satz ist eine Wahrheitsfunktion der Elementarsätze.) 기본

명제들은 원자적 사실들처럼 서로 독립해 있다.

진리함수(Wahrheitsfunktion, truth-function)라 함은 그 구성요소가 되는 기본적인 원자적 명제들의 진위에 의하여 그 진위가 결정되는 복합명제다. 원자적 명제의 진위는 경험에 의거한다. 모든 언어가 이러한 원자적 명제들의 집합체인 것처럼, 세계는 원자적 사실들의 집합체다. 여기서 언어와 세계의 대응 내지 일치(correspondence)가 있다. 그러므로 논리적 원자론자들에게 있어서는, 언어의 구조를 알면 따라서 세계의 구조를 알게도 된다. 우리의 일상 언어는 애매성과 혼란을 많이 가지고 있지만, 적어도 원자적 사실들을 정확히 그려내는(picture) 단순한 경험적 명제들로만 구성되는 이상언어(ideal language) 혹은 완전한 언어(perfect language)는 세계와 현실의 진정한 모습을 드러내어 줄 수 있다. 실로 <완전한 언어>는 한 명제 속에 있는 낱말들이 그 명제에 대응하는 사실의 구성요소와 하나하나 일치함으로써 현실세계와 더불어 구조상의 동일성을 가지고 있다. 그러므로 철학적 분석의 목적은 모든 명제로 하여금 그것이 언급하고 있는 현실을 적확히 그려내게끔 하는 것이다. 이상에 말한 것이 비트겐슈타인의 논고에 나타나 있는 <언어의 외연성이론>(theory of extensionality)이요, 또 <언어의 사상설>(picture theory)이다.

비트겐슈타인은 나아가 "지금까지 철학적인 사항에 관하여 말해진 명제의 대부분은 잘못된 것이 아니라 무의미한 것이다"(Die meisten Sätzeund Fragen, welche über philosophische Dinge geschrieben worden sind, sind nicht falsch, sondern unsinnig.)라고 하여 "모든 철학은 언어비판이다"(Alle Philosophie ist "Sprachkritik")라고 주장한다. 예컨대 <선>과 <아름다움>은 동일한가?"하는 따위의 문제는 무의미하다. 도대체 가장 심원해 보이는 문제야말로 사실은 아무 문제도 아니다. 여기에 벌써 형이상학을 부정하고 철학의 임무를 순전히 언어의 분석과 해명에 국한시키려는 논리실증주의의 선구를 볼 수 있다. 그리하여 논리실증주의의 대표자 루돌프 카르납(Rudolf Carnap, 1891~1970)은 『언어의 논리적 결어법』(Logische Syntax der Sprache, 1934)의 서문에서 "철학은 과학의 논리학에 의하여 대체되어야 한다. …과학의 논리학이란 과학의 언어의 논리적 결어법 이외의 다른 아무것도 아니다"라고 주장하고 있다. 따라서 논리실증주의자들에게 있어서는 철학의 전체 임무는 결국 언어분석이요, 이러한 분석을 감당해낼 수 없는 명제는 모두 무의미하다. 그들이 언어분석에서 내세운 유의미성의 기준은 "명제의 의미란 그 검증의 방법이다."(The meaning of a statement is the method of its verification.)라고 하는 <검증원리>(the principle of verification)였다. 모리츠 슐리크(Moritz Schlick, 1882~1936)가 내세운 이 원리는 좀 애매한 점이 있어 에이어(A. J. Ayer, 1910~1989)같은 사람은, 한 명제는 분석적이거나 경험적으로 검증될 수 있을 때에만 의미가 있다고 표현하고 있다. 하여간 어떤 문장이 의미 있는 것이 되려면 논리적으로 필연적 진리를 가지는 <토톨로지>(tautology=구성명제의 진위에 상관없이 언제나 참이 되는 복합명제)이거나 경험 가능한 것이어야만 한다. 이러한 원리에 비추어 볼 때, 형이상학은 물론이거니와 윤리학과 신학의 명제들은 의미 있는 것이 못된다.

그러나 모든 언어를 단순한 경험적 명제들의 진리함수로 보는 논리적 원자론이나 검증가능한 명제만을 <의미 있는>(meaningful) 것으로 보는 논리실증주의의 주장은 일찍부터 반박을 받았다. 수학이나 논리학의 명제는 모두 진리함수라고 할 수 있겠으나, 일상생활에서 우리가 사용하는 복잡한 언어 가운데에는 반드시 그렇지 않은 것도 있다. 가령 "나는 어떠어떠한 것을 믿는다"고 할 때, 즉 p를 단순한 원자적 명제라 하고 "I believe that p"라고 말할 때 p의 진위에 의하여 이 복합명제의 진위가 결정되지는 않는다. 다시 말하면, 이 복합명제는 p의 진리함수가 아니다. 여기에서 모든 언어가 반드시 단순한 명제들의 진리함수가 아님이 드러나고, 또 이 밖에도 여러 가지 결함이 드러나서 논리적 원자론은 1930년대에 쇠퇴·몰락의 길을 걸었다. 그러나 그 분석의 정신은 높이 평가되고 지금까지 명맥을 유지하여 오고 있다. 또 검증원리를 내세우면서 형이상학·윤리학·신학의 모든 명제를 무의미하다고 하는 논리실증주의에 대해서도 각 방면으로부터 반박이 가해졌다. 존 위스덤(John Wisdom, 1904~1993)은 <검증원리>도 결국 하나의 형이상학적 이론이라고 공박하였다. 그는 이렇게도 말한다 ─ "철학적 이론들은 언어적 혼동도 보여주지만 또한 예리한 언어적 천착도 보여주고 있다." 그는 또 근래에 철학적 이론들 속에 있는 혼동의 요소에 지나치게 주목하여 실증주의자들이 이 이론들을 무의미하다고 말하는 결과가 되었지만, 그렇다고 해서 많은 고전철학의 가치를 몰라보아서는 안 된다고 경고하고 있다.

『윤리학과 언어』(Ethics and Language)라는 저서로 유명한 스티븐슨(C. L. Stevenson, 1908~1979)은 "형이상학은 무의미 하다"는 주장이 정곡을 얻지 못한 것이라 한다. 도대체 의미(meaning)에는 <기술적 의미>(descriptive meaning)나 <인식적 의미>(cognitive meaning)만 있는 것이 아니라 또한 <정동적 의미>(emotive meaning)도 있다. <인식적>이라 함은 물론 <경험적으로 검증할 수 있거나 분석적인> 것을 말한다. 이런 것들만이 <의미 있다>(meaningful)고 할 수는 없다. 정동적인 명제들도 그 나름으로 의미 있는 것이요, 따라서 형이상학은 형이상학 나름의 가치와 의미를 지니고 있다. 무어(G. E. Moore)는 덮어놓고 형이상학을 배척하지도 않고 분석을 그저 이상적 언어로의 번역으로 보지도 않는다. 그는 관념론을 반대하고 상식의 입장에 서서 공허한 철학적 주장들을 차근차근 분석해 간다. 즉 "우주는 정신적이다"라든가 "시간은 실재하지 않는다"라든가 하는 따위의 주장이 지극히 모호한 형이상학적 명제임을 밝힌다. 관념론자들이 "우주는 정신적이다"라고 말할 때, 이 '정신적'이라는 말로 의미하려 하는 것은 <지적>이라든가 <목적을 가졌다>든가 <기계적이 아니다>라고 하는 것들이다. 그러므로 이 명제는 객관적인 진리를 나타내는 것이 못되고 주관적 감정의 토로일 따름이다. 또 무어는 이렇게 말한다 ── "만일 시간이 실재하는 것이 아니라면 분명히 어떤 일도 다른 어떤 일에 <앞서서> 혹은 <그 뒤에> 일어나지 않으며, 어떤 일이 지나가 버린다는 것도 결코 참이 아니요, 어떤 일이 <장차 일어나리라>는 것도 참이 될 수 없고, 또 어떤 일이 <현재> 일어나고 있다는 것도 참이 될 수 없다." 이와 같이 무어가 생각한 <분석>이란 러셀이나 논리적 원자론자의 이른바 <환원적 분석>(reductive analysis)이 아니고, 철학적 문제와 패러독스 속에 숨어 있는 언어상의 혼란, 의미의 혼동을 지적하고, 이러한 오해 위에 성립하는 형이상학을 시정하려는 것이었다. 이러한 무어의 태도가 오늘날 영국의 분석철학 운동의 큰 조류인 <일상언어학파>(Ordinary Language School)에 큰 영향을 주고 있다.

　분석철학은 철학적 문제에 대한 명확하고 엄밀한 사고를 촉구한 점에서 현대철학에 커다란 공헌을 했다고 하겠으나 그것이 극단에 나아가서는 철학을 오로지 분석에만 국한시키고 형이상학적 연구 분야를 전적으로 배척함으로써 철학을 무미건조한 것이 되게 하기도 했다. 그 과학적 정신은 높이 평가해야 되겠지만 그것이 배타적으로 될 때 휴머니즘의 깊은 감정은 도저히 그것을 받아들일 수 없다. 그래서 대립하는 두 사상 세력 즉 분석적인 철학과 실존적 및 종교적 철학 사이의 재조화가 세계 철학계의 여러 모퉁이에서 진지하게 시도되기도 하였다.

제5장 사이버네틱스

현대인간은 고도로 발달한 통신기에 의한 복잡한 통신망 속에서 살고 있다. 현대는 바야흐로 통신의 시대라고도 할 수 있겠다. 통신 (communication, 의사의 교환)이란 본래 인간과 인간 사이에서만 행해지는 것이라고 생각할 수 있으나, 오늘날에 있어서는 기계의 놀라운 발전으로 말미암아 기계와 기계 사이에도 행해진다고 생각할 수 있게 되었다. <사이버네틱스>(Cybernetics)는 인간을 통신적 존재로서 파악하고, 인간과 기계의 공통성을 추구하여 인간생활에 있어서의 기계의 가능성을 확대하려는 하나의 새로운 종합과학이다.

<사이버네틱스>라는 말은 그리스어의 <퀴베르네테스>(κὒβϵρνήτης)에서 만든 말이다. 퀴베르네테스는 <키잡이>·<조종자>를 뜻한다. 이 말은 라틴어에서 <구베르나토오르>(gubernator)도 되고 여기서 <통치가> 혹은 증기기관의 <조속기>를 의미하는 '거버너'(governor)라는 말이 생겼다. 증기기관의 조속기란 증기기관의 운전속도를 자동적으로 일정한 속도에 머물도록 조절하는 기계다. 운전속도가 너무 빨라지면 조속기의 회전축에 달려 있는 분동이 원심력에 의하여 뛰어올라, 증기를 보내는 파이프가 닫혀짐으로써 운전속도가 늦어지게 된다. 또 운전속도가 너무 느리게 되면 조속기에 달려 있는 분동의 원심력이 없어져서 그 분동이 내려와, 증기를 보내는 파이프가 열려짐으로써 증기기관에 대량의 증기가 들어가게되어 운전속도가 빨라진다. 이 자동조절기구는 기계에 부속되어 있으면서 기계의 작용을 일정하게 조절하는 것으로서, 이를테면 기계의 조종자요 키잡이라고 할 수 있다. 이것은 이제 기계가 그 조작의 진행 중에 스스로 자기가 키를 잡고 갈 수 있음을 보여준다. 이것

이 또한 <오토메이션>(automation, 자동조작)의 원리이기도 하다. 그러나 이것은 다시 통신이란 개념을 인간과 인간 사이만 아니라, 인간과 기계 사이에 혹은 기계와 기계 사이에까지 확대하여 생각하는 가능성을 보여주기도 한다. 가령 통행인이 빨간 신호를 보고 정지하여 서는 것도 인간과 기계 사이에 성립하는 일종의 통신이라고 볼 수도 있다.

이런 점에 대한 성찰에서 노버트 위너(Nobert Wiener, 1894~1954)는 사이버네틱스의 이론적 기초를 세우게 되었다. 그는 1948년에 『사이버네틱스 ― 동물과 기계에 있어서의 제어와 통신』(Cybernetics, or Control and Communication in the Animal and the Machine)이라는 저술을 내어 그의 생각을 발표하였다. 위너는 제2차세계대전 중, 주로 고사포의 자동조준기의 연구에 종사하고 있었다. 이 조준기는 <레이더>(radar)라고 하는 통신기능과 전자계산기라고 하는 계산기능 그리고 <피드백>(feedback, 기계가 지나치게 움직일 때 원상태로 돌아가게 하는 장치)이라고 하는 자동제어기능을 가친 새로운 자동기계요, 포수인 인간보다도 더 좋은 성능을 가진 <인공두뇌>였다. 적기가 내습했을 때 레이더에 의하여 적기의 속도와 방향을 알 수 있는데, 이 결과가 즉시 자동적으로 고속도 전자계산기에 전해지면, 전자계산기는 곧 적기의 예상 위치의 확률·통계를 계산한다. 이 계산의 결과가 자동적으로 고사포를 움직이는 모터에 전해져서 고사포는 자동적으로 적기를 겨누고 사격한다. 이것은 이를테면 고사포가 스스로 적기를 겨누고 스스로 판단하고 스스로 사격하는 메커니즘을 갖고 있음을 보여주는 것이다. 이 자동조준기는 그 조작의 진행 중 그 기계의 여러 부분이 인간의 지령에 의하지 않고 서로 통신하고 있다고 볼 수 있다. 이러한 조준기로 명중률이 아주 높은 고사포가 생기게 되었다.

이리하여 마치 살아 있는 동물처럼 움직이는 기계가 가능하게 되었다. 레이더는 감각기관, 고속도 전자계산기는 두뇌 그리고 고사포를 움직이는 모터는 행동기관이라 할 수 있다. 석유화학공업이나 원자력공업의 공장에서는 거기서 일하는 사람들의 생명이 늘 위협 속에 있으므로 기계 곁에서 기계의 운전을 줄곧 감시하고 조절하고 조정하는 기계가 매우 요청되는 것이었다. 사이버네틱스는 이것을 가능하게 해준다. 그리하여 사이버네틱스는 인간이 지금까지 인간에게만 가능하다고 생각해온 활동분야에 대해서도 기계가 인간 이상의 능력을 발휘할 수 있음을 보여주었다. 전자계산기는 일초 동안 5,000회의 계산을 정확하게 해낸다. 머지않아 운전하는 기계, 진단하는 기계, 번역하는 기계, 장기를 두는 기계 등 여러 가지 놀라운 기계가 출현하게 되리라는 것도 그저 공상만은 아니다. 이렇게 되는 날엔 실업자가 대량으로 생길 것이 아닌가? 뿐더러 지금 일하고 있는 사람들의 대부분이 결국에는 앞으로 만들어질 기계들의 서투른 대용품으로서 일하는 데 지나지 않게 되지 않겠는가? 여기 대해서 위너는 그렇다고 대답한다. 그러므로 그러한 실업을 구제할 수 있는 사회, 인간으로 하여금 인간적으로 일하게 하고 결코 기계의 대용품으로 사용되지 않는 사회가 세워지지 않으면 안 된다고 위너는 생각한다.

사이버네틱스를 쉽게 풀이한 저서 『인간존재의 인간적 사용』(The Human Use of Human Beings, 1950)에는 <사이버네틱스와 사회>라는 부제가 붙어 있다. 이 책에서 위너는 자동기계의 시대를 제2차 산업혁명의 시대라 말하고 있다. 현대는 제1차와 제2차의 두 산업혁명이 연속하고 교착하고 병존하고 있는 시대다. 제1차 산업혁명이 인간의 근육을 기계로 대체했다고 하면, 제2차 산업혁명은 인간의 신경과 두뇌를 기계로 대체한다고 말할 수도 있다. 그리하여 소위 숙련이라든가 낮은 정도의 판단을 요하는 모든 노동은 기계로 할 수 있고 또 그렇게 해야만 할 것이다. 위너에 의하면 이러한 노동은 본질적으로 비인간적인 노예노동이다. 이러한 노동에서 해방됨으로써 얻게 되는 시간은 과학이나 예술 같은 일, 즉 기계로는 할 수 없는 순전히 인간적인 일에 충당되어야만 한다. 어떠한 자동기계도 그 기계 자체를 생산하지는 못하며, 또 그 조작에 목적을 주거나 정서나 희망

이나 회의를 가지지는 않는다. 정교하게 움직이는 전자공학기계나 자동
장치기계는 우리를 인간적으로 살 수 있게 하고 풍부한 삶을 누리게 할
수도 있지만, 자칫 잘못하면 인류를 파멸로 몰아넣을 수도 있다. 위너는
이렇게 경고한다 ─ "만일 우리가 진보와 제5의 자유 ─ 착취의 자유 ─
에 대한 전통적 예찬을 계속한다면, 10년도 못가서 파멸과 절망에 직면
하지 않을 수 없을 것은 아주 확실한 일이다." 그러므로 우리는 이러한
기계들을 인간의 존엄과 인류의 행복을 위하여 사용하도록 하지 않으면
안 된다고 위너는 역설하고 있다. 실로 위너는 현대에 있어서 미국 과학
자의 양심을 대표하여 인류의 장래를 위한 진지한 발언을 하고 있다고
하겠다.

제3편
가 치 론

제1장 가치란 무엇인가

사람은 가치 있는 것을 추구하는 동물이라 할 수 있을 것이다. 그리고 사람은 끊임없이 보다 더 가치 있는 것을 추구한다고 하겠다. 여기에 사람의 사람된 보람이 있고, 다른 동물들과의 중대한 차이가 있다. 즉 다른 모든 동물은 어쩔 수 없이 현실에 매어 살도록 되어 있지만, 인간은 항상 현실에서 떠나려는 마음을 품는다. 그리하여 보다 나은 것을 추구하며, 이렇게 하는 가운데 이상을 설정하여 그 실현을 꾀한다. 이상은 가치 있는 것들의 체계의 최종항이다.

가치는, 그러므로 인간의 정신생활의 중추요, 인간 존재의 의미를 담고 있다. 이렇게 가치의 현상은 인간과 뗄 수 없는 관계에 있지만, 또한 그런 까닭에 가치의 문제는 철학의 가장 중요하고도 궁극적인 분야를 이룬다. 철학은 고래로 <애지>, 즉 <지혜를 사랑하는 일>이니 <진리의 탐구>니 규정되어온 터이지만, 고금의 철학사를 통하여 철학은 이러한 애지니 진리의 탐구니 하는 이름 아래 가치관의 전복·혁신을 꾀하고 실현했던 일이 비일비재하니 말이다. 물론 철학이 하는 일은 한 두 가지가 아니다. 그러나 하나의 전체로서의 철학체계에는 어떤 하나의 가치관이 없을 수 없다.

사실 어느 의미에서 보면 철학의 역사는 가치관의 변천의 역사이기도 하다. 소크라테스는 고대 그리스인들이 옳다고 믿어오던 것에 대하여 핀잔을 걸고 비판하고 정말 옳은 것이 무엇인지를 가르치려 했다. 즉 그는 신화의 비이성적이고 부도덕한 사고방식을 타파하고 순수한 이성에 입각한 세계관·인생관의 확립을 기도하였다. 소크라테스에게 있어서 인간은 더이상 허황한 정념과 운명의 장난 아래 있는 존재가 아니고 그에게

부여된 이성에 의하여 스스로의 진로를 개척할 수 있는 자율적 행동의
동물이 되었다. 인간에게 있어서 이성처럼 귀한 것은 없다. 이것은 소크
라테스의 모든 계승자들의 한결같은 신념이기도 했거니와, 어떻든 소크
라테스는 자기 이전의 그리고 자기 당시의 사람들이 가치 있다고 보고
가장 소중하게 여긴 것들을 한심한 것으로 치고, 정말 가치 있는 것을
알게 하려고 애썼다고 할 수 있다.

그리스도교의 철학이 가치관의 일대전환을 의미하는 것임은 어렵지 않
게 알 수 있는 일이다. 그것은 <지상의 것>에 <하늘의 것>을, <썩을
것>에 <썩지 않을 것>을, <멸할 것>에 <멸하지 않는 것>을, <육>에
<영>을, <세상의 속된 것>에 <거룩한 것>을 선명히 대조시킨다. 그리
하여 그것은 일견 상식에 반대되는 가치관을 고취하였다. 세상 사람들에
게는 어리석게 보이는 것이 하늘나라에서는 지혜롭다 여겨지는 것이요,
이 세상에서는 보배로운 것이 저 세상에서는 일고의 가치도 없는 것이
었다.

19세기에 있어서 니체의 사상이 그리스도교의 윤리·도덕상의 가치관을
뒤집고 초인의 가치관을 확립하여, 이윽고 20세기에 이르러 히틀러에게
오용되어 인류의 일대 재앙을 낳았음은 주지의 사실이다.

다른 철학자들의 경우를 여기서 다 살필 수는 없다. 다만 철학이 논리
적 기교에만 열중하는 것이 아니고, 그 궁극문제가 가치관을 둘러싸고
심각하게 전개되는 것임을 이해하는 것이 중요하다. 어떤 것이 가치 있
는 일이며, 보다 더 가치 있는 것의 기준은 어디에 있으며, 인간세계에서
가장 귀하고 값이 있는 것은 정말 무엇인가 하는 것을 생각하기 위해서
도, 또 그러한 가치 있는 것들을 획득하고 실현하기 위해서도 우선 가치
란 것이 무엇인지 살펴보는 것이 좋지 않을까 한다.

어떤 것이 가치 있는 것인가 하는 데 대해서도 여러 가지 다른 견해가
있었지만, 가치 자체란 도대체 무엇인가 하는 데 대해서도 여러 가지 학
설이 있어 서로 옳다고 겨루고 있다. 즉 가치의 정의도 여러 가지가 있

어서 서로 대립하고 있다. 여기서 근래 문제되고 있는 정의들 가운데 두드러진 것 몇 가지만을 검토하려 한다.

 20세기 영국의 철학계에 가장 강력하고 뿌리 깊은 영향을 끼친 철학자의 한 사람인 무어(G. E. Moore)에 의하면, 가치라든가 선은 객관적이고 비자연주의적이고 단순하고 정의할 수 없는 술어이다. 이것은 무어의 초기의 사상이다. 무어의 후기사상은 초기의 것을 많이 포기·수정한 것이지만, 가치나 선의 문제에 있어서는 이 초기사상이 더 옳다고 지지하는 사람도 있고 해서 이것이 그의 고유한 사상으로서 취급되고 있다. 어떻든 선(善)도 가치의 하나로서 그 특징을 살피면 따라서 가치 일반의 특징도 규정되려니와, 무어가 든 첫째 특징은 그것이 <객관적>이라고 하는 것이다. 이것은 가치가 우리의 마음의 여러 가지 작용과는 관계없이 독립해 있다고 하는 것이다. 그의 이런 견해를 <가치실재론>(realistic theory of value)이라고 한다. 그러나 여기서 실재론, 즉 가치에 관한 무어의 실재론은 근래의 실재론과는 다르고 오히려 중세 스콜라철학 당시의 실재론 비슷한 느낌을 우리에게 준다. 가령 <선(善)>은 <선한 것들>과는 달라, 우리의 일상적 경험을 초월한 것이요, 우리의 주관적 태도와는 관계가 없는 것이다. 가치 일반도 이와 같다. 즉 <가치>는 <가치 있는 것>과는 다르다. 어떤 것은 때로는 우리에게 가치가 있고, 때로는 가치가 없기도 하며, 어떤 사람에게는 가치가 있고, 다른 어떤 사람에게는 가치가 없는 것일 수도 있다. 사물들(things)은 가치의 변동을 늘 겪는다고 할 수 있다. 그러나 가치 자체는 그런 것이 아니다. 가치는 우리가 이러쿵저러쿵 생각한다 해서 성립하는 것이 아니다. 그것은 그 자체 엄연히 존재한다. 우리는 다만 그것을 직각(直覺)할 따름이다.

 이러한 가치의 성질이 무어에게서 <비자연주의적>·<단순한>·<정의할 수 없는>이란 말로 더 자세히 규정되고 있다. 윤리학에 있어서의 자연주의란 윤리학에 특유한 가치어를 자연과학의 술어로 옮길 수 있고 따라서 윤리학을 결국에 가서 자연과학과 같은 것으로 취급할 수 있다고 하는 태도다. 그리하여 자연주의자의 임무는 윤리학 고유의 술어를 다른 자연과학의 술어에로 해소·환원하는 일이다. 가령, "저 장미, 참 아름답다"할 때에 이 '아름답다'라는 말은 하나의 가치어인데, 이것은 결국 <우리의 마음에 든다>든가 <우리의 마음을 즐겁게 해준다>든가 하는 의미이기 때문에 이러한 가치어 아닌 심리학적 술어로 옮길 수 있다는 것이다. 무어는 이런 주장에 반대하여 '아름답다'니 '좋다'니 하는 말은 그 자체의 고유하고 단순하고 정의할 수 없고 따라서 다른 영역의 말로 다시 분석할 수 있는 것이 아니라고 한다.

어떻든 무어가 <좋음>과 <좋은 것들>을 엄격하게 구별한 것은, 우리의 일상 언어에 있어서의 애매성을 제거하도록 하는 데 큰 도움이 되는 것이라 하겠으나, <좋음>이란 것이 또 일반으로 가치란 것이 전혀 객관적이어서 우리의 마음의 여러 가지 작용과 경향과는 아무 상관없이 독립해 있다고 하는 주장에는 납득이 가지 않는다고 할 사람이 적지 않을 줄 안다. 무어는 원래 <상식의 철학>을 옹호한 사람인데, 가치의 문제에 이르러서는 이상하게도 플라톤의 <이데아설> 비슷한 데로 빠진듯한 느낌을 준다.

과연 가치는 그렇게 인간의 심적 작용을 떠난 데에서 고고하게 자기 스스로의 존재를 누리는 것일까? 처음에 우리가 시사한 것처럼, 가치가 주관적인 것이건 혹은 객관적인 것이건, 어떻든 가치는 인간세계를 떠난 곳에는 존재하지 않으며, 도리어 인간세계의 본질에 깊이 뿌리박고 있는 것이 아닐까 한다.

소박한 실재론 혹은 유물론에서는 물질 내지 금전 같은 것을 그대로 가치라고 말하며 따라서 가치를 전적으로 객관의 측면에서 본다. 그러나 물질이나 금전이 간혹 가치 있는 것일 수는 있어도 그 자체가 가치일 수는 없다. 가치란 것은 대상 속에 깃들어 있다. 그러나 그 대상이 가치인 것은 아니다. 가치는 그 대상의 한 성질이 아니라, 내가 그 대상을 어떻게 보는가에 달려 있다.

미국의 철학자 페리(R. B. Perry)는 가치를 <무엇이든지 관심꺼리가
되는 것>(any object of any interest)이라고 정의하였다. 이 정의는 가
치를 결국 관심꺼리가 되는 대상 내지 물건과 동일시하는 점에서 우리
가 찬성할 수 없는 것이다 — <관심>이라 하는 것을 전면에 내세운 것
은 좋은 착상이라 할 수 있지만, 페리는 다시 다음과 같이 말하고 있다.
"가치란, 현실의 것이건 공상적인 것이건 하여튼 존재론적 지위를 소유
하고 있는 것이 관심을 가진 주관과 더불어 가지게 되는 특수한 관계
다."(Value is but a specific relation into which things possessing any
onto logical status whatsoever, whether real or imaginary, may enter
with interested subjects.) 여기서는 가치가 하나의 관계인 것처럼 보인
다. 그리고 또 페리는 나중에는 가치를 다음과 같이 관계와 성격으로서
정의하였다. "그리하여 우리는 가치를 어떠한 관심이든지 그 관심과 그
대상 사이의 특유한 관계라 정의하게 되었다. 혹은 그 대상에 관심을 갖
게 되는 사실에서 성립하는 대상의 특별한 성격이다."

이렇게 보아 오면, 페리도 가치를 순전히 객관적인 것으로만 볼 수 없
게 되고, 또 대상이라고만 정의할 수 없게 되어, 어쩔 수 없이 <관계>니
<대상의 특별한 성격>이니 하게 된 것 같다. <관계>라고 하게 되면 벌
써 얘기가 다르다. 이렇게 되면 <가치 있는 것>과 <가치>와의 혼동을
피할 수 있게도 된다. 사실 가치 있는 것은 어떤 물건, 어떤 대상일 수는
있어도, 가치는 물건이나 대상이 아니다. 또 가치는 어떤 물건을 가치 있
다고 보는 우리 마음의 상태나 경향일 수도 없다. 즉 순전히 주관적인
것일 수도 없다.

파커(Dewitt H. Parker)는 가치를 <욕구의 충족>(satisfaction of desire)
이라고 정의한다. 매우 묘한 정의라 하겠다. 파커는 『가치의 철학』(The
Philosophy of Value)에서 여러 가치학설을 비판하고 가장 타당한 것으로
서 위의 정의를 내세우고, 현실의 여러 가지 문제에서 자기의 입장을 중
시하고 있다. 가치를 욕구에 결부시킨 점에 있어 그는 영·미 계통의 철

학에서 유력한 현실주의적 사조에 속한다고 볼 수 있고, '충족'이라 하는 주관도 객관도 아니고 그 중간에 떠 있는 듯싶은 말로써 과거의 여러 학설의 난점을 교묘히 피하려 했다고 볼 수 있다. 어떻든 이 심리학적인 정의는 선뜻 우리의 구미에 당긴다. 그러나 고귀한 가치나 정신적 가치를 찾는 이상주의적 경향의 철학자들에게는, 욕구가 가치와 무슨 상관이라 싶을지도 모를 일이다. 우리의 인간적 욕구는 도대체 무가치한 것이라 볼 수 있을지도 모를 일이다. 그러나 오래 두고 음미해 보면 파커의 정의가 그럼직하다고 절감되는 때도 있다. 이 파커의 정의에서 <가치>는 <욕구를 충족시켜 주는 것>이 아니고 그저 <욕구의 충족>이다. 그러므로 가치는 어떤 물건이나 대상이 아니다. 또 그것은 단순히 주관적인 심리학적 사실도 아니다. 그것은 대상과의 관계에 있어서의 심리적 사실이다.

우리는 여기서 더 많은 학설을 검토할 수는 없다. 하여간 가치에 관한 정의 내지 견해에는 객관적 측면을 강조하는 것도 있고, 혹은 주관적 측면을 강조하는 것도 있으나, 우리는 대체로 중간적인 입장을 취하여 가치의 성립에는 가치 있는 것, 즉 대상도 있어야겠고 그 대상을 가치 있다고 보는 주관도 있어야 하겠으며, 아무래도 인간의 정신이 가치의 원천이 되며, 우리의 태도에 따라서 가치란 것이 성립한다고 말하는 것이 옳지 않을까 한다.

쉴 새 없이 보다 나은 것, 보다 나은 세계를 희구하여 가치 있는 것을 추구·실현하며 새로운 가치를 창조해 마지 않는 인간은 이윽고 문화를 만들어내고 문화적 세계에 생활하는 동물이 된다. 문화는 자연 그대로가 아니다. 문화는 자연을 떠난 것이다. 자연을 떠난 것이 좋으냐 나쁘냐 하는 문제를 여기서 우리는 다루려 하지 않는다. 다만 우리는 이제 인간이 문화를 떠나서는 살 수 없는 동물이 되었음을 잘 알아야 한다. 그리고 문화는 인간에게만 있는 것인데, 또한 그것은 인간의 가치개념을 그 토대로 하고 있다. 이것은 무슨 말인고 하니, 인간이 가치의 구별, 보다 좋은 것과 보다 나은 것의 구별을 몰랐던들 도대체 문화라는 것이 생길 수 있었을까 의심이 난다는 얘기다.

한 마디로 문화를 가치에 관계 짓지만, 문화는 한 가지만 있는 것이 아니고, 서로 다른 여러 문화가 있고 또 가치에도 고저가 있다. 또 그 양상이 가지가지이다. 우리는 어떤 문화를 가치 있다고 보며, 어떤 문화를 갈구해야 할 것인가? 이것은 중요한 문제이지만 여기서 충분히 다룰 수 없는 것이다. 우리는 다만 여기서 다시 가치 일반에로 돌아가 그 서열을 한 번 생각하여 우리 문화의 발전에 참고로 되게 할 것을 바랄 수 있을 뿐이다.

과거의 인류역사에 있어서 가치관이 전복되는 과도기에는 많은 사람의 운명이 그 전복으로 해서 격변을 당했거니와, 그 전복에는 그 충분한 이유가 있었던 것으로 여겨진다. 봉건주의시대에는 사회체제가 대체로 사·농·공·상이라는 귀천의 계급으로 짜여 있어서 공장과 상인은 사회에서 천대받았는데, 근대기에 접어들면서는 오히려 이런 사람들이 활개를 치게 되고 선비는 무용지물이라 생각되는 경향이 농후해졌다. 서양에서는 고대의 호모사피엔스(homo sapiens, 지혜의 인간)에서 근대의 호모파베르(homo faber, 도구의 인간)로의 인간관의 변천이 이와 같은 사정을 보여준다. 즉 서양 고대에 있어서는 예지인, 즉 손으로 하는 일이나 그 밖의 노동에 종사하지 않고 명상이나 관상에 잠기는 학자 같은 것이 인간다운 인간이요, 그런 일이 가치 있는 인간의 일로 여겨졌으나, 근대에 이르러서는 공업적 노동에 종사하는 노동인의 모습이 귀하고 신성하여 가치있는 것으로 여겨지게 된 것이다.

현대의 민주주의시대에 있어서는 물론 직업의 귀천이 있을 수 없다. 어느 것이 더 가치 있는 직업이라고 할 수는 없다. 즉 어느 직업이나 그 자체에 있어서는 귀중한 것이다. 각 개인에게는 물론 더 가치 있는 혹은 덜 가치 있는 직업이라고 하는 가치판단이 있을 수 있다. 자기의 능력을 따라 사회의 전체 이익을 감안하여 나에게 더 가치 있는 일을 찾을 수도 있는 일이다. 그러면 어떤 일이 더 가치 있는 일일까? 사실 우리가 항상 염려하고 걱정하는 것은 바로 이 문제다.

인간이 하는 일은 그야말로 천만가지다. 그 수가 헤아릴 수 없이 많다. 거기에는 생존을 위한 활동도 있고, 과학적 진리의 탐구도 있고, 예술적 창조도 있고, 이 밖에도 여러 가지 카테고리의 활동과 행동이 있다. 이 모든 활동과 행동을 잘 할 때 우리는 그것이 <좋다>고 말한다. 물론 많은 자연물이 또한 우리에게 <좋은>것이다. 이리하여 모든 자연물과 모든 행위에서 <선>이란 가치가 성립한다. 아름다운 것도 좋은 것이요, 참된 것도 좋은 것이다. 그렇다고 하면 <선>은 최고의 가장 포괄적인 가치라 할 수 있을 것이다. 플라톤이 <선의 이데아>를 실재 세계의 최고 존재로 위치시킨 것도 이런 의미에서 이해할 수 있는 일이다.

그리스 사람들은 아름다움과 <선>을 혼동하여 쓰는 것이 상례였던 것 같다. 선은 아름다운 것이요, 아름다운 것은 으레 선한 것이었다. 아리스토텔레스가 '아름답다'라는 말을 쓸 때에는 흔히 <고귀하다>, <마음이 고상하다>라는 뜻으로 썼다. 그러나 근대에 와서는 <선>은 도덕적 가치로, <아름다움>은 예술적 가치에 국한되어 생각되는 것이 보통이다. 20세기 초엽의 독일의 철학자 빈델반트(Wilhelm Windelband)는 선과 아름다움에 <진>과 <성>을 가하며 가치의 네 영역을 말하고 있다. <진>은 인식적, 학문적 가치이겠고, <성>은 종교적 가치다. 가치의 이러한 구분은 진부한 것이기는 하나 한편 편리한 점도 있어, 전통적으로 흔히 쓰이는 것이지만, 인간의 문화세계의 가치체계에 있어서 이 네 가치가 그렇게 선명하게 구별될 수는 없고, 오히려 서로 넘나들고 있다. <거룩한 것>은 또한 <아름다운 것>이요, <좋은 것>이요, <참된 것>이기도 하다.

논리학은 <참된 것>, 즉 논리적 진리의 기준을 찾고, 윤리학은 선의 의미와 선한 행위의 본질을 구명하고, 미학 내지 예술철학은 아름다움의 본질을 밝히고, 종교철학은 종교의 진정한 본질을 해부하며 <거룩한

것>의 마땅한 방향을 제시한다. 이 <가치론>에서는 다만 윤리·종교·예술을 고찰해 보려 한다.

 우리가 여기서 인간의 활동의 전체에 대하여 가치의 상하의 서열을 매길 수는 없으나, 다만 우리의 현실에 비추어 한 두 가지 비교는 하지 않을 수 없다. 과거의 봉건주의 시대에도 그랬지만, 오늘날도 우리나라에서는 벼슬하는 것을 아주 귀하고 가치 있는 일로 여기는 경향이 있다. 정치가 모든 사회체제를 휘두르는 경향이 농후하다. 이것은 개탄할 일이다. 그 반면 학문이나 예술은 개화하고 발전할 좋은 사회적 지반을 결여하고 있어, 국가와 정치의 자의와 횡포 아래 때로는 신음하고 때로는 질식한다. 그러나 국가와 정치는 학문과 예술을 위해서 있는 것이요, 후자가 전자를 위해서 있는 것이 아니다. 학문과 예술이 국가와 정치의 노복이 될 때 한심스러운 상태가 벌어지며, 때로는 유치한 독재정치가 출현하며, 때로는 무서운 전쟁과 살육이 야기되기도 한다. 한 마디로 말하여 국가주의니 민주주의니 하는 것이 광적으로 신봉되고 추종되며, 한편 가치 있는 문화활동이 봉쇄되고, 문화라는 것이 도대체 무시될 때, 그 국가 그런 사회 안에 벌어지는 것은 야만상태일 수밖에 없다. 그러므로 우리는 가치의 서열을 분명히 볼 줄 알고 문화국가 건설이라는 귀중한 목표를 향하여 슬기롭게 생각하며 행동해야 할 것이다.

제2장 윤 리

"금단의 열매의 추억은 인류의 기억 속에서도 그렇지만, 우리들 각자의 기억 속에서도 가장 오래된 것이다."

이것은 20세기 최대의 철학자의 한 사람인 베르그송(Henri Bergson, 1859~1941)의 『도덕과 종교의 두 원천』의 첫머리에 있는 말이다. 까마득한 옛날로부터 인류는 "이런 일을 하지 말라" "저런 일을 해서는 안 된다"라고 하는 여러 가지 많은 금지·억압 아래 살아왔지만, 또한 우리들 각자의 생활의 경력을 회고해 보면 거기에도 역시 여러 가지 금지와 억압이 아주 어린 시절부터 있었다. 여기에 도덕적 책무의 문제가 제기된다. 왜 우리는 어렸을 때부터 어떤 일을 해서는 안 되었고, 어떤 일은 해도 괜찮고, 또 어떤 일은 애써 하라는 권장을 받았던가? 왜 우리는 우리가 하고 싶은 일을 마음대로 할 수 없는가?

이러한 윤리의 근본문제를 중심삼고 여러 가지 윤리학설이 전개되어 왔다. 그리하여 혹은 초월적인 신의 권위가 있어 우리가 마땅히 행할 일과 우리가 해서는 안 될 일이 신의 권위에 입각한 율법에 의하여 규정되어 있다고도 생각되었고, 혹은 모든 외부의 권위를 부인하고 순수한 자기 내부의 양심의 소리에 귀를 기울일 것을 호소한 사람도 있었다. 이 밖에도 도덕적 책무의 기반이 되며 도덕적 명법의 원천이 되는 것으로서 다른 것을 들 수도 있겠으나 위의 두 가지 견해의 중간에 위치하는 듯이 보이는 것이 베르그송의 견해이다. 베르그송은 역사적으로 모든 인류의 배후에서 또 우리들 각자의 배후에서 어떤 일을 하라 하고 어떤 일을 하지 말라고 하는 것이 다름 아닌 <사회>라고 우선 말한다. 사회라고 하면, 초월적이고 신비적인 권위가 아니면서도 그만 못지않은 권위를 지닌 듯싶고, 또 각자의 양심에 호소하는 도덕이 자칫 잘못하면 개인적인 자의와 광란에 흐르는 데 반하여 좀 평범하면서도 건전한 면이 있는 도덕을 성립시켜 주는 원리인 듯도 싶다.

우리의 행위를 제약하는 권위가 어디에 근거하든 간에 인간의 윤리적 현상이 사회를 떠나서는 있을 수도 없으며, 또한 아무 의미도 없음은 자못 자명하다. 그러기에 인간이란 말 자체가 <사람 사이> 혹은 <사람과 사람 사이>이기도 한즉 인간은 본질적으로 사회적 동물이요, 나 혼자만으로는 살 수 없는 존재라는 말이 나옴직도 한 일이다. 사실 나는 나 혼자서 존재할 수 있게 된 것도 아니요, 혼자서 생존할 수도 없게끔 된 동물이다. 따라서 윤리가 인간의 윤리라면, 그것은 어디까지나 사회적인 것이다.

아리스토텔레스는 『니코마코스 윤리학』을 다음과 같은 말로 시작하고 있다. "모든 기술과 탐구 또 모든 행동과 추구는 어떤 선을 목표삼고 있는 것으로 생각된다. 그러므로 선이란 모든 것이 목표 삼는 것이라고 한 주장은 옳은 것이라 하겠다." 그리하여 그로부터 현대에 이르기까지 최근의 메타윤리학(meta-ethics), 즉 윤리적 언어의 분석을 일삼는 윤리학을 제외한 모든 윤리학설은 선의 이설(異說)이라 할 수 있다. 그런데 개인의 여러 가지 덕이나 선을 연구하는 학문인 윤리학은, 그 개인의 선이나 목적이 국가라 하는 사회생활의 전체 테두리 안에서 완성되고 성취되는 까닭에, 불가불 정치학에로 넘어가 사회 전체의 선의 해명을 기다려 완결될 수 있다. 그리하여 아리스토텔레스의 『윤리학』은 그 결미에서 다시 정치학과의 관련을 문제 삼고 정치학에로 넘어가는 대목을 마련하고 있다. 이러한 사정도 윤리라는 것이 정치와 밀접한 관계가 있고, 근본적으로 사회생활을 기저로 하고 있음을 보여 준다.

사회생활에 있어서는 사람들의 욕구가 서로 충돌하기 마련이다. 그러므로 나에게 좋은 것이 내 이웃에게는 좋지 않은 것일 수 있다. 나는 나에게만 좋은 것을 추구할 수 없게 되어 있는 것이 사회의 현실이다. 남에게 좋은 것도 소중히 여기지 않으면 안 된다. 이런 까닭에 이기주의는 타당한 원리로서 인정될 수 없다. 또한 자기의 쾌락만을 절대의 선이라 보고 추구할 수도 없다. 도대체 쾌락이란 것이 그 자체만으로 인간의 가장 중요한 목적 내지 궁극적 목적으로 삼을 수 있는 것인가 하는 것도 적이 의심된다. 어떻든 우리는 나만의 개인적 선을 추구할 수는 없다. 나는 내 선을 추구하고 내 이웃은 그의 선을 추구하고, 이와 같이 모든 사람이 각기 자기 자신의 선을 추구할 때 거기에는 자연히 추구와 추구의 충돌이 있고, 인간적 욕구들의 갈등이 생기겠으니 말이다.

이러한 상황에 생각이 미칠 때 공리주의(utilitarianism)적 사상이 나옴 직도 한 일이다. 19세기의 영국 사상가 벤담(J. Bentham)과 밀(J. S. Mill)이 대표하는 공리주의가 <최대다수의 최대행복>(greatest happiness of greatest number)을 표방한 것은 이제 개인의 행복이 최고의 선이 될 수 없음을 깨닫고 만인의 행복을 도덕의 원리로 삼고 추구하게 되었음을 보여주는 것이다. 공리주의에서 말하는 행복이란 전적으로 쾌락이요, 또 고통이 없는 상태인 까닭에 공리주의도 결국 하나의 쾌락주의이다. 그러나 이 쾌락주의가 아리스티포스(Aristippos)의 그것이나 에피쿠로스(Epikouros)의 그것과 다른 것임은 강조할 필요가 없는 일이다. 아리스티포스는 될 수 있는 대로 영속적이고 강렬한 쾌락을 구할 것을 가르쳤는데, 그가 생각한 쾌락은 대체로 육체적인 것이었던 듯싶다. 에피쿠로스가 생각한 쾌락이란 흔히 에피쿠로스주의(Epicurianism)의 이름 아래 육욕적인 향락으로 생각되어 왔으나, 사실은 평정한 정신적 쾌락으로서 이성의 꾸준한 노력에 의하며 비로소 도달될 수 있는 것이었다. 이러한 쾌락주의가 생각하고 문제 삼는 쾌락은 그것이 육체적인 것이건 정신적인 것이건 결국 개인적이다. 물론 우리들 개개인의 쾌락이나 행복이 소중한 것이 아님은 아니다. 간단하게 생각하면 개인의 행복이 모두 합해서 사회 전체의 행복이 된다고도 할 수 있다. 그러나 개인의 행복이 사회에 의하여 제약되고 국가나 민족의 운명에 의하여 영향을 받는 것일

진대, 어쩔 수 없이 사회 전체의 행복이 가능한 한 최대로 확보될 것을 바라지 않을 수 없게 된다. 이런 까닭에 공리주의자들은 사회의 개혁을 열렬히 추구하고 사회복지의 증진을 위하여 헌신하였다.

　이렇듯 사회는 도덕이나 윤리의 밑바닥에 있어서 이것들을 이끌고 제약하며 지배한다. 베르그송은 고도에 표류한 로빈슨도 설사 몸은 홀로 있게 되었지만 그 생활은 신체적으로나 정신적으로나 사회적 영향을 떠날 수 없었음을 주장하고 있다. 베르그송은 이렇게 말하고 있다 — "로빈슨은 그 섬에서 여전히 다른 사람들과 접촉하고 있었으니, 이는 그가 파선에서 건져낸 가공품들, 그것이 없었던들 그가 살아갈 수 없었을 가공품들이 그를 계속 문명 속에 있게 하고 따라서 사회 속에 머물게 하고 있기 때문이다. 그러나 사회적 정신이 그에게는 더욱 없을 수 없다. 왜냐하면 그가 개인적인 힘에는 한계가 있다는 것을 알고 있는 터에, 만일 그가 끊임 없이 거듭 일어나는 여러 가지 곤란에 대해서 그 개인적인 힘만 가지고서 싸울 수밖에 없다면 쉬이 낙담하게 되겠기 때문이다. 그가 관념적으로는 여전히 결부되어 있는 사회 속에서 그는 에너지를 얻는다. 그가 사회를 보지 않으려 해도 사회는 거기 그의 앞에 있어 그를 주시하고 있다." 이만큼 인간의 정신은 사회와의 깊은 연관 속에서 움직인다. 그리하여 웬만한 도덕적 문제는 사회라는 안목에 비추어서 해결되는 것이 아닐까 생각된다. 즉 도덕적 시비·선악은 사회의 용인과 반대에 의하여 판가름되는 것이라 할 수 있다. 어떤 사람의 행위가 다른 사람에게 유익이 되거나 혹은 사회 전반의 복리에 기여하는 것이면 그것은 좋은 행위일 터이다. 또 어떤 사람의 행위가 다른 누구에게도 아무런 해를 끼치지 않는 것이면, 설사 그것이 어떤 특수한 입장 가령 종교적 편견의 입장에서 보면 좋지 못하다고 할 사람이 있을지라도, 구태여 그것을 나쁜 행위라 규정할 것이 아니다. 하여간 대부분의 일상적인 행위에 있어서 그 선악의 판단은 이와 같이 나와 남의 사회적 관계를 토대로 하여 나와 남에게 유익이 되는 것이면 선으로, 해가 되는 것이면 악으로 결정짓는 것이 옳은 일이 아닐까 한다.

 그런데 모든 도덕적·윤리적 문제에 사회가 유일의 평가기준이 될 수 있을까? 또 남에게 아무런 해도 끼치지 않는 행위이면 곧 선한 행위가 될 수 있을는지? 구체적인 예로서 자살의 경우를 생각해 보자. 어떤 사람이 자살한 경우 거기에는 여러 가지 사회적 요인이 있었을 것이다. 그리고 그것이 신문 같은 곳에 보도되면 여러 가지 사회적·심리적 영향을 준다. 그러나 아무도 모르게 아무도 보지 않는 곳에서 목숨을 끊고 그 시체가 영영 사람들의 눈에 띄지 않고 사라져 없어지게 되었다면, 그 자살 자체가 나쁘다 좋다 할 것이 없을 것도 같다. 그런데 소크라테스는 자살이 좋지 않은 일이라고 가르쳤다. 사람은 자기의 목숨을 스스로 끊어서는 안 된다고 하는 것이다. 그 까닭인즉 마치 우리가 소유하는 가축이 주인인 우리의 허락 없이 자기의 목숨을 끊는다면 주인을 노엽게 하는 것처럼, 우리들 인간의 주인인 조물주는 우리가 스스로 우리의 목숨을 끊는 것을 노엽게 여길 것이겠기 때문이라는 것이다. 이것은 자살을 좋지 않게 여기는 하나의 형이상학이라 하겠다. 이런 사상은 그리스도교에도 영향을 끼쳐, 혹은 그리스도교 자체 속에 그런 사상적 요소가 있어서, 단테(Dante)같은 사람은 『신곡』에서 자살한 사람이 가게 되는 지옥의 처소를 마련하고 있다. 즉 전통적 그리스도교에서는 자살이 죄로 생각되고 있다. 이렇게 되면 선악이 반드시 사회에 의하여서만 결정되지 않고 어떤 초월적인 원리에 의하여 문제되고 판단되는 경우도 있음을 알 수 있다. 여기에 도덕 내지 윤리와 종교의 연결점이 성립하기도 한다. 그러나 종교도 역시 사회적 연대성을 유지하며 사회적 정의를 실현하는 것을 그 근본적 사명으로 삼는 것일진대, 도덕에서와 마찬가지로 종교에서도 사회가 얼마나 중대한 위치를 차지하는 것인가를 쉽게 짐작할 수 있다.

 이렇듯 모든 윤리적 문제가 사회와 더불어 긴밀한 연관을 가지고 있음을 염두에 두고서 몇 가지 근본적인 윤리적 개념을 음미해 보려 한다. 첫째로 행복에 대하여 생각해 보자. "사람은 누구나 행복을 원한다"고

함은 보편적이고 절대적인 진리로 통하는 듯싶다. 그러나 행복이 최고의
선인가 하는 데 관해서는 이론이 있을 수 있다. 행복이 인간의 궁극목표
라고 봄은 천박한 견해라고 보는 사람들도 있다. 그 중의 어떤 사람들은
자아실현이야말로 인간의 궁극목적이라고 주장한다. 이런 사람들은 행
복을 논하는 사람들이 현실주의적이고 취미가 얕은 사상가라고 여긴다.
그리고 자아실현을 논하는 사람들은 그 목적의 궁극에 이르러 신적인
것을 내세운다. 그러나 행복은 그저 천하고 낮은 취미의 사람들만의 목
적이라고 한 마디로 단정할 수는 없는 것이 아닐까 한다. 자아실현의 궁
극에 이르러 행복을 얻지 못한다면 그것은 무슨 소용이 있는 것이겠는
가! 신체적으로나 물질 생활면에서나 또 정신적으로나, 자기의 모든 가
능성을 다 발휘하고 자기의 모든 능력을 발전시켰을 때 거기에 행복이
있고 자아실현도 있을 수 있다. 행복은 도대체가 인간적 행복이다. 인간
적인 것임으로써 거기에는 한계가 있다. 한계를 인식하고 거기에 만족하
지 않으면 모처럼 얻은 행복도 깨어지기 쉽다. 인간에게는 자유도 무한
한 것일 수 없다. 행복한 사람에게는 가능한 최대의 자유가 있을 따름이
다. 이렇게 말하면 마치 우리가 <체념>의 철학을 가르치는 것 같기도
하지만, 어느 의미에서 체념은 사실 하나의 깊은 지혜이기도 하다.

 행복에 있어서는 물질적인 면과 정신적의 면의 어느 하나라도 소홀히
할 수 없다. 물질을 멸시하는 철학이 과거에 여럿 있었으나, 인간생활에
서는 물질을 전적으로 무시할 수는 없다. 청빈을 좋아하며 통 속에 산
현인 디오게네스(Diogenēs)도 신변의 잡품을 넣는 작은 주머니와 지팡
이는 지니고 다녔다. 또 빈털터리로 다닌 것은 자기 주위의 부유한 사회
에 대한 역겨움의 반발이었는지도 모른다. 하여간 우리는 우리의 인격과
재능과 신체적 능력을 충분히 발전시키는 데 필요한 만큼의 물질을 소
유하는 것이 좋다. 이만큼의 물질의 소유를 원하고 추구하는 것은 나쁜
일이 아니다. 그러나 모든 덕은 중용의 길을 가야만 하는 것이기에 물질
적 부요(富饒)의 추구에도 중용의 덕이 요구되고, 행복의 정신면이 고려

되지 않으면 안 된다.

 우리의 생활이 물질적으로 부유하다 해서 곧 우리가 행복한 것은 아니다. 부유한 사람 가운데도 불행한 사람이 많다. 그러기에 마음의 평화가 절실히 요구된다. 그러면 마음의 평화는 어떻게 해서 얻어질 수 있을까? 여러 가지 조건을 생각할 수 있겠으나, 먼저 욕심이 적어야 할 것 같다. 욕심이 많으면 만족이 없고 따라서 행복이 있을 성싶지 않으니 말이다. 둘째로는 보람 있는 일이나 직업이 있어서 적당하게 바빠야 할 것 같다. 또 행복이란 그것대로 뚝 떨어져 있어서 우리가 노력하고 일한 후에 얻게 되느니보다는, 우리가 선한 목적을 세우고 힘써 일하는 가운데 있는 것이다. 다시 말하면 행복은 우리의 행동의 목적과 종극에 있느니보다 오히려 우리의 행동의 과정 속에 있다. 셋째로는 매우 어려운 일을 당하고 곤고한 처지에 있는 경우에라도 위에서 말한 바와 같은 개념을 배워, 죽음에 처하는 철학적 지혜를 체득해야만 될 것 같다. 플라톤의 대화편 『파이돈』에서는 소크라테스가 "철학이란 … 죽음의 연습"이라 말하고 있다. 소크라테스에게는 죽음이 무상의 즐거움이었다. 죽음이란 다름 아닌 육체와 영혼의 분리인데, 영혼이 육체로부터 떠나는 날에는 영혼이 육체의 여러 가지 불순성을 벗어나 애지자(愛智者)가 한평생 바라던 진리인식에 도달하겠기 때문이었다. 현대인이 이러한 형이상학을 문자 그대로 받아들일 수 있다고는 생각되지 않는다. 그러나 죽음의 현상이 사실 두려워할 아무 것도 아니라는 신념에 투철하면 어떠한 어렵고 괴로운 처지를 당하여도 마음의 평화를 지킬 수 있으리라 생각된다. 이런 신념이 종교와 결부되면 내세에의 신앙이 우러나오기도 하겠지만, 어떻든 이러한 신념은 진지하고도 심각한 실존적 태도라 하겠다. 하여간 하나의 근원적 지혜를 얻어 우주적 생명과의 합일에서 안심입명하면 마음의 평화를 얻고 궁극적 행복도 획득할 수 있게 되는 성싶다.

 이런 여러 이유로 해서 행복한 사람은 덕 있는 사람이요, 덕 없는 사람이 행복할 수는 없다. 그리고 아리스토텔레스가 누누이 말한 바와 같이,

모든 덕은 우리의 마음의 상태가 중용을 얻음으로써 성립할 수 있는 것
이다. 관후·용기·절제는 각기 금전사용·전투·신체적 쾌락 추구에 있어서
의 중용, 즉 중간적 상태다. 사실 우리는 모든 일에서 지나친 일을 피함
으로써 온전한 심신 상태를 보존하여 그리함으로써 행복의 문턱에 다다
를 수 있다.

그러나 개인의 행복은 국가나 사회가 건전하고 잘 되어가지 않으면 또
한 침해되기 쉽다. 즉 국가가 잘 되어야 개인도 잘 될 수 있다. 개인의
행복은 국가 안의 정의와 직결되어 있다. 그리고 정치의 목적은 정의의
실현이며 또 정의의 실현이어야만 한다. 여기서 개인윤리가 사회윤리로
넘어감을 본다. 그러면 도대체 정의란 무엇인가? 또 어떻게 우리는 정의
를 실현시킬 수 있을까?

아리스토텔레스는 정의의 가장 기본적인 성질을 부채관계에 있어서의
정당한 상환에서 찾고 있다. 갑이 을에게 3천원을 꾸었으면 약정한 시일
에 쌍방에 손해가 가지 않도록 그 돈을 갚는 것이 정의다. 이것을 좀 확
대시켜 말한다면, 거래하는 쌍방에게 억울함이 없는 것이 정의라 할 수
있다. 물론 정의는 여기에 머물 수 없다. 플라톤에게 있어서 정의는 절
제·용기·지혜 같은 덕과 병립하는 동열의 한 덕이 아니라, 오히려 이런
모든 덕을 싸고 넘는 포괄적 덕이다. 이제 정의는 개인적인 덕이라기보
다 오히려 본질적으로 국가사회적인 덕이다. 모든 개인적 덕을 존재·성
립시키면서 그것들을 싸고 넘어 그것들에 의미를 주는 것이 정의다. 플
라톤은 이러한 정의를 기하학적 도형의 알뜰한 균형에 비겼다. 정의는
인간생활의 복잡한 동적 관계 속에서 성립하고 기하학적 도형의 균형은
정적인 성질을 띤 것 같기도 하여 이 비유가 적당하지 않은 듯도 싶으나,
사회의 모든 성원이 그 있을 자리에 있어 기쁨을 맛보며 삶의 보람을 느
낀다면 그것은 정녕 기하학적 도형의 모든 모퉁이가 우아하고 정연한
질서미를 나타냄과 같다고 할 수도 있을 것이다. 하여간 사회정의는 그
사회의 모든 성원에게 억울함이 없고, 착취를 당함이 없고, 자기에게 적

합한 직장에서 만족하여 일하며, 그리하여 사랑과 기쁨과 화평이 충만한 상태다. 그러나 이러한 상태는 쉽사리 도달될 수 없다. 인류역사상 이러한 정의의 사회는 극히 드물었다. 절대적 정의의 사회는 한 번도 없었다고 말해도 과언이 아닐 것이다. 우리의 생명은 항상 유동에 휩싸여 있고, 정의는 우리의 손이 닿지 않는 곳에서 가물가물 명멸하고 있기만 하는 듯싶다. 이러한 처지에서 우리는 어떻게 정의를 바라보고 어떻게 정의를 실현시킬 수 있을까? 먼저 우리는 나만 잘살면 된다는 생각을 버려야만 할 것 같다. 이런 이기주의는 우리 민족의 핏속에 전해오는 고질인 것 같기도 하다. 이런 이기주의는 극복되어야 한다. 그리고 정치적·경제적으로는 정직하게 일하면 누구나 편히 먹고 살 수 있는 사회구조가 형성되어야 할 것이다.

 편협한 이기주의의 배척은 자연히 <사랑의 철학>의 고조와 예찬에로 나아가지 않을 수 없다. 그리고 사랑에 있어서 우리는 <자기애>를 넘어 <이웃애>로, 여기서 <동포애>로, 그리고 다시 <인류애>로 나아가지 않으면 안 된다. 자기의 육신에 대한 과도한 사랑은 참된 의미에 있어서의 사랑일 수 없고, 오히려 우리를 뼈저린 고통에로 이끌어간다. 사실 사랑은 주는 것이 받는 것보다 귀하다. 그러기에 아리스토텔레스도 사랑하는 것이 사랑받는 것보다 더 낫다고 하였는데, 이것은 사랑하는 것이 사랑받는 것보다도 더 덕 있는 이에 합당한 일인 때문이었다. 그런즉 사랑에는 또한 어느 정도의 희생이 따르기 마련이며, 이 희생의 최대의 것에 이르러 우리는 숭고한 인류애를 보게 된다. 이 단계에 이르면 평범한 윤리적 세계만이 있는 것이 아니라, 인간정신의 최고의 비약인 종교적 절대의 신적 우주애가 전개된다. 그러나 여기서 우리는 다만 현실적이고 인간적인 사랑에 우리의 생각을 국한시키더라도, 우리의 사랑에는 여러 차원이 있고 가치의 고저가 있는 터에, 모름지기 우리는 어느 정도 자기의 욕망을 희생시켜 보다 높은 사랑을 가져야만 좀 더 참되고 좀 더 지속적인 행복을 획득할 수 있다고 지적하고 싶다. 저 신적인 인류애에 관하여는 종교의 장에서 성찰하게 될 것이다.

한편 돌이켜 생각해보건대, 우리들의 인간세계에서는 완전한 것을 바랄 수 없고, 우리가 선이나 행복을 원하여도 완전한 선이나 행복은 획득할 수 없는 것이 사실이다. 이러한 인간적 실존의 마당에서 우리는 간혹 실망하고 낙심하기도 쉽다. 불평과 불만도 생기게 마련이다. 그러나 위에서도 시사한 바 있듯이, 우리는 여러 가지 욕구와 현실 사이에 적절한 조화를 얻어, 가능한 최선의 것에서 만족을 얻는 것이 현명한 일이 아닐까 한다. 사실 조화는 흔히 얻어질 수 있는 것이 아니다. 거기에는 지혜와 인내가 요구된다. 곤고한 인생길에서도 조그마한 조화의 아름다움은 우리에게 생의 기쁨을 주고 향상에의 발판을 마련해 줄 것이다.

윤리니 도덕이니 하면 현대의 청년에게는 따분하고 지루한 소리로만 들릴는지 모른다. 그리하여 그런 것들과는 담을 쌓고 내가 좋은 대로 살아가면 된다고 마치 자유의 기수이기나 한 듯 자처하는 젊은이도 있을는지 모른다. 그러나 지금까지 우리가 누누이 말해온 것처럼, 인간은 사회적 동물이요, 그러므로 인간은 사회적 산물인 윤리·도덕을 떠나서 살 수 없는 동물이게끔 되어 있다. 그러면 우리는 윤리·도덕에서 따분한 소리만 아니라, 우리의 마음을 쏟아 귀를 기울이고 기쁜 마음으로 따라가고 싶은 말은 없을 것인가? "…하지 말라" 하는 윤리·도덕 이외에 적극적으로 "…하라" 하는 음성 속에, 우리의 심성 속의 고귀한 부분이 흔희작약(欣喜雀躍)하면서 달려가 우러러보며 따라갈 도덕 내지 정신적 세계는 없을 것인가? 러셀(Bertrand Russell)은 『권위와 개인』(Authority and the Individual)에서 이런 말을 하고 있다 ─ "기록 있는 역사를 통하여 보면, 여러 가지 윤리적 신조에는 두 가지 서로 다른 원천이 있었다. 그 중의 하나는 정치적인 것이요, 다른 하나는 개인적인 종교적 및 도덕적 확신과 관련된 것이다. 『구약성서』에는 이 두 가지 것이 아주 분리되어 나타나 있다. 즉 하나는 율법으로서, 다른 하나는 예언자들로서 나타나 있다. 중세시대에도 교권이 시달하는 공식적 도덕과 위대한 신비가들이 가르치고 실천한 인격적 신성성 사이에 이와 같은 구별이 있었다. 인격적 도덕과 공민적 도덕의 2원성은 오늘날도 존속하고 있다. 공민적 도덕이 없으면 그 사회가 망하고, 인격적 도덕이 없으면 그 사회의 존속이 아무 가치도 없다. 그러므로 공민적 도덕과 개인적 도덕은 좋은 세계에 똑같이 필요한 것이다." 여기서 러셀이 공민적 도덕(civic morality)이라 한 것은 사회의 공안질서를 유지하기 위하여 그 사회의 모든 성원에게 강요되는 타율의 도덕이요, 개인적 도덕(personal morality, 인격적 도덕이라 하는 것이 더 좋을는지도 모르겠다)은 위대한 도덕적 개인에 매료되어, 온 정신과 생활이 기꺼이 자진해서 그 인격을 본받고 따라가며 선을 행하는 자율적 도덕이라 하겠다. 베르그송이 <닫힌 마음의 도덕>과 <열린 마음의 도덕>을 구별한 것이 바로 이러한 두 가지 도덕을 구별하여 의미한 것이라 할 수 있다. 우리는 우리의 부모에게서 <법 없이 사는 사람>이라는 말을 자주 들었다. 언제부터 이 말이 생겼는지는 모르지만 꽤 오래 전부터 우리 사회에 전해 내려온 말인 것 같다. 우리는 이래라 저래라 하는 저급한 타율적 도덕의 노예가 될 것이 아니라, 고귀한 인격의 아름다운 혼에 끌려 나도 모르는 사이에 선을 행하는 자율적 도덕의 자유인이 되어야 할 것이다. 여기에 참된 인간의 가치가 있다. 인생에 절망한 이는 이웃애·인류애를 위한 봉사활동에서 다시 삶의 기쁨과 보람을 찾을 수 있고, 도덕이니 윤리에 싫증이 난 청년은 고귀한 인격에 부딪쳐 인간애의 높은 이상을 바라보고 다시금 성실한 삶을 영위할 수 있을 것이다.

칸트는 『실천이성비판』의 '맺는 말'을 다음과 같은 말로 시작하고 있다. "내가 자주 오랜 시간을 두고 살펴볼수록 더욱 새롭고 더욱 감탄과 숭경 (崇敬)으로써 내 마음을 채우는 것이 둘 있다. 그것은 내 머리 위에 별이 총총한 하늘과 내 마음속의 도덕법칙이다(der bestimte Himmel übermir und das moralische Gesetz in mir). 나는 이 두 가지 것을 암흑 가운데 싸인 것으로나 내 시야 밖의 초월계에 있는 것으로서 찾을 수도 없고, 그

저 추측하지도 못한다. 나는 그것들을 내 눈앞에 보고, 그것들을 내 실존
의 의식과 직접 결합시킨다.”

도덕법칙·윤리의 길이 내 눈앞에 분명히 있다. 그것이 다름 아닌 인간
의 길이다. 우리는 인간으로서 인간답게 살지 않으면 안 된다.

제3장 종　교

　종교는 마르크스가 말한 것처럼 <아편>이요, 인류에게 해롭고, 아무 의미도 없는 것일까? 도대체 종교는 무엇인가?

　레닌은 이렇게 말하고 있다 — "근대 자본주의의 여러 나라에서는 … 종교의 근원은 주로 사회적이다. 노동대중에 대한 사회적 압박·자본주의의 맹목적인 힘은 전쟁이나 지진 같은 이변보다도 천배나 더 무서운 고통, 야만적인 고통을 시시각각으로 일반 노동자들에게 주고 있거니와, 이 힘 앞에서의 저들의 완전한 무력감 속에 종교의 가장 심각한 근원이 있다. 공포가 신들을 만들어 내었다. 자본의 맹목적인 힘, <그것은 노동대중에게 예견되지 않음으로써 맹목적이다>— 프롤레타리아와 소경영자를 위협하여 그 생활의 한 걸음마다 불의의 영락·파멸·걸식·난민·매음부로의 전락과 아사(餓死)를 가져오려 하며, 또 현재 실제로 가져오고 있는 자본의 맹목적인 힘— 이 힘 앞에서의 공포감이야말로, 유물론자가 초보적인 유물론자로 머물러 있지 않으려는 한, 무엇보다도 먼저 그리고 가장 명백히 기억해 두어야 할 현대종교의 근원이다." 과연 사회적 모순으로 말미암은 공포감만이 현대종교의 참된 근원일까? 아무리 이상적인 공산사회로 접근해간다 하더라도 인류사회에 모순이 전무한 때가 올 것 같지 않으므로, 종교는 어차피 인류와 함께 그 명맥을 이어갈 것이요, 또 종교는 그 공포감을 감소 내지 소멸시킴에 있어 공산주의보다 더 큰 공헌이 있었다고 하면 그 존재이유가 충분히 있다고 하겠다.

　또 공포감이 해소되면 종교도 필요 없게 될까 하는 데 대해서도 적이 의심이 간다. 종교에는 그러한 심리적 효과 이외에 여러 가지 다른 효과와 가치가 있지 않을까 한다. 레닌 자신도 지적한 바와 같이 종교의 근원은 사회적이다. 사회에서 시작한 종교는 사회의 모든 면에서의 복스러운 상태를 조성할 의무가 있고, 또 과거에 실지로 그와 같이 한 일이 없지 않은 줄 안다. 그리고 종교는 본래 곤고하고 비천한 (혹은 비천하다고 느끼는) 사람들을 위해서 있는 것이다. 그러기에 예수는 "수고하고 무거운 짐진 자들아, 다 내게로 오라. 내가 너희를 편히 쉬게 하리라"고 말씀하셨다. 생에 지치고 허덕이는 사람들에게 종교가 아편처럼 그 괴로움을 덜어준다면 그것은 오히려 얼마나 고마운 일이랴.

　12세기에,

　　마음에 참된 기쁨을 주는 달콤한 추억인 예수여,
　　하지만 꿀보다도 또 다른 무엇보다도 달도다 그 현전(現前)은
　　…
　　회개하는 자의 희망이신 예수여,
　　기도하는 자에게 그대는 얼마나 다정한가.
　　구하는 자에게 그대는 얼마나 선한가.
　　하지만 뵈옵는 자에게는 그 얼마나 더하랴?

라 노래한 베르나르(Saint Bernard de Clairvaux, 1091~1153)는 정녕 종교의 아편을 마신 자다. 그러면 우리는 그에게서 그 약을 빼앗을 것인가, 그렇지 않으면 그 무상의 희열에 잠기게 내버려둘 것인가? 과거에 있어서 종교는 여러 가지 과오를 범했고 또 현재도 범하고 있지만, 한편 종교가 심리적으로 여러 가지 좋은 효과를 줄 뿐만 아니라 또한 인류문화에 크게 기여한 것을 부인할 수 없다. 동양문화는 불교와 유교를 주축으로 하여 발전하였고, 서양문화는 그리스도교를 중심으로 하여 발전하였다. 그러므로 종교를 전적으로 무시하고 그 존재가치를 완전히 부인하는 것은 부당한 일이라 아니할 수 없다.

　물론 현대과학적인 사고방식 내지 세계관을 가지고서 볼 때 종교는 비

과학적이고 비합리적인 것으로 보일는지 모른다. 스스로 과학적이라 주장하는 변증법적 유물론의 입장에서도 종교는 비과학적인 것으로 여겨지려니와, 19세기에 대두한 진화론적 사상의 입장에서도 그것은 비과학적이요, 또 20세기 초엽까지만 하더라도 종교와 과학을 양립할 수 없는 것으로 보는 경향이 강하였다. 그리하여 많은 학자·사상가들이 종교와 과학을 화해시켜 보려고 무척 애를 썼다. 그러나 그들의 노력은 별로 큰 성과를 보지 못하였다. 그러던 중 2차대전 후로는 실존철학의 영향 아래 종교가 인간본성의 실존적 깊이에서 이해되고 긍정되는 방향으로 종교철학계의 대세가 움직여오기도 했다. 그렇다고 해서 종교의 의의가 완전히 해명되고 그 존재가치가 결정적으로 확립된 것은 물론 아니다. 인간의 생명자체가 유동적인 것처럼 종교가 절대적인 것, 영원한 것과 관계하는 것이라 할지라도, 결국 그것은 인간의 세계에 속하는 것이요, 따라서 유동적인 것임을 면할 수 없다.

그러면 종교는 순전히 원시적 인간의 무지의 소산인가? 물론 종교는 신화와 더불어 경계를 접하고 있고, 또 그 속에는 미신적 요소도 많이 있다. 한 마디로 종교라 하지만, 거기에는 지적인 정도도 가지가지여서 우매한 것도 적지 않고, 또 도덕력의 정도에도 차이가 많다. 그러나 신화나 종교는 다 같이 인간이 이 광대무변한 우주 안에서 그 여러 가지 신비를 파헤치고 자기의 운명을 개척해보려 한 노력이었던 점에서 그 본질을 같이 하는 것이다. 또 고대인들이 흔히 의지하였던 주술이나 마법도, 본래는 웬만한 방법을 가지고서는 도저히 극복할 수 없는 곤란을 당하여, 즉 인간능력의 한계에 이르러서 치명적 불행을 회피해보려는 절실한 기도였다. 이리하여 신화나 종교는 궁극적인 것 내지 궁극적인 존재에 대한 상념에로 달음박질하지 않을 수 없었다. 그리고 현대인도 이른바 극한적인 상황에서 신을 찾기도 하고 종교적 세계로 귀의하기도 하는 것이다. 다만 인지가 미개하고 과학적 지식이 아주 부족했던 원시인들은 그러한 궁극적인 우주의 실재를 생각하며, 또 자기 주변에 일어나

는 자연현상과 인간적 현상을 살펴볼 때, 자연히 많은 점에서 불합리한
해석을 하게도 되었던 것이다.

그런데 궁극적인 것에 대한 관심은 물론 종교에만 고유한 것은 아니
다. 고래로 동서를 불문하고 철학이라 할 수 있는 것이 또한 궁극적인
것의 탐구였다. 그리하여 인도에서는 종교와 철학이 서로 손을 맞잡고
조화를 이루면서 진전되어 왔다. 그리고 서양에서는 종교와 철학이 서로
충돌하고 대립하면서 긴장된 관계를 줄곧 가져왔으나, 이것도 그 궁극적
관심의 대상이 동일하였음을 보여 주는 것이라 하겠다. 사실 과거에 있
어서 서양에서는 종교도 철학도 궁극에 있어 이른바 영원절대의 최고
존재를 탐구하고 그 존재와 합일하려 한 일이 비일비재하였다.

그러나 철학이 이러한 최고의 절대적 존재에 대해서 지적인 관심을 가
졌던 데 반하여, 종교는 여러 가지 행사와 헌신으로써 그러한 존재의 거
룩한 생명에 직접 참여하며, 그 생명의 성질을 조금이라도 나의 것이 되
게하고자 해서 마지않았다. 그리하여 종교는 영원을 바라보면서 영생을
희구하여 현세를 등지거나 혹은 초극하려 하였다. 이러한 방향에서 종교
적 활동이 전개될 때 거기에는 아무래도 일상적인 혹은 과학적인 사고
방식에 서는 이해하기 어려운 양상이 나타나기 쉬웠다. 그리고 원시인의
신화에서는 더욱 엉뚱한 사고방식과 행동이 횡행하기도 했다. 그러나 신
화적 사고에 대해서 우리는 그 우매한 요소를 잘 식별하고 우리 자신 속
에 그러한 요소가 들어오지 않도록 경계해야 되겠지만 한편 신화적 사
고가 생기게 된 깊은 인간심정의 동기에 대해서는 충분한 동정을 가져
야 할 줄 안다. 신화적인 사고는 인간과 자연의 구별을 모르며 우주 전
체에 인간사회를 투영시켜 인간사회와 자연을 통틀어 하나의 사회로 보
았으며, 거기에 온누리를 통한 생명의 연대성을 느끼면서 인간과 다른
동물들과의 생명의 근원을 동일한 것으로 보기도 했다. 가령 그리스신화
에서는 신들과 인간들이 서로 거래하기도 하고, 서로 사랑하고 미워하
며, 서로 도와주고 혹은 해치는 관계를 가지기도 하며, 또 토템 신앙에서

는 인간과 다른 동물들의 조상이 하나이기도 하다. 『삼국유사』에 "웅득
여신(熊得女身)", 즉 곰이 여자의 몸을 입어 환웅과 혼인하여 단군왕검
을 낳았다고 하는 것도 토템 신앙의 하나라 할 수 있겠다.

　이러한 신화적 설화가 현실의 사실을 전하는 것이라고 생각하는 사람
은 아마도 현대 과학적 사고를 지니고 있는 사람들 가운데에는 거의 없
을 줄 안다. 그런데 현대의 여러 종교 가운데도 신화적 설화가 많이 들
어 있고, 현대인 가운데도 많은 사람들이 그러한 설화를 그대로 믿고 있
다. 또 인도에서는 아직도 많은 지식인들이 윤회설 내지 영혼전생설을
믿고 있는 모양이다. 또 우리 주변에서는 대보름날 저녁 같은 때에 달을
향하여 절하는 사람들이 아직 적지 않다. 이런 일들을 우리는 모두 미신
이요 신화라고 웃어넘길 것인가? 사실 종교에도 여러 가지 종류가 있고
또 한종교 안에도 여러 가지 신앙의 단계가 있으므로 사람들의 정신의
지적 능력이나 도덕적 능력의 다름을 따라 동일한 종파도 다채로운 양
상을 띠고 있음을 볼 수 있다. 그리고 인지가 발달하고, 인간의 정신이
세련되어 갈수록 종교도 더욱 순수하게 되고, 인간생활에 더욱 의미 있
는 기여를 하게 될 수 있다. 어떠한 방향으로의 진전이 종교로 하여금
이렇게 했으며 또 이렇게 할 수 있는가?

　옛날에는 종교적 상징들이 상징으로서 생각되거나 파악되지 않고 현실
적인 사물들로서 이 세계에 존재하며 또 이 세계를 지배하는 것으로 여
겨졌다. 가령 불교에서의 사천왕이나 염라대왕, 그리스도교의 천국이니
지옥이니 하는 것도 하나의 상징적 존재일 터인데, 마치 그런 것들이 현
실적 존재나 처소인양 사람들의 관념에 자리 잡고 있었다. 이렇게 되는
경우, 일반 대중의 마음속에서는 종교가 인간정신을 해방시키고 자유롭
게 하는 대신, 도리어 인간의 마음을 외포(畏怖)의 감정으로 압도하고
나아가서는 종교적 특권계급이 몽매한 사람들을 농락하는 폐단도 있었
다. 종교의 이러한 면만을 보게 되면 종교는 결국 암흑과 무지의 덩어리
인양 생각되고 그리하여 그 존재가치를 숫제 부정하는 사람도 있었다.

그러나 종교의 본질이 이런 것은 아니다. 곤란과 죽음의 막다른 골목에서 종교는 자유와 해방의 환희를 주기도 한 것이었다. 저 종교적 상징들이 깊은 정신적 의미를 지니는 것임을 자각한 사람들에게는 종교가 그저 암혹한 것일 수는 없으며, 또 그저 무지의 소산이기만 한 것도 아니다. 사실 그것은 궁극적 진리의 표현일 수도 있다. 또 인류구원의 복음일 수도 있다. 그런데 종교가 이러한 성질을 획득하려면 불가불 거기에는 하나의 순화과정이 있어야만 한다. 가령 간디(Gandhi)가 "<신이 진리>라 말하는 대신 나는 <진리가 신>이라고 말하려 한다"라고 했을 때와 같이, 인간정신이 과거의 도그마에 사로잡히지 않고 인류 전체의 행복을 위한 희생을 각오하는 순화과정을 거쳐야만 할 것이다. 이러한 정신에서 우리는 <하느님은 사랑>이라 하는 대신, <사랑이 하느님>이라고도 할 수 있을 것이다. 하여간 종교가 높고 깨끗한 정신성을 획득하게 되면, 이제 거기에는 우매한 사람들을 농락하는 협잡이 있을 수 없게 되고, 광명한 아침 햇볕에 만물이 소생의 환성을 올리듯 뭇 중생이 정복(淨福)의 생활을 누릴 수 있을 것이다. 종교는 사실 인간정신 내지 인간실존의 심각한 갈림길에 놓여 있다. 이 갈림길의 한 길은 우리를 절망과 사망에로 인도하고, 다른 한 길은 영생의 기쁨에로 인도한다. 우리의 정신은 광막한 우주에서 모름지기 그 힘을 수습하여 광명과 생명과 환희에로 나아가도록 해야 할 것이다. 그리고 종교는 모름지기 우리로 하여금 이렇게 할 수 있도록 안내해주는 것이어야 할 것이다.

종교는 신화와 마찬가지 근원에서 나와서, 신화와 마찬가지로 인간정신의 구속·속박에서 출발하였다. 그리하여 신화와 종교에서 처음에 볼 수 있는 양상은 여러 가지 타부(금기)였다. 신성한 것, 즉 종교적 신앙의 대상은 두려운 것이요, 함부로 가까이 할 수 없는 것이었다. 또 가히 알 수 없는 것, 신비에 싸인 것이기도 하였다. 이러한 신성한 것, 거룩한 사물이나 존재와 상관하는 종교의 분위기는 따라서 우선 경탄과 외포로 가득한 것이었다. 거기에는 인간정신의 자유의 의식이 없었다. 그저 맹목적인 신봉과 복종이 있기 마련이었다. 그러나 인간의 정신은 이러한 피동적 종교의 무기력한 상태에 만족하여 머물러 있지는 않았다. 인류 속에 위대한 종교적 지도자들이 나타나서는 이러한 타력적이고 안일한 종교를 타파하고, 신념을 바쳐서 새로운 운명에로 도전하여 종교를 생명에 넘치고 뭇 사람에게 또한 참 생명을 가지게끔 하는 것이 되게 하였다. 그리하여 종교적 신앙의 중심 대상은 사랑과 인자가 넘쳐흐르는 존재로 파악되고 상념되기에 이르렀다.

베르그송은 도덕과 한가지로 종교도 두 원천에서 흘러나왔다고 본다. 즉 소극적인 원천과 적극적인 원천이 있다. 전자는 <억압>(pression)이요, 후자는 <갈앙>(aspiration)이다. 그리고 억압에서 성립하는 종교는 <정적 종교>(religion statique)요, 갈앙에서 성립하는 종교는 <동적 종교>(religion dynamique)다. 정적 종교는 한 마디로 <닫힌 마음>(âme fermée)으로 말미암는 것이요, 동적 종교는 <열린 마음>(âme ouverte)의 자세로 말미암는 것이다. 베르그송에 의하면, 인류의 역사는 정적이고 외적인 종교에서 동적이고 내적인 종교에로 이행하는 길을 걸어왔다. 그리고 전자는 인간이 당할지도 모르는 여러 가지 위협을 물리치기 위하여 만들어진 것으로서 지성 이하의 것이요, 후자는 인류역사에 있어서 오랜 시일이 경과한 후에, 그리고 예전에는 좀처럼 할 수 없었던 노력에 의하여, 인간이 그 둘레에서 빙빙 도는 운동에서 빠져나와 자기를 새로운 진화의 길로 뛰어들게 하고 또 전진함으로써 생긴 것으로서 지성 이상의 것이다. 돌이켜보건대, 인류는 정적 종교에서 동적 종교로 서서히 발전해왔다고 할 수 있다. 그리고 동적 종교의 출현에는 장구한 세월에 걸친 인류의 정신적 노력과 진보가 있어야만 했겠으나, 양자를 가까이 놓고 비교해 본다면 거기에는 엄청난 질적 차이가 선명한 대조를 이루고 있다.

동적 종교에서는 인간의 행동이 공포심을 중심하여 맴돌지는 않는다. 우리는 무엇이 무서워서 신을 섬기는 것도 아니요, 우리의 인생이 허무

하다 해서 영원을 찾는 것도 아니다. 동적 종교에서는 절대의 선의 샘에서 물을 마신 <주님> 혹은 <깨달은 자>가 있어서 우리의 혼이 그들의 혼의 한없는 아름다움에 끌리고, 그 인격의 온전한 성품에 홀리어 우리는 흔희작약하여 그들을 따르고 사지에도 용감하게 나아가는 것이다. 마치 광석이 자석에 끌리듯, 선량하고 아름다운 혼은 그러한 지도자의 말에 귀를 기울이고, 생명을 그에게 바친다. 그 스승이 거기 있기만 하면 세계가 그저 평화롭게 되고 행복하게 되어 더 바랄 것 없는 상태로 될 것만 같다. <주님>은 절대의 선이요 신이며, <깨달은 자>는 진리 자체이기도 하다. 우리의 생명이 이런 선각자의 생명과 하나가 될 때 인생의 궁극 목적은 달성되고, 종교의 사명은 성취되어, 우리는 문득 천국의 지복의 문에 들어서게 된다.

 예수의 열두 제자 가운데 토마라 하는 사람은 유난히 두뇌가 명철했던 탓인지, 예수가 부활했다는 말을 듣고 의심했으며, 자기의 손을 예수의 부활한 몸에 대어 그 상처를 만져보지 않는 한 믿지 않겠노라 한 사람이다. 그러나 예수가 잡혀 죽을 것을 뻔히 알고서 예루살렘으로 올라가려 할 때, "우리도 그와 함께 가서 죽자"고 기운차게 외친 사람은 토마 한 사람뿐이었다. 토마는 예수의 외모나 언변에 끌려 그를 따른 것은 아니다. 다만 스승의 인격에 자기의 온 생명이 녹아 그를 섬기고 따르고 제자가 되지 않고서는 배길 수 없었던 것이다.

 현대종교에는 혼선과 혼란이 많고, 현대의 지식 있고 양심 있는 사람들의 비위를 상하는 것이 한두 가지가 아니다. 우리나라에는 고래로 토속신앙으로서 샤머니즘적인 것이 있어 왔고, 우리들의 혈육 속에 샤머니즘적 요소가 적지 않게 남아 있다. 무당이나 굿 같은 것은 보통 우리의 취미에 맞지 않는 것이지만, 덮어놓고 샤머니즘은 틀려먹은 것이라고도 할 수 없다. 본래 그 동기가 인간의 약함을 절감하고 이것을 극복하여 더 줄기차게 살아보려는 생에의 애착에 있는 것이기에, 그 전체를 무의미하다 할 수 없으며 또 그 관념 속에 백색을 숭상하는 것이 있었음은 순결

을 고조하여 민족의 혈통을 순결하게 보전한 공헌도 있다 할 수 있는 것
이다. 그러나 그 순결이 정신의 폐쇄를 의미하고 조장하게 되면 반드시
좋은 결과만을 가져오는 것은 아니다. 독일에서는 나치즘에 의한 피의
순결에 대한 고조가 배타주의에서 나아가 세계대전을 일으켜 급기야 민
족의 전적 파멸을 가져오게 한 바 있고, 우리나라에서는 편협한 폐쇄주
의가 어리석은 군주의 패도와 문화의 침체를 초래한 일이 비일비재하였
다.

 대체로 우리나라의 주요 종교는 신라·고려조의 불교와 이조시대의 유
교, 그리고 근대의 그리스도교로 생각할 수 있을 것이다. 불교는 전래 초
기에 순교자들의 피로 말미암아 누습을 타파하고 새로운 도덕과 정신을
진작하고 문화적으로는 조형미술의 극치를 낳고 계속하여 민족문화를
찬란하게 빛나게 했으나, 고려 말기에 이르러 사회도덕의 문란·퇴폐와
짝하매 민심이 그로부터 떠났다. 물론 거기에 정치적 세력의 작용도 있
었겠으나, 하여간 표면상으로는 대체로 유교가 불교를 대신하여 민족의
생활을 지배하게 되었다. 유교를 종교로 볼 수 있는가 하는 문제는 쉬운
일이 아니지만, 유교가 여러 가지 현세적인 문제에 적극적으로 개입하며
관심을 두는 한에 있어서 그것은 하나의 생활양식이지 종교가 아니라고
할 수도 있겠으나, 중국고대의 조상숭배를 그 중요한 요소로 함에 미쳐
서는 그것이 하나의 종교로서 성립하는 것으로도 볼 수 없는 바가 아니
다. 우리나라에서 유교는 시문의 발달을 촉진하고 그 특유한 예의도덕의
규범을 세움으로써 문화적으로 공헌한 점이 적지 않으나, 수백 년을 두
고 당파싸움을 하게 하는 원천이 된 것처럼 생각되기도 하여 또한 인심
을 잃어버리게 되었다. 『중용』에서 가르치는 성(誠)의 도는 그야말로 인
간을 포함한 우주의 대원리로 설정됨으로써 위대한 철학적 진리가 획득
되었고, 우리나라 유학자 가운데도 이러한 진리를 터득하고 현실에 맞게
끔 적용한 사람도 있었으나, 그것이 피비린내 나는 당쟁의 구변을 도와
주는 학문으로 타락하매, 아무리 그 언설이 훌륭해도 백성들의 마음은

더 이상 그런 학문을 따르려 하지 않게 되었다. 그리고 그 조상숭배의 표현인 제사는 그리스도교의 전래로 말미암아 큰 도전을 받아 현대세계에서 무익무용한 유품으로 여겨지게 되는 시운을 만나게 되었다. 조상숭배는 인간의 자유로운 감정의 발로요, 어떤 형식으로든 조상을 기억하고 흠모하는 것은 당연하고도 좋은 일이지만, 그것이 족보를 따지고 정치적 색채를 띠는 나머지 허식과 번문욕례(繁文縟禮)를 일삼게 되는 때에는 한심한 결과를 가져오게 되었다.

마침 이러한 민족 피폐의 때에 들어온 그리스도교는 백성들의 허전한 심혼에 보람 있는 내일을 약속하며 메마른 심정을 포근한 단비로 적셔줄 것만 같아, 탄압의 핏자국 밑에서도 꾸준히 자라 이윽고 요원의 불길처럼 삼천리 방방곡곡에 널리 또 깊이 전파되고 침투하였다. 개화기의 새로운 문화는 마치 그리스도교가 전담하여 꽃피게 하는 듯도 싶었다. 사실 그리스도교는 각처에 학교와 병원을 세워 공공의 복지에 이바지했고, 우리나라의 근대화에 중대하고도 지대한 공헌을 하였다. 또한 사람들의 사고방식도 각 방면에서 혹은 인도화하고 혹은 근대화하였다. 침체한 도덕을 쇄신하고 시들은 정신을 소생시켰다. 그것은 종래의 굴욕적인 정신생활에 자유와 사랑의 복음을 던져주기도 하였다. 일제하에서의 그리스도교는 사실 근대 한국의 암흑 속에서의 가장 밝은 희망의 등불이었다. 그러나 불행하게도 해방 후로 남한에서는 그리스도교도 고려 말의 불교와 이조말의 유교의 전철을 밟는 것 같은 느낌을 가지게 하는 때가 적지 않다. 분파가 많은 것은 차라리 그 종교가 아직 젊은 증좌라고 보는 사람도 있지만, 그리고 이것이 일리 있는 말이기는 하나 오늘날 우리나라의 그리스도교는 예전의 생명, 예전의 영광, 예전의 맛을 잃은 것만 같다.

이렇듯 우리나라의 종교는 오늘날에 이르러 현대적 정신상황 속에서 잘 적응하며 우리의 정신생활에 참된 기쁨과 활기를 넣어주고 있다고는 할 수 없는 형편에 있는 것이 아닌가 생각된다. 그러나 우리는 희망을 버려서는 안 될 것이다. 종교가 도덕의 중요한 원천이요 정신생활의 초석을 제공해 주는 것일진대 우리는 종교를 참된 것이 되게 하며 의미 있는 것이 되게 하지 않으면 안 될 것이다. 불교는 우리나라 자체만으로는 민족의 마음을 끌어당기는 종교로서 재기할 힘이 없어 보였으나, 근래에 외국에서의 활발한 부흥운동에 자극되어 좀 생기를 얻는 듯싶은 것은 다행한 일이다. 이제 불교는 유흥 및 미신과의 타협을 지양하고 모든 일이 우리의 마음 하나에 달렸다고 하는 그 유심론적 진리를 국민에게 터득케 하며 또 불교의 매력인 정적과 평화의 심경을 오늘날과 같은 번잡하고 고달픈 세상에 널리 퍼지게 한다면 다시금 귀중한 위치를 민족문화 속에서 찾을 수 있을 것이다.

그리스도교로 말하면 정말 하느님의 사랑만을 보여주려고 노력해야만 할 것이다. 이성적으로 따지면 근거도 박약한 교리와 신조를 가지고 서로 다투는 것은 아무리 보아도 우습고 한심한 일이다. 그런 싸움통에 사랑이신 하느님은 외면하고 도망가신다. 민심은 천심이라, 민심도 하느님과 함께 떠나고 만다. 그러면 거기에 남는 것은 그리스도교의 빈껍데기와 그 지도자들의 해골뿐이다. 이제 우리는 우리나라의 그리스도교에게 3·1운동 당시에서와 같은 찬연한 존재가 되어주기를 바라는 마음 간절하다. 어떻게 하면 이렇게 될 수 있을까? 그저 전통만을 지키고 교리만을 따져서는 될 성싶지 않다. 모름지기 역사의 전진에 발맞추어 열린 마음의 자세로 어부였던 사도들의 마음을 다시금 내 마음으로 하여, 곤고하고 수고하는 동포의 괴로움에 참여하여 함께 길을 터 나아가며 밝은 진리 속에 한가지로 걸어가려는 태세를 갖추어야 할 것 같다. 하느님 자신에 관한 관념도 진노의 하느님, 의로우신 하느님, 사랑의 하느님으로 변천했으니만큼, 그저 무턱대고 교리 위주로 배타를 일삼지 말고 관용의 덕을 배우는것이 급선무가 아닐까 한다. 일찌기 니체가 날카롭게 비판한 것처럼, <내세>를 운운하는 종교인들이 실상 속마음으로 구하는 것은 육체적인 것과 물질적인 것인 듯이 보이는 경우가 많다. 그리스도교는

오늘날 더욱 높은 정신성을 획득하여 진리와 광명과 희락이 온 누리에
퍼지고 충만하게 해야 할 줄로 안다.

하느님은 다름 아닌 선 가운데 선이요, 또한 극치의 아름다움이 아닐
수 없을 터이다. 그렇다고 하면 그리스도교가 이러한 하느님을 우리에게
보여주기를 우리는 바라 마지않는다. 그리고 신앙은 이 절대의 선이요,
절대의 진리요, 절대의 아름다움이신 하느님께의 절대의 신뢰인 까닭에
절대의 선의 절대적 승리를 절대로 믿어 마지않으며, 죽음을 넘어서 영
원한 절대의 아름다움으로 빛나는 세계가 있을 것을 믿어 의심치 않으
매, 이 세상의 악에 굴복할 수 없고, 또 악의 실체를 믿지도 않으며, 일로
하느님에게로의 귀의 속에 환희의 찬가를 불러 마지않는 것이다.

제4장 예 술

 플라톤이 모든 가치를 선보다 아래 위치시킨 이래로 아름다움도 따지고보면 선에 예속하는 것이요, 예술은 결국 최고의 인식에서 멀리 떨어져 있는 인간 활동이었다. 이러한 사고방식 아래에서는 예술이 이론적 인식의 보조수단 내지 도덕적 진리의 상징적 표현으로만 생각되었다. 그리하여 예술은 그 독자적인 의미와 가치를 지니지 못하였다. 그리던 것이 칸트의 『판단력비판』에서 비로소 예술은 그 자율성을 부여받았다. 칸트 이전에는 예술이 그 자신의 독립적인 가치를 전혀 가지지 못했다. 예술은 그저 인간의 다른 여러 활동의 준비 단계요, 보다 높은 목적을 위한 수단으로 생각되었다. 칸트의 제3비판 이래 이러한 생각은 이제 시대에 뒤진 것이 되었고, 오늘날에는 예술이 그 독자적인 영역에서 완전한 독립을 최대한도로 누리고 있다.

 그러면 이러한 독자적인 영역과 가치를 가지고 있는 예술이란 무엇인가 하는 것을 생각하면, 지금까지 여러 가지 정의가 있어 왔지만, 간단히 대답하기가 매우 어려운 문제다.

 현대 프랑스 미학계의 중진 에티엔 수리오(Etienne Souriau)에 의하면 "예술은 건립적 활동(l'activité instauratrice)이요, 아나포르적 승진(promotion anaphorique)의 변증법이다. …예술은 존재와 개물의 세계에 대한 초절의 인상에로 인도하는 것이다." 이것은 미학과 예술철학의 오랜 역사를 경과한 후에 나온 매우 복잡한 예술의 정의다. 예술철학의 과거에는 이보다 훨씬 단순한 정의와 견해가 나타났었다. 맨처음의 소박한 견해는 예술을 자연의 모방이라고 보는 것이다. 아리스토텔레스가 예술은 자연의 모방(ars simia natura)이라는 정의를 처음으로 내렸다고 보는 사람이 있으나, 여기 대해서는 이론이 있다. 아리스토텔레스는 "비극은 일반인보다는 더 위대한 인물 혹은 더 나은 인물의 모방"이라 했고, 또 "비극과 희극의 차이는 전자가 오늘날 우리가 보는 인간보다 나은 인간을 그리려 하는 데 대하여, 후자는 보다 나쁜 인간을 그리려 하는 점에 있다"고 했으니만큼, 그에게 있어 예술은 자연을 비자연화하는 것이요, 예술을 <정정(訂正)적 모방>으로 보았다고 할 수 있으니 말이다. 하지만 사실주의나 자연주의의 입장에서는 예술은 곧 자연의 모방이라 생각되었다. 그림뿐만 아니라 음악도 자연계의 음성의 모방이었다. 호라티우스(Horatius)는 "시는 그림과 같다"라고 했고, 시모니데스(Simonides)는 "회화는 말 없는 시요, 시는 말하는 그림이다"라고 했다. 모방설은 18세기 전반까지 강력한 지반을 가지고 있는 듯싶었으나, 모든 예술을 모방으로 보는 견해는 예술작품의 광범하고 다채로운 영역에 완전히 들어맞는 것일 수는 없었다. 신고전학파는 이론에 궁한 나머지, 예술은 자연을 무차별하게 재현하는 것이 아니라 <아름다운 자연>(la belle nature)을 재현하는 것이라 하였다. 아름다운 자연이란 그 개념 자체가 매우 의심스러운 말이다. 아름다운 자연을 재현하는 예술은 아무래도 자연을 떠나지 않으면 안 된다.

예술의 모방설은 루소에 의하여 여지없이 타파되었다. 루소는 미학사상의 역사에 있어서 결정적인 전환점을 이룬다. 그는 예술이론의 고전적 및 신고전적 전통을 모두 배척하였다. 그에게 있어 예술은 경험적 세계의 기술이나 재현이 아니라 정동과 열정의 분출이다. 이리하여 모방의 원리는 하나의 새로운 개념, 하나의 새로운 이상, 즉 <성격예술>의 이상에 의하여 대체되었다. 괴테도 루소의 사상에 호응하였다. 괴테는 이런 말을 하고 있다 ― "…성격예술은 유일의 참된 예술이다. …예술은 아름다운 것이기 전에 형성적인 것이다. 그리고 그것은 이때에 참되고 위대한 예술이다…" 이리하여 미의 이론은 새로운 형태를 갖추게 되었다. 전통적 의미에서의 미는 결코 예술의 유일한 목적이 아니다. 그것은 실상 2차적이고 파생적인 면일 따름이게끔 되었다.

이와 같이 서로 대립하는 예술관인 모방설과 성격예술의 이론은 각기 예술적 창작에 있어서의 객관적 계기와 주관적 계기를 강조하는 것이다. 즉 전자는 객관적 계기인 자연을, 후자는 주관적 계기인 인간정신을 중시한다. 그러나 괴테는 성격예술의 대변자이면서도 또한 그 생애의 어느 시기에도 자기의 시의 객관적인 면을 무시할 수 없었다. 예술은 정말 감정표출적인 것이지만, 형성적인 것이 되지 않고서는 표출적인 것이 될 수 없다. 그리고 이 형성적 과정은 몇 가지 감각적 소재를 매개로 해서 수행된다. 괴테는 이런 말을 하고 있다 — "걱정과 근심에서 벗어나자마자 안정할 때 창조적인 반신은 자기의 영기를 불어넣을 물질을 자기 주위에서 더듬어 찾는다." 여기서 우리는 위대한 예술가의 특성을 볼 수 있다. 위대한 화가나 음악가 혹은 위대한 시인에게 있어 색채, 선, 운율 그리고 낱말은 그저 그의 기술적 도구의 일부에 그치는 것이 아니라, 그의 깊은 직관과 함께 그 창작과정 자체에 없지 못할 계기들이다.

콜링우드(Collingwood)는 "예술가가 하려 하는 일은 어떤 주어진 정동을 표현하는 것이다. …우리들 각자가 하는 발성과 몸짓은 모두 예술작품이다"라고 말했지만, 사실은 우리의 모든 <소리 지름>이 언어가 되는 것은 아닌 것처럼 우리의 모든 몸짓이 예술작품이 되는 것도 아니다. 목적성의 계기가 언어적 표현과 예술적 표현에는 필요하다. 배우가 연극에서 하는 말의 억양, 그 얼굴의 표정, 그 몸짓은 그저 그의 감정의 표출이 아니요, 인간의 성격의 재현이요 해석이다. 가장 주관적인 성격을 띤 예술인 듯싶은 서정시도 예술의 일반적 경향에서 전적으로 벗어나지는 못한다. 서정시인은 감정을 드러내는 일에 몰두하고 있는 사람이 아니다. 감정에 의해서만 좌우되는 것은 감상이지 예술이 아니다. 서정시도 다른 예술에서와 같은 객관화의 과정을 내포하고 있다. 그것은 심상·음성·리듬을 가지고서 쓰여지는 것이요, 이것들이 불가분적 통일을 이루면서 형성하는 하나의 전체인 것이다.

예술은 이미 있는 혹은 주어진 현실의 한갓 재현이 아니다. 그것은 모방이 아니라 현실의 발견이다. 그러나 그 발견은 과학자들이 자연을 발견하는 것과 같은 의미에서의 발견은 아니다. 과학자는 복잡한 자연현상을 분류하고 체계화하며 그 모든 현상을 설명하는 단순한 법칙과 공식을 찾는다. 그러나 예술은 현실의 한 모퉁이의 특수한 모습을 파헤쳐 드러내는 일을 한다. 언어와 과학은 현실의 간략화요, 예술은 현실의 강렬화다. 과학자가 자연의 사실들 혹은 자연법칙의 발견자라고 하면, 예술가는 자연의 형상(form)의 발견자다. 여기서 <형상>은 쉬운 말로 <모습>이라 해도 좋을 것이다. 어느 시대에나 위대한 예술가들은 예술의 이 특수한 임무와 특별한 성질을 잘 알고 있었다. 레오나르도 다 빈치(Leonardo da Vinci)는 회화와 조각의 목적을 saper vedere(볼 줄 안다)라는 말로 표현하였다. 그에 의하면, 화가와 조각가는 볼 수 있는 것들의 왕국에서의 위대한 교사들이다. 사물의 순수한 형상을 아는 것이 결코 본능적인 성질, 자연이 준 성질은 아니기에 말이다. 우리는 우리의 일상 감각경험의 대상을 수천 번 대하였으되 그 형상을 한 번도 보지 못하였을 수 있다. 누가 우리더러 그 물리적 성질이나 효능이 아니라 그 순수한 시각적 형상과 구조를 말해보라고 하면 그렇게 수천 번 보아온 것인데도 우리는 어리둥절하기가 일쑤다. 이 틈바구니를 메우는 것이 바로 예술이다. 예술에서 우리는 감각적 대상의 분석 혹은 그 효능의 연구를 일삼지 않고, 오히려 순수한 형상의 왕국에 살고 있는 것이다. 그러고 보면 예술가는 순수한 형상의 아름다움에 마음이 끌려 그 형상과 사귀며 그 아름다움에 몰두하는 사람이라 하겠다. 그리고 위대한 화가는 우리에게 외부의 사물의 형상을 보여주며, 위대한 극작가는 우리의 내적 생활의 형상을 보여준다.

그러면 예술가가 파악하는 형상이나 아름다움은 어떤 것일까? 현실세계는 무수한 사물과 그 형상들을 우리에게 경험케 하지만, 그 모든 것이 그대로 예술가가 찾는 형상이요 아름다움일 수는 없다. 에밀 졸라(Emile

Zola)는 예술 작품을 un coin de la nature vu à travers un tempérament (기질을 통해서 본 자연의 한 구석)이라 정의하였다. 여기서 <기질>이라 하고 있는 것은 한갓 특이성이라든가 개인의 특성이라든가 하는 것을 의미하지 않는다. 예술가가 자기의 특수한 기질을 따라 지은 작품이 훌륭한 예술작품이 될 수 없고, 진정한 예술미를 지닌 것이 될 수는 없는 일이다. 예술가의 상상은 사물의 형상을 제멋대로 만들어내는 것이 아니다. 그것은 우리에게 이 형상을 보여주되 그 참된 형상에서 보여주며 그리하여 그 형상들을 볼 수 있고 인지할 수 있게 하는 것이다. 위대한 예술작품을 한참 바라볼 때, 우리는 주관적 세계와 객관적 세계 사이의 분리를 느끼지 않는다. 그리고 위대한 예술작품은 만인의 공감을 산다. 즉 위대한 예술가가 발견한 순수한 형상, 순수한 아름다움은 그 예술가 개인의 것이 아니라 인류 전체의 것이 되는 것이다. 그 형상들은 진정한 보편성을 가지고 있다. 과거의 위대한 예술들은 자연을 그대로 모방하지도 않았고, 덮어놓고 주관적인 감정을 폭발시킨 것도 아니다. 자연의 독특한 모습을 생생하게 우리에게 드러내어주기도 하고, 인간생활의 밑바닥의 진실을 드러내어주기도 하였다. 이런 의미에서 그것은 자연과 인생의 의미를 드러내어주었으며, 이런 깊은 의미에서 그것은 인간의 <상징적 활동>이었다. 여기서 상징이라 한 것은 <의미탐구>라 해도 좋을 것이다. 예술은 현실의 해석이요 현실의 의미 탐구인데, 다만 그것은 개념에 의한 해석이나 탐구가 아니라 직관에 의한 해석 및 탐구요, 사고를 매개로 한 것이 아니라 감각적 형태를 매개로 하는 것이다.

그러면서도 예술은 어디까지나 <비사상적>(non-figuratif)인 성질을 띠고 있는 점에서 다른 인간활동과 구별된다. 아무리 단순한 예술이라 하더라도 적어도 예술이란 이름이 붙은 것은 최소한도의 이상화에 의하여 조잡한 현실을 넘어서고 있으며, 이런 의미에서 그것은 <초사상적>(transfiguratif)이기도 하다. 예술에 의하여 예술 속에 표현되는 것은 순수한 현실이 아니고, 인간에 의하여 다시 보이고 정정된 현실이다.

가장 현실주의적인 연극도, 졸라 같은 사람들의 가장 자연주의적인 소설도, 가장 직접적으로 외적 모델을 그린 쿠르베(Courbet)의 그림도 모두 어느 의미에서 이상주의적인 것이라 할 수 있다. 거기에는 생생한 현실을 통해서 인생 전체의 깊은 의미가 아련하게 제시되어 있어, 그런 뜻에서 깊은 상징성을 지니고 있다고 하겠으니 말이다. 거기에는 언제나 <인간을 보탠 자연>이 있다. 완전히 사실주의적인 것이 되려면 작자를 말살해야만 할 것이다. 예술에는 인간이 있고, 인간에게는 의미가 있다. 로댕(Rodin)의 조각을 보더라도 그 근육의 융기, 그 색깔의 명암, 움직임, 힘 — 이런 것들이 그의 예술을 일종의 초현실이 되게 하고 있다. 그것은 평범한 현실이 아니다. 그것은 비현실 이상의 것이다. 이점을 잘 이해하려면 로댕의 '걷는 사람'을 보는 것이 제일 좋을 것이다. 이 작품에서는 현실이 일부러 괄호 속에 집어 넣어지고 있다. '걷는 사람'처럼 걷는 사람은 이 세상에 한 사람도 없다. 그 조각의 인물은 한쪽 발끝을 다른 쪽의 발끝보다 높이 쳐들고 있지 않다. 두쪽 발을 다 땅에 대다시피 하고 있다. 그런데도 우리에게는 그 사람이 걷고 있는 것처럼 보인다. 한편 정밀한 사진기로 몇 백분의 1초라는 순간에 찍은 자세가, 즉 가장 현실적인 포즈가 우리에게는 거짓된 포즈, 동결된 포즈로 보인다. 그러므로 로댕의 작품은 현실이 아니기 때문에 진실성을 가지고 있다. 그것은 물질적인 현실보다 한없이 진실하다. 그것은 현실이 아니다. 그러나 그것은 현실을 떠남으로써 오히려 깊고 참된 모습을 드러내어주고 있다. 아리스토텔레스는 이러한 사정을 "시는 역사보다도 더 진실하다"라는 말로 표현하였다.

 조각은 주형보다 더 진실하고, 회화는 직접적이고 단순한 사진보다 더 진실하다. 조각과 회화에는 작자의 생명과 얼이 깃들어 있다. 거기에는 인생과 자연의 깊이가, 따라서 진실이 아로새겨져 있다. 영화나 사진술은 제작자가 단순한 조작자이기를 그치고 참된 창작자의 수준에 도달할 때 비로소 예술이 될 수 있다. 세계의 재창조는 곧 순수한 창작이기에 말이다. 뿐만 아니라 예술에는 사고가 필요하다. 정신없는 자동기계에 의한 기계적·무의식적 재제는 예술이라 할 수 없는 것이다. 그것은 예술의 대용품도 될 수 없다. 그런즉 예술은 그 특유한 방법에 의한 현실의 전위(transposition)라 하겠다. 하여간, 예술은 비속한 현실로부터 현실을 넘은 세계로의 이행이다. 여기서 자연히 예술의 규준이 나온다. 그것은 바로 변형의 정도다. 작품이 낮게 현실에 밀착해 있을수록 그것은 예술로부터는 멀리 떨어져 있다. 자연이 아닌 것일수록 더욱 예술적이라 할 수도 있겠다. 물론 현대예술은 이러한 방향에로 흘렀으나, 그것이 극단화할 때에는 또한 어려운 문제가 야기되기도 하였다. 그러나 예술작품이 진정한 예술작품이 되려면 초현실적인 일면을 지니지 않으면 안 될 것 같다. 만일 어떤 색채사진이 무미 평범하다고 하면, 그것은 자연의 맹목적 모방인 때문이다. 시시한 것이 시시하게만 표현될 때 예술의 신은 꽁무니를 뺀다. 이리하여 저속한 예술로부터 참되고 위대한 예술에 이르는 예술의 히에라르키(Hierarchie, 계층)는 쉽게 세워질 수 있다. 즉 비속한 현실로부터 멀어짐을 따라 완전한 예술에로 높이 승진하는 것이다. 거짓 예술이 반예술로, 또 유사예술에서 순수예술로 이행하는 단계가 있다. 그리하여 추상적 예술은 기왕의 모든 선행 예술의 도달점이 된다. 인류의 진보는 고대에서 르네상스로, 고전주의에서 낭만주의로, 인상주의에서 현재로 계속적 진보의 길을 더듬어 왔다. 오늘날 순수시·12음계음악·입체주의·코르비지에(Le Corbusier)의 건축이 비사상적 예술 — 즉 <거의 완전한 예술>— 의 최첨단을 걷고 있음은 당연한 일이라 하겠다.

그러면 진정한 예술과 사이비 예술을 가르는 것은 무엇일까? 가령 대교향악의 음악과 군악대의 음악의 차이는 어디에 있으며, 무도회의 댄스와 댄스홀의 댄스 사이에는 어떠한 본질적 차이가 있는가? 여기 대하여는 예술과 공예의 관계는 창조와 제조의 관계와 같다고 하여 예술을 쉽사리 공예로부터 구분할 수도 있다. 이렇게 되면 예술의 표식은 "완성된 작품에 있어서 그것이 현실적 제약을 무시할 수 있었는가, 없었는가"로 된다. 또 다른 각도에서 보면 예술의 존재는 정서성(affectivité)에서 찾아 볼 수 있다고 주장할 수도 있을 것이다. 그러나 감정 가운데는 아름다움과 상관없는 감정도 있다. 이 밖에도 예술의 표지로서 여러 가지 특성을 들 수 있다. 혹은 무상성, 몰관심, '목적 없는 목적성' 같은 것을 드는 사람도 있다. 어떤 이는 사회적 혹은 물질적 혹은 경제적 속박에서 자유로운 사람이야말로 예술가가 아니냐고 말하기도 한다. 그러나 앙드레 지드(André Gide)에 따르면, 규칙은 인간을 속박하느니보다 오히려 인간을 해방시킨다. 대다수의 천재가 성공한 것은 극히 괴롭고 고달픈 노동조건 아래서였다. 또 어떤 이는 거짓 예술의 특성은 <평범성>(banalité)에 있다고 한다. 그리고 평범한 것이란 대중이 좋아하는 것, 틀에 박힌 것, 안이한 것이요, 진정한 걸작은 그 자체에 있어서 그 자족성에 의하여 가치가 있는 것이라 한다. 그러나 순수한 미적 형식의 특질은 이렇게 객체적인 면에서 끌어낼 것이 아니라, 예술이 자연히 일으키는 감정에 의하여 주체적인 면에서 인정되는 것이 아닐까 한다. 예술의 표지는 감정적 전염에 있다고 톨스토이(Tolstoi)는 말하였다. 물론 감정만이 예술의 전체는 아니요, 적어도 세계적인 작품으로 인정되려면 이른바 <정신적 집중>(convergence mentale)이 없을 수 없다. 그러나 그것이 진정한 예술이라고 말할 수 있기 위해서는 단 한사람의 예술애호가의 진지한 반대의견으로써 충분한 때도 있다. "위대한 작품은 그 정열적 측면에 의하여 영속한다"라고 발자크(Balzac)는 말하였다. 예술의 표지는 미적감정이 극히 강한 점에 있음이 분명하다. 일찍기 니콜라 푸생(Nicolas Poussin)도 예술의 표적은 <환희>라 했거니와, 그에 앞서 레오나르도(Leonardo)는 그것을 <경탄>이라 말하였다.

그러나 예술의 유일한 표지, 예술을 예술되게 하는 것은 엑스타시스(ecstasis)가 아닐까 한다. 기쁨이 제대로 자아내어지지 않는다면, 그 예술은 제대로 된 것이 아니다. 하기는 예술이 때로는 괴로움 속에서 만들어지기도 하고, 또 낭만주의시대에서처럼 예술애호가는 흔히 우수에 잠겨있기는 해도, 이러한 태도는 2차적인 것이요, 예술의 진정한 태도는 아니다. 온몸을 바쳐 예술을 산 직접적이고 구체적인 진실한 상태는 아니다. 기쁨(joie)이야말로 본질적으로 예술의 1차적 상태이다. 가령 여기에 음악가 혹은 음악광이 있어서 그 환희가 순수하고, 그 행복이 가장이 아닌 진실한 것이라 하자. 그때 거기엔 누구도 속이지 않는 참된 예술의 <현전>(présence)이 있다고 할 수 있다. 기쁨은 영웅의 증좌라고 미슐레(Michelet)는 말하였거니와, 기쁨은 또한 천재의 혹은 성자의 증좌이기도 하다. 어떤 작품이 우리를 환희케 할 때 그것이 참된 걸작임은 절대로 틀림없는 일이다.

가령 내가 어떤 감명 깊은 음악을 듣는다고 하자, 처음에 울려나오는 음향들은 내가 연주실의 퇴색한 휘장이나 얼룩진 유리창을 관찰하는 것을 방해하지 않는다. 그러나 갑자기 아무것도 존재하지 않게 된다. 이제는 홀(hall)도 없고 청중도 없다. 그 음악이 나를 존재의 외적 조건으로부터 빼앗아간다. 홀은 도대체 어디로 갔는가. 나에게는 이제 그런 것이 존재하지 않는다. 물질적인 것은 모두 사라져버렸다. 연주자들에 대한 시각적 지각, 악기에 대한 청각적 감각은 근본적 변화를 입어, 나 자신을 넘은 곳으로 나를 운반해 가버리는 감정 ― 즉 엑스타시스로 변화하였다. 명화를 볼 때의 내 정신상태도 이와 같다. 나는 먼저 선과 색채를 살피고 흥미를 느낀다. 그러나 홀연히 나는 그 그림의 여러 구석진 곳들을 넘어 그 그림과 하나가 된다. 그 그림에 내 정신은 완전히 황홀하게 되어 순수한 심적 만족의 상태로 들어간다.

요컨대 하나의 충격이 일어나고 뒤이어 일종의 <승화>(glorification)가 생긴다. 그것은 2중의 의미에 있어서의 <라빗스망>(ravissement)이다. 즉 강렬과 환희의 두 가지 의미를 가지고 있는 희열이다. 이런 경우, 한편으로는 정적인 기쁨을 혹은 극도의 만족을 느끼는 동시에, 다른 한편으로는 일상적인 생활조건으로부터의 강탈 ― 탈혼(rapture) ― 이 행해지는 것이다. 그런데 이 두 가지 의미는 일체를 이루고 있다. 기쁨 속에서는 여러 가지 기분 전환시키는 것, 마음을 흩어지게 하는 것과 싸우지 않으면 안 된다. 왜냐하면 기쁨은 완전한 것이요, 혹은 완전한 소유요, 쪼개질 수 없는 것이기 때문이다. 우리는 전적으로 우리의 기쁨이든가(on est sajoie), 그렇지 않으면 기쁨을 전혀 느끼지 않든가다. 잡스러운 것이 섞인 기분이란 있을 수 없다. 엑스타시스는 본래 전적인 것이다. 사람따라 이런 엑스타시스, 이런 기쁨을 주는 예술이 여러 가지로 다른 것일 수 있다. 어떤 사람은 베토벤(Beethoven)에게서, 어떤 사람은 대중음악에서 그런 기쁨을 맛볼 수 있다. 그러나 엑스타시스의 본질은 어느 경우에나 불변이다. 기쁨은 위안 가운데 가장 순수한 위안이다. 예술은 위안이요, 위안 아닌 것은 예술이 아니니 말이다.

　모든 창조(création)는 무엇보다도 먼저 하나의 출산(procréation)이다. 출산의 고통이 있은 후에, 자기의 분신을 이 세상에 낳았다고 하는 엑스타시스가 뒤따른다고 하면, 창조는 모두 기쁨 속에서 행해진다고 할 수 있겠다. 설사 우수나 의혹이나 또는 고뇌가 최후에 이기고 남는 감정에 선행한다고 하더라도 말이다. 베르그송은 『정신력』(Energie spirituelle)에서 다음과 같이 명언하고 있다. "기쁨이란 언제나 생명이 잘 되어갔다, 전진했다, 승리했다는 것을 보여주는 것이다. 따라서 기쁨이 있는 곳에는 반드시 창조가 있다. 창조가 풍부하면 할수록 기쁨은 깊다." 이 말을 뒤집어서 우리는 다음과 같이 말할 수 있을 것이다. "창조가 있는 곳에는 반드시 기쁨이 있다"고. 얼핏 보면 다시없이 비통한 얼굴을 하고 있는 낭만주의자의 작품 속에도, 우수에 잠긴 작가, 절망의 작가의 작품 속에도 기쁨은 잠재적으로 그리고 언제나 있다. 앙드레 지드(André Gide)는 쇼팽(Chopin)에 관해서 이렇게 말하였다 ― "그는 슬픔을 통하여, 슬픔을 넘어, 언제나 기쁨에 도달하였다." 베토벤은 더 분명히 "괴로움을 통해서 기쁨에로" 라고 말하고 있다.

　사람을 위대하게 하는 것으로는, 위대한 고통만한 것이 없다 …

다시없는 절망의 노래야말로, 다시없이 아름다운 노래일세 …

라 한 알프레드 드 뮈세(Alfred de Musset)의 시에는 다음의 키이츠
(Keats)의 시가 더 진실한 것으로서 대조될 수 있을 것이다 —

아름다운 것은 영원한 기쁨이라 …
The thing of beauty is a joy forever …

기쁨은 만인에게 동일하다. '상처 입은 노예'의 상을 제작하건, 엠마 보
봐리(Emma Bovary)의 죽음을 그리건, 혹은 '천상의 기쁨'을 묘사하건,
똑같은 강포한 환희가 발연히 솟아오른다. 기쁨은 창조로부터 자연히 생
긴다. 모든 창조는 본질적으로 기쁨을 머금고 있다. 이때 내용은 문제가
아니다. 기쁨없이 창조할 수 있다고 하면, 저 예술적 엑스타시스와 종교
적 엑스타시스의 절대적 상사성을 부정하는 것이 되고 말 것이다. 『시인
의 일기』에서 알프레드 드 비니(Alfred de Vigny, 1797~1853)는 다음과
같이 선언하고 있다. "여성의 팔에 안길 때 우리를 도취케 하는 저 환희
비슷하면서도, 그보다 훨씬 더 높은 환희, 그것이 영감의 환희다. 혼의
쾌락은 육의 쾌락보다 오래 가며 … 정신의 희열은 육체의 희열보다 훨
씬 더 낫다." 그런데 예술의 환희는 결코 종교의 환희에 뒤지지 않는다.
드라로이(Henri Delaroix)에 의하면, <예술적 희열과 종교적 희열의 유
연성>은 양자에게 다음과 같은 감정이 공통으로 분배되어 있기 때문이
라 한다. 그 공통의 감정이란 <존재의 중추에 있다고 하는 감정>, <모
든 것인 동시에 분명히 아무 것도 아니며>, <숭고의 전율인 동시에 정
중의 정밀이라고 하는 감정>이다. 기쁨은 쾌감일뿐더러 또한 대환희다.
유이면서 무, 만족인 동시에 결여감이요, 모든 것이면서 동시에 영이다.
예술에 있어서나 종교에 있어서나 환희는 시간에 대한 승리, 순간의 영
원화요, 세속적인 것의 초극이며, 외적 물질적 조건으로부터의 박탈이다.

그것은 언제나 시인과 신앙자가 거듭 되풀이하여 외우는 저 기원과 같다.

  시간이여, 그대의 흐름을 멈추라.

  창조는 파스칼이 『메모리알』속에서 말하고 있는 저 <지상에서의 귀중한 훈련>이다. 이 훈련의 덕택으로 그는 <기쁨>에, <기쁨의 눈물>에 도달할 수가 있었다. <영원히 환희의 상태에 있을> 수가 있었다. 수리오는 "예술만이 규정할 수 없는 것을 표현한다"고 증언함으로써, 이 종교적 초월과 예술적 희열의 동일성을 요약하고 있다.
  어떻든 예술의 세계는 본질적으로 감정의 세계이기는 하나 그 감정은 낮고 평범한 것일 수 없고, 순수해지고 높여진 감정임에 틀림없다. 이런 의미에서 아리스토텔레스가 말하는 <카타르시스>(catharsis), 즉 정화 내지 순화가 이해된다. 희극이나 비극에 있어서 그 극의 내용을 이루는 감정이 그저 그대로 우리에게 전염되어 우리가 그 감정을 그대로 받아들여 우리 것으로 하는 것은 아니다. 우리의 정신 속에서 감정은 일단 정화되고 인생의 전체적 의미에서 헤아려지고 소화된 후에, 새로운 내용, 새로운 양상을 띠고서 우리의 것이 되는 것이다. 희극배우가 연출하는 인물들의 어리석음은 그저 우리에게 조소를 자아내게 하기만 하는 것이 아니다. 그 어리석음을 보고 우리는 때로 폭소하는데, 그때 우리는 우리 자신 속에도 그러한 어리석음의 요소가 있음을 느끼고 그것을 넘으며, 그리하여 그 어리석음으로부터의 해방을 얻는다. 그런 의미에서 폭소는 다름 아닌 해방이다. 또 비극에서는 그저 슬픈 감정을 전염받기만 하는 것이 아니라, 인생의 가장 심각한 슬픔을 보고서 우리의 마음은 그 슬픔의 의미를 깨닫고, 오히려 우리 마음에 다시없는 안식과 평온을 충만히 가지게도 되는 것이다. 하여간 위대한 예술을 통해서 우리의 감정은 깨끗이 씻기고, 우리의 상념, 아니 우리의 마음 전체는 완전히 후련해져서 흠 없고 순결한 만족과 희열을 얻는다. 이제 이리하여 위대한 예술가는 인간의 기쁘고 슬픈 모든 경험에서 그 깊은 의미를 드러내어 우리에게 보여주는 자라 하겠다.

쉴러(Schiller)의 <환희의 찬가>에 기초하여 지은 베토벤의 작곡은 극도의 희열을 표현하고 있다. 그러나 그것을 듣고 있을 때 우리는 단 한 순간도 제9 심포니의 비극적인 가락을 잊을 수 없다. 인간의 기쁨의 절정에는 한없는 서글픔이 서려 있고, 한편 비참한 슬픔에도 기쁨의 햇볕은 어디에선가 빛나고 있다. 예술은 우주와 인생의 이 모든 것의 의미를 불현듯 깨닫게 해주는 것이다.

예술을 유희(play)라 보는 사람도 있다. 그러나 예술적 제작의 활동은 긴장된 정신을 가지고 진지하고도 심각하게 행해지는 데 반하여 유희는 그 본질이나 목적이 방심(distraction)에 있으니 만큼, 위에 말한 예술의 여러 가지 성격과 의미를 제쳐 놓더라도, 예술과 유희 사이에는 천양의 차가 있다고 하겠다. 하물며 베토벤과 같이, "오직 예술과 학문만이 인간을 신성에까지 높인다"고 실감하는 사람에게는 예술은 이제 인생의 최고의 보람이요, 영광이 되는 것이다.

제4편

동양의 철학 사상

제1장 동양철학의 정신과 방법

1.

최근 들어 동양 및 한국철학에 대한 관심과 연구열이 고조되고 있는 듯하다. 그 동안 우리의 생활문화 환경과는 너무나 동떨어진 서구의 철학사상만을 연구해오다 그것이 결국 저들의 당박이나 핥는 것에 지나지 않음을 알고, 비록 설정한 과제와 접근방식 그리고 그 내용이 판이하다 해도 우리가 살고 있는 이 문화권, 이 산하, 풍토, 역사 속에서 먼저 살다 간 선인들이 남겨준 예지의 결정들이 보다 우리에게 절실한 것이 아니겠는가 하는 자각에서 비롯되는 현상인 듯하다. 실로 만시지탄이 있다.

철학은 동양의 고전적 용어는 아니다. 이는 주지하다시피 서구의 philosophia(애지)를 옮긴 것에 지나지 않는다. 그리스인 특유의 애지의 활동에 부합하는 것이 동양에 있을 리 없고 꼭 있어야 할 필요도 없다. 자연 환경, 문화배경이 너무나 다른 까닭이다.

그러나 철학을 가장 근원적인 문제를 전체적인 관점에서 비판과 부정과 반성의 태도를 갖고 추궁해가는 고귀한 정신의 활동이라고 규정한다면, 그런 의미의 철학은 어느 특정 문화권의 전유물일 수는 없다. 동양의 경학, 이학, 도학, 의리학, 불학, 노장학 등도 철학이라 불리기에 필요하고도 충분한 조건을 갖고 있다.

동양 한문문화권에서의 철학사상은 다른 문화권 특히 그리스를 중심으로 하는 서구문화권의 철학사상과는 여러 면에서 차이가 있다. 우선 사상이 배태된 풍토가 다르다. 지중해와 에게해변의 아름다운 자연환경과 도시와 도시를 연결, 교역을 위주로 한 비교적 풍요로운 생활 속에 싹튼 저들의 사상은 <경이의 념>을 충족시키려는 동기를 갖고 있어 현실의 삶과 다소 관련이 먼 것이 되었다. 우주의 시원이라든가 영원불변의 자존자가 무엇이냐 하는 실체의 문제가 초기 그리스철학의 과제였다고 할 수 있다.

그러나 동양 특히 중국인들은 도도히 흐르는 황하 유역의 드넓은 평원(중원)에서 홍수와 맹수, 뱀, 독충들에 시달리며 오늘의 삶의 문제와 내일에의 우환 속에 나날을 살아야 했기에 탐구의 주된 과제가 풍흉, 질병 등에 절대적 영향을 주는 자연현상의 질서와 그 작용 및 그에 대처하는 인간의 태도 등이었다. 그리하여 그들은 천문 혹은 천시를 살펴 풍우를 가늠했고, 지리(利)를 살펴 물길을 내고 안전한 주거지를 마련했으며, 더불어 살아감에 있어 인화의 중요성을 절감케 되었다. 이 천지의 근본원리와 법칙(天道)을 알고 그에 따르는 것이 어떠한 삶(人道)인지를 알고자 함이 가장 절실한, 현실적으로 주어진 과제였다. 특히 춘추와 전국시대와 같은 난세에 배태된 제자백가의 철학에서 이러한 경향의 심화를 본다.

동양인의 철학적 전통에 의하면 철학의 기능이 관념의 유희나 실증적·사실적 지식의 증가, 개념의 명료화에 있는 것이 아니고, 인생을 보는 고차적 관점의 제시와 인간정신의 고양에 있다. 윤리와 도덕을 말하고 있으나 결코 그것이 인위적·공리적 차원에 머무르지 않는다. 모든 윤리적 뼈마디를 녹여 원융의 세계로 들어가고자 한다. 공자의 <예에 노닐다>(遊於禮)거나 장자의 <소요유>의 이념만 보아도 이를 알 수 있다. 그들은 현실에 몸을 담고 있으나 현실에 붙들리지 않고 이를 초월하여 보다 높은 가치의 세계, 지혜의 경지에 도달하려 한다. 이를 그들은 도 혹은 명이라 표현한다. 배우기를 좋아하고(好學), 도에 뜻을 두고(至於道), 도를 구하며(求道), 도를 본받고(法道), 천명을 알고(知命), 천명에 이른다(至命)는 것을 염원한다. 곧 천인합일을 궁극의 목표로 한다. 애지 대신에 <호학>과 <구도정신>이, "음미함이 없는 인생은 살 가치가 없다"

대신에 "<천명(理)>을 모르면 군자가 될 수 없다"는 명제가 동양인의 마음속에 깊이 새겨져 있다.

2.

천인합일의 경지에 이른 사람을 유가에서는 성인, 대인이라 하고 도가에서는 지인, 신인이라 한다. 천도 곧 자연의 도를 『주역』에서는 일음일양이라 했다. 인간이 찾아야 할 구극의 도가 음양현상으로부터 생겼다는 말이다. 이 도를 아는 자는 천지와 더불어 그 덕을 합하고, 일월로 더불어 그 밝음을 합하며, 사시로 더불어 그 질서를 합하고, 귀신으로 더불어 그 길흉을 합할뿐 아니라 하늘도 그의 뜻을 어기지 못하는 지존한 존재가 된다 했다. 공자는 그 나이 70에 도달한 경지에 대하여 자술하기를 "마음이 원하는 대로 좇아도 법도에 어긋남이 없었다"고 했다. 즉 자연의 도와 자기의 마음이 하나로 되었다는 것이다. 『중용』에서는 하늘이 내게 준 명이 곧 나의 본성이요, 내 본성을 따라 사는 것이 도라고 했다. 성인이란 다른 것이 아니다. 곧 자기의 본성을 찾아 본성대로 살아가는 자이다. <성인>은 <성지(性之)>했다는 것은 이를 말한다. 본성대로 사는 것이지 인위적·타율적인 규범을 행하는 것이 아니다. 성인인 순(舜)이 인의를 행한 것이 아니라 인의로 말미암아 행하였다(非行仁義 由仁義行) 함은 이를 뜻한다. 『중용』은 또한 성은 천도요, 성하고자 함은 인도라고 하였고, 지성을 지니면 자아를 실현할 뿐 아니라 타인과 만물도 실현시키고 나아가 천지의 화육을 돕게 되어 천지와 더불어 삼재가 된다고도 했다.

도가에서는 인, 지, 천이 모두 도(道)를 본받고 있고 도는 자연을 본받는다 했다. 그런데 자연은 무위이므로 도도 무위이다. 자연은 비록 무위이나 무불위 즉 하지 않음이 없다. 도 역시 그러하다. 따라서 도에 사는 자 역시 무위를 실천한다. 자연대로 사는 것이다. 그래서 지인(至人)은 무기(無己)라 하고 신인(神人)은 무공(無功)이며 성인(聖人)은 무명(無名)이라 했다.

풍우란 같은 학자는 동양철학이 추구하는 목표와 가치가 이처럼 고차적이기에 철학의 기능이나 역할이 타문화권에서의 종교의 그것과 같으며, 철학을 통한 고차적 가치의 추구는 종교활동을 통한 것보다 훨씬 순수하다고 했다. 왜냐하면 거기엔 상상이나 미신이 끼어들기 어렵기 때문이다. 이는 곧 구도로서의 철학이 가능함과 그것이 또 바람직하다는 것을 말함이다. 어떤 사람은 동양의 철학자들은 한결같이 소크라테스적이라고 한다. 왜냐하면 서양에서 동양의 철학자들과 같이 유사하게 지·덕·복 일체론을 주장하고 그렇게 살아감으로써 인류의 영원한 사표가 된 인물이 바로 소크라테스이기 때문이다. 동양에서는 결코 그 사람의 학문과 인격이 별개로 취급되지 않는다. 학문의 목적이 곧 인격의 고양에 있기 때문이다. 베이컨이 그가 만년에 수뢰로 인해 오욕을 뒤집어썼음에도 한 사람의 훌륭한 학자로 대접받는 것과 같은 예를 동양에서는 찾기 어렵다.

3.

동양의 철학자들은 저들의 사상을 표현·전달함에 있어 대체로 경구, 격언, 은유, 예화의 형식을 즐겨 취한다. 그래서 그 표현된 것은 연속성을 지니지 못하며 명확성이 결여되어 있다. 반면 함축성이 풍부하고 이것이 장점이기도 하다. 요컨대 산문적 철학이 아니고 시적 철학이다. 표현의 엄밀성·명확성을 생명으로 하는 철학의 입장에서는 웃음거리에 지나지 않을지 모른다. 그러나 동양의 철학자들이 이처럼 전문적·체계적 저술을 하지 않고, 그것을 가치 있게 보지 않는 것은 그들이 철학적 재능이 모자라서가 아니라 그들 나름의 철학이 있기 때문이다. 그들은 인간의 언어를 그다지 신뢰하지 않는다. 또한 그 필요성을 서양철학자들만큼 절실히 느끼지도 않았다. 애초에 저들의 철학이 실천을 전제로 한 것이요, 참생명을 창달시키기 위한 것이었기에 언어유희와 같은 것에는 별로 관심이 없었다(명가에서 약간의 예외를 볼 수는 있다). 오히려 그런 태도는 참 도를 갖고 사는데 장애가 된다고 보았다. "교묘한 말과 좋은 얼굴빛에 인이 드물다"는 말이나 "말은 둔하고 행동은 민첩하고 싶다" 는 말이 이를 보여준다. 공자는 제자들에게 선언했다 ― "나는 말하지 않으려 한다. 하늘을 보라. 아무 말이 없지 않느냐. 그럼에도 사시는 질서 있게 운행되고 있고 만물은 다 잘 자라고 있다." 이 말을 주자는 배우는 사람들이 언어로써 만성인을 보려 하고 자연현상 속에 천리가 흐르고 있음은 살피지 않으려 하기에 그렇게 말씀한 것이라고 해석하였다. 『주역』에서는 "글은 말을 다 나타내지 못하고 말은 그 뜻을 다 전달하지 못한다"고 하고 그래서 성인은 글이나 말보다 상징을 통해 뜻을 나타낸다고 하였다.

도가에서도 인간의 언어문자로는 절대불변의 영원한 도를 결코 표상해낼 수 없다고 믿는다. "도라고 말할 수 있으면 그것은 이미 상도가 아니다"라는 도덕경 제1장 첫 구절은 언어문자와 진리와의 관계에 대한 도가적 입장에 대해 많은 시사를 준다. 전통적으로 언어문자는 <전제(筌蹄, 통발과 올가미)>라고 일컬어진다. 통발은 고기를 잡기 위한 도구이고 올가미는 짐승을 잡는 도구이다. 고기를 잡았으면 통발은 잊을(忘) 일이며, 토끼를 잡았으면 올가미는 잊을 일이다. 마찬가지로 언어란 뜻을 전달하는 것이니 그 뜻을 알아들었으면 그 언어는 잊어야 한다. 세상에는 전달하려는 뜻보다 그 말에 천착하는 사람이 의외로 많다. 그래서 장자로 하여금 "내가 어떻게 해야 말을 잊은 사람과 더불어 말 좀 해볼수 있을까?"하는 탄식을 낳게 하고 있다. 불교에서도 같은 생각을 갖고 있다. 진리는 언어 표상을 떠나 있다. 인간이 사용하는 언어문자는 마치 하늘에 떠 있는 달(진리, 法)을 가리키는 손가락과 같다. 그런데 사람들

중에는 가리키는 달은 쳐다보지 않고 손가락 끝만 바라보고 그것이 달이 아님을 탓하는 경우가 많다. 손가락 끝에 집착하면 할수록 하늘에 떠있는 달로부터는 점차 멀어지게 된다. 이를 '간지망월(看指望月)'이라고 한다. 그래서 선불교에서는 아예 불립문자, 직지인심을 표방하기까지 한다.

 동양의 철학자들이 전제로서의 언어문자가 갖는 효용을 무시했다거나 소홀히 했다는 것은 아니다. 통발이 좋고 올가미가 튼튼하고 달을 가리키는 손가락이 굽어 있지 않아야 함을 부인하는 게 아니다. 문제는 그것은 어디까지나 수단이어야 한다는 점이다. 언어게임(language game)에 임하는 입장과는 다르다는 것을 나타내려 함이다. <전제>가 고기와 토끼를 잡는데 있어 일반적 방법이듯, 언어문자 역시 진리를 표현 전달함에 있어 일반적 방법이다. 그러나 경우에 따라서는 손으로 움키거나 돌이나 막대기를 사용할 수도 있다. 고기만 잡으면 되는 것이다. 도를 구하는 자는 우수한 전제를 마련함에 항상 관심을 가질 일이다. 그러나 이내 잊을 줄도 알아야 한다. 전제만 붙들고 있다. 자신은 한 마리의 고기나 토끼도 잡지 못하는 어리석음을 피하라는 말이다. 도는 내가 얻어야 한다.

4.

 앞에서 동양철학의 궁극목표가 성인, 지인이 되는 것, 자연과의 합일을 이루는 것이라 했다. 이것의 방법으로 제시하고 있는 것은 『주역』의 궁리(窮理)와 진성(盡性)이다. 이치를 탐구하고 나의 본성을 다함으로써 천명에 이를 수 있다(窮理盡性 以至於命)고 하였는데, <궁리>란 외부대상 세계 속에 깃들인 이치의 탐구이며, <진성>이란 나의 내면의 세계를 깨끗하게 하여 그 본연의 모습을 찾아 이를 현실 속에 구원함을 말하는 것이고, <지명(至命)>이란 천리를 깨달아 그와 일체가 된다는 것이다. 이른바 합내외지도를 제시했다고 할 수 있다. 주로 인간사, 정치철학의 원리를 담고 있는『서경』에서는 정일집중을 말한다. 일을 처리함에 있어 오직 정확·엄밀하게 하고, 엄숙·한결같이 하여 그 중용을 취하라 한 것이다. 엄밀성·엄숙성을 요구한 것이다.『주역』은 또한 이간(易簡)을 가르친다. 천지만물을 모두 건·곤(乾坤), 음·양(陰陽)으로 나누고 이를 건·순(健順), 강·유(剛柔), 시·성(始成), 대·지(大至), 존·비(尊卑) 등 대립적으로 파악하고, 다시 건을 이지(易知)·유친(有親)·가구(可久)·현인지덕(賢人之德)으로, 곤은 간능(簡能)·이종(易從)·유공(有功)·가대(可大)·현인지업(賢人之業)으로 대비시킨 후 이간이면 천하 모든 이치를 얻을 수 있다고 했다. 쉽게 알 수 있어야 친함이 있고 친함이 있어야 오래가고 오래가야 현인의 덕이라 할 수 있으며, 간단하게 할 수 있어야 쉽게 좇고, 쉽게 좇아야 공을 이루고, 공을 이뤄야 커지는 것이 현인의 사업이다. 이는 곧 안으로 높은 덕을 지니고 밖으로 큰 사업을 하려면 이간의 원리를 터득해야 함을 말한 것이다. 그래서『주역』에서는 "이간의 좋은 점이 지덕과 짝을 이룬다"고 했다. 이간이란 쉽고 간단하다는 말이다. 천하의 이치가 아무리 심오하고 복잡해도 쉽게 표현 전달되어야 하며, 간편하게 실천할 수 있게 해놓아야 한다는 말이다. 성리학이 지리(支離)의 폐에 흐르자 양명학이 간이직재(簡易直裁)를 표방하고 나왔음을 우리는 철학사에서 본다. 또 공자나 예수나 석가나 소크라테스와 같은 지덕을 지니셨던 분들의 가르침이 결코 지리하지 않고 이간했음을 안다. 노자도 "학을 하면 날로 늘어나 복잡해지고 도를 하면 날로 줄어들어 이간해진다"고 했다.

그러나 이간의 힘이 나올 수 있는 지덕·성덕은 <일신우일신(日新又日新)>의 부단한 학습, 배우고 익힘에서 온다. 사서 등 유가의 경전은 지덕과 대지에 이르는 방법으로 배움보다 더 유익한 것이 없다고 가르친다.『논어』학이편 첫머리에

學而時習之 不亦說乎(배우고 또 때로 익히면 또한 기쁘지 아니하랴)

라고 했는데, 이때의 기쁨이란 자기 내면에 도와 덕이 쌓이기 때문에 얻게 되는 기쁨이다. 도와 덕이 쌓이면 그는 결코 외롭지 않다. 먼 곳에 있는 친구가 찾아오게 되니 더불어 즐거움을 나눈다. 먼 곳에서도 찾아오니 가까이 있는 자들에게 감응·화합함은 말할 것도 없다. 속에는 덕이 있고 밖으로는 뜻을 함께 하는 친구가 있어 즐거우니 남이 알아주거나 알아주지 않거나 아무 상관이 없다. 결코 노여움, 근심이 없다. 배움과 익힘은 이런 인간으로 살아가게 한다.

『논어』에서의 배움의 의미는 본받음이고, 그 대상은 옛 성인이다. 남보다 먼저 본연의 성품을 깨달아 그대로 산 사람이 성인이요, 아직 깨닫지 못한 자들은 이 성인을 본받아 자기 본마음을 회복할 수 있다. 이것이 곧 배움의 내용이며, 익힘은 배워 깨달은 것을 되풀이 행하여 자기화함을 말한다. 공자는 학만을 강조한 것은 아니다. 사(思)를 겸하도록 했다. "배우되 자기 마음으로 생각하지 않으면 어두워서 얻는 것이 없고, 생각하되 배우지 않으면 위태하다(學而不思則罔, 思而不學則殆)"고 했다. 배움이 없이는 문화의 계승이 어렵고, 생각이 없으면 새로운 문화의 창조가 불가능할 것이다. 그러나 우리의 생활은 생각보다 배움이 실제에 있어 선행되고 있고 또 선행되어야 한다. 『논어』에서 공자가 "내가 일찍이 종일토록 먹지도 않고 밤이 새도록 자지도 않으면서 생각해 보았으나 유익함이 없었다. 배우는 것만 같지 못했다"고 한 것도 이러한 배움의 중요성을 강조함이다. 실로 공자의 위대성은 배움을 좋아하고 이를 존귀하게 여긴 데 있기도 하다. "아무리 작은 마을일지라도 타고난 자질이 자기보다 나은 사람은 많을지 모르나 자기만큼 호학하는 사람은 없을 것"이라거나, 제자에게 자신을 일컬어 "분발하여 배워서 먹는 것조차 잊어버리고 배움에서 얻는 즐거움에 세상의 근심을 잊으며 늙는 줄조차

모른다"고 술회한 것은 모두 자신의 <호학정신(好學精神)>을 보여준
것이다.

공자에 있어 학(學)의 내용은 성인이 되는 것이요, 인(仁)을 이루는 것
이다. 가장 호학하는 제자로 안연을 지목한 그는 그 호학의 내용으로
<노여움을 옮기지 않고 허물을 되풀이하지 않음>(不遷怒 不貳過)을 들
었다. 어제의 노여움을 오늘까지 품고 있다거나, 이 사람에 대한 노여움
을 저 사람에게 옮기는 일을 하지 않을 뿐더러, 허물이 없을 수 없으나
되풀이하지 않는 것은 참으로 지혜로운 자가 취할 수 있는 행동이다. 이
밖에 인을 이루는 방법으로 제시된 것은 충노(忠怒), 효제(孝悌), 무의
(毋意)·무필(毋必)·무고(毋固)·무아(毋我)의 사무와 예가 아니면 보지도
듣지도 말하지도 행동하지도 말라는 사물이 있다.

맹자는 <학문이란 다름 아니라 우리의 잃어버린 본마음을 찾아들이는
것>(求放心)과 <부동심에 이르는 것>이라 했다. 부동심에 이르기 위해
서는 지언(知言)의 수양과 양기(養氣)를 해야 하는데 지언을 하려면 피
사, 음사, 사사, 둔사를 분별하여야 하고, 호연지기를 기르려면 내심을
곧게 하여 의행(義行)을 쌓되 내팽개치지도 서두르지도 않는 자세, 즉
<물망물조장(勿忘勿助長)>해야 한다. 『중용』에서는 치중치화(致中致
和)의 성정을 다스리는 방법을 말하고, <덕성>을 높임과 <학문> 말미
암는 것, <광대>하게 함과 동시에 <정미(精微)>를 다하는 것, <고명(高
明)>을 다하되 <중용>을 말미암고, 옛것을 알고 새것을 알라고 하였으
며, 또한 널리 배우고(博學), 살펴 묻고(審問), 신중히 생각하고(愼思), 밝
게 분별하고(明辨), 독실히 행하라(篤行)는 5조의 항목을 들고 있다. 타
고난 자질에 비록 생지안행(生知安行)과 학지이행(學知利行)과 곤지면
행(困知勉行)의 차가 있으나 남이 한 번에 해 내면 열 번이라도 하고, 남
이 열 번에 하면 천 번이라도 되풀이하면 그 최종 도달하는 경지는 같게
된다고 했다. 『대학』에서는 격물치지(格物致知)와 성의정심(誠意正心)
을 그 수신과 평천하의 방법으로 제시한다. <격물치지>는 궁리의, <성

의정심>은 진성의 방법이다. 또한 혈구지도(絜矩之道)라 하여 『논어』의 <서(恕)>의 도를 구체적으로 제시하고 있다.

성리학자들은 거경(居敬)과 궁리를 아울러 말하고 존양(存養)과 성찰(省察)을 체(體)와 용(用)의 공부로 강조했다. 그래서 천리를 보존하고 인욕을 제거하는 것(存天理遏人欲)을 학문의 궁극목표로 제시하였다. 도가는 도의 쓰임을 따라 수유처약(守柔處弱)을 내놓고, 불가에서는 6바라밀 특히 정혜지관(定慧止觀)의 방법을 내놓는다.

이하에서는 동양 옛 현인들의 철학사상을 그 배태기인 제자백가시대를 중심으로 소개하고 이어 중국과 한국에서의 사적 전개를 기술해 본다.

제2장 제자백가시대의 철학

1. 개 설

 춘추와 전국시대를 거쳐 진(秦)이 중국천하를 통일하기까지(B.C. 221
년)의 약 500년 동안이 동양 학술사상의 황금기라 할 수 있다. 이 시대에
유가의 공자, 맹자, 순자, 도가의 노자, 장자를 위시하여 묵가, 양가, 명가
등에서 여러 학파와 철인, 학자, 사상가가 다수 배출되었는데 이를 흔히
제자백가라 한다. 제자의 자(子)는 본디 연장자나 사회적 지위가 있거나
학문과 인격이 높은 사람에게 붙이는 칭호이고, 백가의 가(家)는 특정
분야의 전문가를 가리킬 때 쓰는 것이니 제자백가는 여러 철인, 학자, 사
상가들의 학파를 망라한다는 뜻이 된다. 그러나 실제에 있어서는 춘추와
전국시대에 걸쳐 활약한 사상가 집단을 가리키는 용어이다.
 역사적으로 제자백가의 분류를 시도한 최초의 인물은 사마담이다. 『사
기』에 인용된 <육가의 요지>는 다음과 같다.

 역경의 계사전에 이르기를 천하의 이치가 하나이지만 온갖 것으로
생각되어지고, 귀결되는 곳은 같아도 길은 다를 수 있다. 대저 음양
(陰陽), 유(儒), 묵(墨), 명(名), 법(法), 도덕(道德) 등 제가는 천하를 잘
다스리기 위해 힘쓰는 것들인데 말하는 바가 달라서 살핀 것도 있고
살피지 않은 것도 있다.
 음양가의 도술을 살펴보면 상서로운 것을 중히 여기고, 거리끼는 것
이 많으며, 사람들로 하여금 구애되어 두려워함이 많게 한다. 그러나
그 4시의 질서를 크게 순종함은 잃어버릴 수 없는 점이다.

유가는 광박하나 요령이 부족하다. 수고는 많으나 공은 적어 그 일은 좇기가 쉽지 않다. 그러나 그 군신부자의 예를 놓은 것과 부부장유의 분별을 한 것 등은 바꿀 수 없다.

묵가는 검소하기는 하나 지키기가 어렵다. 따라서 두루 좇기는 어렵지만 그 근본을 튼튼히 하고 절용하는 것은 폐할 수 없다.

법가는 너무 엄격하여 은정이 적다. 그러나 그 군신상하의 분을 바로 잡은 것은 고칠 수 없다.

명가는 사람으로 하여금 명에 구속받아 종종 그 참된 뜻을 잃게 하기도 하지만 그러나 그들이 명과 실을 바로 잡고자 한 것은 살펴보지 않을 수 없다.

도가는 사람들로 하여금 그 정신을 전일케 하여 그 행동이 무형의 것에 합하게 하고, 그 재물은 만물을 충족시킨다. 그 도술은 음양가의 대자연에의 순응에 말미암고 유·묵의 좋은 점을 취하고 명가와 법가의 요령을 흡수하고, 때에 따라 천이하고 사물에 따라 변화한다. 속세에서 하는 일이 마땅하지 않음이 없다. 뜻하는 바가 간단하여 지키기 쉽고 일은 적으면서도 공은 많다.

사마담에 이어 제자백가의 분류를 시도한 두 번째 인물은 유흠으로 그는 『칠략(七略)』이라는 저서에서 <제자략(諸子略)>이라는 항목을 실정하여 189가(家)를 열거하고, 이를 다시 9개의 유파로 분류하면서 이를 총칭하여 제자백가 혹은 백가 9류라 했다. 9류는 사마담의 6가 외에 종횡가, 잡가, 농가를 더한 것이고 이외에 소설가를 덧붙여 10가라고 하기도 하는데 6가에 대해서는그 내용 기술이 사마담과 약간의 차이가 있으나 명가의 기원을 사적으로 고찰한 점이 특징이다. 예를 들면 유가는 주(周)의 교육담당 관리였던 사도지관 출신이라거나 묵가는 청묘관리인 출신이고 종횡가는 외교관 출신이라는 등의 주장이다.

이들 제자백가는 백가쟁명(百家爭鳴) 혹은 백화제방(百花齊放)이라 하

듯 일대에 찬란한 문화의 꽃을 피워 냈다. 이러한 현상은 곧 춘추전국의
시대가, 주의 봉건제도가 붕괴되어 가고 있어 제후국 사이에 오패(五覇)
와 칠웅(七雄)이 등장하는 등 제각기 부국강병을 꾀하면서 일시적으로
사상적 자유가 주어졌고 또 천하에 널리 현인·재사를 구하여 우대하는
풍조가 조성되었던 것이 원인이었다고 할 수 있다. 그러나 자유로 인한
사상과 문화의 개화라는 긍정적 측면 외에 부정적 측면이라 할 자유분
방과 혼란이 진의 통일천하에서의 분서갱유(焚書坑儒)라는 참화로 연결
되기도 했다.

2. 유가 철학

(1) 공 자

유학은 공자(B.C. 551~479)를 개창자로 하여 그 문하의 자사, 증자, 맹
자 등에 의해 발전되어간 교학사상이다. 유(儒)라 함은 본디 육예(禮, 樂,
射, 御, 書, 數)를 갖추고 백성들을 가르치는 지식계층을 일컫는 말이었
다. 유는 공자 이전부터 있었으며 공자도 이 신분에 속한다. 유는 전통적
인 시, 서, 예, 악 등과 제도, 의식, 절목에 상당한 식견을 가진 계층이었
고 공자도 마찬가지였지만, 그러나 공자는 다른 유자들과 달리 그 같은
제도, 의식, 절목의 유래와 근본취지를 정확하게 이해하고 있었고, 이를
나름의 체계로 피력하였다. 이 점이 공자의 위대성의 하나이기도 하다.
공자는 중국 고대의 찬란했던 문화가 그대로 간직되어온 노(魯)나라 창
평 향추읍에서 태어났는데 본디 그 선조는 은(殷)의 후예가 세운 송(宋)
의 공족이었으나 정치적 분쟁으로 인하여 노로 이주했었다. 춘추 말기에
해당하는 공자의 시대는 열국 간의 끝없는 쟁탈전이 전개되고 난상패륜
이 극에 이른 시대였다. 정도를 행하는 자는 기한(飢寒)을 면치 못하나
사술을 쓰는 자는 호사를 누리며, 권세가의 주방에는 푸주간처럼 고기가

널리고 정원의 나무까지 비단으로 감쌌지만, 백성들은 콩잎조차 삶아 먹지 못하는 불의의 사회였다. 낙양 여행길에, 형식만 남긴 했으나 주(周)초의 찬연했던 문물제도를 보고 깊은 인상을 받았던 공자는 피폐 혼란해진 사회를 바로잡는 길은 문·무·주공이 제정했던 고례제(古禮制) 정신의 회복뿐이라고 생각하게 되었다.

여행에서 돌아온 공자는 조국 노나라에서 일시 관직에 추신하여 대사구(大司寇)까지 승진되었으나 정치적 모략을 받았고, 또 자기의 뜻이 반영되지 않자 이내 천하 주유의 방랑길에 들게 된다. 위로 진(陳)으로 다시 송(宋), 정(鄭), 초(楚)로 전후 14년 간의 여행을 하였지만 흔쾌히 공자를 받아들인 곳이 없었다. 오히려 악인으로 오해되어 곤욕을 치르거나, 오랜 여행길에 초췌해진 물골에 초상집개 같다는 평도 들었고, 은자들의 비난과 야유·냉소를 받기도 했다. 한 번은 자기를 써주지 않는 세태를 보고 제자들에게 "내 도가 잘못이란 말인가? 내가 왜 이러고 있어야 하는가" 하였더니, 자공은 "선생님의 도가 너무 커서 세상이 용납하지 못하므로 조금 낮추어 보는 것이 어떻겠습니까?" 하였지만 안연은 "선생님의 도는 너무 커서 세상이 받아들이지 못하는 것입니다. 그러나 밀고 나가십시오. 받아들여지지 않아야 군자의 진면목이 드러나는 법입니다. 도를 닦지 못했다면 이쪽의 탓이 되겠지만 이미 도를 훌륭히 성취했는데도 쓰이지 못하는 것은 통치자들의 잘못일 뿐입니다. 그렇습니다. 받아들여지지 않은 다음에야 군자의 진면목이 나타납니다"라고 대답하였다. 이 안연의 말에 공자는 흡족해 했다. 남이 알아주지 않아도 성내지 않으면 군자라 했던가!

은자들의 신랄한 냉소와 비난에 대하여 공자는 "세상이 혼탁하지 않다면 나 또한 구태여 이렇게 하지 않을 것이다. 사람이 새나 짐승과 무리지어 살 수는 없는 것이 아닌가"라 하여 의연한 자세와 확고한 신념을 보여주기도 했다. 그러나 끝내 공자를 알아주는 자도 드물었고 혹 알아준 사람이 있다 해도 등용되지는 못했다. 공자는 고향으로 돌아 갈 수밖에 없었다.

도탄에 빠진 민중을 구제하기 위해 현실적·적극적 참여의 방법을 택하여 천하를 주유했어도 받아들여지지 않게 되자 차선책으로 택한 것이다음 세대를 기약하는 교육과 만세에 도를 전하려는 저술활동이었던 것이다. 그 결과가 오경(五經)의 편찬이요, 3000여 명을 헤아리는 제자의 양성이었다.

오경의 편찬은 <사무사(思無邪)>의 정서도야를 본지로 한『시경(詩經)』, <민본(民本)과 여민동락(與民同樂)>의 정치사상을 밝힌『서경(書經)』, <천리(天理)>를 미루어 <인사(人事)>를 밝히려 한『역경(易經)』, 천리와 인사를 구체적 <규범>으로 합일화한『예경(禮經)』그리고 대의와 명분을 바로잡고 왕도의 올바른 정신을 직필로 드러낸『춘추(春秋)』가 그것이다. 이 가운데 공자가 만년까지 가장 심혈을 기울인 것이『춘추』와『역경』이다. "후세에 나를 알아줄 자가 있다면 춘추 때문일 것이며 나를 죄 줄 자가 있다 해도 그것은 춘추 때문일 것"이라 하여 자기 자신 일생의 공과를 춘추에 걸었던 것과 "몇 년만 더 살아 역을 배우면 큰 허물은 없을 것이다"라고 말한 것이 이를 증명한다.

흔히 공자를 일컬어 인류 최초의 스승, 만세의 사표, 지나간 성인을 계승하고 다가올 세대의 학술을 열어 놓은(繼往聖 開來學) 성인, 혹은 지자(智者)의 일인 시조리(始條理)와 성자(聖者)의 일인 종조리(終條理)를 다한 문화의 집대성자라고도 한다. 공자에 있어 최대 관심사는 개개인이 성숙한 인간에로 발돋움하는 것이요, 그런 개인들이 모여 질서와 평화와 자유를 구가하는 이상사회를 이룩하는 것이었다. 이러한 목표의 달성을 위해 공자는 스스로 부단한 탐구의 노력을 게을리 하지 않았고, 교육하는 일에 싫증을 느끼지 않았으며, 옛 것을 익히고 새 것을 아는 일을 소홀히 하지 않았다. 그는 항시 자신을 완성된 인간으로 자처한 적이 없다. 자기는 결코 성인도 인자도 아니요, 다만 배우기 좋아하고 가르치기를 싫증내지 않았을 뿐이라고 했고, 또한 타고난 성인이 아니라 옛 것을 좋아하여 민첩히 추구했을 뿐이라 했다. 또한 공자는 자신을 평하여 "그 사람됨이 발분(發憤)하여 배우기를 먹고 마시는 것을 잊을 정도이며, 그 배우고 익힘의 즐거움으로 근심을 잊으며, 그 늙어가는 줄조차 모른다" 고 하였다. 이런 공자의 호학정신은 그의 정신을 단계적으로 고양시켰 다. 공자는 『논어(論語)』의 위정편(爲政篇)에서 자신의 정신적 성장을 여섯 단계로 나누어 말한 적이 있다.

나는 15세에 학문에 뜻을 두었고, 30에는 주체를 뚜렷이 세웠으며, 40 에는 미혹됨이 없었고, 50에는 천명을 알았으며, 60에는 이순했고, 70 에는 마음이 하고자 하는 대로 했어도 법도에 넘어서지 않았다.

이처럼 끊임 없는 성숙의 인격을 지녔기에 제자 안연은 "우러러보면 더욱 높고 뚫어보려 하면 더욱 단단하네. 눈을 들어 보니 앞에 있더니 홀연히 뒤에 가 있네"라 하였고, 자공이란 제자는 "인간이 생긴 이래 공 자와 같은 분이 없었다"고 했으며, 유약은 "뭇짐승에 대한 기린이요, 새 들에 대한 봉황이요, 언덕에 대한 태산이요, 웅덩이에 대한 하해와 같다" 고 했고, 맹자도 공자의 직접 제자가 되지 못함을 한하고 그를 "사숙하 노라"고 했다.

공자가 주창한 것은 인간의 본래성을 뜻하는 직(直)과 인(仁)의 구현이 었다. 공자는 "사람은 본래 곧게 태어났으니 이 곧음이 없이 사는 삶은 요행히 죽음을 면하고 있는 것에 지나지 않는다(人之生也直 罔之生也 幸而免)"고 하여 직을 참된 삶의 도로 보았다. 직은 인심의 본연의 바름 (正)을 뜻한다. 즉 일체의 사사물욕이 없이 깨끗하여 인성 본연의 바름 을 드러내는 것을 말함이니 이것은 곧 하늘이 내게 준 밝은 덕(明德)을 밝혀내는 것이며, 본성을 그대로 따르는(率性) 것이다.

본성의 구현, 즉 삶의 본원성을 뜻하는 직도(直道)를 우리는 『논어』의 다음과 같은 일화에서 찾을 수 있다. 즉 아비가 남의 양을 훔친 것에 대

해서 그 자식이 증인으로 나서는 것이 몸을 바르게 갖는 것이 아니냐는
엽공의 물음에, 공자는 오히려 "아비는 자식을 위해, 자식은 아비를 위해
숨겨주는 그 속에 직이 들어 있다"고 대답했다. 아비의 잘못을 자식이,
자식의 잘못을 아비가 드러내어 고발하는 행위는 사회적·공리적 관점에
서는 권장해야 할지 모르나 이것은 인간의 본성에는 어그러지는 것으로
서 직도 아닌 왕도(枉道)로 본다. 천리·인정의 지극한 것은 그 어느 목적
을 위해서도 제약될 수 없는, 최고 가치를 지닌 것으로 보려는 것이다.
  공자는 또한 <이직보원(以直報怨)>, 즉 곧음으로 원통한 일을 처리할
것을 주장했다. 남이 내게 가한 부당한 해나 원사에 대해서는 관용이나
용서가 능사가 아니라 직으로 갚으라는 것이다. 우리가 받은 은덕에 대
해 보답하려는 마음이 있듯 수모와 원망에도 속에서 우러나는 지정대로
하여 자기의 주체를 손상시키지 말고 불의에 징계를 가해 사회정의를
실현하라는 것이다. 이 점은 당시 노자의 사상으로 알려진 <이덕보원
(以德報怨)>, 즉 원망스런 처사도 사랑으로 대하라는 교훈과 좋은 대조
를 이룬다. 타락·변질 왜곡상태로부터 본연의 상태로의 회복이라 함은
순연한 인간성, 곧 인을 이루는 것이다. 공자사상의 정수요 핵심인 인은
여러 가지 규정이 가능하나 본연의 인간, 참인간을 뜻한다고 할 수 있다.
"인은 곧 사람이다(仁者人也)"라고 한 것이나, "진실로 인에 뜻을 두면
악이 없다"거나 "말을 교묘하게 하고 모양을 아름답게 꾸미는 자 중에
인한 자가 적다"거나 "자기를 초극하고 예를 행함이 인이 된다" 함은 모
두 인이 참다운 자기를 실현함을 뜻하는 것이다.
  공자는 인간을 초극되어야 할 인간과 실현되어야 할 인간으로 이원적
으로 파악한다. "자기를 극복하고 예로 돌아가는 것이 인이 된다(克己復
禮爲仁)"라 할 때의 <나>는 초극 부정되어야 할 나이며, 인을 이루는 것
은 나로 말미암는다(爲仁由己)라 했을 때의 <나>는 실현되어야 할 나이
다. 이런 의미에서 인은 참다운 자기 주체이다.
  인을 이루는 덕목으로 제시된 것은 충서와 효제이다. 공자가 "나의 도

는 하나로 꿰뚫었다"고 했을 때 제자 증삼(曾參)은 그 하나를 <충서(忠恕)>라고 했지만 충서는 실상 인의 다른 표현이다. 대자적 성실성이 충이요, 그로써 타인을 깊이 이해하는 태도가 서이니 충과 서는 그대로 인을 이루는 덕목이 된다. 인에 대하여 공자는 "자기가 하고 싶지 않은 일을 남에게 시키지말라(已所不欲 勿施於人)"고 하였고, 또 "자기가 서고자 하면 남을 세워주고, 자신이 목적한 바를 달성코자 하면 남도 이루어 주는 자가 인자일 것이니 능히 가까운 자기에게 취하여 남에게 대하는 것이 인을 이루는 방법이 된다"고 하였다. 이것이 곧 충서로서 인의 실천방법이 된다. 이 충서의 도를 『대학』에서는 혈구지도(絜矩之道)라고 했다. 『중용』에서는 "자기가 원치 않는 일을 남에게 행하지 말라"고 하였다. 이처럼 인을 이루는 방법은 결코 멀리 있지 않다. 바로 우리 가까이 있다. 내가 인을 이루려 하면 바로 이 인이 이루어지며, 인을 이루는 것은 바로 <나>로 말미암는다. 충서가 인의 실천방법이지만 그 단초는 역시 <효제(孝悌)>다. 부모와 형제에 대한 사랑이 참인간이 되는 첫걸음이다. 사람으로서 자기 생명의 가장 친절한 근원인 부모에게 효도하지 못한다거나 같은 기를 타고난 형제(同氣)에게 온화한 태도를 갖지 못하면서 다른 덕성을 지닐 수는 없다. 따라서 "효제야말로 인을 이루는 근본이 된다"고 했던 것이다. "부모를 섬기는 것이 가장 큰 인이요, 어진 사람을 높이는 것이 가장 큰 의라 한 것"과 효를 백행의 으뜸으로 여긴 것도 같은 이유에서이다. 순연한 인간의 본래성을 회복하고자 하는 공자의 관심이 정치·사회적으로 나타한 것이 정명사상(正名思想)이다. 정치란 <바로잡는 것>이라 하여 교화를 근본으로 해야만 존재 의의를 갖는다고 보았다. 공자는 질서 있고 안정된 사회로 가는 길은 명(名)과 실(實)의 도착된 관계를 바로잡는 것이라 생각했다. 정권을 맡긴다면 무엇을 최우선 과제로 삼겠느냐는 제자의 질문에 공자는 "반드시 정명을 하겠다"고 했다. 그 이유는 명이 바르지 못하면 말이 불순하고, 말이 불순하면 일이 이루어지지 않고, 일이 이루어지지 않으면 예악(禮樂)이 일어나지 못하고, 예악이 일지 않으면 형벌이 제대로 시행되지 못하고, 형벌이 제대로 시행되지 않으면 백성들은 수족을 움직일 수 없기 때문이다. 또한 "임금은 임금답고 신하는 신하다우며 아버지는 아버지답고 자식은 자식다워야 한다"는 말로 정치의 도리를 묻는 제자에게 대답하기도 했다. 통치하는 자가 통치자로서의 자세와 의무를 다하지 않으면 올바른 다스림은 이루어질 수 없다. 그 몸이 바르면 명령을 내리지 않아도 행하여지나 바르지 못하면 비록 명령을 내려도 좋지 않을 것이다. 인간관계·사회관계 속에서 자신에게 부여된 역할을 다 해내게 될 때 사회는 질서가 잡힐 것이요, 안녕을 누릴 수 있을 것이다. 『춘추』에서 공자가 폄하한 것은 모두 신하답지 못한 신하와 임금답지 못한 임금들이었음을 미루어 공자에게 있어 대의란 곧 주어진 책임과 의무를 다하는 것이었다고 할 수 있다.

(2) 맹 자

맹자(B.C. 372~289)는 노나라 추향 사람으로 공자의 학통을 계승한 자사(子思)의 문인에게서 수학하였고 공자를 사숙하였다. 그도 경국의 뜻을 안고 제선왕·양혜왕 등을 역방하였으나 뜻을 이루지 못했다. 당시 천하는 바야흐로 소진·장의 등이 나와 합종책과 연횡책을 내세우고 있었고, 서로 공벌을 일삼는 세태였는데, 맹자의 주장은 인의에 바탕을 둔 왕도였기에 시세에 맞지 않는 우활(迂闊)한 논이라 하여 배척당한 것이다. 이에 맹자는 물러나 문인 만장의 무리와 함께 학문과 교육에 전념하였고 특히 공자의 사상을 서술하여 『맹자』 7편(七篇)을 저작하였는 바, 이는 『논어』·『대학』·『중용』과 더불어 4서(四書)의 하나로 추존되어 동양의 정신사에 많은 영향을 미쳤다.

공자와 맹자는 사상적으로 매우 긴절한 관계를 맺고 있다. 제자백가의 하나에 지나지 않던 공자의 사상은 맹자에 의해 양·묵의 침해로부터 지켜졌고 후세에 전해지게 되었다. 일찍이 한퇴지(韓退之)는 "공자의 도는

맹자에게 전해졌는데 맹자가 죽은 후 전해지지 못했다. 순자(荀子)와 양
웅(揚雄)은 택하기는 했으나 정확하지 못했고 성현의 도를 말하기는 했
으나 자세히 하지는 못했는데 맹자는 그 진수를 얻었다. 따라서 성인의
도를 찾고자 하면 반드시 맹자로부터 시작해야 한다"고 했다.

 맹자에 의해 공자의 사상은 더욱 발전되었다. 공자는 인을 주로 말했으
나 맹자는 인에 의(義)를 더불어 주장했고, 공자는 <지어도(志於道)>라
하여 지를 많이 말했으나 맹자는 양기(養氣)를 강조했으며, 특히 성선설
과 4단설, 혁명론, 이단사설 배척 등 보다 적극적, 진취적, 구체적, 비판
적 경향을 나타냈다. 유학사상에 끼친 맹자의 최대 공적으로 평가되는
성선설은 곧 왕도(王道)·인정(仁政)의 실현가능 근거로 제시된 것이다.
그는 사람에게는 모두 <차마 하지 못하는 마음>(不忍人之心)이 있는데,
옛 성왕들도 이 차마 하지 못하는 마음이 있었기에 차마 하지 못하는 정
치를 했다고 하였다. 맹자는 인간이면 누구나 갖고 있는 이 차마 하지
못하는 마음을 들어 성선을 주장한다. 그리고 성선을 주장할 때마다 요·
순(聖人)을 일컫고 시·서 등을 인용한다.『시』대아증민편(大雅烝民篇)
에 "하늘이 이 백성을 낳으시니 물이 있음에 법칙이 있도다. 백성의 불
변의 도를 붙들음이여, 이 아름다운 덕(懿德)을 좋아하는도다"라는 구절
이 있는데, 이는 인성이 본디 선함을 말한 것이라 하였고, 또『중용』에
하늘이 명한 것을 성(性)이라 하고, 성을 좇는 것을 도라 한다고 했으니
인성의 본원이 하늘이요, 이 본성을 좇는 것이 곧 하늘을 따르는 것임을
알 수 있으니 이 또한 성선을 밝히는 것이며, 뿐만 아니라 발(足)을 재보
지 않고 신을 만든다 해도 결코 삼태기처럼 크게 만들지 않으며, 미각이
나 청각이나 시각 등에 보편적인 호오(好惡)가 있듯 마음에도 그런 것이
있으니 이(理)와 의(義)가 바로 그것이라 하기도 했다. 그런데 이처럼 본
성이 선함에도 인간에게 악이 있는 것은 <인욕의 사사(私私)로움의 가
리움> 때문이라 하고 이를 우산지목(牛山之木)에 비유하여 설명했다.
우산의 수풀은 매우 무성하여 보기에 아름다웠다. 그런데 큰 나라 교외

에 위치한 까닭에 나무꾼이 도끼로 잘라내고, 또 우양(牛羊)을 방목함으로써 그 돋아난 싹까지 갉아먹게 했으므로 마침내 황폐해지고 말았는데, 사람들은 황폐해진 우산을 보고 본디 그 산이 황폐했다고 생각한다. 마찬가지로 인간의 본성도 본디 선했으나 산이 도끼와 우양에 의해 황폐해지듯 인욕에 의해 악하여졌다는 것이다. 맹자는 또한 4단의 정을 통해 인성이 본디 선함을 주장한다. 누구든지 어린애가 우물 속으로 기어 들어가면 달려가 구해준다. 이것은 어린애를 구출해주었다는 명예를 얻고자 해서도 아니고, 그런 기회를 통해 그 아이의 부모와 교제하려는 것도 아니며, 어린애를 구하지 않았다는 비난을 모면하기 위해서도 아니다. 오직 순수한 마음, 즉 <측은지심>의 발로이다. 측은히 여기는 마음, 수오(羞惡)하는 마음, 사양(辭讓)하는 마음, 시비(是非)하는 마음은 모두 본마음의 발로이므로 이것이 없으면 사람이 아니다. 이 측은·수오·사양·시비는 모두 인·의·예·지의 단서가 된다.

　맹자의 성선설은 후세 많은 논란을 일으켰다. 성악설, 성삼품설, 기질·본연 등으로 반대·절충 등의 입장이 나왔지만 맹자의 성선설은 인간의 본성을 선한 것으로 규정하고 싶은 동기에서 나온 것이며, 본연의 상태를 회복할 것을 역설하는 유학의 체계에서는 불가피한 이론이기도 하다. 인성에 있어 우산의 도끼질이나 방목에 해당하는 것은 인욕의 사(私)이다. 따라서 본연의 성을 유지하려면 인욕을 막아야 한다. 그 가장 좋은 방법은 측은·수오·사양·시비와 같은 본성에서 피어난 왜곡되지 않은 정을 확충하는 것이다. 한 방울의 물이 모여 큰물을 이루고 작은 불씨가 큰불로 피어나듯 작은 선단을 확충하면 큰 힘의 선이 된다. 이 4단의 확충은 호연지기(浩然之氣)와 관계된다. 맹자는 어떠한 유혹에도 흔들림 없는 강한 주체성, 즉 부동심을 지니기 위한 방법으로 지언(知言)의 수양과 호연지기를 기를 것을 주장했다. 그런데 호연지기는 직(直), 즉 내적으로 진실무망해야 길러진다고 했으니 곧 본성대로 사는 자, 4단을 확충시키는 자에게 길러지는 것이다. 그러나 이 기를 기를 때는 물망물조장(勿忘勿助長)해야지 너무 방치하거나 또는 성급한 마음을 가져서는 안 된다.

양기의 또 다른 방법은 야기(夜氣)의 보존이다. 밤에는 우리의 심신이 평온하고 청명해져 사념·망상이 사라진다. 이것이 낮 사이에는 분요한 일로 흐트러지고 만다. 따라서 우리는 청명한 야기가 손상되지 않도록 노력해야 한다. 그러기 위해서는 욕심을 줄여야 하고(寡欲), 우리의 마음을 보존해야 한다. 욕망 그 자체는 악이 아니다. 욕망으로 인해 악이 되는 것은 대체로 욕망이 적어서라기보다는 지나치기 때문이다. 따라서 지나친 욕망을 조절하여 줄임으로써 주어진 상황에 알맞는 상태, 즉 중화(中和)를 이루어야 한다. 그것이 본성의 구현이기도 하다. 맹자는 노(老)·불(佛)처럼 결코 금욕이나 멸정(滅情)을 말하지 않고 절제를 강조했다.

4단의 확충, 야기의 보존, 과욕(寡慾), 호연지기를 기른 자는 부귀가 그를 타락시키지 못하고, 빈천이 그 뜻을 옮기지 못하고, 위무(威武)가 그 기개를 꺾지 못하는 대장부가 된다. 동시에 그는 마음에 일점 부끄럼도 없기에 인생의 최고 열락을 누리며 살게 된다.

측은·수오·사양·시비의 4단을 이웃과 사회·민족 인류에게로 확충해 나아가면 그것이 곧 왕도의 실현이 된다. 나의 어린애를 사랑하는 그 마음을 타인의 어린애에게까지 미치게 하며 나의 부모를 사랑하는 마음을 타인의 부모에게까지 미치게 하라든가, 부모를 사랑하는 마음으로 이웃을 어질게 대하고 이웃을 어질게 대하는 정신을 미루어 만물을 아끼라고 맹자는 주장한다. 우리의 가까이 눈에 보이는 절친한 것에서 발로되는 순연의 성정을 보이지 않는 먼 곳에 있는 것까지 미루어 가라는 것이다. 양혜왕 장구상편(章句上篇)에 흔종(釁鐘 : 종을 주조한 후 갈라진 틈에 희생의 피를 바르는 의식)을 위해 사지로 끌려가는 소의 애처로운 모습을 보고 불쌍한 생각에 염소로 바꾸라고 말한 제선왕의 일화가 있다. 소를 불쌍히 여기고 놓아 준 것은 차마 하지 못하는 마음, 측은지심의 발로였다. 그러나 흔종을 아니할 수는 없어 염소로 대신토록 하니 백성들은 이를 왕의 인색으로 오해하여 비난했고 왕 자신도 이런 비난에 당황했으나, 맹자는 이를 소는 눈으로 보았고 염소는 눈에 보이지 않았기 때문이요, 사랑이란 본디 가까운 대상으로부터 먼 데 있는 대상에로 미쳐가는 법이어서 그랬다고 하고, 왕은 충분히 인정을 행할 가능성이 있다고 격려했던 것이다. 맹자의 이 같은 주장은 당시 사상계를 풍미했던 양주(楊朱)의 위아주의(爲我主義)나 묵적(墨翟)의 겸애설(兼愛說)을 비판하는 것이기도 했다.

맹자는 인정과 왕도를 행하기 위해서는 인의를 중히 하고 이(利)를 가벼이 여기는 풍토가 조성되어야 한다고 했다. 인군이 의(義)를 앞세우고 이(利)를 나중으로 하면 상하가 각기 그 자리에 편안하게 되며 사회는 안정된다. 임금이 백성과 더불어 즐기면 인군이 어떤 호사를 해도 백성은 결코 원망하지 않을 것이라 하여 통치자의 <선우후락 중의경리(先憂後樂 重義輕利)>를 내세웠다. 의를 중시한 것은 그것이 보다 더 사회적 가치를 지닌 것이요 또한 자각을 전제로 해야 추구되는 것이기 때문이다. 뿐만 아니라 백성은 항산(恒産, 일정한 생업)이 있어야 항심이 있게 되는 것이요, 인정은 양생과 송사에 유감이 없는 데서 시작되는 것이므로 산업을 장려하여 부모의 봉양과 처자의 양육에 부족함이 없도록 할 것과 특히 토지 경계를 분명히 할 것을 주장했다. 군주는 백성을 통치할 수 있는 훌륭한 덕을 갖추어야 한다. 만약 백성을 해치는 군주가 있다면 혁명을 일으켜 방벌하여도 결코 시역의 죄를 범한 것은 아니다. 왜냐하면 인의를 해치는 자를 잔적(殘賊)이라 하는데 잔적지인은 일부(一夫)에 지나지 않는다. 무왕이 주를 죽인 것은 잔적행위를 한 일부를 죽인 것이지 결코 군왕 주를 죽인 것이 아니다. 이것은 공자의 정명사상의 계승이기도 하다. 이처럼 맹자는 성선설에 입각한 왕도·인정의 가능성을 말하고 인의를 중심으로 하고 공벌의 이를 반대하며, 여민동락과 민본사상에 기초한 애민·중민을 말하고, 폭군방벌의 혁명론을 내세움으로써 후세 정치사상에 큰 영향을 주었다.

(3) 순 자

순자(荀子)는 공자·맹자와 더불어 선진유가의 3대 인물로 꼽힌다. 그 생존년대는 미상이나 대체로 맹자보다 30여년 뒤로 추정된다. 맹자와 같이 제(齊)나라 직하학원 출신의 사상가로 초(礎)에서 잠시 벼슬한 후 줄곧 난릉(蘭陵)에 정착하여 학문과 교육에 종사했다. 제자에는 진의 재상이 된 이사(李斯)와 한비(韓非) 등 법가 사상가들이 있고 당대 탁세의 정객들의 부허한 풍속과 속유들 및 노장·묵·명가 등 제자백가의 폐단을 교정하기 위한 32편에 달하는 방대한 양의 저술이 있다.

순자는 <인간의 본성은 악하며 선은 사람이 인위적으로 만든 것(僞)>이라고 했다. 순자에 의하면, 인간의 본성은 태어나면서부터 이(利)를 좋아하기 때문에 온갖 쟁탈이 생기고 사양이 없어지며, 본디 미워하는 마음이 있어 잔적이 생기고 충신이 없어지며, 이목의 욕구가 있어 성색(聲色)을 좋아하기에 음란이 생기고 예의문리가 사라진다. 이 같은 본성을 그대로 방치하면 반드시 쟁탈이 일어나고 분수를 넘어서며 난폭해진다. 따라서 반드시 성현사법(聖賢師法)으로 교화하고 예의로 선도해야 비로소 사양하는 마음이 생기고 충신의 태도가 나오며 질서의 사회가 된다. 이것이 성악설을 주장하는 순자의 논거이다. 사람은 누구나 다 굶주리면 먹고자 하고, 추우면 따뜻한 곳을 찾고, 피곤하면 휴식을 취하려 한다. 배고프면서도 웃어른에게 양보하는 것은 예라고 하는 인위(人僞) 때문이다. 도덕은 결코 인간의 본성에서 나온 것이 아니고 본성에 반하여 만들어진 것이다. 성인이란 악한 인성을 바로잡기 위하여 선을 이룬 자인데, 그가 타고난 악성을 변하여 착하게 하는 것(僞)은 마치 흙을 이겨 질그릇을 만들어내는 도공과 같다. 이처럼 순자의 성악설은 맹자의 성선설과 상반되는 것이다.

순자는 인간사회의 도덕적 선 등이 모두 인간의 실천적인 노력에 의한 산물이라고 봄으로써 인간의 지위를 격상시켰다. 모든 문화가치는 인간이 이룩해 놓은 것이요, 이러한 문화가치의 창조능력 때문에 인간은 천지와 더불어 3재(三才)가 된다. 순자는 그의 『천론(天論)』에서 "하늘은 4시의 운행을 관장하며 땅은 재화를 갖고 있는데 인간에게는 그것을 다스릴 능력이 있다. 이것을 일러 능히 인간이 천지와 나란히 한다고 한 것이다"라고 했다. 즉 그는 천지가 인간에게 베푼 것을 능히 이용하여 아름답고 가치 있는 것을 이룩해 내는 것이 인간의 사명이라고 생각했다. 그리하여 그는 "하늘을 위대하게 여겨 사모하기만 하는 것과 물(物)을 비축하여 다스릴 것 중 어느 것이 더 나은가? 하늘을 송축하기만 하면 누가 천명을 제어하여 필요에 따라 쓸 것인가? 따라서 인간의 사명을 제쳐놓고 하늘만 사모하면 만물의 실정을 놓치고 만다. 천지와 나란히 될 수 있는 소이를 제쳐 놓고서 천지와 더불어 3재가 되려 함은 미혹이다"라고 주장하였다. 여기서 우리는 그가 성악설을 주장한 것이 선을 이루기 위한 인간의 주체적 노력을 강조하기 위해서였음을 알 수 있다.

맹자는 인간의 본성은 누구나 선하며 누구든지 요(堯)·순(舜) 같은 성인이 될 수 있다고 했는데, 순자도 길거리 사람도 우(禹)와 같은 성인을 만들 수 있다고 했다. 이 점에서 보면 양자의 견해는 일치하지만 그것은 표면적인 일치에 지나지 않는다. 왜냐하면 맹자는 인성은 다 선한데 그 선단을 잘 확충하기만 하면 성인이 된다고 했고 악은 파생적인 것으로 보았으나, 순자는 오히려 선이 인위적 노력의 결과이며 본성은 악하다고 보았기 때문이다. 따라서 맹자는 교육의 중점을 본연성의 회복, 즉 4단(四端) 등의 확충에 두었으나 순자의 경우 사법예의(師法禮儀) 등으로 인성을 규제하는 데 두었다. 인성에 대한 사법의 교화와 예의의 선도를 순자는 굽은 나무와 도지개(檃括), 무쇠와 풀무의 단련과 같다 하고 누구든 부단히 수양(積僞)을 쌓으면 성인이 될 수 있다고 하였다.

인성의 악을 바로잡는 데 필요한 것으로 순자가 중시한 것은 예이다. 그가 말하는 예는 성인이 필요에 의해 만들어낸 것이다. 순자에 의하면 사람의 욕구에 적절한 한계를 지워주지 않으면 욕망과 욕망이 서로 충돌하게 되어 어지러워지고 곤궁하게 되기 때문에 이 같은 문란을 막기 위해 성인이 예를 제정하여 욕구를 조절했다. 즉 중정(中正)의 표준을 세워 인간의 욕망과 물질의 공급이 서로 균형을 이루도록 하여 안녕과 질서를 도모한 것이 예의 기인(起因)이다. 그런데 예에는 세 가지 근본이 있다. 천지는 생의 근본이요, 조선(祖先)은 류(類)의 근본이요, 군사(軍師)는 다스림(法)의 근본이다. 천지가 없이 어떻게 생명이 있으며, 조선이 없이 어찌 인류가 나왔으며, 군사 없이 어찌 다스림이 나왔겠는가? 이 셋 중에 하나라도 빠질 수 없으니 위로 천(天)을 섬기고 아래로 지(地)를 섬기며 조선을 숭배하고 군사를 높여야 한다. 이것이 예의 삼본이다.

예에는 인간의 욕구를 조절하는 규제적인 성격도 있으나 한편 감정을 순화·정화하는 문식(文飾)의 기능도 있다. 예는 인간의 생사를 다스리는 데 가장 근엄하다. 생은 인간의 시작이요, 사는 인간의 마침이다. 시종이 아름답게 되어야 인도(人道)의 다함이 된다. 인간에게 있어 생사만큼 절실한 사건이 없다. 이때 우리의 정은 가장 심각하다. 인정이 심각할수록 이를 잘 처리해야 한다. 상·제례가 모든 예 가운데 가장 중시되고 엄히 시행되는 것은 이런 까닭에서이다. 순자는 말하기를 사생(事生)은 기쁨을 꾸밈이요, 송사(送死)는 슬픔을 꾸밈이며, 제례(祭禮)는 경모심을 꾸밈이요, 사려(師旅)는 위엄을 꾸밈이라 하여 예에 욕망의 조절과 정서순화의 기능이 있음을 밝혔다.

순자는 또한 전통적인 공·맹의 정명론(正名論)을 계승 발전시켰다. 공·맹의 정명론은 주로 정치적·윤리적인 관심사였지만 순자는 이에 국한하지 않고 논리적인 데로 발전시켰다. 그것은 당대에 성행했던 공손룡(公孫龍)·혜시(惠施) 등 명가의 무리가 궤변으로 명과 실을 뒤섞고, 시·비의 기준을 모호하게 해놓은 데서 자극받은 것이다. 그는 명을 만드는 이유는 실을 가리키기 위해서인데 위로는 귀천을 밝히고 아래로는 동이(同

異)를 구별한다고 했다. 우리는 기준에 따라 같다·다르다를 분류하고 그리고 나서 같은 것에 같다, 다른 것에 다르다고 이름 붙인다. 내용이 다른 것에는 다른 이름을 붙여야 함을 알기 때문에 우리는 거기에 다른 이름을 붙이지 않을 수 없다. 내용이 같은 것에 같은 이름을 붙이지 않을 수 없는 것과 같다. 이것이 제명(制名)의 필요성과 근거이다. 순자는 제명에 있어 따라야 할 규범을 제시한다.

명(名)에는 공명(共名)과 겸명(兼名)이 있다. 공명(예, 말)의 범위는 넓고, 겸명(예, 백말)의 범위는 좁다. 그런데 우리가 모든 것을 통틀어 말하고자 할 때는 물(物)이라 하는데 물은 가장 큰 공명이다. 보편화하고자 할 때는 더 이상 보편화할 수 없을 때까지 간 다음에 그치게 된다. 경우에 따라서는 특정의 것을 가리키고 싶을 때가 있다. 그런 때 우리는 세밀히 구별하고 더 이상 구별할 수 없을 때까지 가서 그치게 된다. 순자는 모든 명은 약속에 의한 것이므로 제멋대로 다른 해석을 가하거나 새로운 명을 지어내는 자는 가장 간악한 자로, 그 죄는 마치 불량 도량형을 사용하는 것과 같다고 통렬히 비난함으로써 명실의 관계를 바로 정립하려고 했다. 이는 당대의 사상적·윤리적 혼란을 반증하는 것이기도 하다.

순자는 당시의 명가의 혼란을 세 가지로 지적했는데, 그 첫째는 이명난명(以名亂名), 즉 명으로 명을 어지럽힌 경우이다. 그 예로 든 것은 "도적을 죽인 것은 사람을 죽인 것이 아니다"라는 명제였다. 둘째는 내용으로 명을 혼란시킨 경우인데, 그 예로 든 것은 "산과 연못은 평평하다"이다. 고원지대 연못은 그보다 낮은 지대의 산과 같은 높이일 수는 있으나 일반적인 경우는 아니다. 셋째는 명으로 내용을 혼란시킨 경우이다. 그 예는 "우마는 말이 아니다"인데 분명 우마라는 명과 말이라는 명은 다르다. 그러나 우마라는 동물의 집합 속에 말이 들어 있다.

순자는 이런 혼란은 강력한 통치자가 없기 때문에 생긴 것이라 보았기에 성군의 출현을 갈망했다. 실로 순자의 시대는 혼란에 지쳐 정치적 통일을 염원하던 시대였다. 강력한 통치자에의 열망은 성군 아닌 폭군 진시황의 출현으로 이루어진다. 그러나 사상계는 오히려 암흑 속에 떨어졌다.

3. 도가 철학

도가 혹은 도덕가라 불리는 이 학파의 사상은 유·묵가와 더불어 당대 사상계를 풍미했다. 다른 사상과 마찬가지로 노장사상도 당대의 사회적·정치적 반향, 특히 유가에 대한 반발에서 나온 사상이다.

사마담(司馬談)은 6가가 모두 천하를 잘 다스리려는 의도에서 나온 사상임을 전제하면서 도가를 기술함에 있어 유독 유가와 대비시키는 방법을 취했다. 즉 "유가는 그 학문이 광박(廣博)하나 요령이 없고, 노력은 많이 드나 공은 적다"고 한 것과는 달리 도가에 대해서는 "뜻은 단순하고 지키기는 쉬우며 일은 적고 공은 많다"고 했던 것이다. 빙우란(馮友蘭) 같은 학자는 혼란에 빠진 세상에서 둔세와 은일 속에 안심입명과 명철보신을 꾀하며 유가를 우롱했던 은자의 무리 중에 자신들의 태도에 의미 부여를 하기 위한 사상체계를 꾀한 자들이 있었는데 이들이 도가의 기원이 되었다고 주장하기도 한다.

이처럼 일종의 반문화 내지 문명비판의 성격을 갖는 사상이므로 우리가 노자서나 장자서를 연구함에 있어 단순히 문자적 해석이나 형식논리적 해석을 해서는 그 진의를 옳게 파악할 수가 없게 된다. 일례로 노자의 "배움을 끊어야 근심이 없다(絕學無憂)"는 주장에 대한 묵가의 비판을 검토해 보자. "배움은 유익한 것이다. 그 이유는 배움을 비난한 자가 이미 밝혔다". "노자는 백성들이 어째서 배움이 무익한지 알지 못하고 있다고 생각해서 알려 주었다. 곧 배움이 무익하다는 것을 알려준 것인데, 이것이 바로 배움이다. 그러므로 배움이 무익하다는 것은 잘못이다."

장자의 경우도 마찬가지다. 그는 "모든 말은 거짓이다(以言爲盡詩)"라고 했는데 묵가는 "이는 거짓이다. 그 이유는 그 말 속에 있다"고 했다. 도가에 대한 묵가의 이런 비판은 논리적 역설의 발굴이라 할 수 있지만 그러나 이러한 태도나 관심은 노·장의 사상을 이해하는 데 큰 도움을 주지 못한다. 왜냐하면 전체적 맥락에서 볼 때 노자의 "배움을 끊어라"라는 부정은 이미 긍정을 지향한 방법론적 부정이기 때문이다. 성(聖)과 지(智)를 끊고 버려라거나, 인(仁)과 의(義)를 끊어야 백성들의 이익이 백배로 늘어나고 자애와 효성의 덕을 지닐 것이라는 주장도 이에 해당한다.

(1) 노 자

일명 『도덕경(道德經)』이라 불리는 『노자서(老子書)』는 중국민족에 있어 전통적으로 논의되어 오던 도(道)와 덕(德)에 대한 도가(道家) 특유의 이해방식을 드러내 준다. 『도덕경』에서의 도와 덕은 유가의 그것과는 매우 다르다. 앞서 말한 바와 같이 도가사상이 사회적, 정치적 반향에서 나왔을 뿐 아니라 삶과 자연에 대한 심오하고도 원초적인 이해에서 비롯했고, 이 이해의 내용이 그들 나름의 도와 덕의 개념을 이루어내게 했다.

노자의 우주론 혹은 형이상학은 인생의 문제와 정치, 사회적인 문제의 해결을 위한 기초로서의 역할을 한다. 『도덕경』의 대부분이 인생수양의 방법과 치정술(治政術)을 다루고 있음을 보아 이는 분명한 사실이다. 도는 노자의 형이상학의 기초인 동시에 우주론의 기반이기도 하다. 그는 도야말로 우주의 본원이요, 천지만물은 모두 도에서 창생된 것이라 했다.

혼연한 상태에서 이루어진 물(物)이 있는데 그것은 천지에 앞서 생겼다. …홀로 서서 변함이 없고 두루 행하여도 위태롭지 않다. 능히 천하

의 어머니가 될 만하다. 나는 그의 이름을 모른다. 그래서 자(字)를 도
라고 했다.(25장)

도라는 것은 단지 황홀할 뿐이다. 황홀하지만 그 속에 상(象)이 있고
그 속에 물(物)이 있다. 요명(窈冥)하지만 그 속에 정이 있는데 그 정
은 매우 참된 것이다. 그 속에 신(信)이 있다.(21장)

노자가 말하는 도는 무상(無狀)의 상이고, 무물(無物)의 상이요, 황홀한
것이지만 실재적이다. 실재하는 것이기에 천하의 시초도 되고 만물의 어
미도 된다. 그것은 써도(用) 다함이 없고 취하여도 고갈되는 법이 없다.
만일 그것이 유상의 것이라면 구체적 현실의 사물과 같이 변화 훼멸될
것이므로 만물의 근원이 될 수가 없다.『도덕경』첫머리의 귀절처럼 "도
라고 말할 수 있는 도는 영원불변의 도가 아니다(道可道 非常道)."
만물을 창생한 도는 만물 속에 내재하며 만물을 의양복육(衣樣服育)한
다. 도와 덕은 별개의 것이 아니다. 만물을 창생한 후 만물 속에 내재하
는 도가 곧 덕이다. 노자에 있어 덕은 곧 도의 작용이요, 도의 현현(顯現)
이다. 도와 덕은 전(全)과 분(分), 보편과 특수의 차가 있을 뿐이다. 만물
은 덕을 통해 다시 생명의 보편적 근원인 도로 돌아간다. 이러한 생명본
원에의 회귀작용을 귀근(歸根) 혹은 복명(復命)이라 한다.

허(虛)를 다함을 지극하게 하고 정을 지키기를 도탑게 하면 만물이 다
같이 일어난다. 나는 그것이 다시 되돌아감을 본다. 대저 초목들이 잎
과 가지가 무성하나 각기 그 뿌리로 되돌아간다. 뿌리로 감을 정(靜)
이라 하는데 이를 복명이라 한다.(16장)

도의 응용이 무궁하며 만물은 끊임없이 생겨나 마지않음(生生不已)을
생각할 때 도의 운동은 순환반복적이라고 할 수 있다. "되돌아오는 것이

도의 운동(反者 道之動)"(40장)이라는 표현에서 이를 알 수 있다. 반에는 순환하여 마지않는다는 뜻 이외에 상반·대립의 뜻도 있는 것 같다. "화(禍)에는 복(福)이 기대어 있고 복에는 화가 잠복해 있다"거나 "정상적인 것은 다시 기괴한 것이 되고 좋은 것도 다시 요사한 것이 된다"(58장)는 말이 이를 뒷받침한다.

이와 같이 정(正)·반(反)이 호변하고 화·복이 상변하는 무상한 세상에서 인간은 어떻게 살아야 하는가? 노자는 결연히 도에 따라 살라고 말한다. 정·반이 호변하고 화·복이 무상하지만 그 속에 항구불변의 법칙이 있으니 곧 "강대한 것은 도태되고 꺾인다"는 것이 그것이다. "만물은 강장(强壯)하면 곧 노쇠한다"(30장), "강강(强剛)한 자는 제명에 죽지 못한다. 나는 이것을 가르침의 근본으로 삼는다"(42장), "꼿꼿하고 강한 것을 추구하는 자들은 죽음의 무리이다"(76장)라는 구절들은 모두 용유용약(用柔用弱)하라는 가르침들이다. "유약이 강강을 이긴다"거나 "유약이야말로 생명의 무리들"이라는 표현도 같은 맥락이다. 따라서 처약수유(處弱守柔)야말로 도를 준수하는 것이요, 생명을 온전히 보존하는 길이다. 이같이 볼 때 "되돌아옴이 도의 운동이다"와 "약한 것이 도의 쓰임이다(弱者 道之用)"가 노자철학의 핵심명제라 할 수 있다.

철학의 체계는 도와 덕이었으나 그 정신을 <자연>으로 드러낸 것이 노자이다. 『도덕경』 25장에 사람은 땅을 본받고, 땅은 하늘을 본받고 하늘은 도를 본받으며, 도는 자연을 본받는다는 구절이 있다. 노자가 말하는 자연은 도(道) 정신의 소재라는 의미를 갖는다. 도가 지니는 일체의 속성, 허(虛)라든가 유약 등이 자연에 기인한다는 것이 노자의 생각이다. "도는 높고 덕은 귀한데 누가 시켜서 그런 것이 아니고 저절로 항상 그러하다"(51장)라고 하였으니, 이는 도·덕의 가치가 자연에 있는 것이니 자연으로 돌아가지 않는 한 도와 덕 같은 가치는 지니지 못하게 된다는 주장이다.

천·지가 도를 본받는다 했지만 실상 자연을 본받는 것이다. "돌개바람이 아침 내내 부는 법이 없고 소나기가 하루 종일 내리는 법이 없듯"(23장) 자연을 본받지 않은 것은 오래가지 않는다. 무위(無爲)는 바로 이 자연에 따르는 행동인 동시에 도를 실현하는 행위이다. 무위는 글자 그대로는 아무 것도 하지 않음이지만 이는 실상 인위로 하지 말라는 뜻이다.

자연과 자신을 대립시켜 자연을 정복의 대상으로, 자기 욕구충족의 대상으로 여기거나 지적 분석의 대상으로 삼는 일체의 행위를 인위(人爲)라고 본다. 노자가 유교를 비판하는 이유도 그것이 인위에 근거를 두고 있는 사상이라고 보기 때문이다. 인간이 자연에 가해서 만들어진 것이 문화요 인문인데, 노자는 그것이 인위이며, 인간과 자연 사이에 간극을 넓혀가는 것이라고 보아 반문화, 반인문주의를 취한다. 그리고 그 대안으로 내놓은 행위의 원칙이 <무위>이다.

<무위>가 글자 그대로의 아무것도 하지 않음이 아니라 보다 높은 차원의 행위라는 것은 "도는 항시 아무것도 하지 않으나 하지 않는 일이 없다"는 주장에서 잘 드러난다. 자연과 완전한 조화 일치를 이룰 때에만 궁극적인 인간의 삶의 완성이 가능하다는 말이다.

(2) 장 자

장자(莊子)는 양혜왕(梁惠王), 제선왕(齊宣王)과 동시대 사람이다. 그의 학문은 광박하여 다루지 않은 것이 없지만 결국 노자사상의 계승이라 할 수 있다. 고대 학술사상의 연원과 특성을 총평한 『장자』 천하편에서 장자를 일컫기를 홀로 천지와 통하여 자연의 벗이 되고, 만물에 대하여 교만한 자세를 취하지 않고, 시·비의 분별을 각박하게 않아 세속과 더불어 지내고, 위로 조물자와 노닐고, 아래로 사생종시(死生終始)를 초월한 자를 벗삼았다고 했다.

장자의 <사생제일(死生齊一)> 및 <물아쌍망관(物我雙忘觀)>은 보다 높은 차원에서 생사물아(生死物我)를 본데서 나왔고, 그래서 현존세계의 초탈을 가능케 했다. 이것도 일종 은둔이지만 산수로의 도피가 아니라 오히려 속세에 머물면서 피하는 고차원의 세계에로의 도피이다.

노자철학의 기초인 도와 덕은 장자에 와서도 그대로 계승된다. 장자에 있어서도, 우리 인간의 타고난 능력이 곧 덕이요, 이 덕은 도에서 왔다. 우리 인간은 이 타고난 덕을 구김 없이 펼쳐가는 데서 행복을 얻게 된다. 그런데 우리의 행위는 천연의 것이 있고 인위의 것이 있어 구별된다. 즉 천연의 것은 곧 내부에서 우러나오는 것으로, 예를 들면, 소나 말에 다리가 넷씩 있는 것이 그것이며, 인위적인 것은 외부에서 가해진 것으로 말 머리에 망태를 씌우거나 소에 코뚜레를 하는 등이 그것이다. 본성대로 천연대로 사는 것은 행복이요, 자연에 거슬리는 인위는 고통이요 불행이다. 오리의 다리가 짧다 해서 이어주거나, 학의 다리가 길다 싶어 짧게 잘라주면 오리와 학에게는 비극이므로, 본성대로 타고난 대로 놔둘 일이다. 갈매기에게는 교향악과 산해진미가 쓸모없고, 아무리 미인이라도 물고기나 새나 사슴은 놀라 달아나듯이 인간의 일방적 생각과 획일성을 버려야 한다. 인간사에 있어 모두 제 나름의 본성이 있음에도 법률이나 제도, 윤리, 도덕 등을 통해 규제하려 하는 것은 우마에 고삐와 멍에를 씌우거나 학과 오리의 다리를 자르거나 이어주는 것과 다를 바 없다. 장자는 자연적인 것을 인위적인 것으로 바꾸려는 태도를 <이인멸천 이고 감명(以人滅天 以故滅命)>이라 하고 그 결과는 비극이요 불행이라 했다. 즉 이른바 통치함이 없는 통치를 주장한 것이다.

자연·천연에 따라 사는 것이 행복이기는 하나 이것은 어디까지나 상대적이다. 장자는 이에 만족하지 않는다. 아내가 죽었을 때 장자도 처음엔 통곡했다. 그리고 이 통곡하는 장자의 모습은 분명 본성에 따른 행위였다. 그러나 장자는 이내 울음과 슬픔을 거두고 오히려 술동이를 두드리며 노래한다. 그 이유를 묻는 혜시(惠施)에게 장자는 이렇게 대답한다. "아내가 세상을 떠났을 때 나라고 어찌 슬프지 않았겠는가? 그러나 그 시초를 잠잠히 생각해 보니 본디 생이란 없는 것이다. 생뿐만 아니고 형체도, 기운도 없었다. 혼연 속에 기운이 일고 형체가 나타나고 생명이 나타났다가 이제 다시 변하여 죽었으니 이는 마치 춘하추동 사시가 순환하는 것과 같다. 내 아내는 지금 우주라는 큰 집에서 편안히 누워 있는데 만일 내가 크게 소리 내어 운다면 명을 모르는 것이 아니겠는가? 그래서 울다가 그친 것일세." 슬픔의 감정을 이치를 통해 정리한 것이다. 이 고사에 대하여 곽상(郭象)은 주석하기를 "알지 못했을 땐 슬펐지만 깨우치고 난 후에 그쳤다는 것은 곧 유정자(有情者)를 깨우쳐 지극한 이치를 미루어 생각하게 함으로써 감정에 얽매임을 풀어 준 것이다"라고 했다.

여기서 깨쳤다는 이치는 도가적 천인합일의 바탕을 이루는 것이다. "만일 천지의 참된 기운을 타고 6기(六氣)의 변화를 부리며 무궁의 경지에 노닌다면 또한 무엇을 의지하랴. 그러므로 지인(至人)은 무기(無己)요, 신인(神人)은 무공(無功)이요, 성인(聖人)은 무명(無名)이다"라는 장자의 말은 곧 세간사의 잡다한 구분을 초월한 절대적 행복을 누리는 사람을 말한 것이다.

그러나 이같은 절대적 행복을 누리기 위해서는 고차적 관점과 지혜가 필요하다. 그것은 바로 비지(非知)의 지(知)요, 무용(無用)의 용(用)이다. 산에 있는 나무는 쓸모가 없는 것이어야 제 수명을 누리고, 거위는 울지 못하는 놈이 먼저 죽는다는 딜레마에서 유용과 무용 사이에서 처신하겠다는 장자의 태도는 그의 고차적 인생철학을 보여 주는 것이다. 그의 말대로 "지극한 즐거움(至樂)은 즐거움이 없는 것으로써 즐거움을 삼는 것"인지도 모른다. 그리고 이 지락을 얻고자 하는 자가 참으로 몸을 살리는 자일지도 모른다.

노장사상은 대체로 그들이 역사적 사실에 밝았기 때문에 세상의 큰 폐단을 교정하기 위해 세운 학설이요, 난세에 살아남기 위한 철학으로 제시된 것이다. 어떤 사람은 노장사상의 골자가 참을 인(忍) 자에 있다 하고 후에 이 유파가 갈라져, 인내(忍耐)의 길을 걸은 정통파도 있었고, 은 인(隱忍)의 방법을 취한 황노파(黃老派)가 생겼으며, 잔인(殘忍)으로 변한 한비자의 법술로도 나타났다고도 했다. 애초 고도의 철학사상으로 대두되었던 노장사상은 실상 후세에 와서 장생불로의 신선사상으로 화하기도 하고, 청담으로 흐르기도 했으나, 위·진시대에 이르러서는 현학으로 새로운 국면을 열기도 했다.

4. 기타 제자 철학

(1) 묵 가

제자백가 중 유·도가와 더불어 가장 성세를 이룬 학파가 묵가(墨家)이고 그 창시자는 묵자라 불리는 묵적(墨翟)이다. 그의 출생지나 생존연대 등도 미상이나 대체로 노나라 출신이며 공자보다 뒤인 B.C. 479~381년으로 추정된다. 묵자는 평민 출신으로 그 사상도 소박하고 서민적 취향이 강하며 무사적 결속력을 지니고 있었고, 그의 사상을 중심으로 결성된 집단은 열정적·의협적이었다. 진·한대의 문헌에 묵가는 공자와 더불어 병칭되고 있고, 맹자나 한비자에도 누차 언급되고 있음으로 미루어 그 학세를 짐작할 수 있다.

묵가는 겸애(兼愛), 교리(交利), 절장(節葬), 천지(天志), 존귀(尊鬼) 등의 학설을 주장하여 난세를 바로잡으려 했다. 그들은 유가와는 달리 전통적인 예악문물(禮樂文物) 제도 등에 회의를 갖고 유가사상 및 당대 문명 전반에 걸쳐 신랄한 비판을 가한 일종의 고대 문명비판가였다. 그들의 시대는 유가의 전성기였지만 이미 참신한 생명력을 잃고 지리(支離)해져 예의 말절(末節)에나 탐닉하는 폐단을 드러내기 시작했었기에 비판하게 되었던 것이다. 묵자에 의하면 유가는 ① 천귀(天鬼)가 신명치 못하다 했고, ② 후장(厚葬) 구상(久喪)으로 재물을 낭비하고 건강을 해치며 생산을 약화시키고 자손의 번성을 막으며, ③거문고와 북소리에 맞추어 가무를 즐겨 재화의 손실이 많고, ④수요(壽夭), 빈부, 치난(治亂), 안위를 운명에 내맡기고 스스로는 노력하지 않는 이 네 가지 때문에 천하를 상실하고 말 것이라 했다.

묵자는 겸애(兼愛)를 주장했다. 이는 천하만민을 차별 없이 동등하게 사랑하라는 교설이다. 친소(親疎) 후박(厚薄)의 차등을 두지 말고 모두를 똑같이 사랑한다면 침략 전쟁이나 개인들 간의 투쟁 등 제반 악이 사라질 것이라고 묵자는 믿었다. 큰 나라가 작은 나라를 침략하고, 권세 있는 자가 서민대중을 괴롭히고, 교활한 자가 우매한 자를 농락하는 것은 모두 제 한 몸 자기 혈연 등에 관계있는 것만 아끼려는 차별적 사랑에서 나온 것인 만큼 별애를 버리고 겸애를 해야 한다. 겸애하는 사회에서는 병든 자, 불구자, 과부나 홀아비, 고아, 자식 없는 노인네 등 외롭고 불쌍한 자들의 양생이 가능하게 된다. 국가 간에 겸애하면 침략 전쟁은 사라지게 된다. 따라서 겸애가 옳다는 것이 묵자의 주장이다.

묵자는 시비의 판단을 위한 기준으로 3표를 내세웠는데, 3표는 근본을 정하는 것(本之者), 연원·유래를 찾는 것(原之者), 그 효용을 찾는 것(用之者)이다. 제1표는 옛 성왕의 역사적 사적에 근본을 두었고, 제2표는 백성들의 이목을 통하여 근거를 실제로 밝혀내는 데 두었으며, 제3표는 구체적 형정(刑政)으로 나타나 국가 백성의 이익에 과연 합치되는가를 보아야 한다는 것이다.

3표를 내놓았지만 묵자가 가장 중시한 것은 제3표이다. 그 자신의 겸애설이 옳으냐 하는 문제도 바로 이 제3표인 유용성을 기준으로 판단하고 있다. 즉 겸애하면 결과적으로 모두에게 유익하다는 공리주의적 논리로 그 정당성을 입증하려 한 것이다. 이러한 공리·교리사상은 단상(短喪), 비악(非樂), 비전(非戰)의 정당성을 주장하는 데도 적용되었다.

그러나 겸애가 종국적으로 모두에게 유익하다 해도, 그래서 그것이 옳은 원리라 해도 세상 사람들이 쉽사리 겸애의 원리를 받아들여 실천하

지는 않는다. 겸애가 결과적으로 자신에게 유익하다 할지라도 그 이익이
당장 돌아오지 않을 수도 있고, 또 겸애는 자각에서 우러나는 행위인데,
나는 자각했다 해도 다른 사람이 자각하지 못해 겸애하지 않을 수 있으
며, 따라서 나만 일방적으로 손해 볼 수도 있다고 생각하여 선뜻 행하지
않을 수가 있는 것이다. 이 점에 착안하여 도입한 것이 종교적 제재였다.
묵자의 천지편(天志篇)과 명귀편(明鬼篇)의 내용이 바로 이에 관한 것인
데 거기서 그는 하늘은 모든 백성을 무차별로 사랑하고 있고, 모든 백성
도 서로 사랑하는 것이 하늘의 뜻인데, 하늘은 그 뜻을 따르는 자에게는
상을 주고 그 뜻을 거스리는 자에게는 벌을 준다고 했다. 귀신도 천과
마찬가지로 "겸애를 행하는 자에게 상을 주고 별애(別愛)를 하는 자는
벌을 준다"고 함으로써 신앙적·종교적 심리를 이용하여 겸애를 정착시
키려 하였다.

　묵자의 사상은 많은 호응을 얻기도 했으나 비난 또한 거셌으니 가장 통
렬히 비난한 것은 맹자와 순자이다. 맹자는 겸애론에 대해, 인을 가장하
고 있으나 천리의 지정을 모르는 무부(無父)의 금수의 도라 했고, 순자
는 박장단상론(薄葬短喪論)에 대해, 죽은 자를 깎아서 산 자에 보태려는
것이라고 혹평하기도 했다.

(2) 양 주

　춘추와 전국시대는 난세였으므로 은거하는 현자들이 상당히 많았다.
이들은 대체로 적극적으로 혼란한 사회를 바로잡겠다는 생각이나 태도
를 매우 어리석은 것이라고 기롱하였다. 『논어』에 장저(長沮), 걸익(傑
溺), 하조(荷篠), 접여(接輿) 등의 은자들로부터 공자가 조소당하는 장면
이 여러 차례 나오는데, 이들은 세상에 가득 찬 악이 마치 도도히 흐르
는 탁류와 같아 결코 막을 수 없으니 마땅히 명철보신하여 자기 한 몸이
라도 더럽히거나 손상하지 말고 온전히 보존하는 것이 상책이라고 보고
산수(山水) 간으로 숨었던 자들이다.

이들 은자들 가운데 자신들의 행위를 이론적으로 뒷받침한 사람이 생겨났는데 그 대표자가 바로 양주(楊朱)이다. 양주는 그 생졸년대가 미상하나 대체로 묵자보다는 나중이고 맹자보다는 앞서는 것 같다. "양주, 묵적의 말이 천하에 가득찼다"거나 "세상 인심이 양주 아니면 묵적에로 향하는" 형국이었다는 맹자의 말을 통해 양주의 사상은 전국시대에 상당한 세력을 떨쳤던 것을 알 수 있다. 그러나 양주의 사상은『맹자』,『장자』,『순자』,『한비자』,『여씨춘추(呂氏春秋)』,『회남자(淮南子)』 등에서 산견(散見)될 뿐 체계를 갖춘 저술은 전하지 않는다.『열자(列子)』에도 양주편이 있으나 신빙할 수 없다는 것이 일반적인 견해다.

양주의 학설에 대해 맹자는 위아주의(爲我主義)라 하고, 그는 정강이의 털 한 올만 뽑으면 천하가 이롭게 된다 해도 하지 않을 사람이라는 극단적 평가를 하고 있고,『여씨춘추』에는 그 사상의 중심이 <양생귀기(養生貴己)>라 했으며,『회남자』에는 그 타고난 성품을 보존하고 그 진수를 온전히 하며 물질로 그 몸에 누를 끼치지 않는다 했고,『한비자』에서는 경물중생(輕物重生)의 선비라 평했다. 이러한 평을 종합하면 양주의 근본사상은 위아주의, 경물중생이 되며 이는 유·묵가의 사상과 정면으로 대립된다.

양주의 위아주의는 "자기를 위하고 남을 해치지 않는다"는 기본명제에서 나온다. 그는 "사람마다 제각기 털끝만큼 손해 볼 것도 없고, 천하로써 이익을 보려고도 하지 않는다면 천하는 평화로울 것이다"라고 했다. 그의 위아주의는 어쩌면 천하의 평화를 위한 동기에서 나왔는지도 모른다. 그는 또한 만물이 다르다는 것은 살았을 때뿐이며, 죽어 썩으면 이 모든 구별은 사라진다. 살아서는 요·순이나 죽으면 해골이요, 살아서는 걸·주지만 죽으면 역시 해골일 뿐이라 하여 삶(生)에 치중하여 자기의 본성대로 살아가야 한다고 하였다. 또 경물중생의 이유는 다음과 같다. 이제 내 생명은 나를 위해 있다. 그러고 나를 이롭게 하는 일은 참으로 중요한 일이다. 그 귀·천을 논하자면 벼슬이 천자라 해도 내 생명과는 비교할 수 없고, 그 경·중을 논하자면 온 천하를 다 소유해도 내 생명과는 바꿀 수 없으며, 그 안·위를 논하자면 하루 아침에 이 생명을 잃는다면 끝내 다시 얻을 수 없으니, 도를 지닌 자는 이 세 가지를 신중히 해야 한다고 했다.

이러한 양주의 사상은 "아침에 도를 깨치면 저녁에 죽어도 좋다"거나 "지사와 인인은 몸을 죽여 인(仁)을 이룬다"는 공자의 정신이나, 겸애하고 이마가 닳고 발꿈치가 까지도록 천하를 이롭게 하는 일에 마음을 쏟았던 묵자의 사상과 좋은 대조를 이룬다.

전통적으로 양주에 대해 지혜 명찰이란 평을 해왔는데 그 이유는 그들이 시대조류에 휩쓸리면 희생이 따른다고 보아 보수나 진보 어느 쪽에도 가담하려 하지 않고 자기 몸을 지키려 했던 태도에 있으니 다소 풍자·기롱의 뜻이 담겨 있다. 양주는 도가에 속한다고 볼 수 있다. 그리고 도가의 진정한 창시자는 바로 양주일는지도 모른다. 그가 서주(西周) 말부터 춘추에 이르기까지의 중생, 무위의 관념과 형태를 종합해 나름의 체계를 이루었으며, 그리고 그의 경물중생 사상은 노·장의 무위, 무용지용, 양생 등과 맥락을 함께 하고 있기 때문이다.

(3) 명 가

제자백가 중에 명과 실의 관계를 바로잡고자 함에 집중적 관심을 기울인 유파가 바로 명가이다. 물론 당시 유·노장·묵 등에서 모두 정명을 주장하고 있었는데, 이들에게 있어 명과 실의 일치가 정치나 윤리·도덕면에서 매우 중대한 문제로 부각되었던 것 같다. 그러나 명·실의 문제를 오늘날의 논리적 측면에서 본격적으로 다룬 것은 혜시·공손룡 등 명가에 의해서다.

혜시(B.C. 380~300)는 장자의 절친한 친구로서, 다방면에 걸쳐 재주가 있었고 그 저술이 다섯 수레나 된다고 전해지는 명가 제일의 학자다. 그러나 그 모든 저술은 남아 있지 않고 단지 그의 사상을 엿볼 수 있는 이른바 10사가 전해질 뿐이다. 10사는 다음과 같다.

① 가장 큰 것은 밖이 없다. 이를 대일이라 한다. 가장 작은 것은 안이 없다. 이를 소일이라 한다.

② 두께가 없는 것은 쌓을 수가 없다. 그러나 그 크기로는 천리에 미칠수 있다.

③ 하늘은 땅과 같이 고르고, 산은 연못과 같이 평평하다.

④ 이제 막 남중한 해는 동시에 기울어지는 해요, 이제 막 태어난 것은곧 죽어 가는 것이다.

⑤ 대동(大同)과 소동(小同)은 다르니 이를 소동이(小同異)라 하고, 만물은 모두 같고 또 모두 다르니 이를 대동이(大同異)라 한다.

⑥ 남방은 끝이 없고 또 끝이 있다.

⑦ 오늘 월(越)나라에 갔다가 옛날에 왔다.

⑧ 연결된 쇠사슬은 풀려 있다.

⑨ 나는 천하의 중앙이 어딘지 안다. 연(燕)나라의 북쪽이요, 월(越)나라의 남쪽이 바로 그곳이다(연은 월보다 북쪽에 위치했음).

⑩ 널리 만물을 사랑하라. 천지는 한 몸이다.

혜시의 제1사는 경험을 통해서 찾아낼 수 있는 것이 아니다. 지대(至大), 지소(至小)에 대한 그와 같은 규정은 절대적·불변적임에 반해, 현실속의 경험적 사물들에 대한 규정들은 상대적이요 가변적이다. 제2사에서 제9사까지는 실상 사물들에 관한 우리의 관점이 상대적임을 논파하는 것들이다. 고저, 생사(生死), 동이(同異), 어제와 오늘, 맺음과 풀림, 중앙과 변방 등이 가리키는 것은 모두 관점에 따라 달라질 수 있다. 만물에 대한 우리의 관점이 상대적이요, 가변적인 것이기에 결국 만물은 하나로 볼 수 있으며, 따라서 구태여 차별할 것 없이 모두를 사랑해야 한다는 것이 그의 결론이며 제10사의 내용이다. 널리 만물을 사랑하라는 주장은 그가 묵가(墨家)의 후예인지도 모른다는 추정을 하게 한다.

공손룡의 중심사상은 백마비마론(白馬非馬論), 견백론(堅白論), 지물론(指物論)에 잘 나타나 있다. 백마는 비마라는 명제를 공손룡은 세 가지로 논증한다. 첫째, 마(馬)는 형체를 가리키고 백(白)은 색깔을 가리키는데 색깔을 가리키는 것은 형체를 가리키는 것과 다르기 때문에 백마는 비마가 된다. 둘째, 말을 찾으면 백마, 황마, 흑마 어느 것을 가져와도 되지만 백마를 찾을 때는 황마나 흑마는 안 된다. 한 경우는 황마나 흑마가 통하는데 또 한 경우는 통하지 않으므로 백마는 비마이다. 세째, 마에 색깔이 있기 때문에 백마라 한다. 마에서 색깔을 없애면 그냥 마일 뿐, 어떻게 백마를 얻을 수 있는가. 따라서 백은 마가 아니다. 백마는 마와 백색이 붙은 것이다. 마와 백색이 붙은 것은 마가 아니다. 따라서 백마는 비마이다.

첫 번째 논증은 이른바 내포가 다르다는 것이고, 둘째 것은 외연이 다름을 말한 것이며, 셋째 것은 보편자와 특수자의 관계에서 논증한 것이다. 즉 어떤 흰 것과 흰 것 자체를 구별했던 것이다.

견백론은 희고(白) 딱딱한(堅) 돌(石)이 있다 할 때(차돌 같은 것), 견 과 백이 분리된다는 주장이다. 즉 견백석은 셋이 아니고 둘이라는 주장을 하고 있다. 왜냐하면 눈으로는 백은 식별하나 견은 파악하지 못하며, 손으로 만지면 견은 파악하나 그것이 백색인지는 알 수 없기 때문이다. 눈으로 볼 때에는 흰 것과 돌만 알 수 있고, 손으로 만질 때는 딱딱한 것과 돌만 알 수 있으므로 셋이 아니고 둘이라고 주장한 것이다. 현실세계에서 흰 돌, 딱딱한 돌이라 할 때 이를 둘로 보는 것은 희다는 것과 굳다는 것이 보편자임을 자각했다는 뜻이 된다. 즉 구체적 사물을 떠나 독립적으로 흰 것 자체, 딱딱함 등이 있음을 명가(名家)들이 자각했다는 말이 된다.

추상적 보편자에 관한 견해는 지물론으로 나타난다. 즉 지(指)는 보편자, 물(物)은 구체적 사물을 뜻하는데, 곧 지는 백마비마론에서의 백색·

마형이라 할 때의 그 백이 되고 마가 되는 일반성을 지니는 추상적인 것을 가리켰던 것이다.

명가는 명을 밝히고 명과 실의 관계를 분석함으로써 이른바 형상을 초월한 세계를 발견해 내었다는 평을 듣는다. 혜시의 상대주의나 공손룡의 보편주의는 모두 중국철학에서 최초의 본격적 논리학을 낳았지만 "만물을 똑같이 사랑하라"(혜시)거나 "명실을 변정하여 천하를 교화하겠다"(공손룡)는 말에서 알 수 있듯 이들 학문의 출발과 동기와 목적이 <내성외왕지도(內聖外王之道)>의 실현이었음을 놓쳐서는 안 될 것이다. 이들을 공자의 정명주의(正名主義)의 계승으로 보려는 유흠(劉歆)의 의도도 여기에 근거한다.

제3장 중국철학의 사적 전개

1. 진·한 시대의 철학

(1) 개 설

진(秦)의 천하통일로 제자백가시대는 막을 내린다. 강력한 중앙집권적 체제는 더 이상 이전의 사상적 자유분방을 용허하지 않았고, 탄압과 통제와 획일주의가 판치게 되었다. 의약과 복서와 농업에 관한 서적만 남기고 『시』, 『서』를 위시한 제 경전은 불태워졌으며, 법가(法家)나 방사(方士)의 무리 이외의 사상가들이 구덩이에 묻히는 참화가 잇달았다.

동양의 고대철학이 이처럼 진대에 와서 그 종언을 고하게 된 데는 몇 가지 이유가 있다. 그 첫째는 전국 말기 전성을 구가한 명가의 사상이 회의주의였기 때문이다. 공손룡 이후 더 이상의 학설이 나오지 못한 것은 변자(辯者)들의 주장이 자못 극단적 관념의 유희라는 인상을 심어주기에 충분했기 때문이다. 둘째, 노장사상이나 명가의 사상이 출세간적이고 회의주의였기에 이에 대한 반동으로 좋은 의미의 공용주의(功用主義)가 대두했기 때문이다. 제자백가 중 최후의 대사상가인 순자가 "만일 시비(是非)를 분간하고 곡직(曲直)을 다스리고 치난(治亂)을 분별하고 인도(人道)를 가지런하게 하는 것이 아니면, 비록 능력이 있다 해도 유익할 것이 없고, 무능하다 해도 손해날 것이 없다. 해괴한 변설을 숭상하고 괴상한 언사를 희롱하여 서로 혼란케 하니 이는 세상을 어지럽히고 사람을 농락하는 학설이라"고 비판한 것이 바로 이를 말한다. 진나라의 사상가는 거의 모두 순자의 영향을 받은 법가들이었으니 이들에 의한 사상의 통제는 당연한 귀결이다. 셋째, 오랜 동안의 혼란에 염증을 느낀

나머지 하나의 권위적 사상으로 통일되기를 염원했다는 점이다. 배우는 사람은 "성왕(聖王)으로 스승을 삼고 성왕의 제도로 법을 삼는다"는 순자의 견해가 이를 뒷받침한다. 넷째는 신비주의적 방사와 미신이 들끓어 후대의 음양오행설(陰陽五行說), 천인상응설(天人相應說) 등으로 발전해 나간 데 그 원인이 있다.

진의 통일천하는 불과 15년 만에 붕괴되고 한(漢)왕조가 수립되어 약 400년간 지속되었다. 한초는 법가사상과 황노사상(黃老思想)이 상당한 세력을 떨쳤는데 법가는 진의 천하통일과 그 후의 통치에 깊이 관여했었고 한초에도 여전히 중용되었다. 그러나 사회 저변의 민심을 장악하고 있었던 것은 참위(讖緯), 음양오행, 방술(方術) 등 종교적 색채가 짙은 신비주의였다. 한편 무상한 세태와 빈번한 왕조의 교체 등은 역사의 진행에 대한 관심을 고조시켰고 새 왕조의 출현을 정당화할 필요도 있어 역사철학이 발달했다. 추연(鄒衍)의 오행소장설(五行消長說), 동중서(董仲舒)의 흑백적통설(黑白赤統說), 하휴(何休)의 쇠란(衰亂)·승평(昇平)·태평(太平)으로 발전한다는 진보적 역사관이 그것이다.

한대는 경학, 즉 훈고학으로 후세에 널리 일컬어지고 있지만 유학의 대의는 실상 어그러졌다. 동중서가 나와 무제(武帝)에 건의하여 유학을 국학으로 정하는 등 그 기치를 높이 들어 백가의 설을 물리치고 독존케 함으로써 표면적으로는 성세를 구가했으나, 당시 지식층의 사상 저변에는 오행재이설(五行災異說)이 깔려 있었다. 공자와 맹자의 심성론이나 성덕사상은 거의 관심의 대상이 되지 못하고 음양가의 유형이 유교경전에 붙어 횡행하고 있었던 것이다. 후한대에 들어서는 그러한 경향이 심화되어 도참의 망언과 유학의 구분조차 어려울 지경이었다. 동중서 이전에는 음양오행설이, 그 이후는 천인상응설이 주조를 이룸으로써 가치나 덕성의 문제까지도 우주론적으로 해석되고 말아 사실상 공·맹의 학통은 끊어졌다. 이것이 이때부터 수·당에 걸쳐 불교와 도교가 성행하게 된 원인이기도 하다.

(2) 동중서

전한의 사상을 대표하는 인물이 동중서(B.C. 179~104)라 할 수 있다. 그는 무제에게 『현량대책(賢良對策)』이란 논문을 올려 제자백가 가운데 유가만을 정학으로 추존하였고, 유학의 정통성을 지키기 위한 제반 제도적 장치를 마련하려고 노력했다. <천인상응설>은 동중서의 중심사상이다. 천(天)과 인(人)이 서로 감응한다는 이 사상은 실로 한대 우주론 중심의 사상의 총추가 된다. 무제는 동중서에게 하·은·주 3대가 천명을 받았다는 징표가 어디 있으며, 재이(災異)의 변은 왜 일어나느냐고 물은 바가 있다. 이러한 물음에서 당시 사람의 관심이 음양, 오행, 도참에 있었음을 알 수 있는데, 이에 동중서는 다음과 같이 답변한다 — " 춘추 속에 기록된 지난 역사를 살펴보니 …나라가 장차 도를 잃어 패망하려 하면 하늘은 반드시 먼저 재해를 내어 꾸짖고, 그래도 자성치 않을 때는 다시 괴이(怪異)를 보내어 경구케 하는데 그런 변고가 있음을 깨닫지 못하면 이내 패망이 오고 맙니다." 즉 동중서는 역사적 사건들을 들어서 천·인 관계를 설명하면서 정치가 바르지 못하면 재이가 생기는데 이는 하늘의 경고라고 하여 천을 인격화하고 있다. 역사의 성쇠는 그 까닭이 사람에 있지 도(道) 자신의 멸망에 있는 것이 아니다. 도의 큰 근원은 하늘에서 나왔는데 하늘이 불변하니 도 또한 불변이다. 우는 순을 계승했고 순은 요를 계승했으나 세 성인이 서로 주고받아 지킨 것은 모두 하나의 도이며, 주나라의 도가 유왕(幽王)·려왕(厲王) 때 쇠미해졌지만 도가 사라진 것이 아니요 유·려가 도를 따르지 않은 것이다.

만약 통치자가 옳은 정치를 하고자 한다면 마땅히 그 단서를 천에서 찾아야 한다. 천도의 큰 것은 음양에 있다. 양은 덕(德)이고 음은 형(刑)이다. 형은 죽이는 것이고 덕은 살리는 것이다. 그래서 양은 항상 대하(大夏)에 있어 생육양장(生育養長)을 하고, 음은 항상 대동(大冬)에 있어 공허불용(空虛不用)의 장소에 쌓아놓는다. 이로써 천이 덕에 내맡기고 형에 맡기지 않음을 알 수 있다. 통치자는 천의를 좇아 정치를 한다. 그래서 덕교(德敎)로써 하고 형벌로 하지 않는다. 공자는, 덕과 예로 하지 않고 정령과 형벌로 하면 바른 다스림을 얻을 수 없다고 말한 바 있고, 맹자 또한 덕치를 주장하여 정치의 근본이 교화에 있음을 분명히 했는데, 이 같은 정신을 동중서는 음양이론에 붙여 강화시킨 것이다. 천이 중양경음(重陽輕陰)하므로 인간 또한 마땅히 <중덕경형(重德輕刑)>해야 한다. 천은 군물(群物)의 조(祖)이기에 옛 성인은 천을 본받아 도를 세웠고, 따라서 널리 사랑하고 자기 자신의 사사로움을 잊고자 했다. 춘생(春生)과 인애(仁愛), 하장(夏長)과 덕선(德善), 추살(秋殺)과 형벌(刑罰), 동장(冬藏)과 지정(智貞) 등 자연의 도와 인간의 도는 서로 밀접한 관계를 갖는다. 이것을 동중서는 공자의 사상으로 돌렸다. 즉 공자가 춘추에서 기롱한 것은 재해가 가해진 것이요, 미워한 것은 괴이가 일어난 것들이라고 했다. 이처럼 선진시대 유학사상과 유사성을 지니나 실상 동중서 및 전한대의 사상가들은 음양·괴이를 말하면서 이를 유학이라 믿었다. 결국 동중서는 <이인응천>, 즉 사람으로서 하늘의 뜻을 따르는 것이 가치 있는 것이라고 본 것이다. 사상사적으로 동중서는 실연(實然)의 문제에서 응연(應然)의 문제를 도출했다고 평하여진다.

(3) 왕 충

후한의 사상을 대표할 수 있는 인물이 왕충(王充, A.D. 27~?)이다. 그는 박학다식하고 호변이었으나 세속을 좇지 않고 청고한 생활을 하였으며 종신토록 야인으로 지냈던 학자이다. 그의 주저는 『논형(論衡)』인 바 내용은 주로 기존의 학설에 대한 비판들이다. 그의 기존학설에 대한 기본태도는 <의심을 품고> 비판하는 것이었다. 그는 시 삼백 편을 한마디로 하면 사무사(思無邪)이듯 자신의 저술 『논형』역시 한마디로 하면 <질허망(疾虛妄)>,즉 허탄하고 망령된 것을 미워함이라고 했다.

왕충이 제시한 허망과 불허망의 판단기준은 효험과 실증이었다. 효험이 없으면 아무리 좋은 뜻, 장황한 말이라도 믿지 않을 것이라 했고, 일은 효험이 있는 것보다 더 분명한 것이 없고 주장은 증거가 있는 것보다 더 결정적인 것이 없다고 했다. 그는 효험과 실증에 있어 그 신빙도를 이목(耳目)에 의한 것과 심의(心意)에 의한 것으로 나누고, 한갓 듣고 본 것만 신빙하고 마음에서 바로잡지 못하면 허상으로 효험을 삼게 되고 실사를 그릇되다 비난하게 될 수 있으므로 이목에만 의거하지 말고 반드시 심의를 열어야 한다고 주장하기도 했다. 실제와 상부하지 않는 것은 모두 허상으로 보았다. 따라서 감각으로 얻었다 해도 그것을 반드시 심의로써 전정해야 한다. 심의가 실제와 상부한다고 인정한 것만이 사실이 된다.

왕충은 전한시대 이래의 음양오행설, 천인상응설 등을 모두 허망한 것으로 비판했다.『논형』가운데 한온(寒溫), 견고(譴告), 변동(變動) 등 각 편이 모두 천인상응설 등에 대한 비판이다. 왕충은 인간사·세상사에 나타나는 온갖 재이는 자연스런 현상이지 결코 천의 의지와는 무관하다고 하였다. 그리하여 그는 천론(天論)에 있어 오히려 도가의 무위자연설을 지지하기도 한다. 당대인의 관심사였던 운명에 대해서도, 명(命)에는 스스로 길흉이 있어 명이 길한 사람은 비록 선을 행치 않아도 반드시 복이 없는 것이 아니며, 명이 흉한 사람이면 아무리 부지런히 조행을 한다 해도 화를 피할 수 있는 것이 아니라고 하였고, 개미가 사람 발에 밟혀 죽는 일이나 이(虱)가 소매에서 날뛰어도 사람 몸 안의 기운을 바꾸지 못하는 일 등이 그 예증이라고 했다.

왕충의 사상은 비록 엄밀성이나 체계는 갖추지 못했다 할지라도 당대 지식인들의 우주관이나 신비주의 사상들에 대한 회의를 보이고 과감히 비판·부정했다는 점에서 높은 의의를 지닌다고 할 수 있다.

2. 수·당 불교 철학

불교의 중국 전래는 후한 명제 연간으로 기록은 전하지만 그 활발한 교류는 위진 남북조시대였다. 도가는 그 사상의 중심이 허·무에 있었는데 전래한 불교는 적멸로 돌아가고자 했고, 도가도 불교도 모두 출세간적 지취(旨趣)가 있는 데다 초탈적 성향이 있어 서로 융화·교섭이 있었고 당대 민심에 깊이 파고들 수 있었다.

전래 초기, 즉 3~4세기경에는 철학적 성격이 강한 불전들이 상당수 번역되어 중국인에게 소개되었는데 대체로 도가의 유·무 등의 용어로써 표현되었다. 불교의 반야(般若)를 해석함에 있어 무를 근본으로 삼았고, 실상을 밝히려 함에 있어서는 색즉시공(色卽是空)이라 하는 등 대체로 노·장의 용어로 그 사상이 전개되었다. 따라서 당시로는 부처는 노자가 서방으로 내려가 가르친 제자 중의 하나라거나, 대장경은『도덕경』의 변형에 지나지 않는다고 생각하는 사람이 많았다.

불교는 인도의 석가모니가 창교한 것으로 입교자를 불(佛)이라 하며, 불이 말한 것을 법(法), 불법을 전하고 지니는 자를 승(僧)이라 하는데 이 불·법·승을 삼보(三寶)라 한다. 석가모니는 제행(諸行)의 무상과 제법(諸法)이 실체가 없음을 알았고 무상정각(無上正覺)을 이루어 법설을 통해 중생을 제도하고자 했다. 석가모니의 열반 뒤 가섭·아난 등이 가르침을 결집하고 후세 왕들이 보호 육성하여 삼장(三藏)이 갖추어졌는데, 삼장이란 불교경전 가운데 경(經), 율(律), 논(論)으로서 경은 정(定), 율은 계(戒), 논은 혜(慧)를 말한다. 불전이 비록 많다고 하나 이 셋에 지나지 않는다. 불타가 열반한 지 500여년이 지난 후 경을 해석함에 있어 점차 심오해지는 경향을 나타내게 되었고 의논 역시 나뉘어져, 드디어 용수(龍樹)에 이르러 대·소승의 구분이 나타나게 되었다.

소승이란 세친(世親)의 유종(有宗)에 근거하는 것으로, 인간의 지식으로 절대의 진리를 이해할 수 있다고 주장하며 주로 우주현상계에 대해서 논하고 본체의 진여(眞如)에 대해서는 언급하지 않는다. 대체로 자기의 구원에 급급하다. 이에 반해 대승은 용수의 공종(空宗)에 근거하는데, 진리는 인간의 사려나 지식을 초월한 것으로 여기며 현상계 이상으로 나아가 본체계를 밝히려 한다. 이사무애(理事无涯)를 거쳐 사사무애(事事无涯)에 이르고자 하며 널리 중생을 제도하려 하고, 자기와 타인을 동시에 구제하려는 비교적 심량이 넓은 종파이다.

대·소승 경전이 모두 한문으로 번역되었으나 대승경전만이 중국인에게 수용되었는데, 그것은 곧 대승경전 속에 보이는 불성관념과 형이상학에 있어서 사용한 부정적 방법이 전통적인 노장사상과 유사했기 때문이다. 예를 들면 중도종(中道宗)의 세체진체(世諦眞諦) 이체설과 장자의 <제물론(齊物論)>에서의 부정적 방법 및 양쪽에서 도달한 최후 경계, 즉 열반과 망(忘)의 유사성이다.

5세기경에 중국에 건너온 서역승 구마라습(鳩摩羅什)은 13년 동안 중국에 머물면서 많은 경전을 번역하고 또 제자들을 배출했는데, 그 중 승조(僧肇)는 <부진공론(不眞空論)>과 <물불천론(物不遷論)>을, 도생(道生)은 <선불수보론(善不受報論)>과 <돈오성불설(頓悟成佛設)>을 주장했다. <부진공론>이란 "우리는 어떤 것이 있다고 분명히 말하고 싶지만 이 유(有)는 실유(實有)가 아니다. 그렇다고 무(無)라고 하고자 하나 사상이 이미 나타나 있는데 상형은 결코 무가 아니며, 실유가 아닌 것은 유라 할 수 없다. 따라서 부진공이 분명하다"는 주장이며, <물불천론>은 사물들은 순간순간 변화하고 있어 어떤 주어진 순간에 존재하는 사물은 결코 이전에 있던 사물이 아니며, 그 순간 새로운 사물이라는 것이다. 어제의 나와 오늘의 나는 같은 나로 보이지만 결국 어제의 나와 오늘의 나는 다르다. 그런데 만물이 매 순간마다 변화한다고 보면 변화만 있을 뿐 불변이란 없다. 그러나 만물이 매순간마다 그 순간에 머물러 있다고 보면 불변만 있고 변화는 없다. 변한다고도 볼 수 있고 변하지 않는다고도 볼 수 있는데 여기서 어느 한쪽을 취하면 세체요, 변화도 불변도 아니라는 입장에 서면 진체가 된다. 이를 승조는 <반야무지론(般若無知論)>이라 했다. 반야지는 곧 성인의 지혜로서 결코 대상에 대한 지식이 아니며 형상을 초월한 아무 성질도 없는 무를 직시하는 것이다. 이는 곧 무와 일치하는 것으로 열반이다. 열반과 반야는 동일상태의 다른 국면일 따름이다. 도생의 <선불수보론>은 업보란 집착과 욕망으로 생겨나는 것인데 무위 무심의 선행은 집착과 욕망이 없는 상태이므로 결코 응보가 없다는 이론이며, <돈오성불론>은 점오성불(漸悟成佛)에 대한 반론으로 학습과 실천의 축적은 성불의 예비단계일 뿐 성불은 떡 벌어진 바위들을 뛰어넘는 것처럼 순식간에 일어나는 것으로 결코 중간단계가 필요 없다는 주장이다. 돈오의 반대는 점오로 학습 실천에 의해 점차로 불이 된다는 주장이다. 이 이론을 전개한 이유는 곧 성불한다는 것이 불성을 깨닫는 것과 일치한다고 보았기 때문이다. 즉 견성성불과 같은 맥락으로 보는 것이다.

수·당대에는 많은 종파가 생겨났는데 그 중 널리 기세를 떨친 것은 삼론(三論), 천태(天台), 화엄(華嚴), 선종(禪宗)이다. 삼론이란 중론, 백론, 십이문론으로 그 요지는 공(空)을 천명하는 데 있다. 천태종 역시 대승종파로 법화경을 중심으로 하고, 화엄종도 대방광불화엄경(大方廣佛華嚴經)에 근거하여 사사무애 법계관을 제시하며 일체를 집착함이 없이 초월하려는 대승종파이다. 선종은 이심전심(以心傳心), 견성성불(見性成佛)의 선오를 그 종지로 하는 종파로 달마대사가 중국에 전해 육조 혜능(慧能)에 와서 크게 성했다.

선정(禪定)과 선오(禪悟)는 다르다. 선정은 초기불교부터 있던 것으로 의념(意念)을 수렴하고 의지를 단련하는 공부로 소승의 모든 경전에 나타나고 대승의 모든 승려들도 즐겨하는 수양공부이다. 그러나 선오는 승조·도생 등의 이론에 기초를 둔 대승일승교(大乘一乘敎)이다.

선종은 신수(神秀)와 혜능에 의해 남·북종파로 나뉘어졌는데 여기엔 일화가 있다. 즉 오조 홍인(弘忍)이 의발(衣鉢)을 전수하기 위해 제자들

을 모아 놓고 선종의 요지를 게(偈)로 잘 나타낸 자를 선택하려 했다. 이
때 신수가 지은 것은 다음과 같다.

> 몸이 보리수라면　身是菩提樹
> 마음은 밝은 거울　心是明鏡臺
> 때때로 부지런히 떨쳐서　時時勤拂拭
> 티끌이 끼지 않게 하라　勿使惹塵埃

이 게에 대해 혜능은 다음과 같이 반박했다.

> 보리란 본래 나무가 아니며　菩提本非樹
> 밝은 거울 역시 형체가 있는 것이 아니다　明鏡亦非臺
> 본래 아무것도 없는데　本來無一物
> 어디서 티끌이 일어나겠는가　何處惹塵埃

홍인은 혜능의 게를 인정하고 의발을 물려주게 되어 혜능이 육조가 되
었다.

선종에서는 불립문자(不立文字)를 표방한다. 도란 본래 언표가 불가능
하다. 그래서 도를 무라고 표시한다. 언어가 지니는 제약을 너무나 잘 알
고 있었기에 토끼(진리)를 잊고 올가미(언어문자)에만 매달리는 어리석
음을 피하기 위해서이다. 또한 선종에서는 성불을 위한 최선의 수양방법
을 무위(無爲)에 둔다. 고의적인 노력이 수반되는 수양은 결코 영속성을
지닐 수가 없기 때문이다. 이 무위 무심의 수양은 어떤 것을 목적으로
삼지 않는다. 자연대로 살아가는 것이다. 도생의 <선불수보론>의 심화
를 여기서 다시 보게 된다. 이러한 수양을 선사들은 <수양하지 않는 수
양(無修之修)>이라 한다. 이러한 수양을 하는 사람과 전혀 수양을 하지
않는 사람과는 외형상 큰 차이가 없을지 모른다. 그러나 지극히 평범하

기란 실로 지난한 일이다.

선종에서는 또 돈오(頓悟)를 강조한다. 이 역시 도생의 돈오성불론의 계승이다. 점진적 수양은 준비 작업이며 성불은 도약과 같다. 도에 대한 자각은 곧 도와 일체가 되는 것이어서 일체의 차별이 사라진 상태이다. 이를 선사들은 <주체의 지(智)와 객체의 이(理)가 명계(冥契)되고 대상의 경(境)과 나의 정신이 회합되는 상태>라고 표현한다. 즉 물을 마시는 순간 물의 차고 더움을 마신 자가 알듯 경험자와 그 대상간의 구분이 순식간에 없어지는 것처럼 도와 내가 완전히 하나가 되어 분리되지 않는 것이다. <백척간두진일보(百尺竿頭進一步)>라는 은유는 곧 이 돈오를 설명하기 위한 것이다. 백척간두 - 아슬아슬한 끝에서 한 걸음 더 내디디면 이전의 일체 집착에서 해방되듯, 돈오하면 이전의 모든 문제가 얼음 풀리듯 갑자기 해결된다는 것이다. 그런데 선종에 의하면, 미혹된 상태에서나 깨달음의 상태에서나 모두 산은 산이고 물은 물이다. 현상계는 곧 실재이다. 따라서 현상을 떠나 실재를 찾는 것은 마치 노새를 타고서 노새를 찾는 것과 같다. 생사의 윤회 바깥에 열반이 있는 것이 아니다. 세상에는 두 가지 병폐가 있다. 나귀를 타고 나귀를 찾는 것이 그 하나요, 나귀를 타고는 내리려 하지 않는 것이 다른 하나다. 무엇인가 깨달았다고 자부한다면, 즉 그것에 집착한다면 그것은 곧 나귀를 타고 내리려 하지 않는 것과 다름이 없다. 따라서 선종에서의 선사들은 범인과 다를 바 없는 생활을 하면서 깨달음에로 이행하여 간다. 생사의 속계에 살면서 성인의 경지에 들어간다. 그러나 그들은 다시 성인의 경계에 머물지 않고 다시 생사의 속계로 들어온다. 물 긷고 땔나무 하는 데도 묘도(妙道)가 들어 있다. 선종의 표현을 빌리면 <어상이이상(於相而離相)>이다. 비록 만상이 눈앞에 현전하고 마음이 그 속을 달릴지라도 그것에 구애되지 않고 자유롭다는 것이니, 곧 주체가 언제나 대상에 구속되지 않고 청정하다는 말일 것이다. 또 선종에서는 선정과 지혜가 둘이 아니라 한다. 정(定)은 혜(慧)의 체(體) 요, 혜(慧)는 정의 용(用)이며, 체용(體用)

을 함께 익힘을 강조하였다.

이 같은 혜능 및 그 후계자들의 이론은 중국적 정신에 의해 불학의 심원함을 드러내 놓은 것으로 중국불교의 큰 성과라 할 수 있는 동시에 다음 시대 이학(理學)의 선구가 되기도 했다.

3. 송대 성리학

(1) 개 설

노·장의 자연철학과 불교의 심성(心性)철학의 성세에 위기를 느낀 유학자들은 공·맹 유학의 선양과 함께 노·불 사상을 비판 배척하는 운동을 일으키게 되었고, 따라서 이미 고도의 철리(哲理)를 갖춘 이들 사상과 맞서기 위해서는 유학사상도 형이상학적 이론과 엄밀한 논리체계로 무장을 갖추지 않을 수 없었다. 그리하여 이른바 신유학에서는 이전에는 별로 주목하지 않았거나 전혀 사용하지 않았던 용어들을 경전에서 찾아내거나 다른 사상에서 빌려오거나 새로 만들어 냈다.

이(理)·기(氣), 체(體)·용(用), 미발(未發)·이발(已發), 도(道)·기(器), 적(寂)·감(感), 인심(人心)·도심(道心), 동(動)·정(靜), 태극(太極)·무극(無極)·인극(人極), 사단(四端)·칠정(七情), 천리(天理)·인욕(人欲), 기질(氣質)·본연(本然) 등이 그 예다. 이것들은 주로 『주역』과 『맹자』, 『대학』, 『중용』 등 유교경전에서 취하거나 노·불에서 빌리거나 새로 필요에 의해 만든 용어들이다. 이들 용어 가운데 가장 특징적이고 핵심을 이루는 개념은 <이(理)>라 할 것이다. 천리(天理)와 성리(性理)는 정자(程子)가 처음으로 창안하여 구사한 용어이지만 주자가 만세설법의 근기가 된다고 말한 이래 가장 중요한 개념이 되었다.

천이나 성은 이미 유교 경전 속에서 나타나는 개념이다. 『논어』에는 공자가 성과 천도에 대해서는 드물게 말했다고 기록되어 있으나, 『중용』에서는 천명지위성 율성지위도(天命之謂性 率性之謂道)라 하여 천명과 인간의 본연성과 도가 일관성을 지닌 것임을 밝혔고, 『맹자』에서는 진심(盡心), 지성(知性), 지천(知天), 성선(性善) 등 자못 활발하게 천인론, 심성론이 전개되기도 했다.

성리학의 천인론은 곧 본연의 인간으로의 회복을 꾀하는 이론적 과업이라 할 수 있다. 유학의 본령이 하늘이 나에게 부여한 명덕을 밝히고(修己), 천하 사람의 명덕도 밝혀 주는 것(治人)이기 때문이다.

여기서 우리는 천과 인을 일리(一理)로 연계시키고자 하는 신유학의 의도를 규찰할 수 있다. 보편자, 구극자로서의 이(理)의 탐구를 최대 과제로 삼았기에 신유학은 이의 철학이 되었고, 사리(事理)·물리(物理)·의리(義理)·천리(天理) 등으로 이를 추구하면서 동시에 인간의 본연성을 이(理)로 보아, 그 본연성을 탐구하는 데 보다 중점을 두었기에 송학, 정주학, 주자학이라 부르기보다 이학(理學) 또는 성리학(性理學)으로 즐겨 부르게 되었다. 성리의 탐구는 본연의 인간다운 인간, 즉 인(仁)을 실현하기 위한 철학적인 과업인 셈이다. 이런 점에서 성리학자들은 그들 자신이 공·맹의 통서를 올바르게 계승한 진유(眞儒)라고 자처하는 것이다.

(2) 주렴계

성리학의 비조로 일컬어지는 인물이 주렴계(周廉溪, 1017~1073)이다. 그의 저술에는 『태극도설(太極圖說)』과 『통서(通書)』가 있는데 『태극도설』은 장횡거의 『서명(西銘)』과 함께 성리학자들에게 있어 가장 중요한 문헌으로 꼽히며, 주자는 이를 만세도통의 연원이라고 극찬한 바가 있다. 이 『태극도설』은 천리의 근원을 밝히고 만물의 종시를 찾고자 한 것으로 『주역』의 태극음양(太極陰陽) 사상과, 도교에서의 우주창조 과정을 나타내는 도식을 절충하여 만들어낸 그림과 그에 대한 해설이다. 비교적 짧은 도설의 본문은 다음과 같다.

무극(無極)이지만 태극(太極)이다. 태극이 동(動)하여 양(陽)을 낳고 동이 다하면 정(靜)하여지고 정하여 음(陰)을 낳는다. 정이 다하면 다시 동이 되는데 한 번 동하고 한 번 정함은 서로 뿌리가 된다. 음과 양으로 나뉘어 양의(兩儀)가 된다. 양의 변화와 음의 화합으로 오행(五行)이 생기며 오행의 기가 고르게 펴져 사시(四時)가 운행한다. 그러나 오행은 하나의 음양이요, 음양은 하나의 태극이요, 태극은 본디 무극이다. 오행이 생겨남에 각기 그 성질을 하나로 갖는다. 무극의 본체와 음양오행의 정기가 묘합하여 건도(乾道)는 남(男)이 되고 곤도(坤道)는 여(女)가 되는데 이 음양 이기가 교감하여 만물이 화생한다. 만물은 낳고 낳아 그 변화가 무궁하다. 오직 사람은 그 기 가운데 가장 빼어난 것을 얻어 가장 영험하다. 형체가 이미 생기면 정신이 지혜를 낸다. 인의예지신(仁義禮智信)의 오성이 감동하여 선과 악이 나뉘고 만사가 생긴다. 성인이 중정인의(中正仁義)로써 정하고 정을 위주로 해서 인극을 세운다. 그러므로 성인은 천지와 그 덕을 합하고 일월과 그 밝음을 합하고 사시와 그 질서를 합하고 귀신과 더불어 그 길흉을 합한다. 군자는 이를 지켜 길하고, 소인은 이를 어겨 흉하다. 그래서 천도를 세워 음·양이라 하고 지도를 세워 강(剛)·유(柔)라 하고, 인도를 세워 인(仁)·의(義)라 했다. 또한 시작을 찾고 끝으로 돌아옴으로써 사생의 설을 안다고 했으니 위대하도다. 역(易)이여! 지극하도다.

　여기서 알 수 있듯 만물생성의 근원과 본체의 발전, 만물과 인간과의 관계, 성인의 도 등을 밝히고 있다. 주목되는 것은 성인의 도를 중정인의라 했고, 그 수양의 방법을 정이라 한 점 및 인극이라는 표현이다. 인극은 후세 사람들이 <인심(人心)의 태극>으로 해석했는데 이는 아마도 인간됨의 극치를 나타낸 것이리라. 인극을 세운다 함은 성인에 이른다거나 『중용』에서 말하는 성(誠)을 이룬다는 것을 뜻하는데, 이 인극을 세우기 위한 방법으로 그는 주정(主靜)을 말했다. 주렴계는 인간의 오성이 외물에 감동하기에 선악이 나온다고 한다. 따라서 외물에 접하지 않으면 본체의 성이 그대로 유지될 것이다. 그래서 정을 강조했던 것이다. 주렴계에 있어서 정은 무욕이다. 『통서』에서 이르기를 "무욕하면 정할 때 허(虛)하고 동할 때 직(直)한다. 정하고 허하면 명(明)하고 통하며, 동이 직하면 공(公)하고, 공하면 부(溥)하다. 명·통·공·부 하면 거의 다 되지 않겠는가?"라고 했으니 사욕이 없으면 마음이 명·통·공·부하여 그대로 성인이 될 수 있다고 한 것이다. 그의 학설이 대체로 유가적 입장을 드러내는 것이지만 그가 무욕이란 용어를 쓴 것은 노·불의 영향을 받은 결과라 할 수 있다.

(3) 소강절

소강절(邵康節, 1011~1077)은 『황극경세서(皇極經世書)』라는 저술을 통해 수리(數理)로써 우주의 만상을 설명하고, 인류역사의 과정과 고금의 치란흥망(治亂興亡)을 추산할 수 있다고 주장했다.

그는 <관심관물설(觀心觀物設)>에서 성(性)과 정(情)의 작용이 다르며 물(物)과 아(我)도 다르다고 했다. "물로써 물을 보는 것은 성이요, 아로써 물을 보는 것은 정(以物觀物 性也, 以我觀物 情也)"인데, 성은 공명하고 정은 편암(偏暗)하다고 했다. 따라서 <이물관물(以物觀物)>해야 하는데 이물관물이란 눈으로 보거나 마음으로 보는 것이 아니라 <이치로써 보는 것>이다. 그는 "성인이 능히 만물의 정을 하나라고 하는 것은 그가 <반관(反觀)>할 수 있기 때문인데, 반관이라 함은 이아관물(以我觀物)이 아닌 이물관물(以物觀物)이다. 이물관물하면 사(私)가 끼지 않는다"고 주장했다. 그에게 있어서 심(心)과 물(物), 자연우주는 결코 격리되어 있지 않다. 성인은 사람의 지극한 자이다. 사람의 지극한 자는 능히 일심으로 만심을 보며, 일신으로 만신을 보며, 일세(一世)로 만세(萬世)를 본다. 그는 능히 자기의 마음으로 천의(天意)를 대신하며 천언(天言)을 대신하며 천공(天工)을 대신하고 그 몸은 천사(天事)를 화(化)한다.

소강절의 이물관물은 이심관심(以心觀心)과 같다. 이물희물 이물비물(以物喜物 以物悲物)이나 이심희심 이심비심(以心喜心 以心悲心)과 같으니 심과 물, 즉 주·객의 분계(分界)가 없음을 말한다.

(4) 장횡거

장횡거(張橫渠, 1020~1077)의 자는 자후(子厚)이다. 유년시절부터 성명론(性命論)에 깊은 관심을 갖고 노·불에 출입하였으나 마침내 유가로 돌아왔다. 그는 "천지로 입심하고, 생민으로 입명하며, 지나간 성인을 위하고, 끊어진 학문을 잇고, 만세를 위해 태평을 열겠다"고 그 기개를 펼친 바 있다. 횡거의 사상은 이일분수(理一分殊)를 그 종지로 삼았는데 이것은 그의 주저라 할 수 있는 『서명(西銘)』에 잘 나타나 있다. 태극도설과 함께 송학의 쌍벽이라 할 수 있는 『서명』은 유가윤리의 대본이라 할 수 있는 인도와 효도를 이일과 분수로써 설명한 것이다. 우주의 본체가 되는 태허(太虛)의 기는 만물의 부모이며, 이 사이에서 나온 만물은 다 형제의 관계를 갖고 있다. 같은 근원을 갖고 있는 한 몸 같은 관계이므로 서로 인애로써 만물을 대하여야 한다. 그렇다고 만물을 절대무차별로 대할 수는 없다. 만물이 생겨날 때 이미 그 기의 부침승강(浮沈昇降)의 정도에 따라 만수(萬殊)로 나뉘기 때문이다. 이것이 이른바 이일분수이다. 인간사회의 빈부귀천(貧富貴賤), 군신상하(君臣上下), 현불초(賢不肖), 환과고독(鰥寡孤獨) 등의 차이가 생기는 까닭은 다 여기에 연유가 있다. 따라서 인간은 그 처한 경우에 따라 인심을 체득하여 그 분수에 만족해야 한다. 즉 건곤을 부모로 함은 모든 생명 있는 것들도 다 같으니 이일이며, 인(人)·물(物)의 차이가 있는 것은 분수이다. 이일이면서 분수이므로 묵자와 같은 겸애의 폐단에 빠지지도 않고, 분수이면서 이일이므로 친소(親疎)의 정이 다르고 귀천(貴賤)의 등급이 다르더라도 양주(楊朱)의 극단적 이기주의에 빠지지 않게 된다는 것이다. 『서명』의 마지막 귀절인 "살아서는 천지를 순종하여 섬기고 죽을 때 평안히 쉰다(存吾

順事 沒吾寧也)"는 것은 성리학자들의 정신적 지표가 되기도 했다.

횡거는 우주론에 있어 기일원론(氣一元論)을 주장했다. 천지간의 사물은 모두 기(氣)의 취산(聚散)에 지나지 않으며 기가 산하여 형체가 사라져도 결코 기 자체는 감소되는 것이 아니며, 기가 취하여 형상이 나타난다 해서 기가 늘어나는 것이 아니다. 기는 결코 자체 증감이 없다. 그런데 인물이 생겨남에 일원기(一元氣)의 응취에 있어 기의 부침 승강의 차이에 따라 성에 편정청탁(偏正淸濁)·현불초(賢不肖)의 차이가 있는데 이를 횡거는 기질지성(氣質之性)이라 했다. 그리고 이 서로 차이가 있는 기질을 수양을 통해 변화시켜 탁박(濁駁)한 것을 교정하여 청수케 할 때 이를 천지지성(天地之性)이라 이름했다. 인성을 기질과 천지로 2원적으로 파악한 것과 특히 학문의 목적을 기질변화에 둔 것이 후세의 성리학적인 인성론과 수양론에 결정적 영향을 주었다.

(5) 이 정

주렴계에게 정호(程顥, 1032~1086, 明道)와 정이(程頤, 1033~1108, 伊川) 두 형제 제자가 있었는데 공교롭게도 후일 형 명도는 육왕학(陸王學)의 연원이 되었고 동생 이천의 학문은 주희가 이를 계승함으로써 정주학 혹은 성리학의 창시자가 되었다. 두 형제는 이학(理學)의 비조로 일컬어지는 주렴계 밑에서 수학했는데 같은 시대에 장횡거와 소강절이 있어 상호 밀접한 교류를 갖고 영향을 주고받았다.

본래 화수(和粹)한 성품과 인덕을 지니고 있었던 명도는 장횡거의 『서명』에서 큰 감명을 받았다 한다. 만물과의 일체의식을 갖는 것이 인의 덕을 터득함에 있어 무엇보다 중요했기 때문이다. 그는 <식인편(識仁篇)>에서 "배우는 사람은 모름지기 먼저 인을 알아야 한다. 인자(仁者)는 홀연히 만물과 한 몸이다. 그 밖의 의(義)·예(禮)·지(智)·신(信)도 결국 모두 인이다. 이 이치를 알고 성경으로 보존할 따름이다. 천지의 작용은 곧 나의 작용이다. 맹자가 만물이 모두 내 안에 갖추어져 있으니 모

름지기 반성하여 참되다면 이보다 더 큰 즐거움이 없다 했다. 만약 몸에
돌이켜 참되지 못하다면 이는 몸과 물이 둘인 것이다. 이것으로 저것에
합하려 하나 결국 되지 않는다. 그러니 어찌 즐거움이 있겠는가. 장횡거
의『서명』도 결국 이 뜻을 말한 것이다"라고 했다. 명도는 인을 인신에
비유하여 매우 적절한 설명을 가했다. 즉 의서에 나오는 불인이란 말은
우리 수족이 마비된 것을 뜻하는데 수족이 마비되어 버리면 내 몸에 붙
어 있으나 내 몸같이 여겨지지 않듯이, 본디 천지만물과 나는 한 몸인데
한 몸으로 여겨지지 않은 것은 내가 불인하기 때문이라는 것이다. 불인
한 사람이 남을 사랑치 못하는 것은 마치 마비된 제 수족을 아끼지 않는
것과 같다. 명도는 이 인을 보존하는 방법을 <성경(誠敬)>이라 했는데
보다 구체적으로는『맹자』에 나오는 <물망물조장(勿忘勿助長)>을 들었
다. 또한 그는 <경이직내(敬以直內)>와 <의이방외(義以方外)>를 주장
했는데, 이는 곧 경으로 마음을 바르게 하고 의로써 행실을 방정하게 하
면 덕이 성대해져 외롭지 않고 성인에 이를 수 있다는 것이다.

인성론에 있어서 명도는 타고난 것이 성이요, 따라서 성을 선악으로 판
단할 수는 없다고 하고, 성인이라도 태어나면서부터 완전한 사람이 아니
며, 타고난 악인도 없다고 했다. 오직 교화에 의해 선하게도, 악하게도
될 뿐이라 했다. 그러나 그는 오히려 일반 유학자와 같이 적극적 교화를
강조하지 않고 타고만 본성을 잘 지킬 것을 강조했는데 이 공부는 인지
(人智)를 끊고, 소아(小我)를 버리고 대아(大我)에서 무심(無心)으로 사
물에 순응하여 피차 내외 구별이 없이 살아가는 것이었다. 이런 공부의
극치를 그는 <곽연이대공 물래이순응(郭然而大公 物來而順應)>이라 표
현하기도 했다.

정이천(程伊川)은 형 명도와 달리 장엄 강직했으며 분석적이었다. 그는
주렴계의 가르침을 받아 성명의 문제에 깊은 관심과 이해를 갖고 있었
으며 이와 기를 천지 만물의 본원이라 주장하여 이기설의 기초를 열었

는데, 이 사상은 주희(朱熹)에 와서 보다 체계적으로 정리되었다.

이천은 천지만물은 모두 음양 이기의 응취(凝聚)에 의해 생기는데 이는 형이하자(形而下者)이고, 음양으로 하여금 음양되게 하는 것은 도이며 형이상자(形而上者)라 하였다. 즉 해와 달, 꽃과 나무 등은 모두 기로 되어 있지만, 해가 되고 달이 되고 꽃이 되고 나무가 되게 하는 것은 이(理)요 도(道)로서, 전자가 형하(形下)인 데 반하여 후자는 형상(形上)이라 했다. 이는 『주역』의 일음일양지위도(一陰一陽之謂道)와 형이상자위지도 형이하자위지기(形而上者謂之道 形而下者謂之器)에서 나온 생각인데 음양 자체가 도가 아니고 음되고 양되게 하는 소이를 도라 하고 이것이 형이상자이며 이(理)라 했고, 음양 자체는 형하의 기(氣)요 기(器)라 했다.

도는 그 소이연자(所以然者)이므로 음양을 떠나 있지 않는다. 즉 기는 이를 떠나 존재하지 못한다. 또 기가 없으면 이 또한 볼 수 없다. 이처럼 이와 기는 서로 의존한다. 이는 모든 만물이 공통이고 기는 청탁수박(淸濁粹駁)의 차이가 있다. 또한 천리(天理)란 존망가감(存亡加減)을 생각할 수 없다. 본래 조금도 부족함이 없이 온갖 이가 다 갖추어져 있다. 요가 임금으로서의 도리를 다했다 해서 임금의 도가 늘어난 것이 아니며, 순이 자식의 도리를 다했다 해서 자식의 도리가 더 늘어날 것이 아니다. 본래 그러했다고 했다. 우리가 깨달았느냐 깨닫지 못했느냐의 문제가 있을 뿐 이미 이는 그 자체 영원히 존재하고 있다고 보았다.

이천은 인간에 있어서는 성(性)이 곧 이(理)라 했다. 성은 곧 이이므로 성을 갖고 말하면 성인이나 범인이나 구별 없이 모두 다 선하다. 하지만 기질에 청탁의 차이가 있기 때문에 현(賢)·불초(不肖)의 구별이 있다.

그 청기(淸氣)를 품수하면 지혜로운 자가 되고 탁기(濁氣)를 받으면 어리석은 자가 된다. 앞서 장횡거는 인성을 천지지성과 기질지성으로 나누었는데 이천은 이를 천연지성(天然之性)과 기품지성(氣稟之性)이라 했다.

이천은 우리의 지(知)를 견문의 지와 덕성의 지로 구별하고, 지성의 지는 선천적으로 갖추어진 것으로 맹자가 말한 사단(四端)이나 양지양능(良知良能)과 같은 것이지만 물욕에 가리면 드러나지 않으므로 과욕(寡慾)의 수양으로 이를 확충하는 데 노력해야 한다고 했고, 천문의 지는 경험을 통해 얻는 지로서 후천적으로 획득하는 것이라 했다. 이 천문의 지를 얻는 방법으로 제시한 것이 『대학』에 나오는 격물치지(格物致知)이다. 즉 지식을 얻으려면(致知) 사물에 나아가 그 이치를 탐구해야 한다는 것이다. 이천이 제시한 격물의 방법은 먼저 독서를 통해 이치를 밝히거나, 고금인물의 시비를 판단하거나, 주변의 사건처리 및 대인관계에 있어 올바르고 마땅하게 하는 것 등이다.

이천은 또한 '함양수용경 진학칙재치지(涵養須用敬 進學則在致知)'라 했다. 즉 경을 통해 덕성은 함양하고 격물치지를 통해 지혜를 향상시킨다는 것이다. 그가 가장 강조한 방법은 거경(居敬)이다. 거경은 주일무적(主一無敵)의 태도를 뜻하는데, 마음을 하나(道)에 주로 하여 흩어지지 않게 하는 것이다. 이렇게 경의 자세를 지니면 그 속마음이 바르게 되고, 자연 외부행실이 방정하게 되는데 내·외가 모두 바르게 되면 그 덕이 성대하게 된다. 이같이 경은 이천에게서 강조되었는데 주자에 의해서도 계승되어 이후 성리학자들의 가장 중요한 수양방법이 되었다. 일찍이 공자도 <붙들면 있고 놓으면 잃어버리는 것>이 사람의 마음이라 했고, 맹자도 잃어버린 마음을 찾아 들이는 것이 학문의 목적이라 한 바가 있는데 실로 경이란 본마음의 보존 공부이다.

(6) 주 희

주희(朱熹, 1130~1200)는 주렴계, 장횡거, 소강절, 정명도, 정이천의 이학을 집대성했는데 그 학문의 광대·정미함으로 당세는 물론 동양 근세 학술사상에 있어 가장 큰 영향력을 폭넓게 끼쳤다. 그의 자는 원회(元晦)요 호는 회암(晦庵)이라 했는데 휘주 무원(徽州 務源) 사람이며, 후세의 그의 학파를 일컬어 여학(閭學)이라 했다. 생전에 수많은 저술을 남겼는데 대표적인 것은 『사서집주(四書集註)』, 『논맹혹문(論孟或問)』, 『역본의(易本義)』, 『역학계몽(易學啓蒙)』, 『시집전(詩集傳)』, 『경전통해(經傳通解)』, 『태극도설해(太極圖說解)』, 『서명해의(西銘解義)』, 『이낙연원록(伊洛淵源錄)』, 『근사록(近思錄)』, 『소학(小學)』, 『자치통감강목(資治通鑑綱目)』, 『초사집주(楚辭集註)』 등이 있고 그의 서간과 시문 등을 합하여 후인들이 편찬한 것에 『주자대전(朱子大全)』, 『주자어류(朱子語類)』, 『주자서절요(朱子書節要)』 등이 있다. 이들 저술 가운데 『사서집주』와 『역본의』는 후일 가장 중요한 문헌으로 인정되었고 과거시험에 있어 정통 표준해석으로 여겨졌다.

주희는 주렴계의 『태극도설』과 정이천의 이기설을 종합정리하여 정치한 체계를 구축하였다. 그는 태극과 음양을 각각 이와 기라 하고 이를 형이상하(形而上下)로 나누었다. 이와 기에 대해 그는 말하기를 "기는 능히 응결조작하나 이는 정의(情意), 계도(計度), 조작(造作)이 없다"고 했고 "이는 다만 정결공활(淨潔空闊)한 세계로서 형적이 없고 조작하지 못하지만 기는 능히 해양응취(醢釀凝聚)하여 물을 낳는다"하였다. 이와 기의 관계에 대해서도

천지 사이에는 이(理)가 있고 기(氣)가 있다. 이란 형이상의 도이고 물을 낳는 근본이다. 기(氣)는 형이하의 기(器)이며 물을 낳는 구료(具料)이다. 이렇기 때문에 인(人)과 물(物)이 남에 반드시 이 이를 품수한 후에야 성(性)이 있게 되며 이 기(氣)를 품수한 다음에야 형이 있게 된다. 그 성과 형이 비록 일신에서 벗어나지 않는다 해도 그 도와 기 사이는 나뉨이 분명하니 혼란시켜서는 안 된다. <『주자대전』 권58 답황도부(答皇都夫)>

고 하였다. 이처럼 이와 기가 형상과 형하, 도와 기로 그 개념이 엄격히

분별되어지지만 실제의 사물에서 보면 이와 기가 혼연히 하나로 되어 있다. 그러나 이를 위주로 해서 보면 아직 물이 생기기 이전에 이미 물(物)의 이(理)는 있다고 할 수 있으나 이가 있었다 해서 반드시 물이 있는 것은 아니다. 이와 기는 실제에 있어서는 결코 분리되어 있는 것이 아니요(不離), 개념상으로는 결코 섞일 수 없는 것(不雜)임을 분명히 한다. 주희가 물(物)이 아직 없을 때도 이(理)는 먼저 있었으며, 이만 있고 물이 아직 없을 수도 있다고 함으로써 이가 기보다 앞선다고 생각했다는 평을 받기도 하나, 그의 경우 본원을 논할 때만 그러하고 실제 현상에서는 결코 선후를 논할 수 없다고 했다. 즉 이기는 본디 선후를 말할 수 없는 것이지만 그 소종래(所從來)를 미루어 보면 이가 먼저라고 해야 할 것이다. 그러나 이는 기가 아니어서는 의착할 데가 없다고 하여 현실의 사물을 통해 그 이가 드러남을 분명히 하고 있다.

그는 다양한 현상적 사물들과 본체와의 관계를 논하여 이르기를 만물의 일원(一原)을 논하면 이동이기이(理同而氣異)하고 만물의 이체(異體)를 보면 기는 오히려 서로 비슷하나 이는 절대 같지 않다고 했다. 만물은 일원의 입장에서 논할 때와 이체의 견지에서 논할 때에 따라 달라진다. 만물의 일원을 논할 때의 이동이기이라는 것은 태극음양론(太極陰陽論)이다. 즉 주희에 있어 태극은 이(理)다. 태극이 본래 극본궁원론(極本窮源論)이기 때문에 태극이 이라고 할 때의 이는 본원의 이이다. 주희에 의하면 태극은 천지만물의 이(理)다. 천지에 있어서 말하면 천지 안에 태극이 있고 만물로 말하면 만물 속에 각기 태극이 있다. 그래서 태극은 <조화지추유 품휘지근저(造化之樞紐 品彙之根柢)>이며 동시에 <인간도덕의 표준>이다. 모든 인간 속에 깃든 태극 곧 인극(人極)을 찾는 것이 곧 우주와 합일되는 것이기도 하다.

주희에 있어 이는 단순히 만물의 생성·존재원리로서의 뜻만으로 쓰인 것이 아니고 인간행위에 있어 마땅히 지켜야 할 규범의 의미로도 쓰인다. 즉 소이연(所以然)과 소당연(所當然)이 그것이다.

천하의 모든 사물은 반드시 <소이연지고(所以然之故)>와 <소당연지칙(所當然之則)>이 있으니 이른바 이를 말한다. 소당연지칙이란 군(君)의 인(仁), 신(臣)의 경(敬)과 같은 것이고 소이연지고란 군은 어째서 인해야 하고 신은 어째서 경해야 하는가와 같은 것인데 모두 천리가 그렇게 되게 하였다.<『대학혹문(大學或問)』제1장 주>

주희는 소당연에 대해 그만둘 수 없는 것, <하지 않을 수 없는 것>, 불용이(不容已)라 했고, 소이연지고에 대해서는 <바뀔 수 없는 것>, 불가역(不可易)이라 했다. 주희의 문인들은 소당연지칙을 이(理)의 실처(實處), 소이연지고는 그 위의 한층 높은 것으로서 이(理)의 원두(源頭)라고 하거나(新安 陳氏), 소당연을 아는 것은 인생을 아는 것이고 소이연을 아는 것은 천을 아는 것이니 곧 이의 소종래를 아는 것이라고도 했다(眞西山). 이 같은 견해는 곧 존재로부터 당위를 이끌어 내고 있는 것이며, 전통적 천인합일(天人合一)의 성리학적인 이론화라 할 수 있다.

주희는 장횡거와 정이천의 인성론을 계승하여 성(性)을 본연지성(本然之性)과 기질지성(氣質之性)으로 구별하여 설명하였다. 본연지성은 희로애학 등의 미발상태로 순선(純善)이고 본연의 체(體)로서 만 가지 다른 것들의 하나의 근본이 된다. 기질지성은 이계(已癸) 상태로서 기의 청탁수박(淸濁粹駁)의 차가 있어 선악이 뒤섞여 있는데 이는 근본은 하나이나 만 가지로 달라진다. 인성을 논함에 있어서도 이기론(理氣論)을 적용시켰는데 천지지성(天地之性)은 본원처에서 이(理)만 지칭한 것이고 기질지성은 유행처(流行處)에서 이기(理氣)를 합하여 말한 것이다. 따라서 만수이일본(萬殊而一本)으로서의 본연지성은 성인이나 범인은 물론이요, 만물에 있어서도 동일하다. 단 이 본연지성이 기 속에 들어오면 그 청탁수박의 차에 따라 현우(賢愚)가 갈라지고 인(人)·물(物)의 차가 생긴다. 본연과 기질로 구별하지만 두 개의 성이 따로 있는 것이 아니다. 기질 속에 본연의 성이 깃들인 것을 통틀어 기질지성이라 하니 실제의 우리 인간성을 말하는 것은 이 기질지성이다.

기질변화의 수양론으로 주희가 강조한 것은 역시 내적 거경(居敬)과 외적 궁리(窮理)이다. 궁리 즉 사물의 이치를 탐구하는 데 있어 그가 강조한 것은 『대학』의 격물치지(格物致知)와 『중용』의 도문학(道問學)이다. 도문학의 방법으로 『중용』에서 제시한 것은 널리 배우고(博學), 살펴 묻고(審問), 신중히 생각하고(愼思), 밝게 분별하는 것(明辨)이다. 격물치지는 『대학』의 8조목 속에 들어 있는 것인데, 내 마음의 지(知)를 다하는 것이 사물의 이치를 탐구하는 데 있다(致知在格物)고 하는 구절에 대해 그는 다음과 같이 해석했다.

나의 지(知)를 다하고자 하면 물(物)에 나아가 그 이치를 탐구하는 데 있다는 것을 말한다. 무릇 허령(虛靈)한 사람의 마음에 지가 있지 않음이 없고, 천하의 사물에 이가 있지 않음이 없다. 다만 이에 있어 탐구되지 못함이 있는 까닭에 그로 인하여 지(知)가 다하지 못함이 있다. 이런 까닭에 대학에서 처음 가르침에 있어 반드시 배우는 사람으로 하여금 무릇 천하의 사물에 나아가 그 이미 알고 있는 이치에 말미암아 더욱 탐구하여 그 지극한 곳에 이르기를 구하지 않음이 없게 했다. 만약 힘쓰기를 오래하면 하루아침에 활연히 꿰뚫릴 것이니 그러면 모든 사물의 표리정조(表裏精粗)가 이르지 않음이 없고 내 마음의 전체(全體)와 대용(大用)이 밝아지지 않음이 없다. <『대학』 보망장(補亡章)>

주희는 <오심지지(吾心之知)>와 <사물지리(事物之理)>로 나누고 즉물궁리(卽物窮理)를 강조했다. 또한 이미 알고 있는 이치(已知之理)를 통해 아직 모르는 이치를 탐구하라고 했고, 그 같은 탐구의 노력이 전제되면 무한한 사물을 낱낱이 다 탐구하지 않아도 하루아침에 모든 사물의 이치를 통할 수 있다고 했다. 물론 그가 주된 관심을 갖는 것은 초목곤충의 이치가 아니라 인륜일용(人倫日用) 등 인간의 사회생활에 관련된 것이었다. 하학상달(下學上達)이라 하듯 주변의 사소하고, 비근한 일들을 꾸준히 진지하게 탐구하여 가는 과정을 거쳐 천리를 횡하니 꿰뚫어 알게 되는 경지에 이른다는 것이다.

이치의 탐구 못지않게 실천의 문제도 중시했다. 『중용』에서도 박학(博學)·심문(審問)·신사(愼思)·명변(明辯) 다음에 독행(篤行)을 말했고, 『논어』에서도 박학 다음에 약례(約禮)를 말한 것과 같이 실천의 문제는 실로 중요한 것이다. 그런데 주희는 지행의 문제에 있어 선지후행(先知後行)을 주장했다. 깊은 의리나 시비의 소재를 알지 못하면서 행동할 수는 없고, 옳게 알고 나서 행하여야 되는 것이기에 지행을 선후로 말하는 것이다. 그러나 앞의 목적이 행에 있음은 말할 것도 없다. 그가 비록 선지후행을 말했으나 행을 위한 지임을 망각하지 않았으며, 실천을 통해 얻은 지가 새로운 지의 원동력이 됨을 말하여 지행이 호진(互進)한다는 주장도 나오게 되었던 것이다. 따라서 그를 한갓 주지주의자(主知主義者)로 매도할 수 없다.

거경에 있어서도 주희는 『중용』의 존덕성(尊德性)과 『맹자』의 존심양성론(存心養性論) 및 정이천의 사상을 계승했다. 『주역』에서도 경이직내 의이방외(敬以直內 義以方外)라 하여 경을 통해 속마음을 곧게 하고 의로써 품행을 방정케 한다 하였으며, 『서경』에서는 유정유일(惟精惟一)의 심학(心學)을 말하였고, 『대학』에서는 성의정심(誠意正心)을, 『중용』에서는 계신공구(戒愼恐懼)와 신독(愼獨)을 말했는데 이들이 모두 거경 사상에 통한다. 그래서 주희는 경을 일심의 주재요, 만사만물의 근본이라 하고, 대·소학의 시종이 모두 경으로 일관되며 『중용』의 존덕성이도문학(尊德性而道問學)이나, 『맹자』의 선립기대자 소자불능탈(先立其大者 小者不能奪) 및 『논어』의 수기이안백성 독공이천하평(修己以安百姓 篤恭而天下平)이라 함이 모두 경을 떠나서 되는 것이 아니므로 <경

(敬)> 일자야말로 성학(聖學)의 시종이라 했다.

거경은 정(靜)을 위주로 하여 체찰(體察)하지만 결코 선승의 입정(入靜)과 같이 무념무상의 상태에 들어가서 내외물아의 양망(兩忘) 상태에 이르려는 것이 아니라 물욕을 막아 천리를 보존하는 실제적 공부였다.

이같이 거경과 궁리는 마치 수레의 두 바퀴나 새의 두 날개와 같이 긴절한 관계를 갖고 있다. 마음이 일신을 주재하지 못하면 깊은 이치를 안다 해도 소용이 없다. 이치를 알지 못하면 아무리 진지해도 도에 나가지 못한다. 이치를 알면 거경공부는 날로 진취되고 거경하면 궁리공부 또한 날로 주도면밀해 진다.

4. 명대의 양명학

(1) 육상산

육상산(陸象山, 1139~1192)의 이름은 구연(九淵), 호는 존재(存齋)이다. 13살 때 고서를 읽다가 상하사방을 우(宇)라 하고 왕고래금을 주(宙)라 한 해석을 보고 곧 우주 안의 일이 내 몸 안의 일이요, 내 몸 안의 일이 그대로 우주 안의 일이라고 말했다 한다. 뛰어난 재능과 학식이 널리 알려져 문호를 형성했는데 그의 학문은 명도(明道) 계통을 취한 심즉리설(心卽理設)과 거경을 중심으로 하는 것이어서 이천의 계통을 따르는 주자의 성즉리설(性卽理設), 거경궁리설(居敬窮理設)과 좋은 대조를 이루었다. 그리하여 여동래(呂東來)의 주선으로 강서성 아호(鵝湖)에서 양파가 회동하여 각각의 견해를 피력하고 질정했으나 끝내 일치된 결론을 얻지 못했다. 후일에도 주자와 상산은 몇 차례 회동하여 서로의 인격과 학문을 흠모하였지만 학설에 있어서의 견해차는 좁혀지지 않았다. 그러나 이후 양파는 각기 문호를 달리했으나 상호비판·보완하게 됨으로써 동양 근세학술사에 있어 획기적 공헌을 하게 되었다.

상산의 학설에 있어 기본골격이 되는 것은 심즉리(心卽理), 명본심(明本心), 선립기대자(先立其大者) 등이다. "먼저 그 큰 것을 세우라"는『맹자』에 나오는 말로, 이목이 좋는 것은 소체요, 마음이 추구하는 것은 의리로서 대체(大體)인데, 이 대체가 마음속에 세워지면 성색(聲色)의 소체에 흔들리거나 빼앗기지 않는다는 맥락의 구절이었다. 상산은 마음의 추구 대상인 의리는 곧 맹자가 "만물이 다 내 안에 갖추어져 있으니 몸에 돌이켜 성찰하여 조금도 거짓이 없으면 즐거움이 이보다 큰 것이 없다"고 말한 것을 증거로 하여, 이미 내 마음에 있으니 사물에서 구할 것이 아니라 마음에서 찾으라고 하였다. 천지 사이에 가득 차 있는 것이 이(理)요, 이를 떠난 물(物)은 없다. 또한 내 마음을 떠나서 이가 있는 것도 아니다. 우주 안에서 일어나는 모든 일과 내 마음속에서 일어나는 제반 현상은 본질적으로 같다. 인간은 실로 우주의 중심이요, 만물의 영장이다. 이때의 내 마음이라 한 것은 천고에 걸쳐 같은 마음이다. 결코 나하나만의 사사로운 마음이 아니다. 그것은 누구에게나 깃들어 있는 보편적 마음이다. 바로 그런 마음속에 우주 만물의 이가 갖추어져 있다. 따라서 사람으로서 할 일은 모름지기 이 본 마음을 잃지 않는 일이다. 대자연은 이(理)에 의해 질서가 세워지고 인간은 이 이(理)에 의해 인륜을 세우는 만큼 본심을 지켜 이 자연의 질서와 인륜을 일관하는 이를 밝히는 것이 바로 학문의 목적이다.

그러므로 주자가 도문학과 성리설(性理設)을 말한 것과는 달리 상산은 존덕성과 심즉리를 주장했다. 양자의 입장이 달랐기에 학설도 달라졌지만 모두 공·맹 유가의 도를 천명하려 했음에는 틀림이 없다. 아호의 회동에서 가르침(敎人)에 대해 언급할 때, 주자는 널리 배우고 살핀 후 하나로 묶을 것(約一)을 말했지만, 상산은 먼저 사람의 본심을 밝힌 후에 널리 보고 듣도록 해야 한다고 하였다. 이에 주자를 종사로 하는 무리는 육상산의 방법이 태간(太簡)하다 했고, 상산을 추종하는 무리들은 주자의 방법이 너무 지리하다고 비난했다. 특히 주자를 좋는 무리 중엔 상산의 명본심(明本心)이 선불교의 돈오(頓悟)와 지나치게 유사하다고 했으나, 실상 상산의 의도는 맹자의 사단확충설(四端擴充設)에 근거하여 의(義)와 이(利)를 준별하고자 함에 있었다. 즉 의와 이의 분별이 곧 인도를 다하는 근본이 되며, 인도를 다함에 비로소 사람이 된다고 본 때문이다. 그가 "학문하고자 하는 자는 반드시 먼저 의리와 공사를 구별해야 한다. 학문하는 까닭은 사람 되기를 배우는 것에 지나지 않을 뿐, 결코 다른 것이 아니라"고 강변한 것이 바로 이를 말해준다.

(2) 왕양명

상산의 학설을 계승하여 집대성한 것이 명의 왕양명(王陽明)이다. 명 초기는 대체로 주자학설을 묵수하고 있어 새로운 면의 개척이 없었는데 주자의 궁리설은 상산의 지적과 같이 지리공소(支離空疎)한 경향을 나타냈다. 설경헌(薛敬軒, 1389~1464), 오강재(吳康齋, 1391~1469), 호경재(湖敬齋, 1434~1484), 누일재(婁一齋, 1422~1491) 등의 학자가 정주학을 계승해 나갔으나 두드러지지 못했고, 왕양명이 상산의 심즉리를 계승 발전시킴으로써 그 간이직재(簡易直裁)한 풍이 설득력을 지녀 일대의 종사가 되었다.

양명학의 3大 강령은 심즉리(心卽理), 치량지(致良知), 지행합일(知行合一)이다. 이 세 가지 중에서 심즉리는 상산의 이론을 계승한 것이고 나머지는 독창이다. 양명에 의하면 마음은 따로 체(體)가 있는 것이 아니고 만물을 감응할 때의 시비(是非)로써 그 체를 삼는다고 한다. 그런데 천지만물의 감응에 있어 시비는 곧 이(理)가 있는 곳이 되니 심(心)이 곧 이가 된다. 양명의 언행록이라 할 수 있는 『전습록(傳習錄)』에 의하면 눈에는 체가 없고 만물의 색으로 체를 삼는다고 했다. 천지만물 속에 체가 있는 것이 아니요, 마음에 체가 있는 것이 아니다. 다만 천지만물과 마음이 감응함에서 시비가 생기는데 이것이 곧 그 체가 될 뿐이다. 우리의 마음은 영험하여, 천지에 가득차서 천지만물의 주재가 되며 천지만물과 분리되지 않는다. 따라서 무심하면 천지만물은 그 존재를 잃을 것이며, 천지만물이 없다면 우리의 마음은 감응할 바가 없다. 이는 마음이 아니면 설 수가 없고, 마음은 이가 아니면 밝아지지 않는다. 그러므로 심(心)이 이(理)가 된다.

『맹자』에 의하면 사람이 배우지 않고도 능한 것을 양능(良能)이라 하고 생각하지 않고도 아는 것을 양지(良知)라 하며, 옳고 그름을 가리는 마음(是非之心)이 지(知)이며 이 마음은 누구나 다 갖고 있다고 한다. 이 주장에 근거하여 왕양명은 시비지심 호오지도(是非之心 好惡之道)로써 양지(良知)를 밝힌다. 즉 왕양명에 있어서, 양지는 곧 시비지심이며 시비는 결국 하나의 좋아하고(好) 싫어하는 것(惡)일 뿐이다. 이 호·오를 제대로 다하면 곧 그대로 시비가 되는 것이니 시와 비가 다하면 만사만변이 다하게 된다. 양지를 다한다는 것은 그대로 시비·호오를 다하는 것이 되는데 시비·호오를 다하려면 마음에 성을 세워야 한다. 성의를 다하면 양지가 다할 수 있고 결과로 지행은 합일된다.

왕양명은 물리(物理)란 우리의 마음 바깥의 사물 속에 있는 것이 아니라고 보기 때문에 행사에 있어 양지(良知)를 다하는 것이 필요할 따름이라 하고 이것이 곧 지(知)와 행(行)이 합일되는 것이라 하였다. 그는 "지의 진절독실처(眞切篤實處)가 행이요, 행의 명각정밀처(明覺精密處)가 지이니 지·행의 공부는 본디 분리할 수 없는 것"이라 하였고, "마음이 사욕에 가리지 아니하면 본체는 저절로 밝아지고, 본체가 밝아지면 이것이 곧 행의 시작이 되며 이를 성실히 행하면 앎의 완성이 된다"고도 했다.

왕양명은 심즉리(心卽理)임을 분명히 하여 그 양지를 다하려 했고 그 양지를 다하는 것이 곧 지행의 합일로 나아가게 됨을 밝혔다. 그는 이 세 가지는 일관되는 것이며 『대학』의 격물(格物), 치지(致知), 성의(誠意), 정심(正心)의 도는 모두 그 속에 갖추어져 있다고 했다.

이처럼 심(心)과 물(物)을 겸하여 갖추고 내외가 함께 다하게 됨으로써 당대의 지리하고 고루해진 주자학적 습속을 쓸어내게 되니 양명학은 드디어 널리 행하여지게 되었다. 그러나 양명학의 말류 역시 공소방종(空疎放縱)에로 흘러가게 되니, 이에 청대에 들어 다시 그 폐단을 힘써 물리치고 실용의 도를 강구하는 고증학·실학이 등장하게 되었다. 실로 왕양명의 지적과 같이 바위 벼랑의 이름 모를 꽃이 우리가 보든지 안보든지 상관없이 피고 지겠으나, 우리가 그 꽃을 보게 됨으로써 꽃이 비로소 우리의 마음에 또렷해지는 것과 같이 우리의 주체를 떠나 진리를 운위하는 것은 한갓 공허한 소리에 지나지 않을 것이다.

5. 청대의 징실학(徵實學)

왕양명의 학설이 명말에 성행했으나 그 말류 역시 왕양명의 본지에서 크게 어긋나 책은 묶어 놓고 보지 않으며 헛되이 성명만 논하거나 근거 없이 뜬 이야기에 소일하는 풍조가 생겼다. 청초의 학자들은 조국의 현실적 어려움을 비판하면서 이러한 학문적 폐단을 교정하고 민심을 떨쳐 일으킬 것을 생각하게 되었다. 고염무(顧炎武), 안원(顔元) 등이 공담(空談)의 폐를 물리치고 경세실용(經世實用)의 도를 주창했고 왕부지(王夫之), 황종희(黃宗羲) 등이 사서에 힘을 기울이는 등 치용(致用)의 방편을 강구하고 부허(浮虛)의 습속을 물리침으로써 청대 학술은 징실(徵實)적 기초를 다져갔다.

징실(徵實)이라 함은 모든 이론이나 학설을 오늘의 현실에 징험(徵驗)하고 당시에 실사를 구한다는 뜻이며 또한 옛날에 징험해 보고 전적에서 실증해 내자는 것이다. 청대 학자들은 대체로 발분강개 하여 조국의 광복을 기약함과 동시에 실사와 고적에 징험하려는 태도를 통해 치용을 도모하였다. 청조의 학문방법은 귀납적(歸納的)이었다. 이견이 있는 것에 대하여 고서를 폭넓게 고증하여 종합적인 연구를 함으로써 확실성을 추구했다. 뿐만 아니라 옛사람들의 학설을 답습하는 태도를 버리고 독창적인 자가(自家)의 설을 내놓으려 했다. 또한 추상적인 이의 해명을 보류하고 실용적인 데 가치를 두었으므로 자연히 경험적·과학적 성격이 농후해졌다. 이 시대에 순자의 학문이 새로운 조명을 받은 것이나 한대의 훈고학풍이 다시 일어난 것 등이 이를 뒷받침한다. 그래서 청대의 학술을 새로운 사상의 창건이 아니라 학문방법에 대한 반성과 모색이었다고 평한다.

청대의 고증, 징실학의 발원은 고염무(1613~1682)이다. 그는 주자학을 종지로 하고 육왕(陸王)의 심학(心學)을 배척하였으며, 경제와 고증에 정의하였고 명의 유신으로 대의명분의 충절을 지킴으로써 학계뿐만 아니라 풍교(風敎)에도 크게 공헌하였다. 저서에 『일지록(日知錄)』, 『좌전두해보정(左傳杜解補正)』, 『구경오자(九經誤字)』, 『연표오경이동(年表五經異同)』, 『금석문자기(金石文字記)』 등이 있다. 고염무는 당대의 번쇄하고, 실리를 떠난 학풍을 바로 잡기 위해 직접 공문의 근본자료를 탐구하는 데 착수하였는데 고전에서 널리 증거자료를 수집하여 오류가 없다고 확신될 때만 정설로 결론을 내렸고, 이때까지의 제가의 주석에 맹목적으로 추종하지 않고 자기의 창견을 내놓으려 했는데, 이 같은 그의 학문적 태도가 청조학풍의 근저가 되었다.

황종희(1609~1695)는 『송원학안(宋元學案)』 100권, 『명유학안(明儒學案)』 60권을 편찬하여 송원명 3대의 철학사상을 정리함으로써 최초의 근세 철학사를 이루어냈다.

안원(1635~1704, 호는 습재(習齋)은 <동(動)의 철학(哲學)>을 주장했다. 그는 학문의 목적은 성인이 되는 데 있고, 성인의 이목구비는 범인과 다를 바 없으나 그 입지와 용공은 판연히 다르다고 했다. 그런데 성인이 되기 위한 수양은 결코 노자의 무(無)나 석(釋)의 공(空)이나 유가의 주정(主靜)이어서는 안 되고 오히려 마음에 물망물조장(勿忘勿助長)의 사(事)를 두어야 한다고 했다. 즉 우리의 몸을 기르는 데 있어 동(動)을 익히는 것 이상 좋은 것이 없다는 말이다. 그러기 위해서는 일찍 일어나고 늦게 자며 정신을 떨쳐 항시 깨어 있으며 일을 찾아 처리해 나가야 한다. 옛 성왕(聖王)은 모두 동으로 천하를 다스리고 가르침을 내린 분들이며, 오패(五覇)란 동에 의탁한 자이며, 한당(漢唐)은 그 중 하나 둘을 취하였지만, 진송(晉宋)은 불(佛)의 공(空)과 노(老)의 무(無)와 주(周)·정(程)·주(朱)·소(邵)의 정좌(靜座)에 구안(苟安)하고 입으로 담론하고 필(筆)로 쓰는 일에만 종사했을뿐 동하지 않음으로 인해 인재는 다하고 성도는 사라지고 말았다. 일신이 동하면 일신이 강해지고, 일가가 동하면 일가가 강해지며, 일국과 천하가 동하면 일국과 천하가 강해지는 것이다. 공문(孔門)에서 예(禮)·악(樂)·사(射)·어(御)를 습행하여 근육을 강건케 하고 혈기를 화하게 하고 성정을 조화시키고 인의를 키워나간 것과 같이 동을 학문의 본영으로 삼아야 한다고 하였다.

청말에는 강유위(康有爲, 1858~1927), 담사동(譚嗣同, 1865~1897), 양계초(梁啓超, 1873~ 1929) 등이 나와서 서구열강의 압박에 풍전등화와 같은 위란에 처한 민족을 구하려는 노력을 보였다. 강유위는 공자의 대동정신을 선양하고 그를 태평대동의 이상을 가진 위인으로 신봉하고, 맹자는 공자의 정통사상을 계승하여 민주공화정신을 구체적으로 진술했다고 주장하였다. 즉 공자의 대동정신으로 국민정신을 통일하고 민주주의, 사회주의, 세계주의를 실현하려 했던 것이다. 담사동은 『인학(仁學)』이란 저술을 통하여 대동의 정신, 불교의 자비, 기독교의 사랑, 맹자의 군민평등론, 장자의 절대무차별주의, 프랑스 혁명의 정신 등이 모두 인심의 체현이라 하고 또 인에는 교통(交通)이 있는데, 첫째는 국가나 민족 간의 구별이 없는 사해형제의 뜻이고, 둘째는 사회의 일체 존비귀천의 계급이 없다는 뜻이며, 셋째는 남녀의 차별이 없는 평등을 말하고, 넷째는 개인과 개인 간의 차이가 없다고 하는 뜻이라 했다. 요컨대 만민자유평등사상을 주창한 것이다. 양계초는 변법신민론(變法新民論)을 통한 국력의 충실과 민심의 쇄신을 통해 열강의 침략으로부터 중국을 구하려고 했다. 그는 법은 천하의 공기이고 변한다는 이치는 천하의 공리이므

로 변법하여 인재를 양성하라 했고, 원기를 살려 제반 약폐(弱弊)를 제
거 타파함으로써 새로운 도덕을 일으켜 세우려 했다.

제4장 한국의 철학 사상

1. 한국의 불교 철학

⑴ 원 효

불교가 이 땅에 전래한 이래 수많은 고승대덕들이 배출되었지만 그 가운데 신라의 원효(元曉, 617~686)는 그 이름의 뜻 <첫 새벽>에 걸맞게 민족정신문화의 여명을 몰고 온 사상가이자 학자요 종교인으로 민족의 성사(聖師)로 추앙되고 있다. 원효는 중국불교의 영향에서 벗어나지 못하고 있던 신라의 불교를 개혁하여 민족불교의 초석을 세워 놓았다. 당시 귀족계층에 의해 신봉되던 불교를 민중불교로 바꾸어 일반 서민대중 속에 침투 보급시켰고, 관념적 신앙과 고착된 교리의 논쟁에서 벗어나 현실 속에 살아 움직이는 생활불교로 정착시키는 데 큰 공을 이루었을 뿐만 아니라 스스로 이러한 정신을 체현해 낸 것이다.

원효의 철학적 정신은 화쟁론(和諍論)으로 나타난다. 그의 화쟁론은 부처의 지극한 뜻에 의해 백가의 이쟁(異諍)들을 화합하려는 것으로, 편집을 깨뜨려 원융을 도모하는 것이었다. 석가세존의 생존 시에는 직접 설법을 들어 그 오의(奧義)를 깨칠 수 있었고 이론이 없었으나, 세월이 오래 흐르고 또 전파된 지역이 넓어 풍토가 달라진 데다 불경의 번역으로 인해 상이한 이론들이 속출하여 제각기 자기의 설이 부처의 진의에 맞다 주장하고 다른 사람이나 종파의 학설은 이단시하거나 배척하는 풍토가 불교계에 만연하였는데, 원효는 자기 나름의 독특한 논리로써 이들 모순상쟁하는 백가의 이쟁을 귀일(歸一)시켜낸 것이다.

원효가 제시한 쟁론화합의 가능근거는 <불의(佛意)의 지공(至公)>이다. 즉 불교의 수많은 경전들을 통합해 보면 결국 만가지 유파가 모두 하나의 진리로 귀결되며, 부처의 뜻의 지공무사함을 알면 백가의 이쟁은 저절로 화합된다. 그는 개합과 종요, 입파와 여탈의 논리로써 그의 쟁논 무용의 철학을 전개해 나간다. 즉 불타의 말씀을 펼치면(開) 무량무변지의(無量無邊之義)가 전개되지만, 합(合)치면 하나로 혼융되고 마는 것이니, 다양하게 전개한다(宗)고 해서 어지러울 것도 없으며 하나로 합친다(要)고 해서 그 의미가 줄어드는 것도 아니다. 즉 개합에 따라 증감하는 것이 아니다. 그러므로 어느 일설을 정립했다고 부처의 뜻이 새롭게 얻어지는 것도 아니요, 어느 주장을 논파했다고 부처의 뜻이 잃어지는 것도 아니다.

또한 원효는 이변비중(離邊非中)과 절언지법(絶言之法)을 내세워, 대립되는 어느 입장에서 벗어나되 그렇다고 두 입장의 중간에 집착하지도 말 것과, 언설로써는 결코 형용해 낼 수 없는 진리(絶言之法)를 언설로써 전달하려는 것은 마치 손가락을 펼쳐서 창공에 떠 있는 달을 가리키는 것과 같은데, 언어문자에 집착함은 마치 달은 보지 않고 손가락 끝만 바라보고 그것이 달이 아님을 책난(責難)하는 것과 같으니 그런 우를 범해서는 안 된다고 하였다.

이같이 원효는 어느 한편에 치우침이 없이 여러 종파의 주장 속에 깃든 타당성을 인정하면서도 거기에 편집되는 것을 깨우쳐 원융을 꾀함으로써 민족고유의 원융정신 및 조화지향적 가치관을 종교적·철학적 차원에서 훌륭히 구현해 내었다. 그가 화랑출신의 승려이었음과, 요석공주와의 사이에서 대유학자 설총(薛聰)을 낳았고, 그 부자간의 자효(慈孝)가 지극했음, 다기한 불법의 구속뿐 아니라 세속의 일상 관습의 틀까지도 과감히 깨뜨린 글자 그대로 무애(无涯)의 삶을 살았다는 점에서 우리는 전형적인 한국인을 대하는 느낌을 갖는 것이다.

(2) 의 천

원효 이후 신라의 불교는 오교구산(五敎九山)으로도 일컬어지듯 중국으로부터 도입된 선풍에 의해 교(敎)와 선(禪)으로 분립되어 발전해 오다가 급기야 서로 반목 질시하게 되었다. 이를 바로잡고 원만하게 종합한 사람이 바로 고려의 대각국사 의천(義天, 1055~1101)이다.

그는 당대에 이미 널리 성행하고 있는 선(禪)에 대하여 교(敎)와 더불어 병수(幷修)할 것을 주장하였다. 본래 불교에서는 수행방법으로 선을 매우 중요시한다. 중국적 색채가 강한 화엄종·천태종에서는 선의 수행을 관(觀) 또는 지관(止觀)이라 하여 강조하며, 보살의 육바라밀(六婆羅密)에서도 선정(禪定)과 지혜(知慧)의 수행을 중시한다. 그러나 선종은 이처럼 교와 병행하는 수행인 선정이 아니라 불립문자(不立文字), 직지인심 교외별전(直指人心 敎外別傳)을 종지로 삼는 선오(禪悟)에 근거한 종파이다. 이 선종이 전개되어 구산을 중심하여 각기 그 종풍을 진작하니 교·선의 대립양상이 나타나게 된 것이다. 더구나 나말여초의 어지러운 세태는 교보다는 선으로 취향을 바꾸어 놓는 데 한 요인이 되기도 했다. 이때 교관겸수(敎觀兼修)의 기치를 들고 전통적인 화쟁정신(和諍精神)을 계승한 것이 의천이다.

의천은 옛 선(古禪)과 당대의 선(今禪)의 차이를 지적하여 옛 선은 교에 의거하여 선을 익히는 이른바 습선(習禪)이었으나 당대의 선은 교를 떠나서 선을 설하는 설선(設善)이 되고 말았다고 하면서 선을 설하는 자(說禪者 : 당대의 선)는 명목에 집착하여 그 묘를 잃는 데 반하여 선을 익히는 자(習禪者 : 옛 선)는 깨우침으로 인해 그 묘를 얻는 것이니, 반드시 오늘날의 교사(矯詐)의 폐를 바로잡고 옛 성인의 순정한 도로 돌아가야 한다고 하였다. 즉 그는 당시의 선이 교를 떠나 있음에 대하여 비판하고 그것이 옛 성인의 본지가 아니라고 한 것이다. 교를 떠난 선에 대한 비판의 근거는, 법(진리)은 언어표상을 할 수 없는 것이지만 그렇다고 해서 언어표상을 떠난 것도 아니기 때문에서라는 것이다. 언상을 떠나게 되면 도혹(倒惑)하기가 쉽고, 언상에 집착하다 보면 진실에 어둡게 되기가 쉬우며, 교를 공부하는 사람은 내적인 것을 버리고 외적인 것에 탐닉하기가 쉽고, 선을 익히는 사람은 외부의 인연을 잊고 내면의 마음 밝히기를 좋아하게 되니 모두 편집됨이요, 다같이 이변(二邊)에 걸린 것이니 그것은 마치 있지도 않는 토끼의 뿔이 길다 짧다 하고 다투거나, 공화(空花)의 빛깔이 농하니 담하니 하고 다투는 것과 다름없는 것이니, 교와 선을 겸하여야 할 것이라는 주장이다. 부처나 가섭존자와 같은 상상근지(上上根智)의 사람은 이심전심(以心傳心)이 가능하겠으나, 범인으로서 입으로 옮기고 귀로 전해들은 것(口耳之學)으로써 일법(一法)을 인득(認得)한 후에 스스로 만족스럽게 생각하고는 삼장십이분교(三藏十二分敎)에 대하여 추구(芻狗)니 조백(糟粕)이니 하여 더 볼 만한 것이 없다는 식의 태도를 취함은 크게 잘못인즉 경론에 대한 공부를 겸하여야 한다고 하였다. 그가 대장경 주조에 힘을 기울인 것도 이런 맥락에서이다.

의천의 위대성은 위와 같은 교관겸수의 이론으로 당대 선풍의 폐해를 극복하려 한 것 외에도 한국불교의 전통 확립과 주체성의 선양에서 찾아볼 수 있다. 의천에 있어 민족불교의 전통의 기반은 원효였다. 그가 남쪽 지방을 두루 다닐 때 경주 분황사에 들러 원효의 소상전에 제전을 올리고 지은 제문을 보면 이런 면모가 잘 드러난다. <제분황사효성문>이라 하여 원효를 효성이라 한 그는 이어서,

오직 우리의 해동보살께서 성(性)과 상(相)을 융명(融明)하셨고 고금의 사왕을 바로 펴시며 백가의 이쟁(異諍)하는 단서를 화합하시어 일대의 지공(至公)한 논(論)을 얻으셨으니 그 신운은 헤아릴 수 없고 묘용은 생각하기 어렵습니다. 비록 홍진은 함께 뒤집어썼어도 그것이 능히 그 참 마음을 더럽히지 못했고, 빛은 비록 물을 교화했으나 그 본체를 바래게 하지는 않았습니다. 아름다운 이름이 중국과 인도에까

지 드날렸고 따사로운 교화는 유명(幽明)에까지 미쳤습니다. 이를 찬
양함에 있어 참으로 형용하기 어렵습니다. 저(義天)는 일찍이 천행을
얻어 어려서부터 불승을 사모하여 선철(先哲)들 사이를 두루 살펴보
았으나 성사(聖師)보다 나은 분이 없었습니다.

라고 하였다. 일찍부터 송에 건너가 많은 법사들을 역방하였으나 끝내
만족할 수 없었던 그가 이처럼 원효를 찬양한 것은 그 까닭이 곧 원효의
화쟁불교요, 그 속에 담긴 사상의 깊이와 폭에 있었던 것이다. 중국의 어
느 종파에도 구애됨이 없이 독자적 창의에 의해서 모든 이쟁들을 총섭
융화하는 데서 한국적인 특색을 발휘한 태도가 원효에 대한 의천의 공
명점이었을 것이다. 의천 생시에 원효에 대해 화쟁국사라는 시호가 내린
것도 결코 우연이 아니다. 이렇게 원효를 찬양한 의천이지만 무턱대고
우리 것이라고 받든 것은 아니다. 균여(均如)나 범운대사(梵雲大師) 등
에 대하여, 성교(聖敎)로써 마음을 밝히지는 않고 일생을 구구하게 남의
보화나 세고 있다고 비판하고, 그들의 글이 후생을 미혹시킴이 이루 말
할 수 없다고 통박한 것이다. 주체적 전통이 서기 위해서는 높은 수준의
비판적 안목과 심원한 사상이 밑받침되어야 하고 새로운 경지를 개척하
려는 노력이 전제되어야 한다. 이러한 점에서 원효를 찾아 그의 위대함
을 선양함으로써 주체적인 전통을 확립코자 한 의천이야말로 원효에 버
금가는 공이 있다 할 것이다.

(3) 지 눌

원효와 의천이 외래불교를 민족적 자각 하에서 창의적으로 화쟁과 원
융의 논리로 토착화시키고 전통의 기반을 구축했다면, 지눌(知訥, 1158~
1210)은 그런 정신을 주체적으로 심화시키고 보다 이론적으로 체계화하
는 데 심혈을 기울인 사람이다. 그는 의천의 교관겸수의 이념을 정혜쌍
수(定慧雙修)로 천명하였고 선교의 원융합일을 돈오점수(頓悟漸修)로

밝혀 한국불교의 독자성을 확립함으로써 오늘에 이르기까지 한국불교의 굳건한 터전을 마련하였던 것이다.

지눌사상의 요체는 <회광반조(廻光返照)>, <정혜쌍수(定慧雙修)>, <보현행(普賢行) 구현>에 있다. 회광반조란 모두가 불성을 지니고 있다(悉有佛性)는 진리를 깨쳐 자기가 곧 부처고 중생이 본래 부처임을 밝히려는 논리이다. 이것은 학문적 해석으로 마음의 체용을 분별하는 교에 앞서 일념을 회광하여 자기의 본성을 보면, 이 본성의 바탕엔 본래 번뇌가 없고 무루(無漏)한 지성이 스스로 구족되어 있어 제불(諸佛)과 조금도 다르지 않음을 알게 되는데 이것이 곧 돈오(頓悟)인 것이다. 다시 말하면 반조(返照)에 의해 내가 곧 부처임을 문득 깨닫게 된다. 그러나 나의 본성이 부처와 다름없는 무루광명지성(無漏光明智性)을 지녔음을 깨달았다 하더라도 이것으로 다 되는 것은 아니다. 왜냐하면 먼 과거로부터 체득된 습성과 기질은 갑자기 제거되지 않기 때문이다. 그러나 깨우친 그 광명지로 수행해 나가면 점차 공(功)이 나타나게 되므로 이를 점수(漸修)라 하는 것이다. 이치(理)는 단번에 깨달을 수 있다 해도 일(事)은 단계적으로 이루어지는 것이다. 돈오 후에 점진적 수행에 의해 불이 되어 진여자성(眞如自性)을 나타내게 되지만 이 수행은 정(定)과 혜(慧)를 같이 해야 한다. 지눌은 우리의 마음을 공적(空寂)의 체와 영지(靈智)의 용으로 나누어 설명한다. 따라서 수심(修心)에 있어서도 체(體)인 공적을 닦는 것과 용(用)인 영지를 발하게 하는 것, 이 두 가지가 아울러 있어야 한다고 하였다. 체를 보존하는 정(定)의 공부란 망념을 멸한 상태를 유지하는 것이요, 용을 다하는 혜(慧)의 공부란 보제(菩提), 즉 각(覺)의 상태에 머무는 것이다.

체(體)와 용(用)은 사실상 불가분의 관계이다. 그것은 마치 거울의 밝음과 거울의 비추임과의 관계와 같다. 밝지 못한 거울은 능히 비출 수 없고, 비추는 거울이 밝지 않을 수 없다. 따라서 우리는 거울에 먼지가 끼지 않도록 항상 닦아야 하고 그 밝은 거울로 사물을 두루 비추어야 하듯 정(定)과 혜(慧)의 공부를 함께 해야 한다.

깨침이 없는 수행은 방향을 모르고 길을 가는 것과 같고, 의심이 그치지 않아 마치 돌로 눌러 놓은 풀처럼 방황할 것이다. 그러나 일반인을 중심으로 말하면 오히려 수행 공부를 통하여 깨우칠 수 있고 깨우치면 또한 수행해야 한다. 특히 깨친 후의 수행은 이타적(利他的)이어야 한다. 자기의 본심이 곧 불심인 줄 알았다면 그것에 그치지 않고 타인의 마음도 그러한 줄 알아 그들도 깨우칠 수 있도록 도와야 하는 것이다. 지눌은 불성을 깨친 후에는 이타의 행이 저절로 이루어진다고 말하지만 실상 그렇지 않고, 불성을 밝혀보면 중생과 부처가 평등하여 나와 타인과의 구별이 사라진다. 따라서 만일 자비의 원을 발하지 않으면 적(寂)의 상태에 머물고 말 우려가 있으므로 깨달은 후에는 분별지로써 중생의 고를 살펴, 힘써 <보살도>를 행하고 깨달음(悟)과 수행이 점차 원만해지도록 해야 할 것이라고 하였다.

지눌은 원효의 정신을 계승하여 한국불교의 대승적 정신을 높이고 분열되기 쉬운 사상계를 융화함으로써 한층 고귀한 경지로 끌어올렸으니 한국불교의 사상적 기반은 실로 지눌에 와서 확립되었다고 할 것이다. 원효·의천의 천태종(天台宗)과 지눌의 조계종(曹溪宗)은 다같이 교와 선의 높은 경지를 열어 안심과 평화를 심어주었고 외침이 있을 때마다 조국수호에 앞장서는 풍토를 이루어 놓았다.

2. 한국의 유교 철학

(1) 최치원

동방 유학자의 스승으로 추앙되어 지금도 성균관 및 전국 각지의 향교에서 춘·추의 석전례를 통해 제향을 받고 있는 유현(儒賢)은 모두 18분이다. 신라의 설총, 최치원, 고려의 안향, 정몽주, 조선의 김굉필, 정여창,

조광조, 이언적, 이황, 김인후, 이이, 성혼, 김장생, 조헌, 김집, 송시열, 송준길, 박세채 등이다. 이밖에도 문묘에는 오르지 못했으나 홍유석학(鴻儒碩學)으로 신라의 강수, 고려의 최충, 조선 서경덕, 조식, 정약용 등을 들 수 있다.

최치원(崔致遠, 857~?)은 최초의 동인의식(東人意識), 한국인의 자각을 가졌던 인물로 지목된다. 일찍이 당에 유학하여 문명을 내외에 날렸던 그는 삼국시대의 인물로는 비교적 많은 양의 저술을 남겼으나 대부분 사라지고 약간의 금석문 등이 전해질 뿐이다. 그러나 그가 남긴 글들은 한국 사상의 연원을 밝힘에 있어 매우 귀중한 자료가 되고 있다. 그는 난랑(鸞郎)이라는 화랑의 비문을 지으면서 그 서문에 이르기를 "나라에 현묘한 도가 있으니 이름하여 풍류라 한다. 이 교(敎)를 베푼 근원에 관해서는 선사(仙史)라는 책에 상세히 갖추어져 있다. 실로 이 교(敎)는 유·불·도 3교를 포함하는 것으로 모든 생명 있는 것과 만나면 이들을 교화시킨다"라고 하였다. 최치원의 이 짧은 글을 통해 우리는 외래의 유·불·도 외에 민족 고유의 도(道)가 있고 그것은 지극히 현묘한 풍류도임을 알 수 있게 되었고, 이 현묘한 풍류도는 외래사상을 수용 섭취할 수 있는 포용력 원융력을 지녔으며, 모든 생명 있는 무리에게 감화를 줄 수 있는 보편성을 지닌 도임을 규찰할 수 있다. 또 그가 지은 <진감국사비문(眞鑑國師碑文)>에는 "대저 도는 사람에게서 멀지 않고 사람에게는 이방(異邦)이 따로 없다. 그러므로 동인의 자손들은 유교도 불교도 선교도 숭봉한다"고 했다. 인간을 떠나서 진리를 말할 수 없다는 확고한 신념이 있기에, 인간에게서 나왔고, 인간을 위한 사상이요 철학이라면, 피부색이나 국적 등에 상관없이 적극 수용할 수 있었다고 한 것이다. 개방된 심성과 원융의 친화력을 엿볼 수 있다.

최치원의 이러한 기술은 한낱 사견에서 나온 것이랄 수는 없다. 그것은 어쩌면 한민족의 사상적 특질을 그대로 천명한 것인지 모른다. 우리 민족이 남달리 인도주의의 바탕에서 화합·묘융(妙融)의 정신을 발휘하고 있기 때문이다. 한말 인내천(人乃天)을 종지로 하고 유·불·선을 원융시킨 동학(東學)의 창도는 최치원이 말한 동인의 도인 현묘한 풍류도가 지하로 흐르다 분출한 것이 틀림없는 것이다.

(2) 정몽주

조선왕조 500년간 동방 이학의 종주로 추숭되어온 인물이 고려 말의 포은 정몽주(圃隱 鄭夢周, 1337~1392)이다. 그의 생애와 사상은 그대로 한국유학의 본질 혹은 그를 종주로 떠받드는 학자군의 사상적 특색을 드러내는 것이 될 수 있겠으나 불행하게도 이를 밝힐 수 있는 자료가 거의 인멸되고 남아 있지 않다.

그러나 일찍이 우암 송시열(尤庵 宋時烈)이 "세상 사람들이 포은에 대하여 단지 그가 강상(綱常)을 부식(扶植)했다는 점만 알고 사문(斯文) 즉 이학(理學)을 천명한 공에 대해서는 잘 모르고 있다"고 하면서 "문집에 실린 글들을 잘 상상하고 살펴보면 그가 호걸지재와 성현지학을 지녔음을 알게 되리라"고 하였음과, "비록 약간의 시문일지라도 모두 정(精)과 성(性)에 근본을 두고 있고 물리(物理)에 해당한다. 제대로 읽는다면 진리의 본체가 편언과 반구에도 다 들어있음을 통견하게 되리라"는 변계량의 말과, 문집 속에 있는 <독역(讀易)>, <관어(觀魚)>, <동지(冬至)>, <호연(浩然)> 등 성리학에 바탕을 둔 시문들로 미루어 볼 때, 살신성인, 사생취의한 충의만으로 포은을 평가하는 것은 잘못이라 할 수 있다. 뿐만 아니라 성균박사 시절, 포은의 주자집주에 대한 강설이 출중 명석하므로 당시 유종이었던 대사성 이색(李穡)이 그를 동방이학의 조로 삼는다 했었으며, 초년엔 긴밀한 관계를 유지했던 삼봉 정도전(三峯 鄭道傳)도 포은에 대해 그 학문과 덕행이 당대 제일이라 하고, 동방 500년에 사서삼경의 이치를 포은만큼 밝혀낸 자가 실로 누구냐라고 하여 강명에 있어 일인자였음을 밝히고 있다.

포은의 학문은 사장(詞章)이 아닌 경학(經學)이었고, 그 경학은 성리학적인 것이었다. 성리학자들 대부분이 그러하듯 포은도 사장은 말예(末藝)에 지나지 않는다는 태도를 견지했고, 역학과『시경』,『서경』,『춘추』,『예기』등에 정통했으며, 날마다『중용』,『대학』을 암송하며 궁리치지(窮理致知)하고 반궁실천(反躬實踐)하여 홀로 송유들도 전해주지 않은 이치 <염락부전(濂洛不傳)의 비(秘)>를 얻었다. 실로 그의 <호중관어(湖中觀魚)>나 <호연권자(浩然卷子)>, <독역(讀易)>, <동지음(冬至吟)>, <척약재명(惕若齋銘)> 등의 시문은 이를 뒷받침한다.

포은의 성리학적 유학사상은 그의 불교비판에서 보다 확연히 드러난다. 불교에 대한 그의 비판은 불교의 비현실성, 비인륜성에 초점이 모아진 듯하지만 실제는 불교철학의 본령에까지 침투한 비판이며, 결과적으로 불교문화 사회에서 불교를 매개로 하여 유학의 이념을 천명한 것이 된다. 불교의 출세간적 성격에 대한 비판이 공양왕에게 올린 다음의 글에 잘 나타나 있다.

유자(儒者)의 도는 모두 다 일용평상한 일이다. 마시고 먹는 일, 남녀 간의 일 등은 사람이면 누구나 다 한가지로 하지만 그러나 여기에는 지극한 이치가 깃들어 있다. 요·순의 도도 이것에서 벗어나는 것이 아니다. 움직이는 것, 고요한 것, 말하는 것, 침묵을 지키는 것 등이 그 바름을 얻게 되면 이것이 곧 요·순의 도이다. 애초부터 고원(高遠)하고 행하기어려운 것이 아니다.

그런데 저 불씨(佛氏)의 교(敎)는 그렇지 않다. 친척을 떠나고 남녀 관계를 끊으며 암혈에 홀로 앉아 초의목식(草衣木食)하고 관공적멸(觀空寂滅)로 그 종지를 삼고 있으니 어찌 평상한 도라 하겠는가?

포은에 의하면 음식과 남녀 등의 인간현실을 떠나는 것은 참된 진리의 구현방안이 되지 못한다. 음식, 남녀 같은 형하(形下) 속에 지리(至理)라고 하는 형상을 매개시키고 있고, 동(動)·어(語)나 정(靜)·묵(默) 등 어느 일방에 치우쳐 고집하거나 빠지지 말고 시의에 따라 모두 득정(得正)해야 한다는 생동하는 가치를 말하는 것이다. 이것은 다름 아닌 공자의 하학이상달(下學而上達)의 정신을 밝히는 것이다. 이렇게 형하의 세계를 떠나 구극의 진리를 찾고자 하는 기하취상(棄下取上)의 자세에 대한 비판은 곧 색성(色聲)의 세계 밖에서 진여(眞如)를 찾고자 하는 어리석음을 막고자 하는 의도에서 나온 것이다. 분명 솔바람 불고 강가에 한가로이 달이 비치는 정경은 충허(沖虛)에 접하는 분위기로서, 고요히 세상사의 번뇌를 끊는 공부에 도움을 주는 곳이지만 세간을 버리고 그곳에서 살 수는 없는 것이다. 유자도 송풍강월접충허(松風江月接沖虛)의 경계를 찾아간다. 그러나 그곳에서 살기 위해 찾아가는 것은 아니다. 인간사가 크고 작은 만 갈래로 갈라져도 모두 나름의 찬연한 이치가 있어 처하는 곳마다 마땅하게 할 것이요, 종국에는 물(物)과 아(我)의 구별이 없는 경지에 이르게 되는 것이 유가의 진리인데, 불교는 이와는 달리 공(空)을 거론하고 묘지(妙旨)를 담(談)하며 일체를 유망으로 돌려 군신과 부자의 인륜이 사라져 버리게 했으니 안타깝다는 것이 포은의 입장이었던 것이다. 포은은 불교에도 고명한 진리의 경계가 있음을 인정한다.

하늘이 둥글듯이 광대무변하며 거울의 비추임같이 미묘를 통달하였도다. 이것은 부처가 도(道)와 심(心)에 대해 깨우쳐 준 것으로 우리 유교에서도 이치에 가까운 것으로 인정한다. 그러나 그 둥근 것이 과연 만사에 응할 수 있으며 그 비추는 것이 정의를 궁구할 수 있겠는가?

진리는 관념상의 본체에 그치지 말고 일상생활에 살아 나와야 하는데 불교는 이른바 체(體)는 있으나 용(用)이 없어 완전한 진리라 하기 어렵다는 것이 포은의 불교관이다.

이기심성론(理氣心性論)은 노·불에 대항하기 위한 유학 자체 내의 이론무장이요, 형이상학적 욕구의 충족을 위한 방편이었다. 성리학이 이론적인 면이 부각되고 있지만 그 본령은 공·맹의 정신을 실천하자는 데 있었으며, 그런 점에서 인간의 심성을 탐구한다는 의미의 성리학자라기보다 실천적 도학자로 불리는 것이 더 타당한 조선조 유학자들이야말로 공·맹의 사상을 올바르게 계승한 진유들이었다고 할 것이다. 이 점이 포은이 그 이기심성에 대한 체계적 논술이 없음에도 불구하고 끝까지 이학의 조종으로 추숭받는 이유인 동시에 조선조 성리학의 특질이 된다.

포은을 조종으로 하는 조선조 유학은 시대적으로 그 전개된 양상에 따라 도학(道學), 이학(理學), 예학(禮學), 의리학(義理學) 등으로 구분할 수 있다. 즉 포은에서 정암(靜庵)까지는 공·맹의 정신을 일상현실 속에 구현한다는 실천적 측면의 도학이 크게 일었던 시대라 할 수 있다. 물론 이율곡은 한국의 도학은 정암으로부터 시작된다고 하였으나 그것은 좁은 의미에서이고, 실천적 경향은 재야적 성향이 강했던 사림파들에게 강하게 드러났던 것이다.

16세기는 화담 서경덕, 퇴계 이황, 고봉 기대승, 율곡 이이, 우계 성혼 등으로 대표되는 이학시대이다. 이 시대에는 이(理)와 기(氣) 및 심(心)·성(性)·정(情) 등에 관한 논변이 활발했고 정치한 논리의 전개가 이루어졌다. 특히 한국의 성리학은 이 이학시대에 정화를 이루었다 해도 과언이 아닐 만큼 석학들이 배출되었고 학문적 성과도 높았다.

다음은 예학시대라 할 수 있는데 이 시기는 대체로 17세기를 전후한다. 곧 임진란과 병자란 등 양대 전란을 겪는 데다 왕조가 이미 중쇠기(中衰期)에 접어들어 온갖 비리가 모든 방면에서 노정되기 시작했던 시대이다. 자연히 사회 윤리기강은 해이해지고 민생은 도탄에 허덕이게 되었던 때였으니 사회질서를 바로 잡고 순연한 인정의 회복을 위해서 예학이 발흥하게 됨은 필연적 추세였던 것이다. 거기에다 이미 16세기의 퇴계와 율곡에 의해 천리와 인사에 대한 문제가 거의 남김없이 탐구되었던 만큼 이제 이같은 이론을 현실에서 구체화할 단계이기도 했고, 그 구체적 방법이 유학에서는 예(禮)였던 만큼 예학은 자연스럽게 일어났던 것이다. 이를 대표하는 학자는 사계 김장생, 신독재 김집, 우암 송시열 등이다. 다시 말하면 예학은 이학의 성과를 대중화, 제도화, 실천화하는 단계였다.

다음은 의리학의 시대이다. 이 의리학도 양대 전란으로 인한 주권의 유린, 문화의식에의 상처 등을 치유하기 위한 것으로 공자의 춘추대의를 그 이념으로 한 학문이다. 나중에는 서학(西學) 등과 서구 제국주의 세력으로부터 민족의 자존과 독립을 유지하기 위한 운동으로까지 나간 학문이기도 하다. 이 학파에는 왜란 때의 조헌과 호란 때의 김상헌과 삼학사(三學士) 및 우암 송시열, 그리고 위정척사운동을 일으킨 화서 이항로, 성재 유중교, 면암 최익현, 의암 유인석 등이 해당한다.

이들 네 학파는 모두 성리학의 범주에서 벗어나지 않는 것임은 두말할 나위가 없다. 그 밖에 하곡 정제두를 위시한 양명학파와 반계 유형원, 성호 이익, 다산 정약용, 추사 김정희 등으로 대표되는 실학파가 예학, 의리학과 시대적으로 병존했다.

(3) 서화담

한훤당, 정암 등 도학가가 공·맹 유학의 실천에 관심을 쏟고 있을 때 성리학의 이론적 측면에 침잠(沈潛)한 학자들이 있어 상당한 수준의 발전을 이루었다. 그 대표적인 것이 회재 이언적(晦齋 李彦迪, 1491~1553)의 <태극론(太極論)>과 화담 서경덕(花潭 徐敬德, 1489~1546)의 <일기론(一氣論)>인데 이 둘은 후일 각각 퇴계와 율곡 등에게 심대한 영향을 주어 이른바 주리 주기의 양대 흐름의 형성에 크게 작용하였다. 이언적은 당시 망재 망기당(忘齋 忘機堂) 등 중국의 육상산(陸象山)과 노·불의 영향을 받은 학자들과의 태극에 관한 논변을 통해 태극은 기(氣)가 아니라 만물의 소이로서의 이(理)임을 분명히 하였고, 이가 기에 앞선다고 주장함으로써 퇴계철학의 선하(先河)가 되었다.

서화담은 일반적으로 조선조 유학자 가운데 가장 먼저 창의적인 사색을 했던 인물로 알려져 있다. 그는 역학을 깊이 연구하고 송의 장횡거의 기설(氣設)과 소강절의 상수학(象數學)의 영향을 받았지만 독자적인 경지를 개척해 냈고, 일생을 산림처사로서 은거하여 청빈한 생활로 일관했던 학자이다.

화담의 학설은 일기론(一氣論)이라 할 수 있는데, 그에 의하면 우주 간에 가득 찬 본질로서의 기를 태허(太虛)라 하고, 이 태허는 담연무형(湛然無形)하며 공간적으로 무한하고 시간적으로 영원하다고 하였다. 그리고 이 태허의 세계를 그는 선천(先天)이라 하였는데 그에 의하면 선천은 감각할 수가 없는 형이상의 본체로서, 아무 것도 없는 것 같으나 실은 참으로 있는 것이다. 그것은 밖이 없는 데까지 꽉 차서 빈틈이 없으므로 한 터럭 끝만큼도 용납할 여지가 없다. 움키려 하면 허(虛)할 뿐이고 잡으려 해도 아무것도 잡히지 않아 무(無)인 것 같으나 오히려 참으로 있는 것이다. 이 경지에 이르면 귀로 들을 소리도, 코로 맡을 냄새도 없다.

화담은 이 같은 선천태허(先天太虛)의 경계는 지나간 성현들이 말하지 못했고, 주렴계나 장횡거도 이끌어 내어 설명치 못했으며, 소강절 같은 대학자도 한마디 못한 곳이라 하여 자득자견처(自得自見處)임을 분명히 했다. 그러나 이 경계는 자신의 억설이 아니라 경전 가운데 이미 암시해 놓았으니, 곧『주역』에서 이른바 적연부동(寂然不動),『중용』의 성자자성(誠者自成)이라 한 것과 주렴계가 그의 태극도설에서 말한 무극이태극(無極而太極)이 이를 뜻한다는 것이다.

이러한 선천의 태허 본원기(本源氣)는 자발적인 작용을 갖고 있어 갑자기 약동하고 홀연히 열려 형이하의 현실계로 변한다. 이것은 그 누가 시켜서 그런 것이 아니고 저절로 그러하다. 이처럼 기가 스스로 운동하여 형상을 나타내는 것에 대하여는『주역』의 감이수통(感而遂通)과『중용』의 도자도(道自道),『태극도설』의 태극동이생양(太極動而生陽)이 이에 해당한다고 했다. 화담은 이 같은 기의 용사(用事)를 담연무형(湛然無形)의 태허선천(太虛先天)에 대해 후천(後天)이라 하고, 이(理)가 나타나는 것은 바로 선천에서 후천으로 넘어올 때라고 하였다. 화담이 선천을 일기(一氣) 또는 태허태일(太虛太一)이라 하여 본질과 전체를 나타내고, 후천은 음양, 동정, 생극, 합벽 등 상대적인 현상계를 설명하고 있음을 알 수 있다. 이같이 태허일기론을 펼치는 화담이지만 태극과 이에 대한 언급도 있다. 기(氣)가 능히 합벽하고 동정·생극하는 <소이(所以)>를 근원까지 헤아려 태극이라 하고 기 밖에 따로 이(理)가 있는 것이 아니라 했다. 이는 기를 다스리지만(宰), 밖에서 와서 다스리는 것이 아니라 그 기의 용사가 능히 소이연의 바름(正)을 잃지 아니함을 가리켜 말하는 것이므로 결코 이가 기에 앞서는 것은 아니다. 기에 시작이 없는 것과 같이 이에도 시작이 없다.

이런 화담의 이기관은 이(理)가 기(氣)보다 근원적이라는 주자학설과 달라 이의 독립적 실체성을 부인하고 기에 내재하는 법칙성 같은 의미로 이를 해석한 것으로 독창적인 면을 보여주고 있다.

화담은 생사의 문제도 기의 작용으로 설명했다. 죽고 사는 것, 사람과 귀신은 모두 이 기(氣)가 모이고 흩어지는 현상일 뿐이다. 기에는 취산(聚散)은 있으나 유무(有無)는 없다. 모이고 흩어짐에 그 힘이 미미한 것도 있고 뚜렷한 것도 있으며, 오래 가는 것과 빠른 것의 차이가 있을 뿐이다. 비록 일초일목의 미미한 것도 그 기(氣)는 결코 흩어지지 않으므로 사람의 정신지각과 같이 모여 크고 오래된 것은 말할 나위도 없다. 담일청허(湛一淸虛)한 기는 본래 그 처음이 없듯이 또한 그 마침도 없는 것이니 이런 이치가 기의 지극히 오묘한 점이 된다. 비록 일편의 촛불이라도 우리가 그 기가 사라짐을 목전에서 보지만 그 남은 기는 끝내 사라지지 않는 것이니 어찌 기가 다해 무(無)의 상태가 되었다 할 수 있겠느냐는 것이다.

화담은 이처럼 기의 선(先)·후천(後天) 사상 등 독특한 견해를 나타냈으나 성리학의 주된 관심의 하나인 심(心), 성(性), 정(情)에 대해서 어떤 견해를 지녔는지는 저술을 남기지 않아 규찰할 수가 없다. 다만 <지(止)>론을 통해 그의 실천철학을 헤아릴 수 있다. 화담은 머물 만한 때는 머물고 행할 만한 때에는 행하여 동과 정이 그 때를 잃지 않는다면 그 도가 빛나고 밝으리라는 『주역』 간괘사(艮卦辭)를 수양 및 실천의 핵으로 삼았다. 그는 무릇 천하의 만물 서사(庶事)가 모두 그 머무를 바가 있다고 하고, 군자가 배움에 있어 귀하게 여기는 것은 그 머무를 곳을 알고자 함이니, 배우고도 머무를 바를 알지 못한다면 배우지 않음과 조금도 다를 바가 없다고 하였다. 『주역』에서 <머물 만한 때에 머물고 행할 만한 때에 행한다> 했는데, 행할 만한 때에 행하는 것은 행하여 머무는 것이고, 머물 만한 때에 머무는 것은 머물러서 머무는 것이라 하여 <머물 지(止)>를 통해 『중용』의 중절지화(中節之和)를 설명하고 있다. 이 머물 만한 곳과 머물 만한 때에 옳게 머물기 위한 방법으로 역시 경(敬)을 지니고, 사물의 이치를 살피는 공부, 즉 성리학적 전통의 거경궁리(居敬窮理)를 제시하고 있다.

이처럼 화담이 창의적인 기철학을 펼쳐 주자학의 전래 이후 그 중심문제를 최초로 본격적으로 다루어 한국성리학의 선구가 되었음과, 중국의 기론을 능가하는 수준에 도달했음에 주목할 필요가 있다. 퇴계와 같이 화담의 학문이 기(氣)와 수(數)를 논하는, 유가의 정맥이 아님을 비난하는 경우도 있고, 율곡처럼 그 이와 기가 서로 떠날 수 없는 묘처를 요연하게 본 점은 다른 사람이 미칠 바 못된다거나, 자득처(自得處)가 많아 문자언어의 학문이 아니라는 평도 있으나 그의 청아한 기풍과 창의적 학문의 자세가 후학을 깨우침이 컸음을 부인할 수 없다.

(4) 퇴계 이황

일찍이 퇴계(退溪 李滉, 1501~1570)는 정주(程朱) 성리학의 본령이 <이(理)>에 있음을 통견하고 있었다. 그는 말하기를, 무릇 예나 이제나 사람들의 학문과 도술에 차이가 있는 까닭은 오직 이(理)를 알기 어렵기 때문이며, <이(理)>가 알기 어렵다고 하는 것은 개략적으로 알기 어렵다는 것이 아니라 참되게 그 오묘한 경지를 십분 이해하기 어렵다는 말이라고 했다. 이를 안다는 것은 모든 사람과 모든 시대에 두루 통하는 보편성과 항구성을 지닌 진리를 소유하게 됨을 뜻하는 것이요, 본연의 순정한 인간으로 살아갈 수 있게 됨을 의미한다. 이를 알지 못하면 시대와 지역에 따라 학문 도술이 괴리되고 사람 사람마다 서로 융합되지 못하고 일체성을 지니지 못하게 된다. 퇴계에 있어서 이(理)는 지극히 허한 듯하면서도 지극히 실하고, 지극히 없는 것 같으면서도 지극히 존재하는 것이며, 음양 오행 만물 만사의 근본이 되지만 그 속에 갇혀 있는 것이 아니고, 만유를 명령할지언정 결코 그 어느 것에도 명령받지 않는, 본래 존귀하여 상대가 없는 것이었다. 따라서 이는 기와 섞여 하나가 되거나 혼동되는 것을 결코 용납할 수 없는 구극자(究極者) 중의 구극자이다.

퇴계에 있어서의 이(理)는 곧 <소이연지고(所以然之高)>와 <소당연지칙(所當然之則)>으로 이해된다. 소당연은 형의 우애와 동생의 공손함과 같은 것이요, 소이연은 어째서 형은 아우를 사랑해야 하며 아우는 형을 공손히 섬겨야 하는가와 같은 것인데, 소당연지칙을 <이(理)의 실재>로 소이연지고를 <이(理)의 근원>으로 보기도하며, 소당연을 아는 것은 성(性)을 아는 것이요 소이연을 아는 것은 천(天)을 아는 것이라고도 말한다. 당위법칙을 알고 근본원리를 안다는 것은 천과 인을 아는 것이 되며, 이는 그대로 왜곡 타락하지 않은 천연의 인간으로 산다는 말이 될 것이다. 이것의 경전적 표현은 치중화(致中和)요, 찬천지지화육(贊天地之化育)이며, 여천지참(與天地參)일 것이며, 이른바 천인합일(天人合一)일 것이다. 따라서 퇴계에 있어서는 무엇보다도 이(理)를 아는 것이 중요한 과제였다. 퇴계는 이를 <심여이일(心與理一)> 혹은 <심여이상함(心與理相涵)>으로 표현했다.

 주체인 내 마음과 객체의 이(理)가 하나가 된다거나, 서로 머금는 경지에 이르기 위한 전통적 방법은 <거경(居敬)>이었다. 경을 위주로 사사물물의 소이연지고와 소당연지칙을 궁구하여 침잠반복(沈潛反復)하고 완색체인(玩索體認)하여 그 지극한데 이르고, 힘쓰는 것이 오래되고 쌓은 공이 깊어지면 하루아침에 마치 얼음 풀리듯 환하게 뚫리게 되는데 이것이 바로 참된 앎(眞知)의 경지이다. 또한 경의 자세를 한결 같이 지녀 내 안의 본연의 것(天理)과 타락 왜곡된 것(人欲)을 확연히 구별하여, 아무 일이 없을 때는 존양의 공을 깊게 하고, 이미 행한 일에는 성찰의 습관을 더욱 익혀 나가면 부지중에 정일집중(精一執中)의 성학(聖學)과 존체응용(存體應用)의 심법(心法)을 얻게 된다고도 하였다.

 이처럼 퇴계에 있어서는 천·인을 꿰뚫는 보편적이고 근원적인 이의 탐구가 제일의 과제였다. 그는 모든 사물의 이를 극본궁원(極本窮源)하면 지선(至善)아님이 없다고 했다. 따라서 사단(四端)이나 도심(道心)과 같이 순선무악(純善無惡)한 것이 인간 본연성의 발현이라고 보려고 했기 때문에 이발설(理發說)을 주창하게 되었고, 이발설은 그로부터 후세에 많은 논란을 불러일으켰다. 그가 이귀기천(理貴氣賤)이니 이수기졸(理帥氣卒)이니 하는 다소 미진한 표현을 하는 것도, 기고봉(奇高峯)과의 14년 간의 오랜 논쟁 중에 자신의 논리적 약점을 수긍하면서도 이발설을 끝내 고집한 것도 모두 순수무잡의 본연성을 확보하고자 했기 때문이다.

 퇴계는 이른바 사화로 얼룩진 시대에 살았다. 정심(正心)을 지닌 선비는 주살되고 이욕을 좇는 부허한 무리들이 득세하는 시대였기에 가슴 속 깊이 겸선천하(兼善天下)의 경륜을 품고 있어도 나아가 행도(行道)하기가 어려웠다. 그는 70평생 거의 향리에 물러나 학문과 교육에 종사했다. 마지못해 부름에 응해 나갔어도 이내 사직하고 물러났다. 깊은 사색과 연구는 자연히 많은 저술을 남기게 했다. 편편이 모두 주옥같은 사상의 결정이지만 대표적인 것으로는 그 만년작인 <무진육조소(戊辰六條

疏)>와 <성학십도(聖學十圖)>가 꼽힐 것이다. 육조소는 이미 기력이 쇠
잔한 노신의 충정이 구절구절 맺혀 있다. 퇴계는 소(疏)에서 먼저 인효
(仁孝)의 중요성을 강조하고, 성학(聖學)을 도탑게 하여 다스림의 근간
을 세울 것과 경을 바탕으로 치지(致知)·역행(力行)할 것, 노·불 등 이학
(異學)을 끊고 성심으로써 하늘의 사랑을 힘입을 것 등을 차례로 진술하
였다. 성학십도 역시 필생의 공력이 모두 드러나 있는 저술이다. 그것은
대부분 옛 현인들의 글을 취선하여 공부자의 <술이부작(述而不作)>의
정신을 이었고, 또 취선의 기준에서 퇴계 나름의 안목이 돋보이기도 하
며, 또한 선유의 해설 뒤에 자신의 설명을 덧붙여 놓아 그의 이학의 높
은 경지를 엿볼 수 있게 한다. 그 스스로도 밝히고 있듯 제1도인 <태극
도>로부터 <서명>, <소학>, <대학>, <백록동규(白鹿洞規)> 등 전 5도
는 천도에 근거하여 인륜을 밝히고 덕업에 힘쓸 것을 권장한 것이며, 제
6도인 <심통성정도(心統性情圖)>부터 <인설(仁設)>, <심학(心學)>,
<경재잠(敬齋箴)>, <숙흥야매잠(夙興夜寐箴)> 후 5도는 인간의 심성에
근거를 둔 것으로 일상생활에 힘쓰고 경외심을 높이고자 한 것이다. 그
러나 전편에 흐르는 것은 한결같이 경(敬)사상이다. <성학십도>가 퇴계
이학(理學)의 체(體)라면 <무진육조소>는 그 용(用)이 된다고 말할 수
있다. 그 밖에 수많은 서간과 편저와 잡저 등이 있다. 서간 중에는 학문
적 이론을 갖고 왕복한 편지가 많은데 대표적인 것이 바로 기고봉과의
사칠논변(四七論辯)이다.

(5) 율곡 이이

퇴계와 더불어 조선조 성리학의 정화를 이룬 율곡(栗谷 李珥, 1536~
1594) 철학의 특성은 천재적 명석성과 원융성에서 찾을 수 있다. 송우암
은 이르기를 "스승을 말미암지 않고도 도체(道體)를 묵계함이 마치 이학
의 비조인 주렴계와 흡사하다"고 했고, 김농암(金農巖)은 "퇴계는 학(學)
으로, 율곡은 이(理)로 뛰어났다"고 평하였으며, 율곡과 오랜 친교 속에

논변을 거듭해온 성우계(成牛溪)는 그가 진리의 본원을 통견하고 체용에 통달한 경지로 미루어 삼대(三代)의 인물이라고 하였다.

율곡은 참으로 명석한 인물이었다. 23세 때 과제에 응한 천도책(天道策)은 당시 조야는 물론 중국에까지 놀라운 반향을 일으킨 바 있다. 또 초기의 학설이 만년의 <성학집요(聖學輯要)>나 <인심도심설(人心道心設)> 등에 나타난 것과 거의 일치하는, 보기 드문 일관성을 지닌 학자이다. 율곡은 이기설에 있어 개념상의 부잡성(不雜性)에 주목하지만, 사실에 있어서의 불리성(不離性)을 소홀히 하지 않는 입장을 취한다. 그가 화담을 인정하는 것도 바로 화담이 이기(理氣)가 서로 떠날 수 없는 묘처를 명확하게 보고 있으므로 다른 사람의 독서하는 따위의 공부와는 비교할 수 없기 때문이었다.

발(發)하는 것은 기(氣)요, 발하게 하는 까닭은 이(理)라고 함이 율곡의 일관된 주장이다. 그는 기가 아니면 발할 수 없고 이가 아니면 발하는 바 없다고 하여 기발이승일도설(氣發理乘一途設)을 견지하면서 이 견해는 성인이 다시 살아 나와도 바꿀 수 없는 정론이라고 강한 확신을 나타낸다. 그가 "이기는 묘합되어 있다"고 한 것은 이와 기가 혼융무간(混融無間)한 까닭에서 그렇게 말한 것에 지나지 않는다. 이와 기는 본래 합해 있는 것이지 비로소 합하여지는 때가 있는 것이 아니므로 이와 기를 판연히 이물로 구별해 보려는 것은 결코 도를 아는 자의 태도가 못된다고 했다. 그가 말한 이통기국(理通氣局)이나 기발이승일도설 및 이기지묘(理氣之妙)는 재래의 다소 뒤섞인 이기론을 대나무 쪼개듯 명쾌하게 정리해낸 탁견이며, 그 논리적 완결성은 실로 성리학 제일의 학자로 그를 부각시키기에 부족이 없다.

율곡은 또한 그 사상의 원융성과 포괄성이 돋보이는 학자이다. 그는 당시 성리학 일색의 사상계에서 이단으로 배척하던 불교나 노장철학 및 양명학 등에 대해서도 선입견을 버리고 그 본령에 대해 깊은 연구를 했으며, 정학이라 하더라도 주자 등 선유에 대해 결코 묵수적인 자세를 취하지는 않는다. 학문의 자유와 자율성을 긍정하는 정당한 자세를 지녔고, 서로 대립되는 견해를 혼용시키는 역량도 지녔던 것이다. 이 점에 있어 그는 퇴계와 좋은 대조가 된다. 퇴계가 전일순숙(專一純熟)의 태도였다면 율곡은 종합분석적이었고 객관적이었다고 할 수 있을 것이다. 일례로 퇴계는 매월당 김시습에 대해 일종의 이인이며 색은행괴(索隱行怪)에 가깝다고 혹평했으나, 율곡은 그의 횡담수론(橫談竪論)이 유가의 종지를 크게 잃지 않았으며 비록 선도(禪道)에 출입이 있으나 그 본질을 병원(病源)을 깊이 탐구했던 심유적불(心儒跡佛)의 사람이라고 하여 허용하는 태도를 보였다. 또한 이기론에 있어 퇴계의 이발설을 크게 잘못된 것이라고 비판하는 율곡이지만, 퇴계의 인격과 그 의리를 깊이 탐구하여 정미(精微)를 다하는 학문적 태도는 깊이 흠앙하는 바였다.

학문과 인격에서는 퇴계를 존중했으나 경세(經世)면에서는 정암(靜庵)을 추앙했다. 그는 "정암은 도학(道學)을 창명했고, 퇴계는 이굴(理屈)에 침잠했다"고 평하고, 정암의 도학사상을 높이 선양하였다. 그가 퇴계와 정암을 문묘에 종향할 것을 상소한 것이나 해주 은병정사에 사당을 세우고 주자와 함께 정암과 퇴계를 나란히 배향하고 그 학덕과 경륜을 추모한 것에서 우리는 율곡의 학문적 성취의 면모를 엿볼 수 있다.

율곡에 의하면 진정한 학문은 반드시 내적으로 인륜에 바탕을 둔 덕성의 함양과 외면으로 사물의 이치에 밝아야 한다고 했다. 그는 성리(性理)를 정밀하게 탐구하는 까닭도 오로지 몸과 마음을 바로 하려는 데 그 목적이 있으며 내면적 성찰과 사물과 상황에 대한 통찰력이 갖추어질 때 비로소 학은 그 공효를 나타낼 수 있다고 했다. 이에 따라 그는 자기가 처한 시대를 중쇠기로 판단, 적극적 설시(設施)를 통해 개혁할 것을 역설하고 실제로 나아가 행도하려 했다. 정치란 때를 아는 것이 중요하고 일은 실(實)을 힘씀이 귀한 것이니 시의를 무시하거나 실공(實功)을 도외시하면 비록 성현이 서로 만난다 해도 전혀 치효(治效)가 나타날 수 없는 것이요, 마땅하게 한다는 것(行宜)은 곧 법을 세워 민생을 도모하는 것이니 때에 따라 변통함은 상도라 하였다. 그러나 일에는 이해관계가 있고 사(事)에는 시비가 없을 수 없으니 제사지의(制事之義)와 응변(應辯)의 권도(權道)를 행하여 득중(得中)·합의(合宜)함으로써 의(義)와 이(利)를 모두 살려내야 한다고 주장하고, 사안에 따라 종본이언(從本而言)과 종사이언(從事而言)을 하여 제반 모순을 근원적으로 척결해야 한다고도 주장하였다.

이같이 그가 정치·사회 일선의 문제에 적극적으로 나서서 민생을 도모하고 활국의 처방을 제시하게 된 것은 그의 이기묘융(理氣妙融)의 철학 정신의 발로였다고 볼 수 있을 것이다.

(6) 송시열

율곡의 고제(高弟)로 사계 김장생(沙溪 金長生, 1548~1631)이 있는데 성리학과 예학에 전념하여 한국 예학(禮學)의 종장이 되였다. 김장생 문하에서 17세기 이후 조선의 학술과 정치 사회 일반에 최대 영향을 끼친 대학자가 나왔으니 곧 우암 송시열(尤庵 宋時烈, 1607~1689)이다. 그는 왜·호 양대 전란과 수차에 걸친 민란 등 왕조 500년 중 가장 극심한 내우외환으로 사회기강의 혼란 및 상하의 난상패륜이 극도에 달했던 17세기를 살아가면서 참다운 삶의 모습이나 대자연의 이법(理法)을 밝히고 비뚤어지고 타락한 인간의 마음을 바로 잡는 것(明天 理正人心)을 자신의 사명으로 삼고, 혼신의 노력을 기울였던 성리학자다. 송우암에 있어서 학문의 본령은 <직(直)>이었다. 그는 직이야말로 공자, 맹자, 주자세 성인이 서로 주고받은 심법으로 유가사상의 핵이 된다고 하였다. 공자는 사람이 태어남에 직하다 했고, 맹자는 호연지기는 직으로 기른다 했으며, 주자는 학문의 요령과 성인이 만사에 응하는 원리나 천지가 만물을 낳는 원리가 모두 직이라 했음을 들어 그렇게 말한 것이다. 직(直)은 인간의 본래성 또는 천리를 나타내는 것이다. 따라서 인욕이나 사심에 의한 삶은 직의 삶이 못된다. 그는 직은 곧 『시(詩)』의 대지인 사무사

(思無邪)나 『논어』의 인(仁), 『중용』의 성(誠), 『대학』의 경(敬)과 같은
것이라 했다.

인간의 본 모습의 회복, 즉 타고난 천성대로 살기 위해서는 우선 인욕
이나 물욕의 폐를 제거해야 하는데 이것이 우암에게 있어서는 학문의
목적이 된다.

마음을 바르게 하고자 하면 반드시 물욕의 폐를 제거해야 한다. 그런
다음에야 마음이 바르게 되어 본체의 광대광명함이 확연히 일용 사이
에 노정(露呈)되는 것이다. 그러나 학문의 공(功)이 아니면 어떻게 이
같이 되겠는가?

인욕이 깨끗이 없어진 상태를 <청명정대지성(淸明正大之誠)>이라 하
고 언제나 그런 경계에 설 것을 주장한다. 그는 학문에 대하여, "학문이
란 다른 것이 아니다. 주경(主敬)으로 보존하고, 강학(講學)으로 밝히는
것이다. 주경의 효과는 보지도 듣지도 못하는 곳에 계신공구(戒愼恐懼)
함이 더욱 엄밀해져 털끝만큼의 치우침도 없게 되니 천리를 보존하는
근본이 되고, 강학의 효과는 수작(酬酌) 만변(萬變)의 곳에 삼가 그 선을
생각함에 더욱 정밀해져서 학취문변(學就問辯)에 기미를 부석(剖析)하
여 일호의 차류(差謬)도 없게 되니 곧 인욕을 없애는 일이라"고 했다.
주경과 강학의 학문을 계속하면 우리의 마음은 항시 청명하다. 마음이
청명하면 실로 우러러 하늘에도, 굽어 인간에도 조금의 부끄러움이 없
다. 이 일점 부끄러움이 없는 경지야말로 삶의 최대 열락이 솟는 자리이
다. 그래서 송우암은 "천하에 마음에 수괴(羞愧)가 없는 것보다 더 큰 즐
거움이 없다"고 했다. 은밀한 곳에서부터 드러난 곳까지 한결 같이 천리
의 공을 따르고 사욕에 매이지 않으면 그 마음이 항시 서태(舒泰)할 것
이므로 종고관현(鐘鼓管鉉)의 즐거움이 이에 미치지 못한다. 그래서 맹
자가 삼락 가운데 부끄러움 없음을 그 하나로 들었다는 것이다.

이치가 곧으면 부끄러움이 없어 즐거운 동시에 강한 기운, 즉 호연지기 (浩然之氣)가 솟구친다. 그래서 불의의 세력에 과감히 대항하여 정의를 실현할 수 있다. 실상 직을 본령으로 하는 학문을 한 우암은 당시 최대의 불의인 청(淸)의 침략을 응징하려 했고, 부끄러움을 참아가며 일신의 영달만을 꾀하는 무리를 강력히 비판했으며, 윤리기강의 해이와 부정부패에 강력히 맞서 싸웠다. 북벌(北伐) 대의가 그렇고, 예송(禮訟)이 그렇고 사설(邪說)의 변척이 그렇다. 이러한 주체적 활력의 철학은 곧 조선조 성리학이 포은의 의리(義理), 정암의 도학(道學), 퇴계의 경(敬), 율곡의 성(誠), 사계의 예(禮)를 거쳐 보다 실천적인 직(直)으로 심화된 과정을 보여주는 것이다.

(7) 실 학

조선조 후기의 사회 변동에 따른 제반문제의 해결은 여러 방면에서 시도되었다. 정치기강, 사회윤리 기강의 문제는 이른바 예학자(禮學者)들의 주된 관심사였고, 주체성·자주성·문화의식·역사의식에 입은 상처 치유는 의리학자(義理學者)들의 관심사였던 것이다. 그러나 피폐한 국가경제, 민생의 문제에 대해서 성리학파는 이렇다 할 적절한 대책을 강구하지 못했다. 오히려 이기심성론(理氣心性論)의 정밀성도 한갓 관념주의로 떨어졌고, 예론(禮論)의 엄숙성도 형식주의로 빠져드는 경향을 보였고 의리학은 명분론에 기우는 폐가 없지 않았던 것 등 사회·국가지도이념으로서 역할을 다하지 못하고 있었다.

이런 때 성리학에 대한 신랄한 비판과 함께 개혁을 주창하는 일군의 무리가 출현하여 현실문제에 관심을 집중하였다. 이들은 성리학적 기반에서 출발했으나 그들의 학문적 관심이 이기심성(理氣心性)이나 강예(講禮)나 의리(義理)의 천명에 있는 것이 아니라 주로 제도, 생산기술과 교역, 민생의 문제 등 정치 경제분야에 두었던 까닭에 정통 성리학과 구별하여 실학파라고 구별하고 있다.

이들 실학파의 기본적 특성은 개방정신·비판정신·개혁정신·실용정신으로 지적해 볼 수 있다. 그들은 종래 주자학의 정통주의적 권위의 예속에서 벗어나 양명학·서학·노장·불교·고증학 등 어떤 학문이나 사상과도 접촉하고 또한 긍정적 이해를 보이는 등 개방정신을 발휘하였다. 이수광의 『지봉유설』, 이익의 『성호사설』, 이규경의 『오주연문장전산고』 등의 백과사전적인 저술은 이들의 학문적 개방정신을 잘 보여 준다. 또한 그들은 정통 성리학의 학문적 폐쇄성이나 사회의 구조적 모순 등에 대하여 날카로운 비판을 가하고 있다. 홍대용의 『의산문답』이나 정약용의 『오학론』 등은 주자학파의 관념화 및 여타의 사상에 대한 배타적 독선주의를 신랄히 비판하고 있다. 뿐만 아니라 그들은 누적되어온 사회의 구조적 모순에 대하여 적극적 개혁론을 주창한다. 유형원의 『반계수록』이나 정약용의 <일표이서(一表二書)> 등은 모두 전제 및 행정제도 등의 개혁을 논한 것이다. 또한 실학파들은 외국의 새로운 문물을 적극적으로 수용하고 통상을 꾀하여 국가경제를 진흥시키고 민생의 안정을 도모코자 했으니, 북학파의 청조문물 도입과 교역의 주장은 바로 이를 반영한 것이다. 그 밖의 모든 제도적 개혁의 목적도 실용과 후생에 있었다.

실학파들은 새로운 각도에서 인권의 문제도 제기했다. 허균은 <호민론(豪民論)>에서 신분적 차등으로 인해 숨은 불평이 쌓이지 않아야 국가의 안정을 기약할 수 있다고 경고했고, 양민이나 천민들의 구차한 생활상과 양반들의 위선과 횡포를 폭로한 박지원, 세도(世道)의 바르지 못함과 인재가 일어나지 못함 및 형정(刑政)이 바로 시행되지 못함이 문벌만을 숭상하는 데 있다고 비난한 유형원, 8세가 되면 누구든지 신분의 고하를 막론하고 교육을 시키고 능력 있는 자를 천거해야 한다는 주장을 펼쳐 보통교육의 이념을 천명한 홍대용과 박제가, 노비라 하더라도 과거에 응할 수 있는 자격을 주어야 하고 나아가 노비를 해방시켜야 한다는 이익, 사농공상의 사민평등(四民平等)을 주장한 이중환 등의 정신은 모두 인권에 대한 새로운 자각이 있었음을 보여 주는 것이다.

본래 유학에서는 정덕(正德), 이용(利用), 후생(厚生)을 치국(治國)의 삼사(三事)라 하였다. 그런데 실학파들에 있어서는 성리학자들이 지나치게 정덕 일변에 치우쳐 의리를 논하고 예법을 논하며, 우주와 심성의 문제를 강구하는 데에 그치고 이용(利用)과 후생(厚生)에는 소홀히 하여 과학기술과 산업의 발전을 꾀하지 못했고, 민생의 복지에 관심을 쏟지 않았음을 비난하고 이것의 진흥진작에 적극적 관심을 표명하였다.

실학자들은 공자의 "부유하게 한 다음에는 교육을 시키라"와 맹자의 "백성은 일정한 생업이 없으면 일정한 마음이 없게 된다"는 교훈에 중점을 두고 있어서 예와 의를 모르면 금수와 다를 바가 없다는 교훈에 일차적 관심을 갖는 성리학자들과 좋은 대조를 보이고 있다. 박지원은 인간의 도덕생활과 경제생활의 관계를 논하여 "이용이 있은 후에야 후생이 가능하고 후생이 가능해야 인륜도덕을 바로 잡을 수 있다"고 하고, 학문이 존귀한 까닭은 오직 그 실용에 있는 것임을 분명히 했다. 그는 청을 야만시하던 일반 유학자들과는 달리 연경을 왕래하면서 그들의 문물이 뛰어남을 알고는 이용후생을 위해서는 먼저 청의 선진과학기술을 도입해야 한다고 역설하였다. 참으로 백성과 나라에 이롭고 도움이 된다면 비록 그 법이 오랑캐에서 나온 것이라 하더라도 본받고 취하여야 할 것이라고 하여 농경, 양잠, 도자기 제조, 야금술 등 청의 선진기술을 도입해야 한다고 했다. 같은 북학파의 한 사람인 박제가도 관직에 오르지 않은 양반들은 상공업에 종사토록 유도하여 유식의 습속을 없애고 모두가 생업을 즐기는 마음을 갖게 해야 한다는 국민개로(國民皆勞)의 정신을 고창하였다. 다산 정약용도 진실로 우수한 기술을 습득하여 이를 장려하고 힘써 행한다면 나라는 부유해지고 군대는 강해질 것이며 민생은 여유가 생겨 건강해지고 수를 늘릴 수 있게 될 것이니 종래의 기예천시(技藝賤視)의 잘못된 태도를 시정하여야 한다고 주장했다. 이처럼 실학자들은 사민의식을 불식하고 누구나 적성과 능력에 알맞는 직업에 종사하여 산업을 일으키고 경제의 발전을 도모하여 국부강병을 이루고자 했다. 그들은 이러한 정신을 바탕으로 나라와 백성에 유익한 것은 무엇이든지 학문적 대상으로 하였으니 실제 생활과 절실한 관계에 있는 의학이나 농학 뿐 아니라 천문학, 역학, 수학, 지리학 등 자연과학 분야까지 연구하였다.

 이 같은 실학파의 의도는 그들이 대부분 미관 혹은 관직과 단절된 산림 처사의 신분에 있었던 것 등의 원인에 의해 거의 정책에 반영되어 시행된 것이 없었고 사회의 제반 모순은 그대로 축적되어 갔다. 그러나 이들 실학파들이 지녔던 근대지향의식은 의리학파의 민족주체의식과 함께 각각 구한말의 개화파와 수구파 등에 의해 계속되었다.

예수의 생애

에르네스뜨 르낭 지음 / 최명관 옮김

이 책이 1863년에 나오자 세상은 격찬과 매도(罵倒)로 들끓었으며, 굉장한 성공을 거두었다. 간행된 지 4개월 만에 6만 부가 판매되었고, 일 년 반이 채 안 되는 동안에 11개 국어로 번역되었다. 1863년과 1864년 동안에만 찬반 논문이 80편이나 나왔다. 이웃 일본에서는 늦게나마 1908년에 첫 번역이 나왔고 우리나라에서 이 책을 처음으로 1967년 훈복문화사에서 발행하였다. 이 책의 제목에 '신판'이 들어간 것은 지은이가 새 판본을 간행했다는 것은 아니고, 역자가 1967년에 옮긴 책을 처음 간행할 때에 원서에 있는 13판 머리말과 참고문헌을 넣지 않았던 것을 이번에 넣은 것이다.

소크라테스 영원한 인간상-진리의 첫 시민

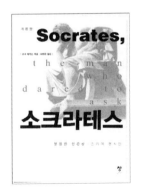

코라 메이슨 지음 / 최명관 옮김

소크라테스의 사상에 관해 정확한 역사적 사실로 알려져 있는 것은 극히 적다. 이 책은 코라 메이슨의 《소크라테스 : 끊임없이 질문을 던진 자》(Socrates: The Man Who Dared to Ask)를 옮긴 것이다. 옮긴이가 원서를 처음 번역하여 출판한 것은 1967년이다. 이번에 다시 출판하게 되면서 용어나 표현 등을 현재의 언어 감각에 맞게 우리말로 매끄럽게 다듬었다.

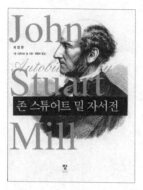

존 스튜어트 밀 자서전

존 스튜어트 밀 지음 / 최명관 옮김

밀 자서전은 19세기 지성사의 가장 중요한 문서 중의 하나이다. 모든 이야기는 그의 정신의 성장과 사상의 발전을 중심 삼아 전개되고 있다. 거기에는 19세기의 사회적 정세와 사상적 상황에 처하여 심각하게 고민하고 진지하게 사색한 그리고 인류의 복리를 위하여 분투한 하나의 뛰어난 정신의 모습이 그려져 있다.

방법서설·성찰·데카르트 연구

데카르트 지음 / 최명관 옮김이 책에는 데카르트의 저서 ≪방법서설≫·≪성찰≫의 번역과 데카르트 연구로서 ≪데카르트의 중심 사상과 현대적 정신의 형성≫·≪데카르트의 생애≫가 수록되어 있다. ≪데카르트의 중심 사상과 현대적 정신의 형성≫은 필자가 1972년 철학 박사 학위 논문으로 제출하여 1973년 2월에 학위를 받은 것이다.

나머지 셋, 즉 ≪방법서설≫·≪성찰≫·≪데카르트의생애≫는 1970년 9월 ≪데카르트 選集1≫이라 하여 출판되었다.

플라톤의 대화편

플라톤 지음 / 최명관 옮김

플라톤은 특히 초기 작품들을 통하여 소크라테스의 모습을 생생하게 그려냄으로써 영원의 생명을 획득하였다. 여기 그려진 소크라테스의 모습은 역사적 진실이 아닐지도 모른다. 그러나 "시는 역사보다 더 진실하다."라고 하듯이, 그것은 하나의 살아 있는 전체로서의 소크라테스의 인간상을 예술적으로 훌륭하게 그려내고 있는 것이다. 에우튀프론, 소크라테스의 변론, 크리톤, 파이돈, 향연 5편이 수록되어 있다.

니코마코스 윤리학

아리스토텔레스 지음 / 최명관 옮김

인류문학의 최고봉의 하나를 이룩한 B.C. 5세기의 아테나이에서 소크라테스는 고매한 인격을 가지고 깊은 철학적 사색을 끈기 있게 전개하였다. 그의 철학적 사색은 플라톤에 의하여 극적(劇的) 형식(形式)으로 집대성되어 표현되었고, 아리스토텔레스에 의하여 학문적 체계가 갖추어지게 되었다. 소크라테스·플라톤·아리스토텔레스는 그리스 정신문화의 3대 지주이고 원천이었다. 아리스토텔레스 이후로는 그만한 학문적 체계가 13세기 내지 19세기까지 나타나지 못했다. 13세기의 토마스 아퀴나스에 이르러 서양 문화는 다시 한 번 아리스토텔레스의 그것에 못지않은 광범하고 심오한 학적 체계를 얻었다. 또한 아퀴나스는 아리스토텔레스의 철학 정신과 방법을 자기의 철학 및 신학의 기초로 삼았다. 아리스토텔레스의 영향은 그 자신의 시대 이후 지금까지 끊임이 없었다. 이것 은 무엇보다도 그의 철학 속에 여러 가지 학문적 술어의 정의와 구별 및 후대의 과학의 기초를 이루는 신념들이 내포된 때문이다.

인간이란 무엇인가

에른스트 캇시러 지음 / 최명관 옮김

이 책에서 캇시러는 먼저 인간이란 무엇인가라는 물음을 제기한다. 이 물음은 가장 오래된 그리고 언제나 새로운 의미와 중요성을 지니고 우리에게 해결을 촉구하는 물음이다. 캇시러는 초기 그리스 이후 현대까지의 인간관의 역사를 간결하게 개관한 후 인간을 상징의 동물(animal symbolicum)로 정의한다. 이 정의는 현대의 인류 발전에 커다란 기여를 할 수 있는 깊이있는 통찰을 간직하고 있다.

인간은 상징(symbol)의 세계에 산다. 상징의 세계는 의미의 세계이다. 인간은 끊임없이 자기와 세계의 의미를 찾는 동물이다. 의미있는 것을 찾고 이상을 바라보며 가능한 것을 추구하는 인간은 문화를 창조하였다. 문화의 세계야말로 인간에게 고유한 상징들의 세계이다. 문화를 떠나서 인간은 살 수 없고 또 인간의 본성을 이해할 수도 없다. 그러므로 인간이 무엇인가를 알기 위해서는 인간이 만들어낸 여러가지 형태의 문화를 이해해야만 한다. 그리하여 이 책에서는 캇시러는 신화와 종교, 언어, 예술, 역사, 과학 등 인간문화의 기본형식을 다루면서 그 여러 영역에서의 인간정신의 상징적 기능을 밝히고 있다.

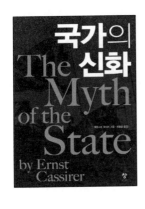

국가의 신화

에른스트 캇시러 지음 / 최명관 옮김

독일의 철학자 에른스트 카시러는 1945년 5월 13일 71세로 사망했다. 이 책은 에른스트 캇시러(Ernst Cassirer)의 The Myth of the State(Yale Univ. Press, 1946)를 완역한 것으로 이 책을 처음으로 번역하여 출간한 것은 1959년이었는데, 그 당시의 관례에 따라 한자가 많았기 때문에 1959년에 개정판을 낸 바 있다.

한 위대한 현대 독일 철학자가 우리 시대에 있어서의 정치적 신화의 폭발성 있는 문제를 공략하고 있다. 에른스트 캇시러는 그의 마지막 저서인 이 책에서, 신화로써 상징되고 국가에 의해 조종되는 비이성적 세력들이 어떻게 끊임없이 문명인의 독립된 정신을 파괴하려고 위협하고 있는가를 보여준다. 그는 국가의 신화가 원시시대로부터 플라톤, 단테, 마키아벨리, 고비노, 칼라일, 그리고 헤겔을 거쳐가면서 어떻게 발전했는가, 또 그것이 어떻게 현대의 전체주의 국가로의 길을 준비했는가에 대해 밝히고 있다. 그리고 이 책은 정치적 신화의 기원, 구조, 방법들 및 그 수법을 철저히 규명하고 있는

데, 이는 지은이가 오직 이렇게 함으로써만 "우리의 문화적 세계와 사회적 질서를 그 밑바닥까지 뒤흔들지 모를 격렬한 진동들"을 막을 수 있다고 믿었기 때문이다.